教育部普通高校人文社会科学重点研究基地北京师范大学教师教育
研究中心与北京市东城区板厂小学·汇文实验小学合作项目成果

点亮智慧课堂

冯雅男　编著

光明日报出版社

图书在版编目（CIP）数据

点亮智慧课堂 / 冯雅男编著. -- 北京：光明日报出版社，2016.3（2021.8 重印）

ISBN 978-7-5194-0294-5

Ⅰ.①点… Ⅱ.①冯… Ⅲ.①课堂教学—教学研究—小学 Ⅳ.①G622.421

中国版本图书馆 CIP 数据核字（2016）第 060505 号

点亮智慧课堂

DIANLIANG ZHIHUI KETANG

编　　著：冯雅男

责任编辑：曹美娜　朱　然　　　责任校对：张明明

封面设计：范晓辉　　　　　　　责任印制：曹　诤

出版发行：光明日报出版社

地　　址：北京市西城区永安路 106 号，100050

电　　话：010-63169890（咨询），010-63131930（邮购）

传　　真：010-63131930

网　　址：http://book.gmw.cn

E - mail：gmcbs@gmw.cn

法律顾问：北京德恒律师事务所龚柳方律师

印　　刷：三河市华东印刷有限公司

装　　订：三河市华东印刷有限公司

本书如有破损、缺页、装订错误，请与本社联系调换

开　　本：170mm×240mm

字　　数：389 千字　　　　　　印　　张：23

版　　次：2016 年 3 月第 1 版　　印　　次：2021 年 8 月第 2 次印刷

书　　号：ISBN 978-7-5194-0294-5

定　　价：69.00 元

编 委 会

序　言

智慧课堂是北京市东城区板厂小学智慧学校创建过程的一个核心内容。在过去的五年里，受板厂小学冯雅男校长的邀请，我带领我的研究团队深入到板厂小学的教育教学实践中，和学校的领导团队、教师一起对智慧课堂进行了研究，通过研究试图去回答什么是“智慧教育”，什么是“智慧课堂”等本质性问题。事实上，随着加拿大阿尔伯特大学教育学教授马克斯·范梅南在著作《教学机智——教育智慧的意蕴》在中国大陆的热销，追求智慧、建构智慧课堂已成为许多学校、教师力求达成的理想境界，也成为我国教育理论界与实践界的热门话语。因此，关于“智慧教学”“智慧型教师”的研究层出不穷，“智慧课堂”的内涵与基本特征就成为了我们和板厂小学老师们一起关注的焦点。

国外自20世纪70年代以来，教育研究由以往探寻规律性的教育知识转向情境性的教育智慧。教育之所以应该而且能够成为一种智慧，是因为教育本身的情境性和多元性。马克斯·范梅南的著作《教学机智——教育智慧的意蕴》中运用现象学的研究方法和角度解释教学实践的意义和教育智慧问题，对教育智慧的构成、内容、表现形式和机制进行了探究；此外，加德纳的多元智能理论也为开发学生的智慧学习提供了理论依据。教学智慧和学习智慧的研究为“智慧课堂”的深入奠定了基础。

国内自20世纪90年代末起，就有学者从内涵上对教育智慧和智慧教师进行理论建构，将教育智慧归属为强调以教学为本体的主体实践范畴，强调其动态机制，表现为教学主体的能动性和创造性。与此同时，智慧课堂的研究逐渐走入学者的视野，主要涵盖了对“智慧课堂”的内涵、属性、特质等的研究。例如，有学者认为智慧课堂是活动、自主、生活和情感的课堂（松海涛,2009)对于智慧课堂的要素,学者认为智慧课堂要有德性智慧、知性智慧、理性智慧和实践智慧等。德性、知性、理性和实践既是智慧的来源,也是智慧的直接表现。此外,国内有学者也从智慧课堂的预设、教学智慧的生成和智慧型教师的素养等方面探究了智慧课堂的营造和建构。

在智慧课堂的本质属性上,学者们从课堂形态、教学模式、思维品质培养和课堂表现等方面分析智慧课堂的基本特点。课堂文化的整体性与多样性、非线性的教学模式、对思维品质的培养和创造性的课堂表现都纳入到"智慧课堂"的基本要素当中,即智慧课堂强调师生基于自身主观能动性下的"互动",教学输出和输入的循环与交融,以及开放、多元的课堂文化等,都体现了强调情境的课堂氛围营造和教师素养提升,其本身也是为了在丰富的课堂和课程文化中,引导学生追求智慧和价值的共善。

在理论基础方面,哲学中的建构主义和现象学理论、心理学中的多元智能理论、伦理学中的关于"善"与"美"的理解都成为"智慧课堂研究的直接理论渊源。建构主义强调知识的解释性、情境化与变动性,因此,智慧课堂的重要表征之一便是学生学习的自主建构性,在教师的适当引导下,在非线性的课堂模式中,强调对学生知识理解、融合、更新等思维能力的培养。思考与解决问题成为"智慧课堂"教学关注的核心。现象学指引下的解释学派以教育知识为中介,致力于研究学校课堂中的微观社会过程,强调教学实践对生活经验的回归。因此,"智慧课堂"下的教学不再仅仅是知识的传授和应用,而是师生共同在微观环境中演绎生活事件、开展实践的过程,课堂教学也成为特定情境中不可逆的教学事件。关注课堂的动态生成过程链,从过程中寻找链条间节点的联系,是现象学理论下"智慧课堂"的研究核心。

在心理学方面,加德纳的多元智能理论强调课堂教学场景的多样化,多元智能代表了不同的世界认知模式,包括逻辑——数理智能、言语——语言智能、自知——自省智能、交往——交流智能、视觉——空间智能、音乐——节奏智能、身体——运动智能和自然智能等。智能的发展受到不同的文化、环境和基因条件的影响,因此,在课堂教学中,需要设计多样性的教学,呈现不同的教学场景,引导学生发展不同的智能,从而构建"智能多元化基础上的智慧课堂"。

在伦理学方面,"智慧课堂"的教学强调人的生命和内在智慧的成长,即尊重生命的内在需要,挖掘个体的生命潜能,尊重生命的自由、独立和多元,课程与教学实施更多应关注“为什么”等涉及价值判断的问题。“智慧”本身具有伦理的意味,不仅包含着知识,也指向具体的事物价值判断。“智慧课堂”教学本身具有“性善”的伦理基础,师生是生活的共同创造者,体现教育的公平、平等,从而促进人们不断崇善、向善、扬善,去实现生命的价值和智慧的呵护。

通过对板厂小学教育实践活动的观察与研究,我们认为“智慧课堂”的内涵是从“四维三性”互动的角度去建构和实施的,即从教师的教、学生的学、课程设置和学习环境四个维度,关注“智慧课堂”的主观能动性、价值共善性和问题实践性等特征。因此,四个维度和三个特征共同构成了“智慧课堂”的互动模式。

一、学生的智慧学习

智慧课堂概念的第一个维度是学生的智慧学习。那么,学生的学习如何体现“智慧”?

第一,智慧学习体现在知识的深层性。在知识经济时代,仅靠记忆陈述性知识和程序性知识是不够的。学习者必须有对复杂概念更深层次的理解,以及掌握利用复杂概念创造新概念、新知识的能力。他们还必须能对阅读的材料做出批判性评价并能以口头和书面的形式清晰地表达自己的理解,更需要学习的是整合的、可用的深层知识,而不是割裂的、脱离的情境的事实。

第二,学生学习的主观能动性。主观能动性表现为学生主动参与学习,即学生以一个“主人”的身份,充分发挥主观能动性,以适于自己“个性”的方式,自己决定自己的学习,在学习过程中独立分析、独立思考、独立决定,并且对学习效果进行自我评价、自我控制。学习科学理论认为,当学生积极参与自我知识建构时,他们对知识的理解会更深、更概括,动机更强。建构主义的一个基本假设是人们是主动的学习者,人必须为自己建构知识(Geary,1995)。为了很好地了理解材料,学习者必须为他们自己而重新发现相关的基本原理。

第三,智慧学习体现为价值共善性。智慧本身就是一种善。学生的学习不单纯是对知识、技能的学习,而是通过学习,在人和世界、理想与现实的互动中,以知识、道德和情志为基础,获得能够确定的认知、正确地行动、恰当地言语,最终达到人与世界和谐共生的目标。

第四,问题实践性。学生进入问题实践学课堂时,并不像一个空容器等着被填满,而是带着对现实世界各种各样的半成型的观点和迷思概念。学生的智慧学习不仅局限于人类经验层面的知识,更重要的是探究实践中的问题。因此,问题实践性通过探究来表现。探究是人类(尤其是儿童)固有的"天性"与"冲动"。只有在不断地探究中,人类才能持续探索、积累新的知识经验,不断提升人的智慧境界。"智慧课堂"就是要让学生在基于实践的学习中不断地提出问题,善于提出与众不同的问题,善于在学习中不盲从书本或权威,敢于质疑,敢于突破常规,能独立思考。

二、教师的智慧从教

智慧课堂的第二个维度是教师的智慧从教。

首先,教师的智慧表现为对课堂知识的处理上,不再局限于陈述性知识和程序性知识的教授,而是要在叙述已有知识经验的基础上,通过将知识系统化、综合化,为学生智慧的学习提供脚手架,以帮助学生完成对深层知识的理解。教师对知识的深层挖掘是促使学生有效思维的最基本举措,能促发学生深度思维。

其次,教师的智慧从教还体现为主观能动性。其一,激发学生的主观能动性。依照建构主义的观点,教师不是以传统的集体传授教学的方式进行教学,而是使用能够让学生进行操作或进行社会互动,从而主动参与学习的材料。此类活动强调学生进行观察、收集数据、生成和验证假设,与他人的协同式工作等。其二,发挥自身主观能动性。教师要善于和勤于反思,要对课堂具体教育情境中具体孩子具有敏感性以及处理问题时表现出教育机智。反思教育生活实质上是使自己对教育的认识更接近教育的本真意义,使自己走向教育理想的境界。教师们应当从生活本身开始,通过积极主动的反思与孩子的交往更好地理解教育生活。通过反思,教师就有可能能够识别学生的独特性和差异性,巩固差异性,激发学生学习的内部动机。

再次,教师的智慧从教体现为价值共善性。众所周知,现代教育(工业社会建立以来的教育)越来越像企业、工厂,越来越追求效率、规模、竞争、技术与控制,"麦当劳化"日趋严重,忽视了对学生生命意义与人生价值的引导,缺少必要的人性关怀。而教育的本真意义应当是:追求智慧、使人向善、教人成人,使学生成为独特的精神自我与有活力的生命个体。正如马克斯·范梅南在

《教学机智——教育智慧的意蕴》中将教育看作是人的崇高使命,看作是“规范性”活动,是善的、道德的行为,教师们应真正理解这一表述。

以外,问题实践性。对真实实践的关注,是基于对专门知识的一种新认识,这些专门知识是当今经济的知识基础。基于此原因,学生就需要学习许多科学学科中运用的基本模型、机制并进行实践。学习科学家们让学生参与到真实的实践中,即建构与专家相似的真实、有意义的实践。

三、课程的智慧重构

智慧课堂的关键在于教师创造性地重构课程,因为课堂上要教给学生的并不是面面俱到的知识内容的罗列,而是寻找“牵一发而动全身”的知识内容的主旨和意义,教师不仅要理解和认识课程内容的符号表征,而且要洞察其组织、串联的内在逻辑及其教材内容所蕴涵的教育意义及价值。

挖掘课程的深层知识。学生的学习有其特殊性,且人的全面发展所必需的全面的知识不仅包括基础文化知识,还包括人文知识、生活知识、实践经验知识、职业知识、政治经济法律知识、科技知识、世俗社会知识等。因此,课程的智慧重构,除了知识之外,还必须注重能力和综合素质的培养,而这些能力及素养依赖于学生对知识深层意义的理解,要培养全面发展的高素质人才,就要把创造能力和素质的培养提到重要地位。知识是载体,是基础;能力是展现,是升华;素质是核心,是智慧的结晶。

课程需要体现学生的主观能动性。多年来我国中小学教育中居于主导地位的是客观主义的知识观,将知识看成是一种对象性的、具有客观内容的、可以学科化的意识形式。知识主要被视作一个客观“事实”领域。也就是说,知识看上去具有客观性,对个人来说是一种外来事物,被“强加”到他或她的身上。作为一种外来事物,知识与人类的含义和主观意识间的沟通相分离,它不再被看作是需要提出异议、进行分析并加以解决的问题,相反,它需要人们去利用和掌握。这种情况下,知识脱离了有助于自我发展、形成自己一套含义的过程,而这一过程中存在着认识者和已知情况之间的解释说明关系。一旦失去了认识的主观一面,知识的目的就会变成只追求积累和分类。依据这样的知识观所进行的课堂教学就只会强调教学的任务特性、教学任务变量所用时间以及获得反馈以做出教学调整这样几个方面。这种知识观往往伴随着由上而下的课堂社会关系,其占优势的似乎是控制而不是学习。“知识并不仅仅与外部现实有关,更为重要的是,它是一种自我知识,强调理解和解放。”

课程应渗透共善价值观,一个极为重要的特征便是课程内容的开放性。开放性意味着生产性、诠释的多层性以及意义世界的多样性。要获得这样一种开放性,知识应该是丰富的、复杂的和本体性的。就层次而言,知识是丰富多彩的,且始终处于动态的发展变化之中。就结构而言,课程不是简单的而是复杂的,其间存在着多种多样的相互作用,认识者和认识对象相互交织。深度挖掘课程的内在意义和价值,将真、善、美融入到课堂中。

课程的实践性。课程实践性的主要途径是课程的整合,使学生能以不同的途径、方法学习一个主题。课堂教学中,学生为了理解,必须亲密体验,认知者不能同认知对象相分离,意义不能同引起该意义的经验情境相分离。这就向传统教育中课程的专门化、分离性观念提出了挑战。课程的智慧重构要求将课程置于整体的、交互的框架之中,要求承认并重视认识者与认识对象间的交互作用。概言之,我们需要课程和社会生活紧密相联,还要在课程内容间建立联系,和学生建立一种新型的关系。

四、环境的智慧创设

环境的智慧创设就是实现学生的智慧学习、教师的智慧教学和课程的智慧重构的环境创设,这就涉及到智慧学习环境,它是指一种能感知学习情景,识别学习者特征,提供合适的学习资源与便利的互动工具,自动记录学习过程和评测学习成果,以促进学习者有效学习的学习场所或活动空间。智慧学习环境能够实现物理环境与虚拟环境的融合,能更好地提供适应学习者个性特征的学习支持和服务(黄荣怀等,2012)。智慧学习环境的技术特征主要体现在记录过程、识别情境、联接社群、感知环境四个方面,其目的是促进学习者轻松、投入和有效的学习。

智慧学习环境主要由学习资源、智能工具、学习社群和教学社群四大要素构成,而且学习社群与教学社群之间是相互关联的,同时智慧学习环境要考虑学习者的学习方式和教师(设计者)的教学方式。换言之,智慧学习环境的构成应与具体的教学方式和学习方式相关联,不存在统一的、笼统的智慧学习环境。

这样一个“四维三性”的“智慧课堂”内涵,我们可以把它图示如下:

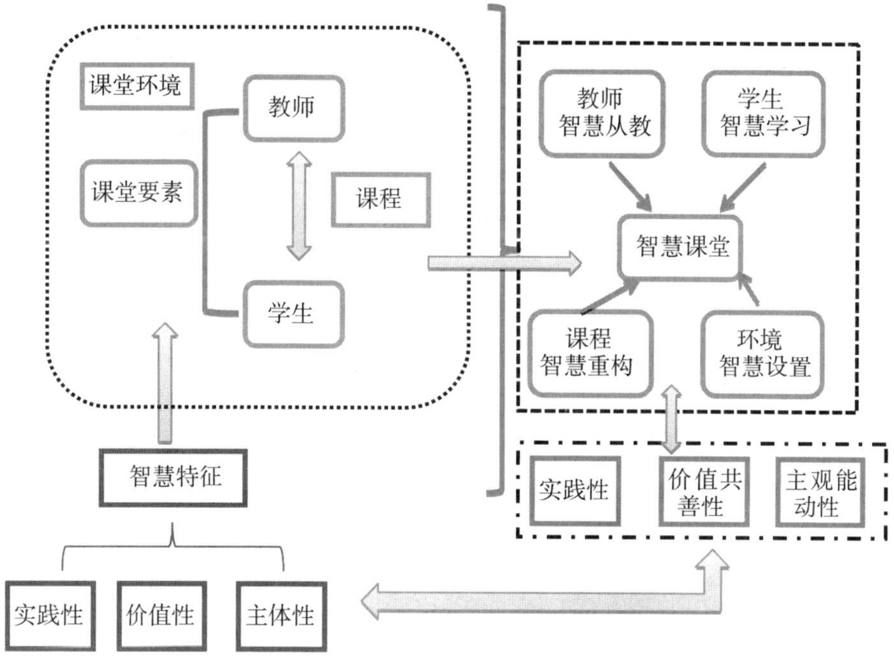

从以上对智慧课堂的建构来看，无论是学生的智慧学习、教师自身的智慧教学，还是课程的智慧重构，抑或环境的智慧创设，都取决于教师的专业智慧。教师的专业智慧体现在教师学的专业、教的专业和学科专业的全专业智慧，全专业智慧告诉我们，教师要为学生的智慧学习进行智慧的学习设计并实施，教师要为学生智慧学习进行智慧的教的设计并实施，教师要为学生智慧学习进行智慧的环境创设，更重要的是，教师要为学生的智慧学习对教材内容进行智慧的重构。它们之间的关系构成了智慧课堂的基本逻辑。

板厂小学的老师们正是在这样的“智慧课堂”理念构建的基础上，不断地反思着自己的教、学生的学、课程的重构以及环境的设置。

毫无疑问，对于“智慧课堂”理念的追寻与实践必将是一个“上下求索”的“逐日之路”，那么这本案例集正是这一过程中的抛砖引玉，是阶段性的总结与反思。

朱旭东

2015 年 11 月 20 日

目 录
CONTENTS

导 言

培养人的智慧是教育的本质追求。人类之所以具有比其它动物更发达的综合能力，是因为人类具有其它动物所没有的智慧，智慧为人类所独有，人的生命因智慧而闪光，古今中外杰出的科学家、艺术家、政治家等社会精英运用智慧创造了人类文明，推动了社会进步。从传授知识走向培养智慧，是当代教育改革的一个显著特征，世界许多国家，尤其是发达国家都在积极进行教育改革，这场教育改革的一个重要特征，是强调对人智慧的培养，我国新一轮课程改革明确提出要重视培养学生的实践能力和创新意识，这正体现了对智慧型教育的一种积极追求。打造智慧型校园，优化课程结构，促进教师教育观念的更新，教学方式的转变和专业素质的发展，在不断地自我创新、自我创造中实现自身的可持续发展是板厂小学近几年来的教育改革的目标。

随着板厂小学办学品质的不断提高，办学声誉的越来越好，一长托两校、三址办学的规模急剧扩大，使原有的师资力量已远远不能满足学校发展的需要。近一两年新入职及调入教师近50人，占学校教师的38%，那么如何使这部分教师尽快融入板厂小学的特色建设中，成为智慧教师队伍中的一员？如何又能使受教学经验禁锢，教学方法和效果有待与时俱进的部分教师跟上学校发展的步伐？年轻教师教学基本功更加扎实？2011年在北京市教育规划办课题的引领下，我们开展了“建设智慧型小学的实践研究”，课题虽已结题，但我们依然坚持通过“智慧课程的建设”“智慧课堂的模式的探究”，努力用智慧型小学建设的理论，用实践中积累的经验，引导教师智慧的发展，使教师形成教育科研、教育行为转变的自觉。因此我们说：

智慧型小学的建设需要具有教育智慧的教师。智慧的教育培养出智慧的人，有智慧的教师培养出有智慧的学生。智慧型教学的核心就是智慧型教师。

“全面地关注学生的人格完善和生命成长，关注学生的学习方法和智慧生成，关注学生的个性张扬和创新品质,不断地发现、开发和发展学生的智慧,从而使每个学生的智慧才华都能得到不同程度的发展”是智慧型教师育人的根本。智慧型的教师,需要有丰富的教育智慧。教师的教育智慧,集中表现在教育教学实践中:他具有敏锐感受、准确判断生成和变动过程中可能出现的新情势和新问题的能力;具有把握教育时机、转化教育矛盾和冲突的机智;具有根据对象实际和面临的情境及时做出决策和选择、调节教育行为的魄力;具有使学生积极投入学校生活,热爱学习和创造,愿意与他人进行心灵对话的魅力。教师的教育智慧使他的工作进入到科学和艺术结合的境界,充分展现出个性的独特风格。教育对他而言,不仅是一种工作,也是一种享受。

智慧型教师具有解读学生的智慧。教学的目的之一在于促进学生智慧的发展,在学生智慧发展过程中,不仅需要教师教学智慧的转变,同样有赖于教师教育智慧的熏染。智慧型教师善于解读学生的智慧,能够看到学生当前的优点与缺陷,预见到学生将要达到的发展区,透过现象,看到事物因果之间的联系点,从而引发思考,生成问题,进一步确认问题的性质、特点以及解决的价值和意义,同时还要注意认清对周围其他人有什么教育与影响,下一步便是着手寻找对症下药的良方了。值得注意的是,智慧型教师明白自己工作的出发点和归宿,他所追求的是一种适合孩子发展的教育,不是以是否出现自己期望的结果去断定真伪,更不是追求适合自己教育的孩子,而是以科学的原理去建立适合儿童的教育智慧。

智慧型教师具有师生互动的智慧。创设基于师生交往的互动、互惠的师生互动关系,是智慧教育的一项重要任务。师生交往的本质属性是主体性,交往意味着对话,意味着参与,意味着相互建构。两者在人格上完全平等,即师生之间只有价值的平等,而没有高低、强弱之分。在班级这个学习共同体中,教师是教学的成员,同样在学生的语言表达与沟通交往等能力的塑造与培养中起着重要作用。学生个性的形成,学生交往习惯的定型,与班级活动、师生交流的影响是分不开的。学生的学习,就是在合作文化的环境中,通过人人参与、平等对话、真诚沟通、彼此信赖来形成学习方式的变革,共享经验知识,实现自我超越。智慧型教师除了他的正式职能以外,将越来越成为一个顾问,一个交换意见的参与者,一个帮助学生发现矛盾问题的知心人,而不是空洞说教、拿出理论真理的演说家。在这样的师生关系中,学生会体验到自由、民主、尊重、信任、友善、理解、宽容和关爱,同时受到激励、鞭策、鼓舞、感化、召唤、指导和建议,形成积极的、丰富的人生智慧与情感体验。

智慧型教师具有管理反思的智慧。杜威在《我们怎样思维》中强调,反思性行为是对任何信念和实践进行积极的、持续的和仔细的考虑行为，涉及到直觉、情绪和激情，是理性和情绪交织的行为，其中虚心、责任感、全心全意是反思性行为的有机组成部分。教学反思是教师专业发展和自我成长的核心因素。智慧型教师善于结合自身实际，通过自觉的反思、提炼，来实现教育智慧的形成。因此，智慧型教师懂得珍视他在长期实践中所积累的经验和体验，在借鉴和审视的基础上，重视自己的经验，要看到自己的长处和不足，在总结和反思下促进智慧的生成。智慧型教师能够充分抓住机会进行教育科研，且逐步养成科研的习惯，比如平时通过教师叙事、个案分析等形式进行文本研究，通过写反思日记、心得体会、随笔、填写表格等多种形式对自身参与学生活动或研讨会的过程、效果进行认真的自我反思，以便能够快速地接收、探索、创新和应用新的教育教学思想，为反思性实践的实现提供前提。

构建智慧型课堂模式提升教师智慧教学水平。课堂教学是智慧型教学的核心部分，在不断地研究和探索中，我校初步形成了智慧课堂教学模式，即全人教育的课堂、关爱学生的课堂、遵循学习规律的课堂、培养质疑的课堂。

智慧的课堂，关爱学生的课堂。陶行知曾说："真教育是心心相印的活动，发自内心地尊重学生，才能换来学生的尊重爱戴。"在智慧课堂上，应处处体现为教师对学生的关爱。创设愉悦的教学情境，真诚鼓励、耐心等待、理解包容学生，让学生享受成功、赢得自信、获得快乐、智慧闪现。多元的评价语言发挥鼓励和指导作用，体现对学生的尊重和认同，教师表扬赞美的评价会让学生获得成功、树立自信，合理的意见指导使学生掌握知识、习得方法、探索规律。

美术教师温昱在教学《笔墨游戏——青蛙》一课时，创设了愉悦的教学情境。学生和老师一起在笔墨游戏接龙中，体会笔墨浓淡的变化，中锋、侧锋的使用。每个学生在参与游戏时，既要出色地完成自己的一笔，又要照顾前后，集所有人之力才能完成整幅画。学习的过程成为了学生之间传递爱的过程。在愉悦的情感交流中，学生很容易地掌握了这节课的知识点。数学王春侠老师在教授《时、分、秒》时，让学生交流"你还知道哪些时间单位?"一个学生说："老师，我知道比'时'大的时间单位有：年、月、日、星期、旬、世纪。"还有的学生说："我知道有比'秒'更小的时间单位：微妙、毫秒。"正当她为孩子拥有丰富的知识而感到欣慰时，有个学生说："有比世纪还大的时间单位'光年'"。很显然，"光年"并不是时间单位，学生立刻就议论起来。这时她并没有批评说错的学生，也没有立刻给学生准确的答复，而是发挥教师的主导作用，面向全班说："这个同学真爱思考，课外知识也很丰富。'光年'这一数学名词带着年，到底是不是时间单位呢？我感谢这位同学给我们带来了惊叹号与问号。这个问题将引导着我们大家继续探究。”这句评价，化解了该学生没有正确回答问题的尴尬，保护了孩子的自尊心；同时又巧妙地引导着学生继续探究未知的心理，借此又感谢了那些与我们分享知识的学生。此评价使得发言过程中的每个人都得到了表扬，体验到了成功的快乐，同时也给孩子们提供了更为广阔的思考空间。

智慧的课堂，遵循规律的课堂。学生的学习是感知、领悟、积累、运用、形成的过程。智慧的课堂应该从学生的认知规律、年龄特点和学科特点中去寻求科学的教学方式。只有树立“规律意识”，尊重规律，探索规律，掌握规律，运用规律，才能真正做到以学生为主体，让智慧课堂成为学生发展的舞台。

音乐白艳教师在校本课程《京剧欣赏》教学中，能够根据学生的心理年龄特点，遵循学生的认知规律，及时调整教学内容和教学方式，激发学生的学习兴趣。在欣赏京剧《报灯名》时，教师发现按照常规教学向学生介绍剧情、剧中人物，观看视频这一原有设计不能引发学生的兴趣后，及时调整教学内容改变教学方式，决定采取模仿、实践形式学习，根据京剧行当丑角的特点设计教学形式。例如使用伴奏乐器梆子，并邀请学生现场敲击；给每个学生鼻梁上按一个白粉印记，感受丑角化妆特点；穿上京剧服装水袖，模仿文丑表演；接着观看动作分解视频，教师和全体学生一起模拟表演，学生兴趣盎然，充分感受到了丑角的特色，课堂气氛活跃。张平老师在五年级语文《自己的花是让别人看的》的教学中讲到作者季羡林徜徉在德国街头，感觉如入“林荫道”上。学生联系生活，知道它形容风景优美，但体会不到美在何处。教师能够根据学生的心理年龄特点，遵循学生的认知规律，及时调整教学方式，帮助学生走进文本。老师呈现资料介绍，从其中的典故入手，引导学生理解，先是用幻灯片出示《世说新语》中对于“林阴道”描写的白话文解释，然后出示文言文原文，帮学生搭设理解文言文的梯子，由此讲述古往今来林阴道的变化，激发学生想象，感受德国景色的美丽。为了激活学生思维、调动学生积极参与课堂的兴趣，英语教师李平遵循低年级学生认知规律，注意在课堂上创设多种情景。例如，以实物或图片创设情境；通过体态语，创设情境；自编游戏创设情境；运用多媒体创设情境；创编歌谣，创设情境等，以此来激发学生对英语的浓厚兴趣。学生们积极参与课堂教学活动，并能在课堂上表现得超出老师的预设，语言表达也更为丰富。年轻的英语教师充满活力、富有激情，创设多种情境启发学生，调动学生的语言思维，培养学生的英语学习能力。使学生在有趣的活动中体验、理解、巩固，达到学在课堂，乐在其中的效果。

智慧的课堂，培养质疑的课堂。学源于思，思源于疑。只有学会问，才算会学。学习过程就是从“有问题”到“没问题”再到“有问题”的求知过程，学习的终点不是“没问题”而是产生“新问题”。智慧课堂就要培养学生有效提问、质疑的能力，让学生在探索寻求答案的过程中开拓思维，增长智慧。因而教师要改变观念，为学生课上的提问、质疑创设条件，培养学生敢于提问、善于提问、敢于质疑的习惯和能力，让学生带着问题主动思考、大胆讨论、积极交流、深入探究。

在五年级的数学研究性学习中，我校教师赵淑繁设计了《找规律》的教学内容，整堂课在学生动手拼摆的过程中，变抽象的字母表示为直观形象的展现，使学生的思维向深度发展；在学生多样的拼摆过程中，学生提出了“大家拼摆出的图形周长都一样吗？”教师抓住这个质疑点，引导学生开展探究学习，利用数形结合的数学思想发现知识间内在的规律，最终通过两种不同方式的解法，在对比中又得出规律产生的原因，使学生的思维品质得到深层次的发展。汝斌老师在语文《少年闰土》一文的教学中，在学生梳理出文章的脉络后，老师引导学生进行观察，鼓励学生针对文章的布局谋篇进行思考，引导学生质疑：“课文先写了回忆中闰土看瓜刺猹的形象，再写他们相识、相处、相别你对这样的布局谋篇有什么疑惑吗？”学生提出疑问：“第一自然段的作用是什么？与全文的联系是什么？”在学习“雪地捕鸟”对话描写时，老师引导学生观察作者语言表达上的特点进行第二次质疑：“通过分角色读对话你发现在这些对话的描写上有什么特点吗？”学生们有的提出“为什么闰土的语言中有好多的省略号，还有的提到作者的话为什么只有两句，可闰土讲的却很多很多？”在学习文章含义深刻的句子时，教师设计出现了第三次质疑：“读了这段文字，在理解上有没有感到困惑的地方？”，引导学生通过思考提出自己不懂的地方。课堂的教与学都来自学生所需，这些质疑的设计是有目的、有方法的，引领学生深度思维，让课堂更具实效性。

智慧的课堂，全人教育的课堂。新课程背景下的课堂教学，让课堂教学的终极意义指向了人，指向了人的发展。这种转变是新课改的一大亮点，是新课改最具生命活力的精华，是新课改实现“全人发展”目标的有效途径。我们改变现行教育中以做事为目的，只关注知识与技术的半人教育，倡导以育人为本，强调在综合实践中关注学生的生活，开发人的理智、情趣、身心、美感、创造力和精神潜能为教育目的的全人教育，让课堂教学的终极意义指向了人，指向了人的发展。这样的课堂一定是智慧的、全人教育的课堂。

五年级毛维华老师在教授《钓鱼的启示》一课时，巧妙借助词语，借助文章内容，借助文章表达形式创设情境，让学生学习语言、积累语言、运用语言。课上，教师和学生分别转换角色，扮演父亲和儿子进行对话，通过口语交际的教学活动，使学生不仅理解了“道德只是简单的是与非的问题，实践起来却很难。”这句话的深刻含义。在师生互动中，在生生的倾听中，在与文本的对话中，突破思想教育的瓶颈，使思想教育由模式化变为生活化；由被动的接纳变为主动的内化；由生硬的说理变为灵动的体验，引领学生向真、向善、向美。六年级陆金茹教师在教授《扇形统计图》一课时，在解决实际应用的环节时，教师不是单纯的教授百分数在统计图中的含义，解决百分数的实际应用的问题，而是重视结合问题的情境，对学生进行思想教育。当学生结合扇形统计图提出看电视的时间占一天的15%时，教师引导学生要爱护眼睛、保护视力；当学生提出房贷与家庭食品的支出一样的时候，教师引导学生理解父母的压力，要学会感恩；当学生发现水电的费用占全部收入不太多的时候，教师表扬这个家庭注重节水节电，倡导学生人人争做环保小卫士。本堂课，教师还巧妙地将学生获取信息的渠道进行了梳理，使学生明白课堂不是获取知识的唯一渠道，还可以向书本、网络、家长、同学、老师获取解决问题的答案，使课堂得到无限的延伸，而教师的引领又是无痕的。

智慧的课堂体现了：以学生为主体，强调每一个学生的需求、欲望和意识，兼顾学生的个性发展，通过现代课堂教学手段，实现教与学发展的统一性；突出学生是课堂的主人，而绝非是单纯的知识构建者，要求教师用真情实感、自身的学科素养，以尊重学生为前提，关注学生的生活体验，为解学生之困、发展学生的个性服务。

智慧课堂实现了教师智慧教学方式的改变。智慧的课堂教学需要智慧型教师，教师是学生成长的引导者、促进者和自我成长的反思者、实践者。教师的智慧教学，应该是立足教学实际、主动驾驭课堂与学生认知规律，将自身智慧与先进教学思想融为一体，表现为有深层思考，有价值追求，有人文关怀，有较高的悟性，有敏锐的洞察能力，在学生成长与个人成长历程中扮演仁者与智者的双重角色。智慧型教学的着力点放在智慧型教师是如何实现教学目的有效达成，教学资源的有效选用，教学策略的有效运用，教学评价的有效监控。

为实现“教学的研究内容来源于教学、研究的过程根植于教学、研究的成果服务于教学”的目标，我们采取了以小课题为引领，以实践为平台，以反思为手段的“四点合一”教学方式改变的行动研究。实现了教师教学设计的研讨、教学实践的互动、教学行为的反思，使教师既是教学研究的设计者，又是教学实践的改进者。“四点合一”的教学行动研究，即学习先进教育教学理念，寻找自己在教学中最关注的“某一点”；备课过程中，精心设计“这一点”；课堂实践中，大胆尝试“这一点”;课后反思认真提升“这一点”。教师根据自己在教学中寻找到的某一点问题,每月制定一次教学行动计划,在精心设计、大胆实践后,认真进行反思,及时调整改进措施,解决问题,收获提升。“四点合一”行动研究,依据《智慧课堂的评价标准》,让教师主动地发现教育教学中的真实问题,带着问题主动研究、大胆实践、深入反思,培养教师问题意识,提升教师的专业素质,向科研型教师发展。学校结合教师们呈现的“四点合一”问题,开展3个层次的交流,即教研组交流、学科组交流、全校任课教师交流。交流的过程就是相互学习的过程,在共同的学习中,在思维的碰撞中,通过专业引领、同伴互助、自主反思、互相学习,共建共享研究成果。

“四点合一”行动研究,促进教师主动发现问题,养成思考的习惯。当前新课改倡导教师是校本教研的主体,教学研究是教师的权利和责任。但在传统的教研中,教研的主体是专业的教研员或学校的教学干部,教师主要是在上级部门地指导下,按照一定程序完成规定教学任务的具体操作者,处于客观地位,扮演的仅仅是“配角”“旁观者”,这种研修方式不能有效地解决学校所面临的突出问题,不能有效地提升教师的专业发展水平,不能有效地促进学生的发展。

我们实施的“四点合一”的行动研究,首先是促进教师善于捕捉教育教学中的实际问题,是一种“问题式”的“自我引领”,教师在实践中,不回避现实生活中的问题,对问题产生的各种复杂因素,看得清、摸得准,抓住要害,从而有效解决问题。在实际操作时,我们更是放开要求,教师可以将一个问题深入化研究,也可以将问题的研究进行系列化探索,提倡教师个性化的研究。数学教学干部赵淑繁结合数学教师的问题、结合自身教学的实践,研究的主要方向是在课堂教学中如何解决生活中的数学问题。教师发现学生在生活中主动运用数学知识解决实际问题的能力较差,探索在课堂教学的实际中,怎样提升学生应用数学知识解决实际问题的能力。在一个学年教学工作中,结合“四点合一”行动研究,教师尝试在不同的知识领域、不同的学段、不同的课型当中确定一些“小问题”,作为研究内容,在日常的教学中关注这些“小问题”,注重开展研究,积累教学的经验。王春侠老师,经过学校的课题培训(智慧型小学的建设研究),认为教师的智慧是要善于捕捉学生的生成,将学生课上闪现的智慧火花加以保护,让学生更好的发展,于是,课上王老师更加关注学生的生成,写下了关于生成的实践感悟。她的“四点合一”的关注点体现为善于捕捉课堂生成,顺势而导,体现教学机智。详见:附表一

附表一　板厂小学数学教师“智慧课堂评价”学习实践记录表

二年级	教师姓名：王春侠（根据不足、反思，可见教师的成长）
关注点	善于捕捉课堂生成，顺势而导，体现教学机智
教学设计	师：同学们，刚才我们学习了长度单位“米”和“厘米”，你还知道哪些长度单位？ 生：毫米、分米、尺、寸、英尺……
实践感悟	孩子们的回答有些出乎我的意料，我本想孩子借助直尺会说与“米”和“厘米”紧密相关的“分米”“毫米”而已，没想到我过去使用的“尺”和“寸”，以及国外的测量单位“英尺”孩子们同样知道。所以就把我预想到的“分米”“毫米”有多长告诉了孩子，而与这节课稍远些的知识就忽略了，让孩子们课下查阅资料去了解。 如果这时候老师能够给孩子一个解释，那孩子得多崇拜老师的扎实学识啊，那孩子不是有多获得了一些知识吗？老师的“狭想”，限制了孩子宽阔的学习之路。
反思提升	教学的生命力与真正价值在于预设下的生成教学。它是师生交往、积极互动、共同发展的过程，是预设与生成的有机融合。生成性教学内容强调课堂是一个不断“生成”的教学过程，而这一过程中必然会出现一些难以预料的课堂“预设”之外的教学意外（偶发）事件。课堂教学中教师对生成性资源的把握尤为重要，这需要教师凭借教学机智艺术性地应对。如何睿智地处理课堂生成的教学意外事件，值得我们探究。 ——当学生出现错误的时候，教师应该以敏锐的思维分析错误，快速判断错误的可利用价值，在尊重学生的同时，巧妙的利用错误，智慧地将错误化为资源。因此教师不仅要学会宽容学生，更应学会欣赏学生，挖掘和捕捉学生的智慧，向学生学习。生成的错误，不仅为教师教学提供了宝贵的资源，而且为教师教学技能的提升创造了契机。错误，一朵美丽的花！ ——许多有价值的生成不一定都要当场应对，可以延迟判断。延迟判断不是回避，而是等时机成熟时，再加以利用。教师只要充分发挥自己的教学智慧，有效地调整好每一个生成性教学细节，就能使教学过程变得具体、丰富而充实，使教学过程充满变化与灵动，充满诗意与创造，诱发教学过程的高潮，开掘教学的深层意蕴，使师生主体共同成长，实现教学的真正要义。
改进策略	1. 教师精心预设。所谓预则立，不预则废。教师只有积极对待可能的生成性问题，才能有效、高效地应对生成，通过积极应急预案减少无措现象。教师自己也增强了信心。 2. 学生自然生成。教师要以真诚宽容的态度接纳生成，为学生问题生成创造良好氛围。我们不妨借鉴《小学数学课堂中的预设与生成》中的“将错就错法”和“延迟判断法”。

“四点合一”行动研究，使教师理论联系实际，形成研究的自觉。教师习惯了凭经验进行教学，部分教师觉得“教师做研究”离他们很遥远，和他们没有什么关系，还有的老师提出“那些东西根本不适合我的情况，不用做了。”考虑到“老师们

在接收了新的教育理论的同时,也为如何运用到自己的实际教学中而深感困惑。”我们加强了对教师行动研究的培训,聘请到北师大宋萑教授,围绕着教师自定的课题,进行了评述与指导,并就行动研究的方式与内容进行了讲座,鼓励教师大胆地在自己的课堂教学中实践尝试,在教研组共同的研讨下,达成互动互塑的目的。例:数学组教师开展的学情分析的学习研讨会,是教师在关注学生学情分析的基础上,在填写好《板厂小学数学教师“智慧课堂评价”学习实践记录表》后,又在教研组中进行了初步的交流,最后老师们进一步在数学学科组进行了全体数学教师的交流。交流会上,采用“任务驱动式”和“同伴互助”的研讨方式提升教研的质量,我们选出有意进行学生学情分析的三位教师进行初步的汇报,听会教师在认真聆听的过程中,选出自己关注的重点词。汇报结束后,大家纷纷说出自己关注的重点词:元认知、调查、尊重学生、知识基础、思维、教与学方式、等等,进一步梳理这些词汇,大家共同将这些词汇进行分类整理发现:有些老师关注的是学情分析的方法、有些老师关注的是学情分析的重要性、还有些教师关注的是学情分析的内容,但是大家最终达成的共识是:转变教与学的方式,关键是以学生为主体。有了这次深层次的探讨,大家在思维意识上有了一定的转变,在今年的“青年杯”教学大赛中,我们邀请到特级教师作为评委来校评课,专家给出的评价是:教师的教学敢于创新,以学生为中心环节的设计主体更加开放。

“四点合一”行动研究,使教师温故而知新,坚定反思的信念。教学是一项周而复始、反复实践的工作,教学目标的达成需要在实践、反思、再实践、再反思,不断总结,不断改进,不断温故知新中实现的。“四点合一”行动研究就是要通过教师自己反思、自己动手的过程来认识和内化理论知识,并形成自己的实践性知识。因为它首先是扎根于教师的实际教育生活,以教师在教学中遇到的实际问题为出发点,所以这种研究自始至终都是和教师自身密不可分的。他们是研究的主角,他们品味着其中的酸甜苦辣。这样的研究模式,一方面,适合教学经验比较丰富的老师利用自己的教学实践经验开展研究;另一方面,由于学校越来越重视课题的研究,我校的课题也是围绕“本校”的实际和问题进行的,所以在这方面教师始终是主角。回顾课题发展的这几年,我发现我们的老师在成多或少地发生着改变。特别是经历了东城区“东兴杯”教师基本功大赛、校“青年杯”大赛等各项活动之后,教师有了深刻的认识和感受,从众多的教师反思和感受中,我们从中选出了三位老师的反思进行比较,三位老师的共同之处就是在不断地改变自己。王春霞老师巧用评价,拉近了老师与学生之间的距离,让新入学的学生从内心接纳老师,接受老师的教育,进一步约束自己的行为,养成良好习惯的同时,思维也向深度、广度发展;王老师在没有教过一年级的情况下,转变自己的教育行为,她的转变是以尊重学生的个性和情感为前提,以真诚地欣赏尚为稚嫩的创造为出发点,立足关爱学生,以此来展现她的教育智慧。付丽蕊老师今年接的两个班级学生基础都比较好,但她的内心也是有压力的。在我校科研课题的引领下,付老师利用前测等方法了解学生,做到在走进课堂之前心中有数。培养学生数学思维,课堂是主渠道,借助丰富多彩的、富有成效的数学活动实现,这是近期我和付老师思维碰撞的结果。而付老师的转变是勇敢地尝试一些科研的方法,改变以往的墨守成规。我认为科研有时离我们很远,有时又觉得自己在茫然时,科研能给予我们方向。但是不管怎样,只要勇敢地尝试,深度地反思,再加上专家的深刻地分析,我们一定会有收获的。宋晓麟老师的转变在于“分析了自我”“分析了学生”。宋老师的特点是:知识丰富,爱讲数学知识,骨子里能流露出对数学喜爱的情感。但是他“讲”得太多,忽视了教育的对象,忽视了孩子们的认知程度。今年,他将更多的课堂时间归还给学生,让学生动手、动脑实践。在操作中生成智慧,是教师深度反思后获得的教育智慧。

总之,没有实践的理论是缺乏活力的,而没有理论的实践是缺乏后劲的。有了学习,有了反思才会有改变。“改变”成了课程改革最核心的理念。对课程、目标、教材、教法、学习、评价和资源的认识,对设计、过程、方法、手段和生成的理解,一切都在“改”中变化。虽然我们还有诸多的理论问题要解决,也有诸多的实验困惑,但我们已经在“改变”。既然要改变,就不能追求一瞬间的完美;既然要改变,就需要我们在学习反思的过程中,积蓄自信力,用智慧焕发课堂的生命力。

我校教师实践智慧与创新教学能力的提升,有赖于北京师范大学教师研究中心专家们的引领。朱旭东主任用《智慧教师成长路经》为板厂小学教师队伍建设明确了方向,“教师成长模型”使每一位教师在认识教师成长的层次、基础和机制的基础上,明确了阅读作为一种习惯是增长学科能力、专业素养的重要途径;懂得了反思教学过程、积累教学实例、增强理性思考,学习经验理性写作、数字理性写作、理论理性的写作,进一步认识自我、理解自我、提升自我,永远行走在自我完善、自我规划、自我创新发展的路上。袁丽副所长所倡导的《智慧课堂之“学习共同体”》不仅从更高的层面解读智慧课堂的含义,还使我们更加坚定了通过建构学习共同体,实现教育为学生服务的意义。教师为学生长远的人生目标确立一个良好的起点,那就是我们是教育的态度、教师的责任。2015 年 4 月我校又与北师大教师教育研究中心签订了“板厂小学‘智慧育人’教师行动研究能力提升高级研修项目书”,在进一步提升教师的发展与研究能力的基础上,整体培养造就一批理论与实践能力兼备的智慧型教师团队。在项目推进的过程中,北师大专家团队走进板厂小学的课堂,每名专家带领3位教师,共同围绕着智慧课堂的评价标准,开展了智慧课堂的研讨活动,开启了板厂小学"导师制"的新内容,14位专家共听课、评课36节。专家以欣赏的眼光提出、中肯的意见,为我校教师增添了深入研究的勇气和信心,老师们纷纷投入到科学研究中,努力做研究型、学者型、专家型智慧教师!同期,学校10位教师走进北师大校园,与教授结对进行10天的脱产培训,提升了自身的专业素养。在北师大教师教育研究中心的指导下,板厂小学《"点亮智慧课堂"研究案例与分析》一书成为教师与专家们对话的平台,成为板厂小学智慧课堂建设,教师智慧育人、发展的动力。

在学校发展进程中,学校会与北师大教师教育研究中心继续牵手,共同见证板厂小学智慧校园的蓬勃发展,共同培育板厂小学的智慧学生,共同引领我们教师的智慧成长!

冯雅男

2015年11月8日

第一章

语　文

回归文本解读

方麟(博士后、副教授)

语文教学的本体,应该而且只能是文本。回归语文教学本体,就是要回归文本解读。无论是以学生为主体,还是以教师为主导,课堂教学的灵魂都来自于学生与教师的文本解读能力。

文本解读,脱胎于西方文学理论中的“新批评派”,以文本的深入细致阐发研读为旨归。新批评派是英美现代文学批评中最有影响的流派之一,诞生于二十世纪二十年代的英国,形成于三十年代的美国,成熟于四五十年代的美国。它强调通过仔细阅读文学作品,从作家转向作品,从背景走向文本,使人们把注意力移向语言本身。“细读法”是新批评创造的一种具体的批评方法,类似于中国古人说的“书读百遍,其义自现”。

根据以往的培训经验,我们发现语文教师的文本解读能力参差不齐。个别教师,一旦离开教学参考书,甚至很难有教师个性化的教学空间和对教学文本细致入微的研究。这种对文本的陌生与隔膜,使得课堂教学的深度和广度都大打折扣。此外,同一篇文章,不同教师的文本解读也千差万别,这势必导致同一学校各个班级的教学水平产生重大差异。对文本本身的距离,势必造成课堂效果的弱化以及形式主义的泛滥。因此,进行语文文本解读精研,就显得特别必要和迫切了。

现就内容模块而言,教师可以考虑不同文体的解读方法,如散文、诗歌、古文、议论文等文体;可以考虑同一文本的解读梯度,如整体把握、积累运用和延伸拓展;可以考虑同类文本的解读策略、单元文本的解读模式、不同文本的解读汇通等。就学习模块而言,教师可以考虑采用会读、重读、研讨等多种方式。就学科模块而言,既要突出语文教学传承文化,培养人文精神的特性,又要利用文本潜在的跨学科功能。通过文本解读,引导学生钻研不同文体、同一文本、同类文本、单元文本以及不同文本的解读方法、梯度、策略、模式和汇通,大力提高学生的文本解读能力和解读策略。

板厂小学致力于"智慧型小学建设",强调学生辨析判断能力与创新创造能力的培养。从学生的智慧学习、教师的智慧从教、课程的智慧重构到环境的智慧设置诸环节入手,注重知识深层性、主观能动性、价值共善性和问题实践性。我们认为,语文教学要实现以上目标,仍然要建在文本的地基上。

芦莹老师的《荷叶圆圆》,注重汉字字形的分析和语言句式的习得;郭燕巍老师的《为中华崛起而读书》,注重同义词辨析和情感价值观的熏陶;韩玉老师的《蝙蝠和雷达》,注重关键词语和关键句的理解;吴文红老师的《将相和》,注重环环提问和步步深入;孙铮老师的《真理诞生于一百个问号之后》,注重对议论文结构的体认。这些,都是智慧型课堂背景下对语文文本的深入解读。

通过文本解读能力的培养,从大处着眼,从小处着手,可以切实提升学生的语文热情,促进学生的语文素养,培养学生的人文精神。

《为中华崛起而读书》研究案例与分析

教师简介：

郭燕巍，女，出生于1975年6月，本科学历，小学高级教师。从事教育工作20年，其间连续15年担任语文教学兼班主任工作。在工作中注重对教学方法的探索，对教育方式的研究。以爱心感染学生，以真诚感动家长。所带班级在各项活动中表现突出，受到学校和家长的好评。所撰写的论文多次获得市级、区级奖项，在东城区语文基本功大赛中获得三等奖，多次承担区级教研任务，并被评为区级优秀辅导员、优秀班主任。

教学基本信息：

教材：义务教育课程标准实验教科书	出版社：人民教育出版社
年级：四年级	学科：语文
课题：为中华崛起而读书	课时：第二学时

一、教学设计

（一）背景分析

1. 教学内容：《为中华之崛起而读书》是人教版九年制义务教育小学语文第七册第七单元的一篇精读课文。本单元从不同的角度讲述了别人成长的故事，让学生在阅读时受到启发，思考自己成长中的问题。这篇课文写的是周恩来少年时代的一件事，他耳闻目睹了中国人在外国租界里受洋人欺凌却无处说理的事情，从中深刻体会到伯父说的“中华不振”的含义，从而立志要为振兴中华而读书，表现了少年周恩来的博大胸襟和远大志向。

2. 学生情况：《为中华之崛起而读书》是第七单元教材的首篇课文，本组课文以“成长”为主题，训练重点是“引导学生认真阅读，体会课文表达的思想感情。”学生刚由三年级升到四年级，在自主感悟课文内容方面已有了一定的基础，但本文的时代背景与学生的生活相差太远，学生不易进入文本的情境，与人物产生情感的共鸣。因此，本课的设计力求在读文基础上，与课内外的语文学习资源整合起来，将听、说、读、写、思有机结合，使学生深入体会周恩来立志的原因，并在体验别人成长经历的同时，思考自己成长中的问题，学习如何立志。

3. 教学方式：以境染情。创设情境，渲染气氛，让学生在特定的情境之中，触景生情，身临其境，激发情感，达到情感共鸣，以读传情。文中重点词句都在师生的朗读中一一诠释，在朗读中体会词句的含义，品味词句运用的独到之处。通过多形式、多角度的朗读训练，受到情感的熏陶，体现语文学科工具性和人文性统一的特性。

4. 教学手段：课件引导、自主探究、课外资料、提升认知、练笔表达。

5. 技术准备：PPT、课外资料、音乐、图片。

（二）教学目标

1. 抓住重点词句了解少年周恩来立志的原因，理解“中华不振”的含义。

2. 正确、流利、有感情地朗读课文。

3. 体会人物情感，感受少年周恩来的博大胸怀和远大志向，明确和坚定自己的读书目标。

（三）教学重点

体会人物情感，感受少年周恩来的博大胸怀和远大志向，明确和坚定自己的读书目标。

（四）教学难点

了解当时的社会背景，抓住重点词句，了解少年周恩来立志的原因，理解“中华不振”的含义。

（五）教具准备

PPT、课外资料、音乐、图片

（六）教学过程

☞教学流程示意

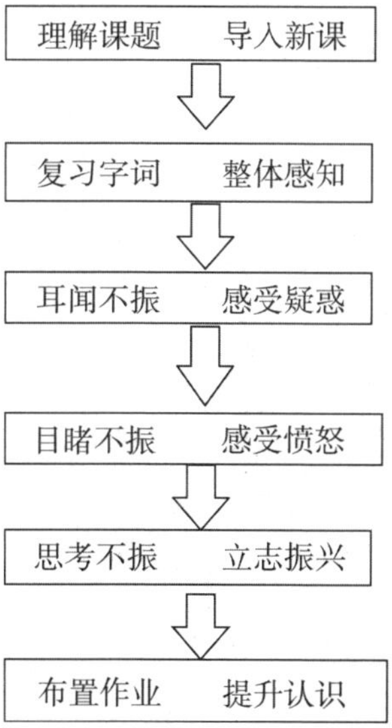

☞教学流程及设计意图

1. 复习词语,导入新课

(1)理解课题

①齐读课题:为中华之崛起而读书。

②崛起,就是兴起;之,是“的”。谁来说说课题的意思?

(2)复习词语

出示课件1:租界　　繁华　　热闹非凡　　灯红酒绿

①什么是租界?学生谈自己的初步认知。

(帝国主义国家强迫半殖民地国家在通商都市内“租借”给他们做进一步侵略的据点的地区。)

出示课件2:

洋人　　　　　得意洋洋

巡警　　　　　耀武扬威

妇女　　　　　衣衫褴褛

围观人　　　　紧握拳头

①读出洋人的得意。

②读到描写妇女的词语时,你仿佛看到了什么?(妇女的衣着破烂不堪就叫衣衫褴褛)

(设计意图:字词教学是阅读教学的基础,四年级同样不可忽视。这一环节的设计在帮助学生巩固字词,学会运用的同时,理清文章思路,了解词语的意思,为后面学文做好铺垫。)

2. 聚焦“中华不振”,感受不振

(1)耳闻“中华不振”

①有一个人,他在少年时期就以“中华崛起”作为自己读书奋斗的目标。他是谁呢?为什么周恩来这么小就立下这样远大的志向?请你快速读文,在文中寻找答案。

②文中几次出现了中华不振?找出带有这个词语的相关语句画下来。请同学读一读,这一次,周恩来是怎样知道中华不振的?(板书:耳闻)

③分角色、合作朗读这段话,周恩来听后什么心情?(板书:疑惑)

(2)目睹”中华不振”

①请同学读第二处带有“中华不振”的句子。这次,周恩来是怎样知道中华不振的?(板书:目睹)

②周恩来目睹了租界里发生的事情,哪些自然段向我们介绍了租界和发生在那的故事。周恩来看到的租界是什么样子的?

③出示课件 3

一个风和日丽的星期天,周恩来背着大伯,约了一个要好的同学走进了租界。嘿!这一带果真和别处大不相同:一条条街道灯红酒绿、热闹非凡,街道两旁行走的大多是黄头发、白皮肤、大鼻子的外国人和耀武扬威的巡警。

A. 这段话和原文有什么不一样?

B. 理解"走进"和"闯进"的不同之处。

C. 你认为租界是个怎样的地方?

D. 讲国人与狗的故事,出示课件 4。学生听后谈感受。此时您是什么心情。带着愤怒的语气读一读。

(设计意图:在理解课文"闯"字之后,引入华人与狗的故事,学生愤怒的情感一下子被激发出来,加深了对课文的理解,激发了学生对帝国主义的愤慨。)

这就是灯红酒绿的租界,这就是不让中国人进的租界,在自己的国家里,自己的领土上不能随意走动,让人愤怒。然而,租界里看到的那一幕更是让周恩来感受到中华不振。

④出示自学提示

A. 默读第八自然段,划出让你感受深刻的语句,抓住一个词或一句话,想想自己体会到什么。

B. 假如我是这个妇女,看见你们紧握拳头,为什么?我听出了愤怒,你想干什么?

C. 句式训练,理解"中华不振"。

⑤出示课件 5

但是,在外国租界里,谁又敢怎么样呢?只能劝劝那个不幸的妇女。

在外国租界里,中国人不敢________,只能________。

D. 此时,你认为中华不振是什么?我们与周恩来一起懂得了"中华不振"的含义。(在国人受欺侮时敢怒不敢言,国土被踏。)

E. 师生接读。

(3)思考"中华不振"

①播放课件

出示课件 6:播放一组当时中国人生活的图片。

教师配乐旁白:周恩来在租界看到的这一幕,只是中国人生活的一个画面,受侮辱、受欺凌的岂止是这个妇女？社会得不到发展，国家没有地位，人民即将沦为外国列强的奴隶……中华不振，任人宰割。

此时你想说什么？又想做什么？

（设计意图：在学生理解周恩来目睹“中华不振”后，我引入了大量的课外资料，一张张图片，一个个不平等条约，在悲凉的音乐声中，在教师动情的朗读中，为学生创设了情境，学生也完全进入了情境，深深地被感染，更为清朝政府的腐败无能感到愤怒。）

②从租界回来以后，周恩来一个人在沉思，他会问谁，如果问自己，会问什么？写在书上，这一切都是因为中华不振。此刻，周恩来的心情浓缩成九个字，生一起读。

③教师引读

A. 是啊，少年周恩来在那时就已经认识到，中国人要想不受帝国主义的欺凌，就要振兴中华，读书，就要以此为目标。“为中华之崛起而读书”这简短的九个字在12岁的周恩来心中重复了无数次。因此，当校长提问时，他清晰而坚定地回答：“为中华之崛起而读书！”（女生读）

B. 这九个字是他今后学习的动力，因此他铿锵有力地回答：“为中华之崛起而读书！”（男生读）

C. 这九个字是他一生信守的诺言，这九个字更是他终生为之奋斗的目标，齐读：“为中华之崛起而读书！”

这就是少年时的周恩来，从小立志的周恩来，他是这样说的，也是这样做的。

④出示一组资料。

⑤这就是周总理的故事，不仅从小立志，而且付出了实际行动，现在中华民族正在崛起，此时坐在教室里的你想做些什么？你又为什么而读书？

3. 布置作业，提升认识

(1)课文中用了许多四个字的词语，如，“灯红酒绿”“热闹非凡”，找一找，再抄下来；

(2)与同学合作，有感情地朗读对话的部分；

(3)了解伟人、名人的故事。（选作）

（七）学习评价

1. 请您写出适合下列人物特点的四字词语（一个书内，一个课外）

洋人：

妇女：

2. 请选择读下列句子时所用的情感。

A. 高兴　　B. 伤心　　C. 愤慨　　D. 激昂

(1)他们急忙奔了过去,只见人群中有个衣衫褴褛的妇女正在一旁哭诉着什么,一个大个子洋人则得意洋洋地站在一旁。(　　)

(2)周恩来站了起来,清晰而坚定地回答;"为中华之崛起而读书!"(　　)

(八)板书设计

25. 为中华崛起而读书

中华不振

耳闻　　目睹　　沉思

疑惑　　愤怒　　立志

二、教学反思

课程资源的有效开发和利用,课内外的适度拓展延伸,可以让语文更加充盈和丰富!教师在课堂上恰当地选择拓展的内容,适当地选择拓展的时间,则有助于唤醒学生沉睡的心灵,拨动学生内心的感情之弦。因此,根据课文的特点和学生的认知,在设计教学时,我三次引入了资料:

1. 资料引入,加深理解,深化认知

在理解课文"闯"字之后,我引入华人与狗的故事,学生愤怒的情感一下子被激发出来,加深了对帝国主义的愤慨,对后文的学习充满了欲望。

2. 资料引入,创设情境,提升认识

在学生理解周恩来目睹"中华不振"后,我引入了一张张图片,一个个不平等条约,在悲凉的音乐声中,教师动情地朗读,学生完全进入了情境,深深地被感染,为清朝政府的腐败无能感到愤怒。

3. 资料引入,产生共鸣,抒发情感

在理解周恩来为中华崛起而读书后,引入周恩来的成长资料,激发学生学习的热情;让学生从心底深处唤起民族意识,在行动中努力落实,才真正达到目标,并通过谈读书的目的,激发学生报国之情,在幼小的心灵中根植民族情感。通过三次分别引入的资料,使学生在原有认知的基础上,拓展了认知的空间。

三、专家点评

方麟(博士后、副教授)

1. 关于学情分析,主讲教师谈到,课文的"时代背景与学生的生活相差太远,学生不易进入文本的情境,与人物产生情感的共鸣”。因此,要整合语文学习资源,使学生体会周恩来立志原因,思考自己成长经历中的立志问题。这个认识比较贴近学情,符合学生的认知特点。周恩来立志的时候,中国还是半殖民地半封建社会,他的立志着眼于中华之崛起;现代学生立志,中国虽处于国际势力的遏制策略下,但学生立志应着眼于中华民族的伟大复兴。这点,是可以引导学生去了解的,便于他们更加贴近地理解文本。

2.《汉语大辞典》关于“租借”的解释:“一国在通商口岸划定界限,租给外国人民居住、通商的区域。租借国通常以缔结条约的方式,取得租借期间对租界的统治权,但出租国仍保有最后的主权,可以在条约规定的期限届满后,将之收回。”因为租界不只是在中国有,当时其他的弱小落后国家也有。主讲教师可以以准确的租界概念为基础,再引申到中国的特定状况。

3. 出示课件3时,主讲教师引导学生品味语言,要学生体会“走进”和“闯进”两个词语的不同之处,这个设计很好。“走进”是不受限制的,可以形容动作悠闲自得;“闯进”则受到限制,说明租界不是那么好进入的,引导学生体会中国人在自己的领土上遭受不公正待遇时的愤懑情绪。

4. 课件4关于“国人与狗不得入内”,主讲教师试图还原周恩来所处的特定时代环境,让学生在情感上产生共鸣,从而引发胸中的情感。这符合智慧课堂的学生智慧学习环节,即“以知识、道德和情志为基础,获得能够确定的认知、正确的行动、恰当的言语”。

5. 主讲教师对于课文的结构把握较好,将文章分为三个部分:耳闻中华不振,目睹中华不振,思考中华不振。三个部分层层深入、水到渠成,很好地烘托出少年周恩来希望祖国振兴强大的心愿。

但是,主讲教师在对第三部分概括时,不是很准确,称之为“思考中华不振”,如果只是思考的话,就没有后来的行动了。所以,第三部分的意思,建议改为“立志中华振兴”。也就是说,文章三部分构成“耳闻中华不振——目睹中华不振——立志中华振兴”的环节。只有这样,课文在逻辑和情感上,才能真正层层深入、卒章显志。

6. 因为对上文的概括有所调整,所以建议板书也随之调整。主讲教师原来的设计是“耳闻、目睹、沉思”,对应的是“疑惑、愤怒、立志”。建议改为:耳闻、目睹、立志,迷惑、愤怒、自信。前者表行动,后者表心理。

7. 主讲教师分三次引入资料,分别是华人与狗的故事,不平等条约,周恩来成长资料。由面到点,由远及近,由浅入深,最后归结到读书的目的,培养学生的爱国情感和民族情感。从情感价值观角度来说,无疑是合理的。符合智慧课堂的“以实践中的真实问题设定教学情境”,也整合了课程的知识性与人文性,使学生的认知空间得以提升与扩展。

《荷叶圆圆》研究案例与分析

教师简介:

芦莹,女,1989年2月9日出生,本科学历,小学一级教师。2012年9月来到板厂小学工作。工作期间,两次获得北京市东城区小学语文基本功大赛语文学科“一等奖”、中国语文报刊学会说课大赛“二等奖”、北京市东城区新任教师“优秀学员称号”、北京市中小学生环保知识竞赛“优秀指导教师”,2014年,被评为东城区教育系统“优秀团员”。

教学基本信息:

教材:人教版语文小学一年级下册　　出版社:人民教育出版社

年级:一年级　　学科:语文

课题:荷叶圆圆　　课时:第一学时

一、教学设计

(一)背景分析

《荷叶圆圆》一课描写了圆圆的、绿绿的荷叶。荷叶是小水珠的摇篮,是小蜻蜓的停机坪,是小青蛙的歌台,是小鱼儿的凉伞……课文洋溢着童真、童趣,有利于启迪学生的智慧,激发想象。低年级的阅读教学是以文本为载体,借文本培养学生识字、写字和朗读的能力,在这样的学习中帮助学生积累语文知识,培养语文学习的能力,同时受到情感的熏陶。

经过一个学期的培养,部分学生已养成了正确的写字姿势和良好的写字习惯,能在老师的引导下发现汉字的特点。已经初步掌握了几种识字方法。这节课将继续引导学生巩固这些识字方法,进行自主识字。

做智慧型教师,打造智慧课堂,培养学生学习力是我校所倡导的。教学中我注重优化教学过程,进一步发挥以教师为主导、以学生为主体的作用。尽力创建自主、合作、探究的教学环境。

教学中,我采用多媒体进行课堂辅助教学、课前准备好与本节课相关的卡通形象贴纸与电子图片。

（二）教学目标

1. 认识“荷、珠”等12个生字，能正确书写“是、我”2个生字。

2. 正确、流利地朗读课文。

3. 感受、体验生活的童真、童趣；激发对大自然的喜爱之情。

（三）教学重点

1. 认识“荷、珠”等12个生字，能正确书写“是、我”2个生字。

2. 正确、流利地朗读课文。

（四）教学难点

力求把“是”“我”两个字写工整。

（五）教具准备

贴画、图片、生字卡片、头饰、PPT

（六）教学过程

☞教学流程示意

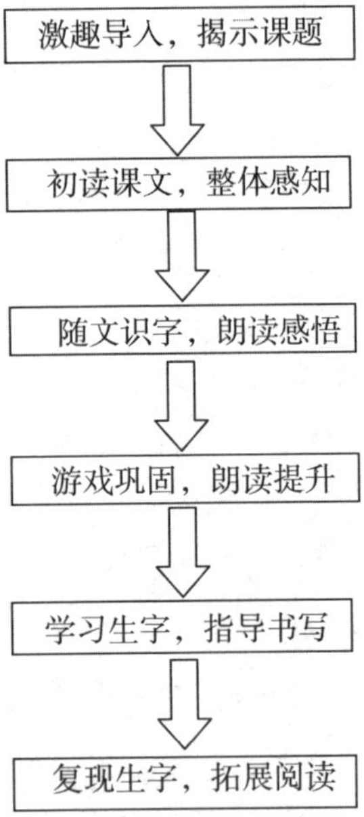

☞教学流程及设计意图

1. 激趣导入，揭示课题

（1）课件出示图片，学生看图练习表达。

（2）指导朗读：欣赏荷叶的美，指导学生带着喜爱的语气读句子。

出示:荷叶圆圆的、绿绿的。

指导:读出荷叶的特点。

(3)简介作者,学习题目中的“荷”字,读好课题。

(设计意图:一开始通过观察荷花池和荷叶图,创设了乐学的氛围,让学生一开始就有了一个较好的学习状态,从而自然地导入了新课。在揭示课题的同时,有助于激发学生的学习兴趣和继续探究的欲望。)

2. 初读课文,整体感知

(1)自由读课文,读准字音,读通句子,遇到不认识的字多读几遍。

(2)同桌互相读课文,互查中读准字音。

(3)推荐读书,想一想这么美的荷叶吸引了哪些小伙伴?

(4)整合课文,训练表达。

荷叶的小伙伴有________、________、________、________。

(设计意图:鼓励学生运用多种方式读书,激发学生读书的愿望并在反复的读书过程中对认读字有初步的认识。通过读书了解课文中介绍的荷叶的几位小伙伴,并用完整的话表达出来。关注学生语言表达能力。)

3. 随文识字,朗读感悟

(1)小水珠

哟,这么多的同学都喜欢小水珠啊?那谁来读读小水珠这一自然段?

①创设情境,识字“珠”。

学习:“珠”读词:“小水珠”。

②借助图片识字“摇篮”。

③学习“晶”。

A. 字源识字“晶”。

B. 了解“品”字结构的汉字。

C. 读词“亮晶晶”结合图片,练习:“亮晶晶的”。

④指导朗读。

夏天到了,在阳光的照耀下,一颗亮晶晶的小水珠躺在圆圆的荷叶上滚来滚去,就像小宝宝躺在摇篮里一样。谁再来读读这段话,把句子读通顺。小水珠多舒服啊!

(2)小蜻蜓

喜欢小蜻蜓的同学在哪呢?谁来读读小蜻蜓这一自然段?

①借助图片了解“停机坪”“翅膀”。

生活中识字:“停”“坪”。

②自主识字“透”,读好句子。

③指导朗读。

荷叶为飞累了的小蜻蜓提供了休息的地方,小蜻蜓多感谢他啊。谁能读出小蜻蜓的感谢之情呢?

(3)小青蛙

喜欢小青蛙的同学我们一起来读读吧,快把书立好!这回小青蛙把荷叶当作什么了?

①做动作识字“蹲”。

②出示句式变换:荷叶是我的歌台。

我的歌台是荷叶。

引导学生说话:是。

③指导朗读。

小青蛙蹲在荷叶上呱呱地唱着,声音多响亮啊,谁想做一只拥有美妙歌声的小青蛙?那你来读读这段话。

(4)小鱼儿

小鱼儿都藏哪去了?快找找。

①理解“笑嘻嘻”,识字“嘻”,积累表示高兴的词语。

②训练朗读。

谁想做条高兴、快活的小鱼儿,读一读?谁想再来读读。

(设计意图:学习小水珠、小蜻蜓、小青蛙、小鱼儿四部分,根据学生兴趣顺学而导。课程标准对第一学段的识字要求是学生喜欢学习汉字,有主动识字的愿望。这一环节我注重激发学生的识字兴趣,创设不同情境,鼓励学生运用多种识字方法自主识字。教师在教材的重点处,学生的难点处,做引导者和指导者。在学习“晶”字时,采用了字源识字的方法,感受汉字的演变规律,造字的有趣。在识字学词的过程中,帮助学生积累语言。)

4. 游戏巩固,朗读提升

(1)第一关:我会读。

小水珠说:“荷叶是我的摇篮。”小水珠躺在荷叶上眨着亮晶晶的眼睛。

小蜻蜓说:“荷叶是我的停机坪。”小蜻蜓立在荷叶上,展开透明的翅膀。

小青蛙说:“荷叶是我的歌台。”小青蛙蹲在荷叶上,呱呱地放声歌唱。

小鱼儿说:“荷叶是我的凉伞。”小鱼儿在荷叶下笑嘻嘻地游来游去,捧起一朵朵很美很美的水花。

(2)第二关:我会猜。

这是一个品字结构的字,表示众多发光的星体。

(3)第三关:我会连。

	小水珠的	停机坪
	小蜻蜓的	摇篮
荷叶是	小青蛙的	凉伞
	小朋友的	凉帽
	小鱼儿的	歌台

(设计意图:利用游戏的形式,随堂检测学生本节课中知识点的掌握情况,让学生在轻松的游戏中再次巩固。游戏中从字词、读书再到课文内容的连线检测了本节课的教学内容。)

5. 学习生字,指导书写

(1)学生观察“是”和“我”两个字,分析字形结构、重点笔画。

(2)教师范写指导,学生学写。

小水珠说:“荷叶是我的摇篮。”

小蜻蜓说:“荷叶是我的停机场。”

小青蛙说:“荷叶是我的歌台。”

小鱼儿说:“荷叶是我的凉伞。”

(3)在语境中写字,朗读句子。

(4)反馈评价。

(设计意图:指导书写,让学生感受汉字书写的有趣,培养学生的写字能力。关注学生良好写字习惯的养成,让一笔好字伴随学生成长。)

6. 复现生字,拓展阅读

出示:作者胡木仁的作品《我喜爱荷叶》。

(设计意图:复现本课的生字,同时拓展阅读,引导学生课后多读书。)

(七)学习评价

1. 学生朗读过程中的读书评价。

2. 学生在书写汉字中汉字书写情况的评价。

3. 学生在课堂上生成性问题的评价。

4. 学生之间朗读的相互评价。

（八）板书设计

14. 荷叶圆圆

小水珠	是我	摇篮
小蜻蜓		停机坪
小青蛙		歌台
小鱼儿		凉伞

二、教学反思

《荷叶圆圆》是一篇讲读课文，这篇文章语句优美，轻快活泼，字里行间让人感受到充满童趣的夏天，感受到小水珠、小蜻蜓、小青蛙和小鱼儿快乐的心情。因此，在课堂上我给学生创设了一个轻松、活跃的学习氛围，让学生主动地、愉悦地参与到课堂学习中。2011 版语文课程标准中指出语文课程是一门学习语言文字运用的综合性、实践性课程。因此在教授一年级学生的语文课时，应该更重视孩子在识字、写字、朗读以及语言文字运用上的训练和培养。下面我将从以下几个方面谈谈我对这节课的设计思路，还有不足之处，请专家批评指教。

1. 设计中寻找内容的“有趣”

在引入课题环节我利用低年级学生喜欢小贴画的特点，设计了文中四个小动物的贴纸，让学生选自己喜欢的贴在身上，从而刺激孩子的感观、激发了学生的学习兴趣。开课之初，学生兴奋的情绪一下就上来了，这为后面的课堂打下了良好的基础。出示课题时，引导学生学会观察，能够通过观察事物，将自己看到的事物用完整的语言表达出来。同时帮助学生归纳汉字的规律，激发学生学习汉字的兴趣。

2. 识字中感受方法的“有趣”

语文课程标准中指出：识字和写字是阅读和写作的基础，是第一学段的教学重点，其中识字更是重点，识字教学要注意儿童的心理特点，将学生熟识的语言因素作为主要材料，结合学生的生活经验，引导他们利用各种机会主动识字，力求使用结合，这也正落实了新课改对学生学习能力培养的这一重点提示。

在整节课的教学中，我注重夯实基础，抓住重点字词句进行逐层分析，引导学生的朗读训练。通过过渡语、小结语、评价语和激情语潜移默化地渗透,让学生对学习充满兴趣。在识字教学中,我力图运用多种识字方法引导学生进行识字,如:字源识字、生活中识字、游戏中识字等多种方式,增加识字教学的趣味性、生动性,从而调动学生的积极性、自主性,提高课堂效率。学生在学习“蹲”有困难字的时候,引领学生以肢体语言做了动作,感受“蹲”是用脚做的动作,让学生更好地记忆。在最后,再次复现生字,在游戏中培养学生独立识字的能力。

3. 朗读中感受语言的“有趣”

朗读训练是语文教学中不可缺少的一项语言训练,它既是理解语言的有效手段,也是增强语感、发展语感,学习书面语言的有效途径。根据本文语言优美、内容通俗的特点,我在课堂上贯穿了“以读为主,感情体验”的教学思想,以学生的阅读为主,放手让学生在积极主动的思维和情感活动中,加深对课文的理解。在教学时,我充分利用课件、图片,让孩子们认真观察,通过自由读、个人读、小组读等多种形式的读,在自我体验中,孩子们换位感受小水珠、小蜻蜓、小青蛙、小鱼儿喜欢荷叶的心情,并在朗读中自然流露。在最后读课文时,我为学生配上了适合本篇课文的音乐伴奏,让学生戴上小动物的头饰进行表演读书,运用现代科技手段,让学生在伴奏、表演中再次用文本对话,提高学习效率。

4. 书写中体验汉字的“有趣”

课程标准中指出:引导学生喜欢学习汉字,有主动识字的愿望,掌握汉字的基本笔画和常用的偏旁部首,能按笔顺规则用硬笔写字,注意间架结构,努力养成良好的写字习惯。课上我引导学生观察汉字,通过观察字型掌握汉字的结构,培养学生在写字时的注意力、观察力,帮助学生养成写好汉字的习惯。指导学生写好汉字,并严格落实每堂语文课不少于 10 分钟写字时间的规定。

总之,这节课使大部分学生能感受着真正的童趣,“触摸着”生机勃勃的荷叶,开心地学着这一课。但也有些遗憾和不足,在形成性问题的处理上还需要更灵活;教学内容的设计有考虑不周的地方。例如:在练习“________是________。”在这一句式练习中,我仅局限在了本节课的教学范围内,没有进行分层次的拓展练习,限制了学生的思维。

我认为自己对于课堂实践的驾驭能力还有待加强,这也是通过这堂课我对自身的认识。也许还有更多不够的地方,只能在今后教学实践中慢慢积累经验,才能更全面地审视每一节课。

三、专家点评

方麟（博士后、副教授）

1. 建议在教学目标中加入一条：培养儿童的想象力。对于不同的对象，荷叶有着不同的作用。对于小水珠来说，荷叶是摇篮；对于小蜻蜓来说，荷叶是停机坪；对于小青蛙来说，荷叶是歌台；对于小鱼儿来说，荷叶是凉伞。一旦开启儿童的想象力，世界会变得更加多姿多彩。

2. 关于“珠”的识字，同样可以从汉字字形上来分析。《说文解字》里说：珠，从玉，朱声。这是一个形声字。珠的本义是珍珠，引申为像珠子的东西，如汗珠、泪珠、露珠、水珠。珠字的释义，正好可以与下文的“晶”呼应，晶为会意字。晶字、品字，都是同样的造字方式，像这种结构方式的汉字，还有森、众等字。主讲老师能够运用相应的文字学知识讲授汉字，便于学生更深刻地识记汉字，加深印象。

3. 教学设计中提到，引导学生说话：是。主讲教师有意识地引导学生掌握“是”字句，属于教学的能力目标，是对语言的积累运用，符合语用学观念。在语文教学中，语用学观念的贯彻，有利于学生将学到的词语或句子，学以致用，从而内化为自己的语言，知识因此得以迁移为能力。这点是特别值得肯定的。

4. 关于小水珠、小蜻蜓、小青蛙、小鱼儿，建议主讲教师引导学生体会这里的语言顺序，也就是说它们是由小到大的一个排列顺序。语序的引入，可以让学生知道，先说什么，后说什么，其实是有着逻辑规范的。当然，考虑到一年级的学情，关于语序观念，主讲教师不必过多深入，只需要点到为止，在学生心中播下一粒种子即可。

5. 教学设计中的“我会连”，要求学生将荷叶与不同对象联系在一起，分别指出它们所对应的特定形象，如停机坪、摇篮、凉伞、歌台。主讲教师特地加上了一个新的对象，即小朋友，引导学生答出荷叶是小朋友的凉帽。这不仅是检测课内知识点，而且是让学生进行知识迁移，举一反三。这种处理方式很好。而且，借助游戏的形式，也使知识的获得更加有趣。

6. 课后的拓展阅读，主讲教师选取了胡木仁的作品《我喜爱荷叶》。这篇文章是胡木仁关于《荷叶圆圆》的创作漫谈，对于一年级的孩子来说，可能难度稍微大了一些。如果将该文作为教师的备课资料，在课文的串讲和引导孩子体验时，加入相应的内容阐发，可能效果会更好。

我们认为,与其用胡木仁的《我喜爱荷叶》,不如使用杨万里的"小荷才露尖尖角,早有蜻蜓立上头",或者"江南可采莲,莲叶何田田"这样的句子。在讲授现代散文诗的时候,不妨用古诗文来导入或者拓展。这将让学生进一步领会文本的诗意与美感。

7. 主讲教师的激趣法,值得表扬。一个是小动物贴纸,属于内容的有趣;一个是汉字的字形分析,属于识字方法的有趣;一个是朗读文本,属于语言本身的有趣;最后一个是汉字书写的有趣。尤其是主讲教师提到的字源识字、生活中识字、游戏中识字等多种方式,更是趣味盎然。通过激趣,调动学生学习的主观能动性,符合智慧课堂提出的"学习过程中独立分析、独立思考、独立决定,并且对学习效果进行自我评价、自我控制"。同时,主讲教师在教学中贯穿了"以读为主,感情体验",也符合情感价值观的培养目标,体现了工具性与人文性的统一。

《蝙蝠和雷达》研究案例与分析

教师简介:

韩玉,女,1969 年 9 月出生。本科学历,小学语文高级教师。从教以来,一直担任班主任和语文教学工作。曾获得北京市"紫禁杯"优秀班主任一等奖、特等奖,荣获北京市优秀少先队辅导员等称号。

教学基本信息:

教材:义务教育课程标准实验教科书　　出版社:人民教育出版社

年级:四年级　　学科:语文

课题:蝙蝠和雷达　　课时:第二学时

一、教学设计

(一)背景分析

《蝙蝠和雷达》是篇讲述科学常识的课文,主要讲科学家通过反复试验,揭开了蝙蝠能在夜间飞行的秘密,并从中受到启发,给飞机装上了雷达,解决了飞机在夜间安全飞行的问题。这是一篇很有意思的科普知识短文,叙述思路清晰,逻辑性强,可以分为三部分。第一部分:通过飞机夜行这种现象,提出飞机怎么能安全飞行的问题,这是全文要说明的主要问题。第二自然段在文中起承上启下的作用。第二部分:科学家做了三次试验,结果证明,蝙蝠夜里飞行,靠的不是眼睛,而是用嘴和耳朵配合起来探路的。第三部分:科学家从蝙蝠身上受到启示,给飞机装上雷达,保证了飞机安全飞行。这项研究告诉人们,研究生物可以对人类的创造发明有所启示。课后的“资料袋”简要介绍了近代新兴的学科——仿生学。

《蝙蝠和雷达》是一篇精读课文。文章首先从漆黑夜里飞机怎么能安全飞行激起探索欲望,接着描述蝙蝠的飞行居然靠的是耳朵和嘴巴的配合,最后说明了科学家模仿蝙蝠制造了雷达,从而使飞机不再受黑夜的制约。这样层层推进、抽丝剥茧的说明过程,不断地挑战学生的想象力,延展学生的好奇心,所以课文本身就具有极强的智慧和趣味。在课堂中,我们必须紧扣文本从语言文字的体味中感受这种智慧的趣味,并初步领略这样论说的缜密和畅达,在细读文本之后,我做了如下的教学思考:首先从课题中的“和”字入手,引发阅读期待:蝙蝠是一种住在潮湿洞穴里的哺乳动物,而雷达则是科学探测装置,这两个事物毫无联系,课文怎么把它们用“和”将他们放在一起了呢?课文中的两个句子直接写出蝙蝠和雷达的关系:“在漆黑的夜里,飞机怎么能安全飞行呢?原来是人们从蝙蝠身上得到了启示。”“科学家模仿蝙蝠探路的方法,给飞机装上了雷达。”可以用这两句话作为抓手,进入课文学习。

(二)教学目标

1. 朗读课文,把握课文主要内容与要点,理解飞机夜间安全飞行与蝙蝠探路之间的联系,激发热爱科学,乐于观察与探究的兴趣。

2. 借助蝙蝠探路的方法和雷达工作原理之间的对应关系进行语言和思维的训练。

3. 通过对课文的学习,激发学生学科学、爱科学的兴趣,培养学生探求新知,研究发现。

(三)教学重点

抓住重点词句,理解科学家怎样从蝙蝠身上得到启示,使飞机能够安全夜航。

(四)教学难点

蝙蝠飞行与飞机夜航之间的内在联系。

(五)教具准备

组织学生从百科全书、词典辞海、互联网络等各种途径查阅、收集有关蝙蝠、雷达以及仿生学的信息资料。

(六)教学过程

☞教学流程示意

复习字词，纠正读音，书写字形

⇩

分析课题，引入课文

⇩

品读三次试验，了解试验的过程

⇩

雷达的工作原理又是怎样的

⇩

回归整体，复述课文

⇩

仿文章写法，拓展仿生学知识

☞教学流程及设计意图

1. 复习字词,纠正读音,书写字形

(1)今天我们还继续学习 11 课,首先看看这些词你能读准吗？开火车带读以下词语。

(清朗漆黑试验)

(乱撞捕捉铃铛)

(蝙蝠荧光屏隆隆声)

(2)看看这些描红的字都是生字,在书写上你需要提醒大家注意什么?

(清朗漆黑试验)

(乱撞捕捉铃铛)

(蝙蝠荧光屏隆隆声)

在表格中正确地书写。写后同桌相互评价。

2. 分析课题,引入课文

刚才我们对生字进行了复习,现在我们一起来看看课题。这个“和”字说明了什么?

预设:两者有着密切的关系。

师:自由读文,找出课文中写蝙蝠和雷达关系的句子。

预设:原来是人们是从蝙蝠身上得到了启示。

科学家从蝙蝠身上得到了启示,模仿蝙蝠探路的方法给飞机装上了雷达。

能用一句话说说他们之间的关系吗?

预设:科学家从蝙蝠身上得到启示发明了雷达。

你能先说雷达再说蝙蝠表达出他们的关系吗?

同一个意思我们可以用不同的方式表达,多有意思呀!科学家们是如何从蝙蝠身上得到启示的?(三次试验)

3. 品读三次试验,了解试验的过程

(1)让我们根据自学提示细细地读读这三次试验的过程,填写表格,呈现自学成果。

学生读清自学提示:

读读4—6自然段。

标画几次实验的方法和结果。

把关键词语摘录在表格中。

通过对比整合填写出几次试验后的最终结论。

①自学填表。

②反馈自学情况:请同学读文并回顾文中内容,请同学谈谈表格填写的内容。

(2)抓住关键词语,深入学习课文。

①最终的结论与你填写的一样吗?(少了“配合起来”)

②有没有“配合起来”表达的意思一样吗?说说你的理解。

学生会抓住“配合”这个词语谈体会。(共同完成)

再读读试验的最终结论。

(3)那蝙蝠飞行时嘴和耳朵是怎样配合的,课文中是怎样进行介绍的?(指名读)

①指名读,找出文中相关内容。

②填空,感受作者用词的准确,体会配合的过程。(你能根据文章内容填空吗?)

它一边(　　),一边从嘴里(　　)出一种超声波,超声波像波浪一样向前(　　),遇到障碍物就(　　)回来,(　　)蝙蝠的耳朵里,蝙蝠就立刻(　　)飞行的方向。

师:读读空格中的词你发现了什么?(动词)

总结:作者就是运用这一系列动词准确地表达出了耳朵与嘴的配合过程。请一位同学再读读。

你还从哪个词语中体会出了蝙蝠耳朵和嘴配合的默契?(立刻)

读出这种默契来。

现在我们师生配合,把蝙蝠飞行的方法总结在黑板上。

你想到前面给大家介绍一下蝙蝠飞行的秘密吗?

课文的介绍让我们很轻松地理解了这个秘密,但是科学家通过研究揭示这个秘密的过程也是这样轻松吗?

科学家经过反复研究,终于解开了蝙蝠能在夜里飞行的秘密。

(让我们读出试验如此的多,他们的研究工作不容易)

4. 雷达的工作原理

引导学生找到相应的段落读一读,模仿老师的板书并尝试完成雷达工作示意图表。

(1)自由读第八自然段,用波浪线画出雷达工作原理的句子(第二句),边划边读,理解句意。

(2)模仿老师的板书并尝试完成雷达工作示意图表。

(3)课件演示雷达工作的原理。

(4)填写书上填空题,指名汇报,突破难点。

(设计意图:通过课件演示,学生很容易理解雷达工作的原理,再让学生通过蝙蝠探路的方法与雷达工作原理的对比进行填空,就可以顺利地突破教学难点。)

填空练习:

“雷达的天线就像是蝙蝠的(　　)。

雷达发出的无线电就像是蝙蝠的(　　)。

雷达的荧光屏就像是蝙蝠的(　　)。

5. 回归整体,复述课文

文章前面写的是蝙蝠飞行探路的方法,后面写的是雷达的工作原理。作者是怎样把这两部分内容连接到一起的。

(过渡句)读读这句话:科学家模仿蝙蝠探路的方法,给飞机装上了雷达。

6. 仿文章写法,拓展仿生学知识

人类许多发明创造都是从动物身上得到的启示,你们通过自己查找资料,还了解到哪些发明创造也是人类从动物身上得到启示的?先向大家介绍小动物的特点,并说明人们据此发明了什么?这个发明能为人类做什么贡献?能利用本课的学习方法用一个过渡句把他们连接起来吗?

7. 总结升华,激趣拓展

学完这篇文章你受到了什么启示?

大自然是人类的好老师,只要用心观察与探究,你就会发现大自然中许多科学就在我们身边。同学们,生物界中有太多的秘密给我们启发,也等待我们去发现,去创造。希望同学们学习科学家观察事物的方法,长大后去创造,为社会做出自己的贡献。

8. 作业

(1)完成练笔《蝙蝠的自述》,采用第一人称手法,以我是蝙蝠的口气介绍自己夜里飞行的秘密。

(2)在网络和各类书报杂志中搜集整理仿生学知识,并整理成文,在读书交流会上和大家一起讨论交流。

(七)学习评价

(1)学生课堂上的朗读:

优:正确、流利,充满感情。

良:正确、流利,努力表达感情。

合格:正确、流利。

(2)教学过程中,学生口头的表达:

优:声音洪亮,句式、内容正确,表达清楚。

良:声音洪亮,句式、内容正确。

合格:声音洪亮,结合课文内容回答。

(八)板书设计

超声波嘴　　无线电波　　无线电

↙

障碍物　　蝙蝠和雷达障碍物

↘

反射耳　　反射荧光屏

启发模仿

二、教学反思

1. 从质疑中引发探究心理

学习贵在生疑,有疑才能有问,有问才能激发更深的探究。在课堂开始,我首先问学生有没有见过蝙蝠,知不知道什么是雷达,然后介绍什么是蝙蝠、什么是雷达,并问学生蝙蝠是一种动物,而雷达是一种仪器,那课题用"和"字连接是为什么呢?继而引导学生在文中寻找关于描写蝙蝠和雷达的句子,为概括全文内容做铺垫。

2. 多层次、多回合、大面积的语言训练,积累和运用课文语言

在教学过程中有许多让学生"练说"的环节,如:对照表格说一说科学家做实验的经过,对照示意图说一说蝙蝠夜间探路的秘密,自己组织语言说一说雷达的工作原理。学生说的形式有自由练说、小组内说、指名说等,学生"练说"的面广,参与的积极性高,口头表达能力得到了有效的训练。

认真体会"反复""终于"说明所有的发明不是一朝一夕能实现的,往往要付出艰辛的代价,甚至是经过几代人的努力。目的是让学生通过与文本的对话转化为内心的体会。

我班学生思维活跃,阅读面广,在语文课上乐说善思,有强烈的表达欲望。因此,在本课教学中,我让学生大面积地练说,如三次试验的过程中,我让学生在默读的基础上,完成表格里的内容,并小组交流,然后对照屏幕进行复述,使每一个学生都有说的机会,都能说充分。既注重了面向全体学生,又注意了说的层次性,帮助学生积累课文语言。

3. 利用板书,突破重难点

蝙蝠探路的方法和雷达的工作原理之间的联系是课文的重点,也是课文的难点所在。为了突破这一重难点,我采用了简单示意图,直观地显现蝙蝠夜间飞行的特点,然后指导学生在自学的基础上,画出雷达的工作示意图,再借助这两份示意图,找出它们之间的相似之处,化难为易。

三、专家点评

方麟(博士后、副教授)

1. 关于课文的背景分析,主讲教师做了认真细致的阐述。首先从文体上指出这是一篇科普知识短文,属于说明文的范畴。教师抓住蝙蝠和雷达的"和"字,从教材中找出相应的阐发二者关系的句子,作为抓手来组织教学,可以说是独具匠

心的。

2. 教学设计中提及的“开火车带读”，建议做一个界定。开火车读，是小学一、二年级的一种读书方式，方法是一列的小朋友按顺序一个一个地读，这是一种很有效的帮助学生认读、记忆的方法。这种游戏方式虽然形式较老，但在教学运用中却非常有效，学生对这种游戏也乐此不疲。这种游戏一来可让学生们放松一下，二来也便于老师检查学生对生字的掌握情况，三可以加深生字词的记忆。

3. 关于生字的识记，主讲教师特地将部分汉字描红，如捕捉的捕字，铃铛的铛字，蝙蝠二字，荧光屏的荧字，引导学生注意这些汉字的构形特点，捕、铛、蝙、蝠都属于形声字，荧属于会意字。对汉字字形的分析，有利于学生更好地识记汉字，掌握汉字字形、字音与字义的关系，即汉字是形、音、义一体的关系。

4. 教学设计中提到：抓住关键词语，深入学习课文。教材原文：“三次不同的试验证明，蝙蝠夜里飞行，靠的不是眼睛，它是用嘴和耳朵配合起来探路的。”主讲教师特地抽去“配合”二字，引导学生体验说明文语言的准确性。说明文语言的准确，体现在条件的限定、语言的分寸感、词语的搭配等诸多环节。

5. 关于过渡句：科学家模仿蝙蝠探路的方法，给飞机装上了雷达。主讲教师引导学生体会过渡句在文章中承上启下的作用。在中年级阶段，过渡句在文章中的作用，既是一个考点，也是一个重点。

6. 关于仿生学知识，主讲教师引导学生通过课外的阅读调查，拓展相关的知识领域，这可以说是对《蝙蝠和雷达》这篇课文知识的有效补充，也能充分激发学生的阅读趣味，引导他们更好地爱上自然科学，培养科学探索精神。

7. 总结升华这个部分，可以创设一定的情境，引导学生谈谈自己的感受。智慧课堂提出：学习过程中独立分析、独立思考、独立决定，并且对学习效果进行自我评价、自我控制。主讲教师可以让学生针对相应的仿生学知识，谈谈自己受到的启发和感悟。

8. 关于本文的文体，主讲教师应该明确，这是一篇典型的说明文。说明文在语言上最鲜明的特点就是准确性和科学性。比如，“科学家经过反复研究，终于揭开了蝙蝠能在夜里飞行的秘密。”“反复”就是一次又一次，说明科学家做试验很不容易。同时，说明文还要注意说明顺序和说明方法。某种程度上，本篇教学设计在说明文这一文体上强化不多，这不能不说稍显遗憾。

《真理诞生于一百个问号之后》研究案例与分析

教师简介:

孙铮,女,1980年8月出生,本科学历,中共党员,小学高级教师,语文区级学科带头人。她热爱教育事业,以爱生敬业,勤勤恳恳,无私奉献为宗旨,不断更新观念,锐意改革,富于进取。注重理论联系实际,能够把握学科教学最新趋势,钻研教材、教法与学法,大胆创新,做到了常态教学与教学研究相结合,既突出了课堂的实效性。她注重学生良好习惯的养成,采用多种有效的教育、教学手段,激发学生的学习兴趣,在传授知识的同时,结合教材内容渗透德育教育,帮助、引导学生树立正确的世界观、人生观、价值观,促进学生自主、自觉、全面地发展。先后获得市紫禁杯优秀班主任二等奖、东城区优秀少先队辅导员、东城区育人奖、北京市教师基本功大赛中年级段一等奖。她多次承担市、区级教学研究展示课的活动,并录制多节BDS及E网通课程。连续几年担任了本年级段的兼职教研员工作,多次参加市、区级小学语文学科优秀课堂教学设计征集与评选活动,分获得一、二等奖。所撰写的论文在市区、全国发表并获奖。

教学基本信息:

教材:义务教育课程标准实验教科书	出版社:人民教育出版社
年级:四年级	学科:语文
课题:真理诞生于一百个问号之后	课时:第二学时

一、教学设计

(一)背景分析

1. 教学内容:《真理诞生于一百个问号之后》属于议论文。课文的题目是"真理诞生于一百个问号之后",也是课文的主要论点,课文用三个事实论述了只要善于观察,不断发问,不断解决疑问,锲而不舍地追根求源,就能在现实生活中发现真理。选编这篇课文的意图,一是让学生了解科学发现的一般规律——"真理诞生于一百个问号之后",从而感受、领悟到见微知著、独立思考、锲而不舍、不断探索的科学精神;二是学习课文用具体事例说明论点的写作方法,了解议论文的形式。

2. 学生情况：小学高年级的学生年龄相对较高，心理也更加成熟，他们喜欢有自己的主见，求知欲与好奇心强烈，富有理想，热爱生活。通过多年的语文学习，他们已经能够运用各种不同的形式读懂课文，并往往有自己独到的见解。新课标指出："阅读是学生个性化的行为，不应以教师的分析来代替学生的阅读实践。"这篇议论文是他们接触的一种新文体，议论的也是他们喜欢的科学话题，因此，本课采用个性化的教学手段，以学生原有的知识经验和生活经验为基础展开教学，力求实现以学定教、顺学而导，激发学生学习的兴趣。

3. 教学方式及教学手段：针对以上所说的学情，也为培养学生良好的人文素养、语文素养以及合作探究精神、创新精神，充分调动学生的积极性和主动性，教学时我采取引导法，以论点为切入点，以论证方法为重点，激发学生学习兴趣，组织学生通过阅读、思考、探究、拓展等多种形式进行学习，体现课堂教学中教师的主导性和学生的主体地位。

4. 技术准备：结合教学内容，采用自制的多媒体教学课件。

（二）教学目标

1. 正确、流利地朗读课文，理解"司空见惯、见微知著、锲而不舍、打破砂锅问到底"等词语的意思。

2. 初步了解议论文的构成；理清文章表达顺序；学习用具体事例说明道理的写法。

3. 联系上下文理解含义深刻的句子，体会"真理诞生于一百个问号之后"的含义。

（三）教学重点

理清文章表达顺序，学习用具体事例说明道理的写法。

（四）教学难点

联系上下文理解含义深刻的句子，体会"真理诞生于一百个问号之后"，"最后把'？'拉直变成'！'，找到了真理。"的含义。

（五）教具准备

PPT

（六）教学过程

☞教学流程示意

复习导入，了解结构

↓

讲授新课，初识论证

↓

回归整体，感悟真理

↓

布置作业，拓展延伸

☞教学流程及设计意图

1. 复习导入,了解结构

(1)师:同学们,今天我们继续学习第20课,请大家齐读课题。

我们一起来写课题,边板书边指导“诞”右半部分竖折一笔的书写。

(2)师:昨天,同学们初读了课文,学习了生字词,理清了课文的结构,在继续学习课文之前,我们先听写三组词语,检查大家上节课学习的情况。

①第一组:漩涡　机械　逆时针　出示,订正书写。

②第二组:下面请你根据老师所说的词语解释,先想一想,是我们上节课学习的哪个词语?再把它写下来:

经常看到,不足为奇。(司空见惯)

虽然罕见,但是不只一个,还有一个可配对儿。(无独有偶)

见到事情的苗头,就能知道它的实质和发展趋势。(见微知著)

出示填空,学生说答案,订正。

③第三组:请写出“坚持不懈”的近义词。

预设:锲而不舍　持之以恒　意思相近即可

(3)师:请同学自由读读这些词。

(4)师:字词部分同学们掌握得很好。通过上节课的学习,我们知道了这是一篇议论文,那么,议论文通常由哪几部分构成呢?引导学生梳理并回答(板书:提出论点、证明论点、总结论点)

(设计意图:高年级阅读教学依然要注重夯实基础,开课从师生共同板书课题入手,加强对易错字笔画的指导,接下来分组听写课文中的词语,第一组词语要求书写准确,检查上节课的学习效果;第二组词语训练学生倾听和思考的能力,也检查了对词语的理解;第三组词语则更具开放性,既有对文中词语的理解和掌握,也可以引导学生拓展到课外的积累。这样的复习导入既有趣味,也具有实效性。梳理议论文的结构是对第一课时的复习,也为本课的进一步学习进行了铺垫。)

2. 讲授新课,初识论证

(1)师:这篇文章的论点是什么?(真理诞生在一百个问号之后)

是的,就这篇文章而言,题目就是作者要证明的观点。

(2)作者是怎样解释这个论点的?指名读第一大段。

(3)师:同学们,一篇议论文,最重要的就是论证的过程,作者是用什么方法来证明这个论点的?(用三个具体事例)出示表格。

(4)师:谁想给大家读读这些事例?(请三位同学来读读3、4、5自然段),其他同学边听边思考:每个事例主要写了什么?

(5)师:读得不错,你能不能试着用简练的语言来说说每个事例的主要内容?指导学生把事例说清楚,说简洁。

第一个事例是谢皮罗教授从洗澡水的漩涡中发现问题,通过反复的试验和研究,发现水的漩涡的旋转方向和地球的自转有关。

第二个事例是英国的著名化学家波义耳偶然发现盐酸会使花瓣变红,他产生了一系列的问题,继而进行了许多实验,终于发明了酸碱试纸。

第三个事例是奥地利医生看到儿子做梦时眼珠在转动,就产生了疑问,经过反复观察和分析,他发现眼珠的转动和做梦有关系。

(6)师:刚才同学们已经用比较简练的语言概括出了每个事例的主要内容。请大家再想一想,在第一个事例当中,“问号”指的是什么?由此发现的“真理”又是什么?从问号到真理的过程是怎样的?指名说。第二个事例和第三个事例中的问号和真理又分别指的是什么呢?

从问号到真理的过程又是怎样的?学生结合事例内容自由发言。

(7)小结:是的,作者就是用这些事例,充分地证明了“真理诞生于一百个问号之后”这个论点。这种方法你明白了吗?请你再选其中一个事例来读一读,再次体会这种论证的方法。学生自由读。

(设计意图:议论文是学生初次接触的文体,因此,教学中紧紧抓住议论文的特点,从论点入手,引导学生概括事例的主要内容,学习事例的写作方法,并组织学生讨论探究作者的论证顺序和方法,让学生不仅初步感受到了议论文的写作特点,同时也对议论文的体裁和论证的过程产生了兴趣,进而体会和领悟到“真理诞生于一百个问号之后”的深刻含义。)

(8)师:刚才,我们已经学习了作者运用这三个事例来证明自己观点的方法。

出示自学提示。

自学提示:请默读资料袋中的事例,你还能选择哪些事例来证明“真理诞生于一百个问号之后”这个论点呢?请说明理由。

(学生自由阅读,进行选择。点拨:选中和没有选的,要说明理由。)

师小结:大家已经掌握了用典型的事例来证明论点的方法。

(设计意图:在课堂教学中设计选择补充事例证明论点这一环节,力求使学生既能充分体会到议论文所选典型事例要为论点服务的这一特点。同时启发学生的思考,深化学生的理解,丰富学生的认识,达到了语文的工具性和人文性的统一。)

(9)证明了论点之后,作者得出了怎样的结论?指名读7、8两段。

①同学想一想,这两段话分别告诉我们什么?

(第7段告诉读者发现真理不难,第8段告诉读者发现真理不容易。)

②发现真理到底难还是不难?这两段话是不是自相矛盾呢?

引导学生讨论:发现真理不难也不易,说并不难,就会增强我们探索真理的信心!让我们充满激情地加入科学探索的行列;说不易,让我们要有足够的思想准备,不会盲目和冲动。科学发现并不难,也不易,这就是辩证地看问题,这本身也是一个真理!

(10)师:大家体会得很好。你发现了没有,提出论点在开头,总结论点在结尾,这两部分有什么关系?(首尾呼应)

小结:的确如此,总结论点的部分不仅紧紧地呼应了提出的论点,同时,也对这个论点进行了更进一步的阐述。由此可见,议论文在论证的过程当中是层层递进,具有很强的逻辑性。

指名分别读这两部分,再次感受作者在论证中的这种紧密的呼应。

(设计意图:《课标》中对口语表达有“乐于参与讨论,敢于发表自己的意见”及“能根据交流的对象和场合,稍作准备,做简单的发言”的要求。依据课标的要求,引导学生对于总结论点部分中的发散讨论,为学生创设口语交际的氛围,使学生在独立思考和与同学们的互动交流中,发散思维,发表见解,乐于表达,提升认知。)

3. 回归整体,感悟真理

(1)师:通过学习,你能体会到把“?”拉直变成“!”,找到了真理的过程中到底需要什么呢?概括地写出你的感受。

老师巡视,请学生板书答案,并引导学生反馈谈感受。

总结板书:同学们体会得很好,看来,要想把问号拉直成叹号,得出真理,就必须具有(师生配合读词)的精神呀!这也是作者要告诉给我们的最深刻的道理。

(2)师小结：今天，我们初识了议论文，通过这节课的学习，对议论文有了一个简单的了解。上了中学之后，你们会有更深入地学习。

（设计意图：此教学环节的设计是在逐步培养、训练学生学会独立学习、独立思考的好习惯，并能使学生进一步调控自己的学习行为，发展自主学习的能力，形成有效的学习策略。同时，也为学生在中学的学习进行了铺垫。）

4. 布置作业，拓展延伸

必做：(1)朗读课文；(2)抄写生字词；(3)摘抄对自己有启发的语句。

选做：选择具体事例证明“功夫不负有心人”或“虚心使人进步，骄傲使人落后”这一观点。

（设计意图：作业设计体现层次，不仅有夯实基础的字词练习、摘抄积累，也注重培养学生发散思维，学以致用，尝试议论文的创作，为后续学习打下基础。）

（七）学习评价

1. 根据要求写词语，注意书写要准确、工整。

2. 自学提示：请默读资料袋中的事例，你还能选择哪些事例来证明“真理诞生于一百个问号之后”这个论点呢？请说明理由。

3. 通过学习，你能体会到把“？”拉直变成“！”，找到了真理的过程中到底需要什么呢？概括地写出你的感受：

4. 完成课后作业。

必做：(1)朗读课文；(2)抄写生字词；(3)摘抄对自己有启发的语句。

选做：选择具体事例证明“功夫不负有心人”或“虚心使人进步，骄傲使人落后”这一观点。

（八）板书设计

真理诞生于一百个问号之后

！ ← ？

（ ）（ ）（ ）—

提出论点

证明论点　三个事例

总结论点

二、教学反思

《真理诞生于一百个问号之后》是人教版六年级下册第六单元的一篇精读课文，体裁为议论文。课文用三个事例论述了只要善于观察，不断发问，锲而不舍地追根求源，就能发现真理这一科学规律。作为小学阶段唯一一篇真正意义上的议论文，编者力图让学生学习课文用具体典型的事例说明观点的写作方法，了解议论文简单的文体知识，为初中议论文的学习做一铺垫。那么，当老师对文本的解读到位之后，该怎么让学生学明白、理清文路呢？在本节课的教学设计中，我力求体现以下几点思考：

1. 着眼篇章结构，了解文体知识

在课堂教学中，要充分尊重学生的学习基础，初次接触议论文的好奇，对议论文体裁的了解，对作者论证过程的探究，才构成了学生在课堂中最渴望习得的知识。为此，要结合自己的教学经验，运用自己的教学机智，根据学生的需求调整自己的教学设计。

因为议论文是学生初次接触的文体，为此，教学中我紧紧指导学生抓住议论文的特点，从论点入手，进而引导学生用比较简练的语言概括三个事例的主要内容，指导学生把事例说清楚，说简洁。并学习事例的写作方法，组织学生讨论探究作者论证的顺序，让学生不仅初步感受到议论文的写作特点，同时也对议论文的体裁和论证的过程产生兴趣，进而体会和领悟到“真理诞生于一百个问号之后”的深刻含义。我还设计了学生选择补充事例证明论点这一环节，力求使学生既能充分体会到议论文所选典型事例要为论点服务的这一特点，又通过这样的讨论启发学生的思考，深化学生的理解，丰富学生的认识，达到了语文的工具性和人文性的统一。

2. 展开理答过程，亲历语言实践

《课标》中对口语表达有“乐于参与讨论，敢于发表自己的意见”及“能根据交流的对象和场合，稍作准备，做简单的发言”的要求。依据课标的要求，我在课堂中设计了两次学生的口语交流。第一次是引导学生在资料袋中选择能证明“真理诞生于一百个问号之后”这个观点的事例，并说明原因；第二次是引导学生对于总结论点部分中“发现真理难还是不难”这一话题进行发散讨论，教学中，我力求把学习的过程还给学生，把说话的舞台让给学生。始终让学生积极主动地参与教学的全过程，给学生充分自读自悟的时间，让学生有充分的时间去圈画、思考、汇报、朗读、表达……这样的教学设计，在逐步培养、训练学生学会独立学习、独立思考的好习惯,学生有了口语交际的氛围,便能够在独立思考并且在与同学们的互动交流中,发散思维,发表见解,乐于表达,提升认知。让学生真正地成为学习的主人,在语文课堂上才会有所收获。

3. 做好中小衔接,为学生发展服务

由于多年在小学高年段教学,我总能看到学生渐渐成长为翩翩少年,更是深感于他们在年龄增长的同时,对语文知识的喜爱与渴求。今年,我又教的是毕业班,在引领学生夯实基础,培养阅读能力,不断提高语文素养的同时,我也始终没有停止过对中学语文教学的关注。因为我深感中小学语文教学的衔接,就好像接力赛跑一样,一棒接一棒,这二者之间的沟通和衔接,都直接影响着学生在语文学习道路上前进的方向和步伐。这篇文章既是小学阶段学生接触的第一篇议论文,也是中学里学生们最常见的文体,因此,做好中小学的衔接也特别重要,是为学生后续发展服务。

(1)实现教学目标与教学内容的衔接

课程标准将小学和初中作为一个教学整体进行连贯考虑,因此,各学段的教学目标与内容的设计互为衔接。这就要求我们教师要通过认真研读课标要求,以标为本,尤其是中小衔接学段的目标内容,做到心中有数,互相衔补。《真理诞生于一百个问号之后》这篇文章,就是引导学生向初中议论文学习的一个很好的过渡。我把揣摩文章表达顺序,学习用具体事例说明道理的写法,设计为本课的教学重点,把联系上下文理解含义深刻的句子,体会"真理诞生于一百个问号之后"的含义设计为本课的教学难点,并在教学中一步一步地落实教学重难点,使学生真正地对议论文产生兴趣,初步掌握相关的知识。这样的学习,会像一把钥匙,帮助学生打开通往中学语文学习的大门。

(2)实现教学方式和习惯培养的衔接

学习规范语言、发展语言能力是语文教学的首要任务和终极目标。议论文与叙事性作品、说明文、诗歌的阅读只是文章体裁的区别,在教学核心价值的取向上是一致的。在学习和生活中,比起抒情、叙事、说明等表达方式,议论其实用得最多。因此,学生的口头表达,议论占了很大的成份,也是学生语文素养的真实体现。依据课标的要求,我有意识地在课堂上增加了引导学生对于总结论点部分的发散讨论,为学生创设口语交际的氛围,使学生在独立思考和与同学们的互动交流中,发散思维,发表见解,乐于表达,提升认知。最后一个教学环节的是引导学生体会到把"?"拉直变成"!",思考在找到了真理的过程中到底需要什么,概括地写出自己的感受。并请学生到黑板上进行板书。这样的教学设计目的就是在逐步培养、训练学生学会独立学习、独立思考的好习惯，并能使学生进一步调控自己的学习行为，发展自主学习的能力，形成有效的学习策略。同时，也为学生在中学的学习进行了铺垫。

当然，对于智慧课堂教学的思考还有很多，我想一节课所能承载的内涵是远远不够的。还需要我们不断地反思和研究，这样才能真正地促使我个人的课堂教学和学生的语文学习跃上一个崭新的台阶。

三、专家点评

赵宁宁（博士、副教授）

授人以鱼不如授人以渔

在语文课堂中，语文教师时常面对具体的课文内容和抽象的语文内容之间的矛盾，如何处理这两个矛盾，在其相辅相成的发展过程中促进学生发展是一个比较重要的问题。很多时候，老师在处理单篇文本的时候，往往忽略了阅读教学其真实目的是为了让学生掌握某类文本的阅读方式，而迷失在单篇具体的文本中。在阅读教学的过程中，我们需要做的是授人以渔，而非授人以鱼。教会学生阅读，比教会学生这一篇材料来得更加重要。孙铮老师的《真理产生于一百个问号之后》这节课就为我们提供了一个示范。

第一，双重教学目标的定位。这篇课文是一篇议论文，而在小学阶段议论文是学生较少接触的一类文体。当然，“议论文”其实只是一个教学范畴内的概念，但是，作为语文内容一部分的议论文体，也具有其独特的语文内容的特殊要求，包括了论点、论据和论证过程。期间，论证过程还会包括论证方法、论证的逻辑顺序等。孙铮老师在设计其课堂的时候，针对小学阶段的议论文教学设计了两个不同层面的教学目标，包括针对具体课文内容的教学目标和针对抽象语文内容的教学目标。在这其中，具体课文内容教学目标的落实，可以促进抽象语文内容的教学目标。

针对议论文教学内容的第一部分——理解议论文的构成，孙老师在课堂中通过设计了三个主要问题来解决这个问题：“这篇文章的论点是什么?”“作者是用什么方法来证明这个论点的?”和“证明了论点之后，作者得出了怎样的结论?”等，通过对三个主要问题的解决，学生能够掌握议论文教学中的重要构成。

针对“议论文中观点和材料之间的关系”，孙老师在课堂中提供了自学材料让学生围绕观点选择其相应的材料，而且，其布置课堂作业也是紧密围绕着其教学目标，比如“选择具体事例证明‘功夫不负有心人’或‘虚心使人进步，骄傲使人落后’这一观点。”能够很好地针对其第二个教学目标进行落实。这很好地落实了智慧课堂当中的重要构成——辨析判断能力,促进学生能够针对新的问题、任务进行分析,能做出客观判断,准确进行预测。

第二,学生独立自主辨析能力的落实。议论文教学过程中,最重要的问题就是要区分观点和材料,厘清观点和材料之间的关系,以及材料和材料之间的关系。在孙老师的课堂中,主要是通过学生的自我辨识来实现的。

在课堂教学过程中,孙老师设计了一个学习单,第一个学习单主要是围绕观点和材料之间的关系进行的设计。学习单要求“请默读资料袋中的事例,你还能选择哪些事例来证明‘真理诞生于一百个问号之后’这个论点呢?请说明理由”,其目的是学生从提供的事例中选择适合证明论点的材料。学习单的设计,落实了议论文教学中的重要内容——观点和材料之间的关系,促进学生自主思考,通过对这个问题的探索,让学生明白选择材料对于论证观点具有非常重要的意义。

除此之外,我们还可以再增设一个学习单,要求学生自行梳理课文中所选择的三个事例,以及这三个事例之间的关系,从而让学生思考这几个事例分别是从哪些不同的角度对观点进行论证。而且,在这里,我们还可以要求学生使用思维导图的形式来加以实现。

总的说来,孙老师的课堂紧密围绕着议论文这个独特的文体,选择了小学阶段适合议论文教学内容的两个侧重点,结合了初中议论文文体的教学要求,进行了有选择地处理,协助学生进行小初衔接的内容准备。孙老师在课堂教学中,把课堂的话语权还给学生,让学生针对材料进行充分的思考和展示,实现了阅读教学中最重要的目标——教会学生独立阅读。叶圣陶先生说,“教任何功课,最终目的都在于达到不需要教”,这就是教师智慧的典范。

《将相和》研究案例与分析

教师简介:

吴文红,女,1968年4月出生,本科学历,小学高级教师,语文学科区级骨干教师,东城区南片兼职教研员。多次在区里做公开课、研究课,所撰写的案例、教案、论文多次获奖。从教以来,一直担任班主任和语文教学工作。被评为北京市“紫禁杯”优秀班主任、东城区优秀班主任、教育系统师德先进个人,还曾获东城区“师德美、形象美”教师风采展示大赛创作及朗诵一等奖,指导学生参加第十三届、十四届、十五届全国青少年“春蕾杯”征文，分别获两个二等奖，一个一等奖，本人荣获园丁奖。所带班级曾获全国助残先进班集体，其事迹登载于《新崇文报》上。

教学基本信息：

教材：义务教育课程标准实验教科书	出版社：人民教育出版社出版
年级：五年级	学科：语文
课题：将相和	课时：第二学时

一、教学设计

（一）背景分析

1. 教学内容：本课是第十册教材第五组以“中国古典名著”为专题的第一篇课文。《将相和》是根据司马迁《史记》中的《廉颇蔺相如列传》改写的。课文通过“完璧归赵”“渑池之会”“负荆请罪”三个故事，突出表现了蔺相如临危不惧、足智多谋、顾全大局，廉颇知错就改以及他们两人为了国家利益团结协作的品质。三个小故事叙述形式相似，各有中心。既有相对的独立性，又紧密相关。文章篇幅较长，语言描写精彩，人物个性鲜明。

2. 学生情况：五年级是小学学习的高段。随着对小学教育的不断适应，这一时期的学生无论是在生理还是心理上都比初入学时的儿童稳定，并在此基础上不断发展。学生已初步形成了一定的学习态度，并且随着主体意识的觉醒，自我意识、自我主张、自我控制能力的进一步加强。本组课文在故事情节的曲折生动和人物形象栩栩如生方面比较突出，学生对这两方面内容也比较感兴趣。

3. 教学方式

（1）整体把握文章内容，在阅读中揣摸文章的写作方法，领会作者的思想感情，学会运用动作、语言、神态描写表现人物内心情感及思想品质。

（2）从整体入手，充分发挥学生的主体效用，由阐发课文内容的教学转向以策略为导向的教学。

（3）抓重点情节学习，重视体验认识和感悟，强调朗读的效用，提高学生的阅读理解能力、概括能力、运用语言的能力，实现长文短教。

4. 教学手段：多媒体引入教学，为课堂教学服务。

5. 技术准备：PPT 演示文稿。

（二）教学目标

1. 积累形容人物品质的词语，学习抓住人物言行，突出人物思想品质的方法。

2. 学习第二、第三个小故事,体会人物的个性特点。

3. 有感情地朗读课文重点语句。

4. 抓人物言行,感受人物品质,懂得“国家利益高于一切”“和为贵”的道理。

(三)教学重点

抓关键词句,品味人物言行,准确概括人物特点,加深学生对课文内容的理解,进一步训练学生语感及语文综合能力。

(四)教学难点

弄清三个小故事之间的内在联系及与整篇文章的关系。

(五)教具准备

PPT 演示文稿

(六)教学过程

☞教学流程示意

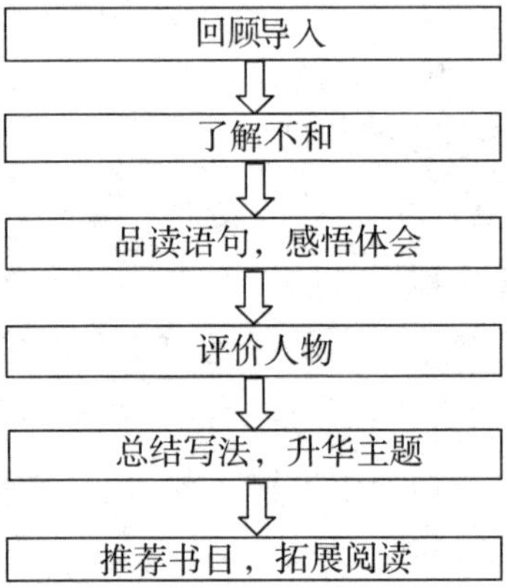

☞教学流程及设计意图

1. 回顾导入

这节课我们继续学习第 18 课,齐读课题。通过上节课的学习,你对课文有哪些了解?

(设计意图:引导学生整体把握课文的思路,理清脉络,回顾已知,学习新知。同时也注重了本课的字词教学,针对难点进行复习、正音,体现双基扎实教学。)

(1)将——廉颇;相——蔺相如;和——和好　　　　(板书)

(2)课文介绍了三个小故事,分别是:完璧归赵、渑池会见、负荆请罪(课件);

(3)这篇课文比较长,词语较多,在我们初学课文的时候有些字容易读错,你们能正确地读出来吗?(课件)

召集、允诺、乘机、抵御、鼓瑟、击缶、侮辱、拒绝、胆怯、上大夫、上卿、攻无不克、战无不胜、同心协力

(4)回顾第一个小故事,师生配合朗读。

师:请同学们打开语文书,让我们一起再来回顾一下完璧归赵这个小故事。

赵王得到一块和氏璧,秦王要用十五座城来换这块璧,当赵王与众大臣都一筹莫展、进退两难之时,蔺相如胸有成竹地说——

(指一名学生接读课文蔺相如的话)

面对贪婪的秦王蔺相如上前一步,沉着镇定地说——

(指一名学生读课文蔺相如的话)

当蔺相如稳稳当当地把璧攥在手里的时候,他理直气壮地逼迫秦王说(指一名学生读课文蔺相如的语句)

(5)当他把和氏璧安安全全地送到了赵国,便无所畏惧,大大方方地说——

(指一名学生读课文蔺相如的语句)

秦王没有办法,只得把蔺相如送回赵国,这就是将相和中的第一个小故事:完璧归赵。

(设计意图:积极、高效地师生合作学习,让学生通过自己上节课学习所获得的信息来实现感悟、体验回顾情景的进程。教师参与学生的回顾交流,提示语的精要点拨,激发学生的思维,构建“生生互动、师生互动”的交流网络。)

2. 了解“不和”

(1)师:题目是将相和,既然有和好,之前就会有不和,课文中哪些语句正说明了这点?打开书快速浏览后面两个小故事的内容。(汇报读)

出示:廉颇很不服气……我碰见他,得给他个下不了台!

你能试着读出“不和”来吗?(指名读)

(设计意图:这一环节侧重读的训练,以读懂为基础,向读深、读透发展。把学会读书作为一个训练点来抓,读书能力是学生语文素养基本内容之一。)

(2)师:我们刚刚回顾了第一个小故事,你们觉得蔺相如是像廉颇说的靠着一张嘴爬上来的吗?你想对廉颇说什么?

出示:廉颇我想对你说:“蔺相如不是靠<u>   </u>,而是靠<u>   </u>。”(板书:机智勇敢)

我想同学们通过后两个故事的学习,会对蔺相如有个更全面地了解。

(设计意图:从课文题目切入课文内容,训练学生的阅读能力,又初步了解到课文内含的矛盾冲突。整个学习过程将围绕着“廉颇的话说得是不是有道理,蔺相如到底是靠什么升官”这个问题展开。)

3. 品读语句,感悟体会

(1)过渡:秦王骗取和氏璧失败了,很不甘心,几次出兵攻打赵国,之后又派人约赵王在渑池会见,表面和好,实则居心叵测。所以这次渑池会见又是一场秦赵两国间的外交较量。

(2)课件:认真默读《渑池会见》这个故事,从哪些语句可以看出蔺相如不是靠着一张嘴爬上来的?(汇报交流)

课件:蔺相如一看秦王这样侮辱赵王……说:“请您为赵王击缶。”

蔺相如说:“您现在离我只有五步远。您不答应,我就跟您拼了!”

(设计意图:教给学生通过理解重点词语体会人物,进而获得有感情关朗读课文的方法。)

引导:蔺相如为什么认为是在侮辱赵王?蔺相如为什么血溅秦王也要让秦王击缶?

生:因为鼓瑟的人地位都很低,秦王让赵王鼓瑟,就是对赵王的一种贬低,所以秦王就侮辱了赵王。侮辱赵王,也就侮辱了赵国,是不能容忍的。为了国家的尊严,蔺相如一定要秦王击缶,比鼓瑟更为低下,才能更胜一筹,战胜秦王。

师:带着这样的理解你能把这两句话再来读一读吗?生:读。

(设计意图:激发学生兴趣。以读代讲,读出画面,读出情感,体会人物内心。)

课件:蔺相如一看秦王这样侮辱赵王,……说:“请您为赵王击缶。”

蔺相如说:“您现在离我只有五步远。您不答应,我就跟您拼了!”

真好,一个“拼”字让我感受到了蔺相如的大义凛然。你们感受到了什么?

(设计意图:语文课程是学习语言的课程,要培养理解和运用语言文字的能力。课标调整后更强调语言的运用,强调语言文字运用能力的培养。所以根据学生的身心特点,遵循学生的认知规律,设计了结合文章内容,感受人物品质的环节,帮助学生走进文本,培养学生理解、表达等综合能力。)

(蔺相如不畏惧秦王,智勇双全,忠君爱国)。(板书:忠君爱国)

同学们,你们知道史书上是怎样描写这部分内容的吗?

(设计意图:让学生初步接触改编前的白话文史书资料,激发阅读兴趣,感受名著的表达方式。)

课件:史书是这样记载的:蔺相如怒发冲冠,离秦王只有五步远,他要用自己颈项里的血血溅秦王。古人认为,颈血溅身是非常不吉利的,这使得秦王左右的侍从拔刀相间,而蔺相如两眼瞪得如铜铃般大小。大喝一声,谁敢上前。使得他们连连后退,最后秦王不得不为赵王击了一下缶。

谁来读一读。(读出蔺相如的勇敢、无畏)

师:在渑池会上,蔺相如又一次凭借他的机智勇敢,战胜了秦王,立了大功,赵王封他做上卿,现在你能有理有据地劝说不服气的廉颇了吗?

出示:廉颇我想对你说:"蔺相如不是靠,而是靠。"

可这个时候廉颇一点也不服气,他说了——(指一生读)。

课件:我廉颇攻无不克,战无不胜,立下许多大功,他蔺相如有什么能耐,就靠一张嘴,反而爬到我头上去了,我碰见他,得给他个下不了台!

师:听到这样的话呀,蔺相如避而不见,即使见到了,也是避而远之。

快读读第三个小故事中的这两句话,你有什么问题吗?

(设计意图:培养学生善于自主学习,敢于质疑的能力。)

课件中这句话传到蔺相如耳朵里,蔺相如就请病假不上朝,免得跟廉颇见面。

有一天,蔺相如坐车出去,……他赶紧叫车夫把车往回赶。

带着这个问题再读一读课文,从书中找到答案。

课件:蔺相如说:"秦王我都不怕,会怕廉将军吗?……为的是我们赵国呀!"

师:同学们,听到这样的话你们觉得这两个人有什么不同呢?

也就是说,廉颇是把个人的利益放在心里,而蔺相如是把国家的安危放在了心上。

师:那谁能把蔺相如的为国家安危着想,给大家读出来?生:读课件。

(3)师:通过蔺相如的话,我们看到他躲避廉颇,一忍再忍,考虑的是国家的利益,放弃的是个人的恩怨。也就是说,蔺相如深深懂得:

出示:将相和,则国家安;将相不和,则国家危。

师:蔺相如为了赵国的利益,才这样委屈自己,这就叫——顾全大局,

让我们再来有语气地品读一下蔺相如意味深长的话吧。

蔺相如说:"秦王我都不怕,……为的是我们赵国呀!"

(4)师:蔺相如的话传到了廉颇的耳朵里,廉颇十分惭愧,准备负荆请罪,他脱下了百战沙场的战袍,这一脱,也脱下了一个大将军的赫赫威严;他背上了长满利刺的荆条,这一背,也背上了对蔺相如的愧疚之情。廉颇穿过大街,走过小巷,在众目睽睽之下跪到了蔺相如跟前。文中并没有写他们在说些什么,只是用一幅图来表示,同学们想一想,此时他们会说些什么呢?请把他们的对话写在作文纸上。可同桌合作完成。师:同学们,我们写得差不多了,谁愿意给大家读一读。汇报展示。

(设计意图:以课堂为中心,以学生为主体,横向拓展,为学生创设动笔的情

境，调动学生参与语文实践活动的积极性，促进课堂教这中读写能力的养成，发展学生的语言能力，启发学生潜在的智力，积极影响学生的认识能力、思维能力、实践能力，提高学生整体的语文素质，促进学生的全面发展。汇报交流时，教师采用灵活多样的教学方式，让学生表演戏里的人物，在理解他们的思想与感情的基础上，激发学生的想象力和表演力，培养他们的口语交际能力和表现力。通过交流、表演，让学生深切地感受廉颇、蔺相如的可贵精神，渗透思想教育。）

师：一个战功赫赫的堂堂大将军竟然这样跪在人家面前，此刻你对廉颇有什么新的想法？（廉颇为了国家的利益不顾自己的颜面，勇于改过，负荆请罪，这是多么难能可贵啊！）（板书：知错就改）他是为什么而改？

（5）小结

他们俩一个是宽容大度的宰相，一个是勇于改过的将军，为了维护国家的利益，握手言和，齐心协力保卫国家，这是多么伟大的两个人物啊！

（设计意图：让学生自读、自悟、自得，诱发学生思维，鼓励学生争论，不追求统一、标准的答案，让学生谈出自身的、不同于他人的阅读体验，点燃充满灵气的思维火花。）

4. 评价人物

师：此时对于文章中的这两个人物，你更欣赏哪一个呢？为什么？

（设计意图：以上的讨论旨在使这两个人物形象更加鲜明，给学生一个整体的形象。通过学习和思考，学生不仅看到了蔺相如和廉颇的个性品质，而且悟出他们的共性品质，从而加深对课文的理解。同时，词语、成语的恰当运用，亦能提高学生语文知识的积累，开拓学生思维，充分体现语文的开放性。课堂中渗透全面体会人物的思想，培养学生在人物比较中求得对文章主旨的理解。）

5. 总结写法，升华主题

（1）这篇课文是由三个故事组成，但它们之间又有着密不可分的联系。

请你再快速浏览全文，想一想。课件：课文中的三个故事有怎样的联系？

（这三个小故事都有自己的起因、经过、结果，共同组成了《将相和》这个大故事。第二个故事是第一个故事的发展，而前两个故事的结果又是第三个故事的起因。）

（设计意图：再读课文，回归整体，进一步夯实重点训练项目。）

（2）师：因果并存。这三个小故事都有独立的情节能不能独立成篇？这就是文章的高明之处，真是构思巧妙。我们再来看这两个人物，作者在写作时是平均分配力量吗？重点写的是（蔺相如），可见他在刻画人物的时候详略得当。

(3)文章学到这,我们再看课题,这个“和”字,还应该含着什么意思呢?

(课件出示“和”:1. 和好;2. 和谐、和睦;3. 平和、缓和。)

师:是啊,将相和,国家才能够和谐,国家和谐了才能够兴旺发达,这就是“将相和,国兴旺”的道理。在08年,我们国家举办奥运会的时候,就把“和”的文化传递给了世界。中国有句古话“万事和为贵”,这句话也彰显了中华民族的文化内涵。

6. 推荐书目,拓展阅读

《史记》(课件出示)

师:大家知道《将相和》出自于哪本书吗?《史记》,它的作者是:司马迁。课件:大家都知道后来秦国灭了六国,赵国也包括在内,那么赵国为什么还是逃脱不了被灭亡的命运呢?希望同学们课后认真地读一读《史记》从书中寻找答案。

(设计意图:通过拓展阅读体会,感受名著的魅力,为学生打开学习古典名著的大门,激发学习兴趣,创造一个交流学习的平台。)

(七)学习评价

1. 学生学文过程中的朗读。

2. 教学过程中,学生口语的表达。

(八)板书设计

18. 将 相 和

和好——和谐

廉颇 蔺相如

知错就改 大智大勇

忠君爱国

二、教学反思

1. 课堂教学不但要教会学生如何掌握科学的学习技能和技巧,更重要的还应该教给学生“会学习”的知识和方法,如“抓关键词句”深入地阅读课文,从而更好地理解文章的内容。《将相和》这篇课文主要是要把握文章中人物的性格特点,了解蔺相如临危不惧、足智多谋和顾全大局的优秀品质以及廉颇知错就改的精神。“自读会读”的教学思想就是让学生能够“自主学习”。“阅读是学生个性化的行为”,由于每个人的生活背景、知识背景、心理背景都不一样,在与文本交流与对话的过程中,必定产生个性化的阅读结果。本课故事情节波澜起伏,曲折动人,人物形象栩栩如生,故事之间因果关系、环环相扣。因此,针对课文的特点,我采用了

“自读会读”的讲读方法，以点带面，做到“抓主线、索因果、悟品质”，引导学生在情感的体验中参与对文本的多元解读，读出滋味、读出个性。同时，在充分尊重学生多元感悟的前提下，发挥教师的引领点拨作用，提升学生的感悟内涵，收到了良好的教学效果。

2. 在教学“渑池之会”和“负荆请罪”这两部分时，我充分利用第一课时教授的学习方法，发挥学生主体性，让他们在自读自悟的基础上充分表述自己看法。通过自读请读的朗读训练，启发学生加深对人物性格的理解，体会文章的表现手法，领悟课文所蕴涵的思想教育意义。归纳起来有以下几个步骤：

(1)读，读重点句子及语段；

(2)解，理解句子或语段中的关键词语；

(3)析，多角度分析有关句子及语段；

(4)评，对有关语段、句子、人物等进行评价品味；

(5)读，感情朗读重点语段及句子。

3. 新《语文课程标准》强调语文教学应致力于学生语文素养的形成与发展。语文素养是学生学好其他课程的基础，也是学生全面发展和终身发展的基础。因此，教师要充分利用教材，让学生在课堂上积累语言、运用语言、大胆想象、敢于创新，落实语言文字训练。学习“负荆请罪”时，我又给学生们布置了读、写、说结合的综合训练。新大纲指出：“教师要发挥创造性，针对教材的实际和学生的年龄特征，采用灵活多样的教学方式，拓展语文学习的渠道。”《将相和》教学打破了“教师讲问——学生听答”的常规教法，它以教师为主导，以学生为主体，调动了学生参与语文实践活动的积极性。学生兴趣盎然，写出了不少生动的“对话”。例如：

廉颇：上卿大人，我妒忌您职位比我高，妒忌赵王对您的宠爱，处处与您作对，但您次次容忍我，我实在没脸来见您，今天特来请罪，请您责打我吧！

蔺相如：廉大将军知错就改，真不愧为一国大将，快快请起，我俩都是赵国的大臣，何分彼此，将军已认错，我已十分满足，何须行此大礼？

廉颇：您大人不计小人过，真是宰相肚里能撑船啊！我今后一定与您和睦相处，共同对敌。

4.《将相和》的题眼在“和”字上，作者的思路是将相由不和到和好。教学时，我首先用逆推式方法提问，揭示矛盾，直奔中心。“将相为什么不和”把学生的思路直接引向文章的思路，打破了从头学起的老框子，把学生的注意力引到廉颇对蔺相如的错误评价上。再抓住“蔺相如是不是靠着一张嘴爬上去的”自然导入，这样不仅激发了学生的学习兴趣，而且使故事的学习带上了问题，有了明确的目的性。然后再通过读、议，把蔺相如为了维护国家尊严，机智勇敢、不畏强暴的形象树立起来，廉颇的错误说法不批自倒。再讨论将相是怎样和好的，不仅突出了蔺相如对敌狠、对己和、顾大局、识大体的高尚品质，也突出了廉颇虽然功勋卓著但能知错就改的精神。最后总结将相和好的原因——为了国家的利益，把人物思想升华到爱国的高度，令人肃然起敬，达到文道的有机统一。

5.《将相和》写了三个小故事，每个故事又都有自己的起因、经过。如果不分主次，从头道来，不仅浪费时间，也不符合学习规律。所以，我采取了抓主要章节重点读议，回顾、照应、牵动全篇的教学结构和方法。第一课时已讲完第一个小故事，所以第二课时对第一个小故事进行回顾，再从第二个小故事开始学起。三个故事比较，第三个故事是主要的，它既体现了题意，又是全文故事发展的高潮，我把它做为重点读议的内容，力争读深议透。在这一段中，我注意了在比较中分析人物形象，抓住蔺相如与廉颇言行的比较，廉颇前后不同言行的比较。而这些比较不是教师强加给学生的，而是启发学生从人物言行中发现比较的对象，获得比较的内容和材料。这样不仅在比较中更鲜明地突出人物形象，而且通过回顾照应使学生领悟到三个故事之间的内在联系。读议时只抓住最能突出人物品质的内容，其它内容留给学生自己解决，体现了抓重点、留余地的精神。

三、专家点评

方麟（博士后、副教授）

1. 教学目标中，建议加上体会人物的爱国思想和他们各自的美好品质。好的文章，不仅是表达一个道理，更重要的是传达思想情感价值观。将这些东西深深植入孩子的心里，是语文老师的责任。

2. 在讲授完璧归赵这一故事时，主讲教师引导学生朗读蔺相如的语言，体会人物的思想感情，从而激发学生的思维，构建“生生互动、师生互动”的交流网络。这个举措，无疑是有着积极意义的。因为人物的个性，往往通过对话和行动表现出来。这一训练，还有助于学生的写作训练。

3. 主讲教师提到，渑池之会是一次外交较量。关于外交，教师可以稍微界定一下，说明外交的内涵、对象、范围以及与军事的区别，这样，学生更能理解渑池之会上蔺相如的功勋。

4. 主讲教师分析到：蔺相如一定要秦王击缶，比鼓瑟更为低下。这个说法是不正确的。击缶,并不比鼓瑟更为低下。蔺相如的想法是,既然秦王迫使赵王鼓瑟,承担乐师伶人的角色;那么,秦王也应该为赵王击缶,承担一回艺人的角色。只有这样,赵王才不致于减分,秦王才不致于加分,在外交上,二者才是平起平坐的。国与国的交往,最注重平等往还,而不是倚强凌弱。

5. 主讲教师引入史书中的相关介绍,如怒发冲冠、誓要血溅秦填寺,可以说丰富了教材文本的内容,拓展了学生的想象空间,也是对课文内容的有效补充和深化。同时主讲教师引导学员体会蔺相如勇敢无畏的精神品质,这是属于情感价值观方面的教学目标。

6. 针对廉颇的挑衅,主讲教师引导学生提问,以培养学生善于自主学习、敢于质疑的能力为目的。这个设计符合智慧课堂的“运用多种教学方法调动学生主观能动性”的理论,学生不再是阅读故事,而是在分析故事、评价故事,无疑在能力训练方面有所深化。

7. 关于廉颇负荆请罪,主讲教师引导学生想象二人的对话,写在作文纸上,还可以采取同桌合作完成的形式,最后再给班级同学朗读。这一措施,既培养了学生的想象力和发散思维,又有助于学生的写作训练和口语交际训练,还体现了课堂的合作学习观念。正如主讲教师所言:“以课堂为中心,以学生为主体,横向拓展,为学生创设动笔的情境,调动学生参与语文实践活动的积极性,促进课堂教学中的读写能力的养成,发展学生的语言能力,启发学生潜在的智力,积极影响学生的认识能力、思维能力、实践能力,提高学生整体的语文素质,促进学生的全面发展。”语文素质的培养,一定不能浅表化、单一化,而要从认识、思维、实践等各方面予以落实。

8. 主讲教师引导学生评价将相和这一事件,设计意图是让学生自读、自悟、自得,诱发学生思维、鼓励学生争论,不追求统一、标准的答案,让学生谈出自身的、不同于他人的阅读体验,点燃充满灵气的思维火花。这一设计,有利于培养孩子的发散思维和质疑精神,也是值得表彰的。

9. 本篇教学设计最大的特点是,能够不断地设计有效问题,引导学生深入阅读、品味、分析、评价文本,将课文教学逐步引向深的层次。既体现了教师的引导,也落实了学生的自主参与,是这篇教这设计的一个亮点。

10. 主讲教师设计的阅读步骤:(1)读,读重点句子及语段;(2)解,理解句子或语段中的关键词语;(3)析,多角度分析有关句子及语段;(4)评,对有关语段、句子、人物等进行评价品味;(5)读,感情朗读重点语段及句子。阅读方法的引入,也有利于学生深入钻研文本。

11. 第三个故事"将相和"是全文发展的高潮,主讲教师将它做为重点读议的内容,启发学生从人物言行中发现比较的对象,获得比较的内容和材料。这种抓重点、舍枝节的方式,也是语文教学中值得提倡的方法。因为一篇课文不能解决所有问题,只能解决特别重要的问题。

12. 总体而言,这篇教学设计的水平较高,不但有具体的操作,而且有详细的设计意图,是一篇不可多得的优秀教学设计。

《要下雨了》研究案例与分析

教师简介:

李贺,女,1978 年 9 月出生,本科学历,小学高级教师,语文学科区级骨干教师。从教以来,一直担任班主任和语文教学工作。在教学实践中注重从兴趣教学入手,尊重不同孩子不同特点,推崇个性和能力的培养,注重对教学方法的探索,对教育方式的研究。全面提高孩子的语文素养。曾获得区级骨干教师、优秀青年教师、板厂小学最美女教师等荣誉称号,参加区级校级教学大赛获得一、二等奖,多次做区级研究课,并获得好评。所撰写的多篇论文在市区发表并获奖。

教学基本信息:

教材:义务教育课程标准实验教科书	出版社:人民教育出版社
年级:一年级	学科:语文
课题:要下雨了	课时:第一学时

一、教学设计

(一)背景分析

《要下雨了》是一篇亲切的科学童话。课文通过小白兔与小燕子、小鱼和蚂蚁的对话,介绍了夏天下雨前燕子低飞、小鱼游出水面、蚂蚁搬东西这三种自然现象。

一年级的学生学生具有好奇、爱探索、易感染的心理特点,容易被新鲜的事物、活动的东西所吸引,他们的思维方式以直观、形象为主,对课文内容的理解能力和分析能力还比较差,需要有趣味性的学习方式。

我在教学中适当借助信息技术,创设情境,调动学生与文本进行对话的热情,在愉快的氛围中轻松学习。

本节课运用多媒体，为学生学习语文提供服务。经过技术处理，一成不变的文本语言，特别是重点段落的语言自由链接、立体呈现，丰富活化了文本。

（二）教学目标

1. 认识“坡、闷”等8个生字，会写“得、很、往”。

2. 正确、通顺地朗读课文。

3. 初步了解“燕子低飞、鱼游出水面、蚂蚁搬家”与下雨的关系，能够清楚表达。

（三）教学重点

认识“坡、闷”等8个生字，会写“得、很、往”。

（四）教学难点

初步了解“燕子低飞、鱼游出水面、蚂蚁搬家”与下雨的关系，能够清楚的表达。

（五）教具准备

课件、词卡、小动物头饰、干湿毛巾

（六）教学过程

☞教学流程示意

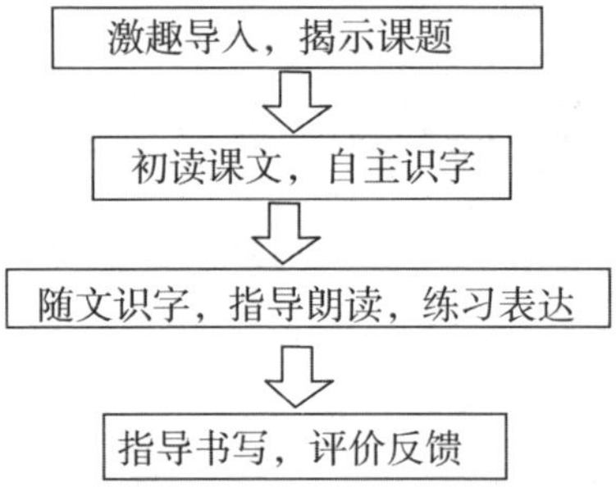

☞教学流程及设计意图

1. 激趣导入，揭示课题

（1）看符号播天气，导入新课。

出示：晴天　多云　下雪　下雨

（2）创设情境，出示课题。

（设计意图：一年级的孩子以形象思维为主，直观形象的物体会牢牢的吸引学生学习的注意力。开课适时出示《天气预报》节目中的图片及音乐，吸引了学生的注意力，激发了学生的学习兴趣。）

2. 初读课文,自主识字

(1)自由读课文,遇到不认识的字多读几遍。

(2)互相指读认读字。

(3)巩固字、词。

①带拼音开火车读认读字。

②去拼音分组指名读认读字。

③归类读词语:易读错词语、轻声词语、旧字和新字组成的词语。

④学习第一段,自主识字:

运用识字方法识字:闷、坡。

结合生活语境识字——伸:体育课上的“伸展运动”;

割:借助图片说一说谁在干什么?

(设计意图:任何阶段的字词教学都是阅读教学的基础,一年级更是如此。这一环节的设计有助于在帮助学生运用各种识字方法学习字词,并学会运用。)

3. 随文识字,指导朗读,练习表达

(1)分别读课文,思考:小白兔遇到了哪几位小小气象员?

(2)学生回答,教师板书,学生对应词卡贴图。

(3)体验式识字,学习“喊”。

①请你读一读小白兔和小燕子的对话,自己读一读,指名读。

②小白兔在山坡上,小燕子在天空中,距离这么远听得到吗?小白兔怎么说小燕子才能听见?做动作,体会“喊”。

③训练朗读:老师来当小白兔,谁愿意当小燕子?

“燕子燕子,你为什么飞的这么低啊?”

“要下雨了。空气很潮湿,虫子的翅膀沾了小水珠,飞不高,我正忙着捉虫子呢!”

(4)联系生活,识字“潮湿”。

①出示:潮湿。(读字、词)

②亲身体验,谈感受。

③燕子的哪种表现说明要下雨了呢?

练习说话:<u>燕子低飞</u>说明要下雨了。

(5)结合语境,训练表达。

①离开了小燕子,小白兔又遇到了谁呢?快读读这两段话,用句式说一说什么现象说明要下雨了?

<u>小鱼游出水面</u>说明要下雨了。

<u>蚂蚁搬东西</u>说明要下雨了。

②出示句式,练习表达。

(　　)说明要下雨了。

(6)结合对话,训练朗读。

分角色朗读,两个学生为一组先读一读,展示读。

(7)字源识字“消”。

①回顾“潮湿”,对比“消息”,引发学生质疑。

古时候的消字,逐步演变成现在的“消”,冰雪融化在水里,就是“消”这个字,读词语:消失　消化。

②这节课我们学习的词语是——消息,再读课文。

(8)练习句式:“正呢!”

(9)整合全文,分角色读课文。

认识了这么多小气象员,谁再来读读他们的对话?看看谁能把句子读通顺,播报的最清楚?

(设计意图:这一环节的设计在帮助学生通过字源,联系生活学习生字新词,并且在学会运用的同时,了解文章所表达的意思,初步培养概括能力,为今后学习打好基础。)

4. 知识拓展,练习巩固

(1)扩展知识,练习表达。

自然界中还有一些可爱的小动物也能预报天气,他们怎么预报的呢?

出示:蚯蚓出洞　青蛙大声叫　知了叫声停

练习表达:结合这些小动物的现象,你能用句式说一说吗?看看哪位小气象员知识最丰富,预报的更准确?

(2)游戏巩固。

①请你不加字不丢字把这段话读准确,句子读通顺。

出示:小白兔弯着腰在山坡上割草。天气很闷,小白兔直起身子,伸了伸腰。

②猜一个字,它是一个三点水旁的字,古时候表示冰雪融化在河流里(消)。

③请你完成连线题:

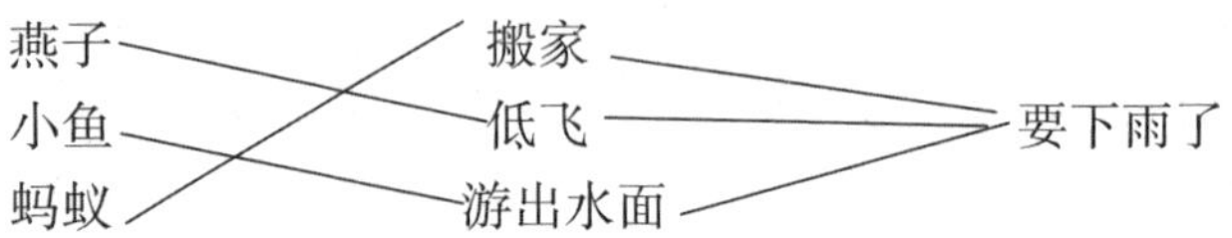

(设计意图:这一环节的设计在于检查学生对生字及难读句子的掌握情况,帮助学生在梳理课文内容同时,激发学生阅读课外读物的兴趣。)

5. 指导书写,评价反馈

(1)观察“得、很、往”,你发现有什么相同的地方吗?

引导:偏旁、结构、相同(提示:多横的字间距一样)。

(2)老师指导,写“得”。

①双人旁的指导。

②重点笔画的指导。

(3)学生提示,写“很”。

(4)反馈、修改。

(5)学生自学,写“往”。

(七)学习评价

通过“游戏巩固”环节中学生的表现判断学生朗读和字词掌握情况。

(八)板书设计

燕子图	低飞	
小鱼图	游出水面	16. 要下雨了
蚂蚁图	搬东西	

二、教学反思

1. 情境创设,调动学习情趣

低年级的课文,应更多采用科学童话的形式,寓常识于生动形象的故事之中,语言活泼、浅显,符合儿童特点。这就要求教师将教材优势与学生特点有机融合,在教学中创设情境,调动学生与文本进行对话的热情,在愉快的氛围中轻松学习。

2. 多样识字,品味汉字有趣

(1)识字写字是低年级的教学重点,因此要运用多种识字方法和形象直观的教学手段,创设丰富多彩的情境,提高识字效率。在本课中,我根据生字特点,运用了“最强大脑”游戏、加一加、换一换、扩词等方法进行识记。

(2)学生由生活中学到知识,又由已有知识引发质疑,到词语的理解,积累;由课内词语的识记,向课外拓展延伸、循序渐进、层层深入,努力体现语文课堂的趣味性和开放性。

(3)拓展延伸,体验学习乐趣

通过学习,学生很容易从课文中了解到燕子低飞、小鱼游出水面以及蚂蚁搬东西都是要下雨了的现象。于是在课堂上我还介绍了另外三种动物的表现也说明要下雨了,并在临下课的时候鼓励学生在课下继续查找资料,看看还有哪些动物的表现说明要下雨了,意在激发学生的求知欲。课程间的融合,使每个人学生带着自己的知识、经验、思考、兴致参与课堂生活、课外活动,真正成为学习的主人。

三、专家点评

易进(博士、教授)

1. 教学内容比较丰富,包括识字、朗读、口语句式练习、关于下雨前小动物表现的科学常识等,使学生有可能从多个方面学有所得。

2. 教师上课有激情,教学媒体使用得当,课堂气氛轻松、活跃,学生参与较充分,教学效果较好。例如,以“最强大脑”的游戏情境进行练习巩固,激发学生学习积极性。

3. 注意根据生字的不同情况采用多种方法指导学生认字,特别是“消”字,在学习潮湿之后,采用字理识字的方式,通过讲解字源,使学生理解字义与其偏旁的关系。

4. 在充分把握学生学习起点,根据其学习难点突出教学重点方面,还可以进一步改进。例如,对于学生比较容易掌握的生字,可以简化教学环节,重点关注对学生理解和掌握有一定难度的生字教学。

《卖木雕的少年》研究案例与分析

教师简介:

张丽萍,女,1970 年 6 月出生,本科学历,中学高级教师,德育学科区级骨干教师。从教以来,一直担任班主任和语文教学工作。多年的教育实践,使她深深地认识到:学校不仅是传授知识的殿堂,更是涵养人性的圣殿,而班级能最大化发挥教育的功能。班主任工作中,她着力构建教师、学生、家长生命共同体,形成了积极、和谐、温暖、共生的班级教育生态,努力使每一个生命个体,朝向明媚、朝向完整、朝向幸福。先后获得全国建功立业标兵、首都女职工创新之星,紫禁杯优秀班主任一等奖、优秀班主任特等奖、市优秀教师、市金牌教师、孟二冬式的优秀教师、市三八红旗奖章、东城区优秀人民教师等称号，还被推选为第十一届北京市政协委员。

教学基本信息：

教材：义务教育课程标准实验教科书　　出版社：人民教育出版社

年级：三年级　　学科：语文

课题：卖木雕的少年　　课时：第一学时

一、教学设计

（一）背景分析

《卖木雕的少年》是人教版语文第六册第七单元中的课文。这也是本单元关于国际理解和友好的第三篇课文。课文讲的是一位非洲少年对中国人民的友谊。“我”到非洲旅行时，想买一个非洲木雕做纪念，又担心路途遥远，木雕沉重，只好放弃了这个打算。为了不让我带着遗憾离开非洲，卖木雕的少年等待在宾馆前，送给我一个方便携带的木雕小象墩，从中可以看到少年的美好心灵。本课叙述详略得当，作者对美丽的大瀑布风光一带而过，而是围绕课文重点，将笔墨放在选木雕、放弃买木雕、送木雕等内容上。课文还准确而得体地运用了许多四字词组，可以让学生积累并学会使用。

三年级学生已具备初步的阅读理解能力，能在初读后了解把握文章大意，在品读中，能够在教师指导下，运用感情朗读，抓住重点词句，联系上下文等方式，理解文章内容，但是，学生具备的想象力不够丰富，需要运用多种方式进行引导。

在本节课的教学设计中，我引导学生以自主探究的学习方式，走进文本，与文本对话，从学生积累熟记丰富的词语入手，有效调动学生，发现、质疑，突破教学重难点。全课紧扣“遗憾”二字展开教学，在品词析句中体会人物内心活动，感受少年对“我”的友善和帮助，赞美中非人民的友谊。在观察、朗读、想象中，体会文章的深刻内涵，重感悟、重积累、重运用、培养学生的语文能力。

教学中，我采用多媒体辅助教学，借助图片，激发兴趣；借助音乐，抒发情感。透过重点词句，立体呈现，丰富活化了文本，激发学习热情。

（二）教学目标

1. 认识生字新词，巩固文中的四字词组，并学会恰当地运用，积累词语。

2. 正确、流利、有感情地朗读课文。

3. 通过人物的言行体会人物的内心活动，结合背景材料，理解和感受非洲少年和中国人民的友谊。

（三）教学重点

抓住重点词句，通过人物的言行体会人物的内心活动。

（四）教学难点

理解课文内容，感受少年对中国人民的友好感情。

（五）教具准备

搜集非洲有代表性的图片，以及本课瀑布、木雕图片制作成课件

（六）教学过程

☞教学流程示意

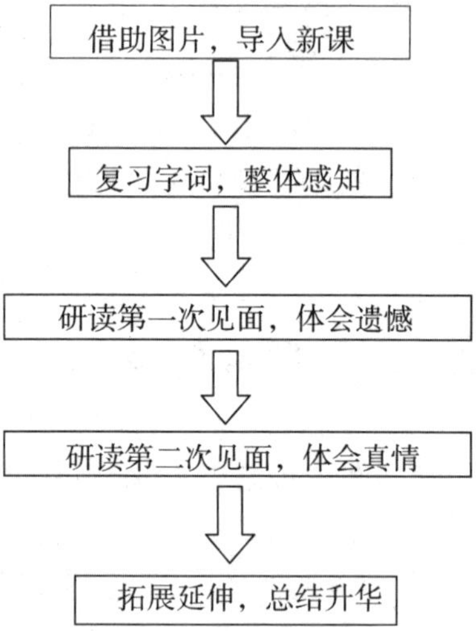

☞教学流程及设计意图

1. 借助图片，导入新课

（1）喜欢旅游吗？今天我们就去一个美丽而神秘的地方（出示图片），那里有世界第一长河尼罗河，有广袤无垠的撒哈拉大沙漠，有古老神秘的金字塔、气势磅礴的瀑布、世界闻名的木雕、种类繁多的热带动植物，还有热情好客的人民。你们知道这是哪儿吗？

（2）这就是世界第二大洲——非洲（出示非洲地图），今天就让我们跟随作者一起走进非洲，去认识一位卖木雕的少年。（出示课题，齐读课题）

（设计意图：三年级的孩子虽然已开始从形象思维向抽象思维过渡，但是直观形象的物体还是会牢牢的吸引学生学习的注意力。开课适时出示精心挑选的非洲特色景点图片，吸引了学生的注意力，激发了学生的学习兴趣。）

2. 复习字词,整体感知

(1)自由读课文,读准字音,读通句子。

(2)认读生字词。

第一组:尼 驮 构 栩 释 掏 豫 肯 憾 宾 模 标

这些字中有个多音字,你发现了吗?(模)

读一读:mú 一模一样　　　mó 模范

第二组:游览　出售　摊点　陈列　构思　观赏　掏钱

即将　晚饭　付钱　标准牙齿　工艺品　一模一样

第三组:名不虚传　游人如织　十分壮观　清晰可辨

琳琅满目　各式各样　构思新奇　栩栩如生

仔细观赏　爱不释手　五官端正　语无伦次

文中四字词语很多,你有什么发现吗?(分别形容瀑布、木雕、人物)

(3)在去非洲之前,朋友告诉我到非洲一定要做两件事?(看瀑布、买木雕)

①我们先来看看瀑布(出瀑布图)。

A.(出示瀑布图)这就是莫西奥图尼亚大瀑布。它位于非洲南部,高达120余米,宽达1800米,比我国著名的黄果树瀑布宽了几乎90倍,是世界三大瀑布之一。“莫西奥图尼亚”在当地语言中意思为“雷霆翻滚的云雾”。

B. 看了图片,瀑布给你留下了怎样的印象?

C. 想不想亲眼去看看?

不只你们想去!如此壮观的瀑布吸引了世界各地无数的人,用文中的一个词来说,真是“游人如织”。指名读,读出你的感受。

(出示句子:莫西奥图尼亚大瀑布真是名不虚传。这里游人如织,景色十分壮观。)

②非洲不仅有美丽的瀑布,还有精美的木雕!(出示木雕图片)

木雕是非洲最常见的工艺品,凡是到非洲旅游的人,都要带回一两件作为纪念。

看了木雕,你的头脑中浮现出了文中的哪些词语?

出示填空:(　　　　)的木雕

(琳琅满目　各式各样　构思新奇　栩栩如生)

③喜欢吗?读出你的感受。

(出示句子:木雕,是非洲最常见的工艺品。摊点里陈列的木雕琳琅满目,各式各样。)

(4)木雕的精美,瀑布的壮观,给我们留下了深刻的印象。可是作者到非洲旅游,回国后念念不忘的不是瀑布、不是木雕,而是一位卖木雕的少年,作者和少年之间到底发生了什么事呢?请你再读课文,试着填一填。

出示填空:“我”到非洲旅行时,想买(　　　　)作为纪念,但是因为(　　　　),只好放弃了这个打算。为了不让我带着(　　　　)离开非洲,卖木雕的少年(　　　　),让我十分感动。

(设计意图:字词教学是阅读教学的基础,三年级同样不可忽视。这一环节的设计在帮助学生巩固字词,学会运用的同时,又能让学生理清文章思路,逐步学会抓住关键词语概括主要内容,培养概括能力,为后面学文做好铺垫。)

3. 研读第一次见面,体会遗憾

(1)这么精美的木雕,不买真是遗憾?

①(出示句子)少年的眼睛里流露出一丝遗憾的神情。我也为不能把这件精美的工艺品带回国而感到遗憾。

②你们发现了吗?有一个词,在这段话中出现了两次。(遗憾)

你们知道什么是遗憾吗?(惋惜、可惜、失落)

两个“遗憾”,一个是少年的遗憾,一个是我的遗憾。

(2)我们先来看看“我”为什么遗憾?请同学们默读课文4—9自然段。

①你从哪儿能够感受到“我”的遗憾,边读边画出来。

(出示句子)我即将回国,要带的行李已经超重了,怎么能再带上这沉甸甸的象墩子。

不是不想带,实在是不能带,谁能读出“我”的遗憾?

②这到底是怎样一个象墩子,让我如此遗憾?找出文中的语句画下来。

(出示句子)说是坐凳,其实是一个卷鼻大耳象,象背上驮着一块寸把厚的树桩。这些坐凳构思新奇,大象雕得栩栩如生。

同学们,你们知道吗?在非洲,大象是人们的好朋友,它能帮人们运送货物,还可以让游客坐在象背上,欣赏非洲的美景。这个木雕融入了那份独特的非洲风情,把象墩带回家,就等于是把非洲古老而又浓郁的文化气息带回家。

③况且象墩雕得那么精致,让我仔细观赏,喜欢的都不舍得放下,真是爱不释手啊!喜欢的东西带不回去,遗憾啊!谁能读出你的感受?

(出示句子)我捧着象墩,仔细观赏,爱不释手。

④作者通过简单的几句话把象墩的“精美”和我内心的“遗憾”形象地展现在我们眼前。师生合作读,再次感受我的遗憾。

(出示句子)说是坐凳,其实是一个卷鼻大耳象,象背上驮着一块寸把厚的树桩。这些坐凳构思新奇,大象雕得栩栩如生。

我捧着象墩,仔细观赏,爱不释手。

我即将回国,要带的行李已经超重了,怎么能再带上这沉甸甸的象墩子?

⑤你能从文中找出词语填在括号里,把我遗憾的原因说清楚吗。

(出示填空)摊点里陈列的木雕(琳琅满目)、(各式各样)。其中象墩(构思新奇),大象雕得(栩栩如生),我一看就(爱不释手)。但是因为要带的行李已经超重,我只得放弃购买的念头,因此,感到很遗憾。

(3)(出示句子)少年的眼睛里流露出一丝遗憾的神情。我也为不能把这件精美的工艺品带回国而感到遗憾。

①我的遗憾我们清楚了,那少年为什么遗憾呢?

(少年因为作者不能把心爱的象墩带回国而遗憾。)——我的遗憾他遗憾,他遗憾着我的遗憾。

②联系上下文,读一读。

(出示句子)“您是中国人吧?”那少年望着我,猜测道。

我点了点头。少年的眼睛里流露出一丝遗憾的神情。我也为不能把这件精美的工艺品带回国而感到遗憾。

读后你会发现,少年的遗憾跟我是(中国人)有关系。

③老师把这段话换了换,谁来读读。

(出示句子)少年的眼睛里流露出一丝遗憾的神情。少年为我这个中国人不能把这件精美的工艺品带回中国而感到遗憾。

读到这句话,你心里一定有一个大大的问号,你想问?

学生质疑(为什么我这个中国人不能把象墩带回中国,少年遗憾呢?)

④这是一个旅游胜地,每天游人如织,相信有很多人跟作者一样不能带走心爱的东西,为什么我这个中国人不能把工艺品带回国他感到遗憾呢?(课件显示画面,引入课外中国援助非洲相关资料)

⑤同学们,如果你就是卖木雕的少年,请你和我一起回忆,也许你家就住在坦赞铁路附近,你和你的家人就曾接受过我们中国医生的治疗,你所就读的学校就是我们中国援助的学校,看着中国阿姨转身离去,遗憾的背影,此时此刻,你的心里肯定久久不能平静,你会想什么?

(设计意图:学习语言,积累语言是语文课的主要任务,本课四字词语较多,我注重渗透解词方法,注重学生词语的积累与运用。在初读课文时呈现,在阅读理解中复现，在理解感悟中学会运用。阅读中采用质疑探究的形式，紧紧抓住“遗憾”进行质疑，让学生自己去发现问题、提出问题、研究问题、解决问题，培养学生自主探究、乐于参与的能力。由于文中内容距学生生活实际较远，涉及的文字材料较多，为学生的阅读带来一定困难。在本课设计中，补充相关的资料进行阅读，以此丰富学生的积累，扩大学生的视野，采用换位思考、移情思考的形式，使资料与课文相呼应，为深入理解课文内容、领悟思想感情奠定基础，有效地突破了难点。）

4. 研读第二次见面，体会真情

(1)为了不让我带着遗憾回国，少年是怎样做的？请你默读课文 10－15 自然段，边读边思考，少年的哪些言行让你感动？

①(出示句子)暮色中，我忽然发现在一堆隆起的岩石上，坐着一位少年，晚风吹拂着他的衣襟。他听到谈话声，来到我们面前，原来是白天卖木雕的那个少年。看样子，他是专门在这里等候我的。

A. 你们等过人吗，等待时什么感觉？(着急)

B. 少年和我有约吗？(没有)

有可能等得到，还有可能等不到。

少年可能等了 1 个小时，2 个小时，3 个小时，暮色降临他仍在这里等候。

这里游人如织，不仅要等，还要不错眼珠地看，多么真诚啊！谁能把这种感动读出来。(指名读)

②(出示句子)“这个小，可以带上飞机。”少年将一件沉甸甸的东西送到我手里。啊！原来是一个木雕小象墩，和白天见到的一模一样，却只有拳头大小。

A. 为什么要做得和白天一模一样的？(喜欢)

B. 为了这个“一模一样”，他可能做了哪些事情？(找、做、浪费时间、耽误生意)

C. 如果你就是作者，此时看到这个小象墩，什么感受？(惊讶，高兴，感动)

把你的感受读出来。

D. 这段话中有个词，沉甸甸，这个词在前面也出现过，在这两句话中沉甸甸意思一样吗？

(出示句子)我即将回国，要带的行李已经超重了，怎么能再带上这沉甸甸的象墩子？

少年将一件沉甸甸的东西送到我手里。

拳头大小的象墩，为什么会是“沉甸甸”的？这沉甸甸的还是象墩吗？是少年那颗真诚的心啊！

少年为了让我拥有我所喜爱的那只象墩，可能一整天顾不上吃饭，顾不上生意，而这，仅仅是因为我的一个遗憾的表情，一句无心的话语。这小小的象墩，饱含着少年一片真诚，怎能不沉甸甸呢？谁来读读。

③(出示句子)少年连连摆手，用不太标准的中国话说；“不，不要钱。中国人是我们的朋友。”

连连摆手——不要钱，做生意靠卖木雕挣钱，因为我是中国人不要钱。

不太标准的中国话——可见对中国的友好。

(2)我和少年素不相识，却受到了如此厚重的待遇，这都是因为：我们是朋友。

让我们再回到那个晚风吹拂的夜晚，再次感受那动人的情景。(指名分角色读)

(设计意图：人物的内心世界和可贵品质都隐含在字里行间，尤其附着在关键的词语中。在引导学生体会学习的过程中，我抓住重点词语让学生体会少年的真诚。)

5. 拓展延伸，总结升华

(1)那天晚上，“我”和宾馆里的各国游客，以及许多当地人都对这个黑人少年赞不绝口，大家纷纷夸起了这个黑人少年。人们会怎么夸他呢？假如你是其中的一员，把你夸赞的话语写下来。

(2)这份情谊不仅是作者与少年之间的情谊，也是中国人民与非洲人民的情谊，更是人与人之间的情谊。让我们将这份情谊，这份美好的情感传递下去吧！

(设计意图：“阅读是为了更好的写作。”本课的教学重难点是通过描写少年言行的句子，体会他对中国人民的深厚友谊。在教学中，我引导学生找出描写少年言行的句子，通过补白想象，揣摩少年的内心，体会少年对中国人民的友谊，更好地刻画少年的品质。在感情朗读对话的基础上，学生的内心已经有了丰富的语言，再让他们写几句话夸夸这个黑人少年，让读写更紧密地结合起来。)

(七)学习评价

1. 课文中的四字词语，你积累下来了吗？试着填一填。

(　　　　)虚传　　游人(　　　　)　　琳琅(　　　　)

栩栩(　　　　)　　(　　　　)释手　　语无(　　　　)

2. 根据课文内容回答问题。

(1)“我”为什么感到遗憾？

(2)少年得知“我”无法带大象墩回国后,是怎么做的?

____

(3)学习课文后,我懂得了:(对的画√)

①木雕小象墩虽然是一件小礼物,却表达了非洲人民对中国人民的友好之情。(　　)

②少年真会做生意,怕“我”不买特意送到宾馆来。(　　)

(八)板书设计

二、教学反思

1. 借助图片,直观形象激发兴趣

三年级的孩子虽然已开始从形象思维向抽象思维过渡,但是直观形象的画面还是会牢牢吸引学生学习的注意力。本课内容距离学生较远,学生理解起来有一定的难度,教学中我适时展示精心挑选的非洲特色景点图片、瀑布图片、木雕图片,用画面吸引学生的注意力,激发学生的学习兴趣和参与意识。

2. 积累语言,注重语言文字训练

学习语言、积累语言是语文课的主要任务,因此在教学中我运用多种方法引导学生感悟、积累、运用语言。例如:描写木雕的词语,在初读课文时呈现,在学习木雕欣赏图片后头脑中呈现,在说明遗憾时再现,落实了积累词组的目的,在朗读感悟中,理解词语意思,学会运用。

3. 重视朗读,读中培养学生语感

本文的人物言行描写很多,这些语言不仅丰富,更重要是在这些语言描写中蕴含了少年的美好品质。因此在教学中,我让学生朗读、自由读、指名读、默读、转换角色读，让学生读出自己的理解、读出自己独特的体验、读出语感，切身体会课文人物的思想感情。

4. 质疑教学，引发思考突破难点

学生是学习的主体，我们要将学习的主动权归还给学生。在本课教学中，我采用质疑探究的形式，引导学一学习的过程中，抓住"遗憾"进行质疑，让学生自己去发现问题，提出问题，研究问题，解决问题，从而发挥学生学习的自主性，并获得积极的情感体验。

5. 补充资料，深入理解课文内容

课文讲的是非洲少年对中国人民的友好情谊，由于文中内容距学生生活实际较远，涉及的文字材料较多，为学生的阅读带来一定困难。在本课设计中，或补充中非友好往来、中国援助非洲等相关资料引导学生阅读，以此丰富学生的积累，扩大学生的视野，采用换位思考、移情思考的形式，使资料与课文相呼应，相补充，相促进，为深入理解课文内容、领悟思想感情奠定基础，有效地突破了难点。

6. 读写结合，丰富语言

"阅读是为了更好的写作。"本课的教学重、难点是通过描写少年言行的句子，体会他对中国人民的深厚友谊。在感情朗读对话的基础上，学生的内心已经有了丰富的语言，让他们写几句话夸夸这个黑人少年，让读写更紧密地结合起来。

三、专家点评

易进(博士、教授)

1. 教师精心准备了与课文内容相关的图片，还有反映中非人民友好往来的资料。图片形象生动，吸引学生关注，激发学生的学习兴趣。补充的背景材料一方面辅助学生理解和体会文章主旨，另一方面扩大了学生的视野，使他们为中非人民的友谊所感动。

2. 词语教学有特色，特别是四字词语，结合文章内容，按照词语描绘的事物，如瀑布、木雕、人物等分类认读、识记，而后结合图片提示学生在头脑中联想相应词语，随后还通过课文内容填空等形式引导学生再现词语。几种不同的形式使学生反复加工这些词语，有助于学生巩固词语的理解和运用。

3. 抓住课文的重点词语，如"遗憾"和"沉甸甸"等，引导学生辨析词语的多重含义，练习有感情地朗读，并结合词义深入思考，感悟课文的思想感情。

4. 根据课文重点内容尝试"填空"是很有意义的学习任务，有助于学生理解文章意思并尝试运用课文中的好词好句。目前设计为投影题目，请个别学生尝试回答。从教学情况看,多数学生不能很快地正确回答,因而很多词语是由教师提出的。如果将这些任务设计成学习单的形式,让每一位学生都有时间和机会对照课文展开思考,尝试填写,之后再交流,那么可以有更多的学生真正投入到阅读中,并有所感悟,也更有可能自主完成填空任务。

《最大的书》研究案例与分析

教师简介:

赵蕾蕾,女,1975 年出生,本科学历,小学高级教师,语文学科区级骨干教师。从教以来,一直担任班主任和语文教学工作。任教期间多次在各种区级教学活动中完成观摩课、公开课、展示课、研究课和支教课。近两年主讲的《雪孩子》《两只小狮子》《称赞》《最大的书》被东城区精品常态课程资源库收录。2014 年 4 月参加的东城区第 8 届"东兴杯"小学教师教学基本功展示活动中获得语文学科一等奖。2014 年 6 月参加国家级基础教育教师科研能力培养研究课题研究被评为优秀课题组成员,撰写的《语文课堂中提高学生倾听能力的研究报告》获得国家级教育科研成果一等奖。2014 年 9 月参加并完成北京市 DBS 课程录制工作。

教学基本信息:

教材:义务教育课程标准实验教科书	出版社:人民教育出版社
年级:二年级	学科:语文
课题:最大的书	课时:第一学时

一、教学设计

(一)背景分析

《最大的"书"》是义务教育课程标准实验教科书二年级下册第五单元第 19 课的内容。本单元以"热爱大自然,了解大自然"的主题来整合课文,学生在见识了《古诗两首》美丽的自然景观和《雷雨》变幻的自然现象之后,《最大的"书"》又带着他们去发现大自然的秘密,因此本课处于一个重要的教学地位。《最大的"书"》是一篇讲读课文,它以地质勘探队员叔叔和川川的对话为主线,向小读者们展示了岩石这本"书"的无穷魅力,从而使学生对自然科学知识产生浓厚的兴趣,激发学生探究大自然的欲望。

低年级学生思维活跃,自信心表现欲强,但持久性太差。根据这些特点,教学时需要方法多样,引导学生自主学习,提供展示自己的机会。因此这节课我在引导学生体会课文蕴含的思想感情的同时采用随文识字的方法,帮助学生识字学词;抓住重点语句,进行有感情的朗读训练;借助文中句型练习说话,培养学生口头表达能力。同时在教学中,我采用多媒体辅助教学,借助图片,激发兴趣;借助感情朗读,抒发情感。透过重点词句,立体呈现,丰富活化了文本,激发了学生的学习热情。

(二)教学目标

1. 认识7个生字,会写“册、岩、厚”3个字。

2. 正确、流利、有感情地朗读课文,读好人物对话。

3. 了解一些地质勘探知识,体会川川对大自然的好奇和热爱,从小培养爱科学的情感和探索大自然的兴趣意识。

(三)教学重点

1. 正确、流利、地朗读课文,读好人物对话。

2. 认识7个生字,会写“册、岩、厚”3个不同结构的字。

(四)教学难点

认识7个生字,写好“册、岩、厚”3个不同结构的字。

(五)教具准备

1. 将与本课教学内容有关的图片、文字制作成课件。

2. 生字卡片。

3. 地质发生变化过程的演示视频。

(六)教学过程

☞教学流程示意

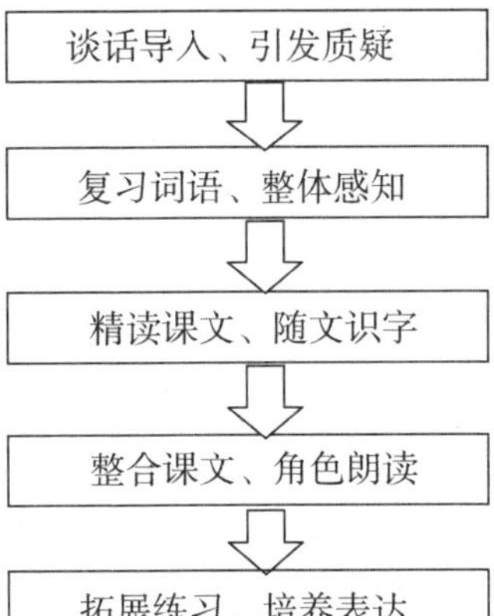

☞教学流程及设计意图

1. 谈话导入,引发质疑

(1)同学们你喜欢读书吗?都喜欢读什么书?

(2)今天我们就一起学习一篇和书有关的文章。

(板书:19. 最大的"书")

学生齐读课题并认真观察,说说通过观察发现了什么?

引导学生质疑:最大的"书"到底指的是什么?书字上为什么要带引号呢?

带着这些问题让我们一起开始今天的学习吧!

2. 复习词语,整体感知

(1)自由读课文,读准字音,读通句子。

(2)认读生字词,初步理解字词意思。

①认读生字:先读带拼音的生字卡片(带读),再读去拼音的生字课件(指名读)。

②认读词语:

第一组:地质　勘探　　　地质勘探队员

你来猜猜图上谁是勘探队员?说说为什么。

老师解释:地质勘探队员就是对岩石、矿产、地貌等地质情况进行调查研究的工作人员。

第二组:一册　　厚厚的

课文中指的是:一册(　　)(填入:书)

你能试着填空吗?一册(　　)的书。(填入:厚厚的)

你能通过读这句话,让大家听出这本书很厚吗?

第三组:宝藏

你能把这个词读准吗?

"藏"字是个多音字,把它放到这句话中你还能读准它的读音吗?

学生读句子:它能告诉我们,哪里埋着煤炭,哪里藏着铁矿。把这本"书"读懂,就能为祖国找到更多的宝藏!

第四组:刨根问底

什么叫刨根问底?(学生回答:把事情弄清楚就叫刨根问底。)

川川是用什么办法把事情弄清楚的?(学生回答:通过问问题把事情弄清楚。)

(3)再读课文,画一画、数一数川川都问了哪些问题。

叔叔,您在看什么?

哪里有书呀?

这上面有字吗?

这上面有画吗?

这能说明什么呢?

读了这本岩石书有什么用呢?

川川问了这么一连串的问题,直到把问题问清楚为止。就叫:刨根问底。

(设计意图:词语教学是低年级语文教学的重要任务之一。这一环节是在学生课前预习的基础上读准字音,巩固词语,学会运用的过程,也是为了学生更好地学习课文、读好课文做准备。同时梳理了问题又帮学生理清了文章脉络,整体感知了文章内容,为后面的学习做好了铺垫。)

3. 精读课文,随文识字

(1)结合川川的提问“最大的‘书’指什么?”感受岩石的样子像“书”。

①读描写样子像书的句子。

②随文学习句子中“岩、册、厚”字。说说你是用什么方法来记这三个字的,想记哪个,就说哪个。

A.“岩”:自主识字、结合图片巩固识记。

出示图片:看,这就是岩,岩就是指高峻的山崖。

学生读词:岩石。

B.“册”:字源识字、结合生活实际识字。

出示竹简图片:同学们知道图上画的是什么吗?

老师结合图片继续解释:“册”指的就是古代用一条条竹条做的书,又叫竹简。看,这就是“册”字的字源,认真观察,图画和文字符号,你发现了什么?

(学生回答:文字符号中的竖线就像竹简中的竹条,椭圆形的圆弧就像连竹成书的线绳,慢慢的文字符号演变成了“册”字。)

C.“厚”:识字学词,学会运用。

学生说记“厚”字的方法。

谁能说一说“厚”的反义词是什么?

句子中说的是厚厚的书,生活中你还见过厚厚的(　　)?

D. 把生字带到句子中读一读,把字读准,句子读通顺。

(设计意图:在这一部分的教学中我采用随文识字的方法,根据学情和汉字的识记规律进行重点指导。同时体现了字不离词,词不离句的特点,以及汉字识记方法的多样。突出了教师的主导和学生的主体。)

E. 观察特点、指导书写“厚、册、岩”。

观察三个字的结构,发现特点。(生答:独体字、上下结构、半包围)。

不同结构的字,写法也是不同的。学生分析字形和重点笔画。

“册”:撇,横折钩写瘦一些,写紧凑,横压在横中线上。

“岩”:上小下大,石字托住山。

“厚”:厂字包住日和子字。

老师范写,学生练写。

反馈、评价。

(设计意图:写字是低年级语文课堂中的重要内容,此环节的书写教学,通过引导学生自主的对三个汉字的结构进行比较,使学生在已有知识的基础上获得新知识,从而提高了学生的观察力、辨析力、理解力和运用能力,落实了智慧课堂培养学生学习力这一目标。)

③学文,理解“一层一层”,读中体会岩石的样子就像一册厚厚的书。

A. 把生字带到句子中,把字音读准,句子读通顺。

老师问:同学们见过一层一层的岩石吗?

B. 出示岩石和图书的图片:图上分别画了什么吗?比较两幅图你发现了什么?

学生回答:岩石的一层就像书的一页。岩石一层一层的,就像一册厚厚的书。

④指导朗读。

A. 这句话带个小问号,谁能读出问句的语气?

B. 还能给这句话换个说法吗?

(2)结合提问“这上面有字吗?”理解内容像“书”。

①“书”中的字。

A. 这岩石上面有字吗?在哪呢?快来找一找,谁来读一读这句话。

B. 你能用什么方法记住这句话中的“痕”字。

出示雨点、波浪痕迹的图片和词语:雨痕、波痕。将图片与词语进行连线:雨点的脚印叫雨痕,波浪的足迹叫波痕。

世界上还有很多事物都能留下它的痕迹,快来猜一猜这些都是谁留下的痕迹?

出示填空练习:

泪水流过的痕迹叫(泪痕)。

受伤了,皮肤上留下了(伤痕)。

伤口愈合了，但留下了伤疤，叫（疤痕）。

C. 把“痕”字放到句子中，读准字音，读通句子，再找一找这段话中有两个词的意思很相近，你能找到吗？（脚印　足迹）

脚印可以叫足迹，足迹也可以叫脚印，一个意思可以用不同的词语表达，多有意思呀！

D. 出示填空，这次你知道岩石书中的字都指什么了吗？

学生回答：“书”中的字指：雨痕、波痕、矿物。

E. 指导朗读。

（设计意图：二年级的学生虽然已开始从形象思维向抽象思维过渡，但是直观形象的物体还是会牢牢地吸引学生的注意力。通过游戏环节，让学生理解雨痕和波痕；接着我又设计了“猜一猜”环节，活动结合学生已有的生活实际，请学生猜出“泪痕、伤痕、疤痕”的同时，也进行了词语拓展练习，更激发了学生的学习兴趣。）

②“书”中的画。

A. 叔叔告诉川川岩石书里不仅有字还有画呢，谁来读读叔叔的话。

岩石中都有什么画？读读这些涂红的字（有、有、还有）。这些词写出了什么？（学生回答：写出了岩石书中的画很多。）

B. 想看看这些岩石书中的画吗？

出示树叶、贝壳、小鱼的图片。（请学生用有、有、还有，练习说一说岩石书中的画。）

还有什么呢？想知道吗？出示图片，继续用有、有、还有练习说一说。

C. 指导朗读。

（3）结合川川的提问“有什么用呢？”体会作用像“书”。

①川川又提出了一个问题：谁想做川川来问一问这个问题。是呀，这些字和画又能说明什么呢？让我们来听听勘探队员叔叔是怎么说的吧。

②播放视频。

③你看懂了什么？谁想说说。

④川川总爱刨根问底，川川又提出了一个问题：谁还想做川川来问一问这个问题。（这又能说明什么呢？）

⑤还想听听勘探队员叔叔是怎么回答的吗？播放录音。

⑥看来岩石书的作用可真大呀，谁想来读读这段话。

⑦你喜欢川川吗？说说为什么。

（设计意图：最大的书课文中有不少内容离学生的生活实际比较远，例如"波痕、雨痕"。"岩石书中的字和画"，再如课文最后写出的地壳发生的变化，这些都是学生不容易理解的部分。通过补充图片资料，补充视频资料帮助学生理解课文内容显得尤为重要。辅助教学设施不但帮学生了解岩石书的作用，还大大地激发了学生的学习兴趣。视频的播放将课文中一段难以理解的地质变化过程由文字变成画面，通过直观的看视频，听讲解，使学生多种感官参与到学习活动中。因此多媒体的使用将本课中学生学习的难点化难为简。）

4. 整合课文，角色朗读

（1）分角色朗读。

（2）解决课上质疑，"书"为什么带双引号。

5. 拓展练习，培养表达

（1）最后让我们一起来读一段文章。请同学们出声音自读，说一说你读懂了什么？

（2）同样的这段文字，变格式为一首小诗，如果读的时候再能有点诗情画意就更好了。谁想来试试。

（设计意图：课后的拓展阅读是课内阅读的延伸，在拓展阅读的过程中，一方面学生将所学用于实践，学会知识的迁移。另一方面，在开拓学生的视野，获得丰富的知识，培养和提高学生的读写能力等方面起到了重要的作用。结合本课内容，我选择了"看云识天气"为内容的短文请学生进行阅读，引导学生理解内容，提高学生的阅读兴趣。）

6. 总结全文

今天我们一起认识了很多字词朋友，还和爱刨根问底的川川一起认识了岩石书，收获可真不小。希望同学们也能像川川一样做个爱动脑，会提问的好孩子。

（七）学习评价

1. 按课文内容填空。

（1）最大的"书"指的是（　　）。

"书"上的字指的是（　　）、（　　）、（　　）。

"书"上的图画指的是埋藏在岩石中的（　　）、（　　）、（　　）。

（2）读懂这本书，我们就能为祖国找到（　　）。

（3）我们还能在大自然中找到许多像"岩石"这样的书。

当看到（　　　　），我们可以知道（　　　　）。

当看到(　　　　　),我们又可以知道(　　　　　)。

你看大自然真是(　　　　　)。

(八)板书设计

19. 最大的"书"——岩石

一层一层	样子
有字有画	内容
科学道理	作用

二、教学反思

这是义务教育课程标准实验教科书二年级下册第五单元第19课。本单元以"美丽、神奇的大自然"的主题来整合课文,本课处在一个重要的教学地位上,是一编讲读课文,它以地质勘探队员叔叔和川川的对话为主线,向小读者们展示了岩石这本"书"的无穷魅力。通过叔叔的介绍,描绘了"书"中的"字""画"以及这本"书"的作用,从而激发了学生探究大自然的兴趣。

1. 多种方法,随文识字

在语文学习中识字写字是第一学段重要任务。在本节课中,这一部分的教学我采用集中识字与随文识字相结合的方法。在集中识字的过程中帮助学生巩固汉字读音;在随文识字中,我分别运用:生活中识字、字族识字、加一加、换一换等方法引导学生自主识记字形;在学生学习"这岩石一层一层的,不就像一册厚厚的书吗?"这句话时我引导学生学习"岩""册"和"厚"字。同时根据学情进行重点指导,在识字的过程中,我设计了一系列的识字活动,力求学生借助文本在活动中识字,体现了字不离词,词不离句的特点,突出了教师的主导和学生的主体。

在学习"雨点的脚印叫雨痕,波浪的足迹叫波痕"这句话中的"痕"字时,我设计了以下的方法引导学生学习"痕"字。

通过旧字记新字:之前我们学过了"艮"字族的汉字,例如:很、狠、恨、跟、良等字,所以学生通过旧字换偏旁的方法记住痕字并不难。

借助图片解字义:"雨痕、波痕"是什么样子的对学生来讲,理解起来比较抽象,因此根据这一情况我设计了看图连一连的活动。学生在看图、比较、连线的过程中知道了"雨痕和波痕"。

通过游戏进行拓展:接着我设计了"猜一猜"环节,活动结合学生已有的生活实际,请学生猜出“泪痕、伤痕、泥痕”复现识字“痕”的同时,进行了词语拓展练习。

2. 补充资料,帮助理解

《最大的“书”》课文中有不少内容离学生的生活实际比较远,例如“波痕、雨痕”“岩石书中的字和画”,再如课文最后写出的地壳发生的变化,这些都是学生不容易理解的部分。于是,课堂上我通过补充图片资料,补充视频资料帮助学生理解课文内容。

例如,在学习岩石书的作用时,我使用了音频和视频资料。视频使用前学生通过读岩石书的作用一段较长的文字,只能从文字中读懂文章内容。但播放视频及音频帮学生了解岩石书的作用,大大地激发了学生的学习兴趣。视频的播放将课文中一段难以理解的地质变化的过程由文字变成画面,通过直观地看视频,听讲解,使学生多种感官参与到学习活动中。多媒体的辅助教学,将本课中学生学习的难点化简。

3. 拓展阅读,激发情感

课后的拓展阅读是课内阅读的延伸,在拓展阅读的过程中,一方面学生将所学用于实践,学会知识的迁移。另一方面,在开拓学生的视野,获得丰富的知识,培养和提高学生的读写能力等方面起到了重要的作用。结合本课内容,我选择了“看云识天气“为内容的短文请孩子进行阅读,引导学生理解内容,提高学生的阅读兴趣。

三、专家点评

易进(博士、教授)

1. 比较恰当地运用图片、视频等形象化的媒介,既有助于激发学生学习的兴趣,也辅助学生理解字词及课文的含义。

2. 字词教学能考虑不同字词的特点,采用多种形式,引导学生分析比较字词的音形义,尝试运用常用字,如请学生说说生活中有哪些东西是“厚厚的”,再如请学生结合图片用“痕”字组词等。

3. 以文中人物川川的几个提问为线索,较好地体现了随文识字,即在理解课文内容过程中学习生字词。

4. 在整体感知环节有请学生针对课文题目提出质疑,教学中有所回应的只有“为什么书字要加引号”这一个问题,而且是在教学临近结束的时候。如果能引导学生对课题的质疑进行一些分析和整理,从与课文内容联系比较紧密的提问寻找答案,那么,学生就会感受到质疑的价值,并逐渐学会如何在阅读中提问,提高质疑能力。

5. 根据教学实施的实际情况,教师的课堂提问比较多,大多要求学生迅速作答。建议适当缩减提问数量,设计需要学生结合课文深入思考的少而精的问题,提问后给学生足够的时间阅读、思考、交流。这样更能促进学生的自主学习,提升学生的想象思维。

6. 教学设计的文本如能写得更加具体一些会更好,如不同字词的具体教学策略,图画或视频资料的内容和特点等。

《呼风唤雨的世纪》研究案例与分析

教师简介:

汝斌,女,1970 年 11 月出生,本科学历,小学高级教师,语文区级学科教学带头人。从教以来,一直担任班主任和语文教学工作。作为一名区级学科带头人,她始终坚持走在课改的前沿,多次担任市区级研究课的研究人,以自身扎实的学科专业知识,在教育教学中取得显著的成绩,曾获得市“紫禁杯”优秀班主任二等奖。作为科研小组成员,她具备较强的教学科研能力,积极参加国家级课题“基础教育教师科研能力培养研究”和“智慧型小学建设的研究”等国家级课题,几年来,她和课题组成员按计划实施研究,通过整理和分析材料,在教学中大胆实践,针对“提高小学生语文高年级学生参与度”进行实践研究,所撰写的多篇论文获得市区级奖励。

教学基本信息:

教材:义务教育课程标准实验教科书	出版社:人民教育出版社
年级:四年级	学科:语文
课题:呼风唤雨的世纪	课时:第一学时

一、教学设计

(一)背景分析

《呼风唤雨的世纪》这篇文章是中国科学院院长路甬祥先生写的一篇科技类说明文,文章仅用了短短的几百字就清楚地介绍了 20 世纪一百年间的科学技术的发展历程,文章虽短,但是叙述思路清晰,语言凝练,逻辑性强。

四年级学生已具备初步阅读理解能力，能在初读后了解把握文章大意，但由于本课说明性强，没有丰富的故事情节，学生对课文兴趣不高。内容虽短小易懂，但是对作者如何布局谋篇，缺乏感悟，需要在学生的学习过程中给予指导。

在本节课的教学设计中，我通过个人阅读体验、创设情境、资料介入、指导学生学以致用等方式帮助学生细细品味文章，从而辨别本文中的同义词，体会作者如何精准地用词。引领学生学习说明方法，重感悟，重积累，重运用，培养学生的语文能力。

教学中，我采用课件引导、自主探究、练笔表达、对比体会的方式，活化了文本，激发了学生的学习热情。

（二）教学目标

1. 理解“千里眼”“顺风耳”“腾云驾雾”“潜入”“探索”“洞察”等词语，并体会这些词汇简洁、准确的表达特点。

2. 理解作对比、举例子等说明方法的含义，并能够指出文章中哪里运用了说明方法。

3. 体会科学的魅力，能联系生活实际说出20世纪科学技术给人类的生产生活带来的巨大变化。

（三）教学重点

学习文章作比较，举例子等说明方法，提高阅读能力。

（四）教学难点

体会科学的魅力，能联系生活实际说出20世纪科学技术给人类带来的巨大变化。

（五）教具准备

搜集20世纪科技成果图片

（六）教学过程

☞教学流程示意

课题入手，回忆主要内容

↓

词语复习，感悟科技的发展

↓

感悟对比，理解 20 世纪科技的飞速发展

↓

回归整体，提升认识

↓

总结，畅想未来

☞教学流程及设计意图

1. 课题入手,回忆主要内容

(1)请补充课题,使它成为完整一句话,概括出全文的主要意思。

过渡句:大科学家路甬祥爷爷形象地把过去的 1900 年到 1999 年的 20 世纪称为是呼风唤雨的世纪。(板书:1900——1999)

(2)通过第一课时的学习请大家回答:是谁来呼风唤雨?生:是人类。靠什么呼风唤雨?靠的是科学技术。请把这三个意思合在一起,成为一句话,把课文的主要内容叙述的更加具体。

2. 词语复习,感悟科技的发展

(1)发现　　发明

在 20 世纪一百年的时间里,人类利用现代科学技术获得那么多奇迹般的、出乎意料的发现和发明。

发明和发现的区别是什么?准确填写词语。

①爱迪生(　　)金属丝通电后会发出强烈的白光,于是他(　　)了电灯。

②科学家(　　)蝙蝠能发出超声波,于是(　　)了雷达。

③20 世纪末,我国科学家(　　)了保存有羽毛印痕的恐龙化石,向世人展示了恐龙长羽毛的证据。

(2)改观　　改变　　改善

正是这些发现和发明,使人类的生活大大(　　),其(　　)的程度超过了人类历史上百万年的总和。

（设计意图：课标要求，语文课程应特别关注语言文字的特点。此处对于两组近义词的辨析，既考察了学生对词语的理解，又考察了学生识字写字的能力，促进了学生思维的发展，激发了学生对后面知识的学习兴趣。）

3. 感悟对比，理解20世纪科技的飞速发展

（1）上百万年人类是如何生活的？请用“——”标出来。

①（出示句子）

人类在上百万年的历史中，一直生活在一个依赖自然的农耕社会。那时没有电灯，没有电视，没有收音机，也没有汽车。人们只能在神话中用“千里眼”“顺风耳”和腾云驾雾的神仙，来寄托自己的美好愿望。

②“千里眼”“顺风耳”“腾云驾雾”分别在哪实现了？

（2）“20世纪的科技发展成果”请用“曲线”标出来。

①（出示句子）

20世纪，人类登上月球，潜入深海，洞察百亿光年外的天体，探索原子核世界的奥秘；20世纪，电视、程控电话、因特网以及民航飞机、高速火车、远洋船舶等，日益把人类居住的星球变成联系紧密的“地球村”。

A. 对比句子，思考用词的准确性。

（出示句子）

20世纪，人类登上月球，潜入深海，洞察百亿光年外的天体，探索原子核世界的奥秘。

20世纪，人类走上月球，游入深海，观察百亿光年外的天体，思索原子核世界的奥秘。

洞察：物体中间的穿通的或凹入较深的部分；穿透；深远，透彻。

思索：思考探求。

探索：多方寻求答案，解决疑问。

B. 仿写，列举20世纪的科技成就。

（出示句子）20世纪，人类登上月球，潜入深海，洞察百亿光年外的天体，探索原子核世界的奥秘；20世纪，电视、程控电话、因特网以及民航飞机、高速火车、远洋船舶等，日益把人类居住的星球变成联系紧密的“地球村”；20世纪……

作者写出了这么多世纪的科技成果，从你掌握的资料中选择几项，用“20世纪，____________”的句式写出来，体会科技运用的广泛。

（设计意图：力求帮助学生在语文实践中感悟语言，形成读中比较、读中感受

的意识,以写促理解,在拓展中延伸。在语言实践中落实重点,尤其资料的使用,由文本延伸开来,学习作者举例子的说明方法,更深刻地理解20世纪科技的飞速发展。)

(3)感悟作比较的方法,体会20世纪科技的飞速发展。

①出示这两段文字引导学生质疑。为什么还要写上百万年人类的生活?(作比较,用这种强烈的对比来说明20世纪科技的迅猛发展给人们生活带来的变化的。)

②用什么句子把这两部分连在一起?

(出示句子)我们的祖先大概谁也没有料到,在最近的一百年中,他们的那么多幻想纷纷变成了现实。20世纪的成就,真可以用"忽如一夜春风来,千树万树梨花开"来形容。

重点突破:忽如一夜春风来,千树万树梨花开

A. 理解千树万树梨花开指什么?

B. 一夜指的是什么?

C. 春风来指的是什么?

(设计意图:引导学生进行更深入的思考,激发学生领悟作者作比较的表达方法,感悟作者引用古诗词的巧妙之处。)

4. 回归整体,提升认识

(1)此时你怎样理解"呼风唤雨"。

(2)20世纪是一个(　　)的世纪。

5. 总结,畅想未来

如今我们已经跨入新的世纪,现代科学技术必将创造更多的奇迹,不断改善我们的生活。

(1)滚动播放21世纪科技成果的资料,再次用"21世纪,__________"的句式说一说你看完资料后对21世纪科技的了解。

(2)面对21世纪,有什么畅想?

(设计意图:滚动播放资料的意义在于拓展相关的课外资料,同时提高学生的阅读速度,培养学生筛选资料和高度概括信息的能力。)

(七)学习评价

1. 课后评价。

2. 后测题评价。

结合课后练习词语理解和说明方法两方面设计了两道后测题。全答对了为

优秀,答对六道小题的为良好,答对四道小题的为合格。

(1)选词填空

发明　　发现　　改变　　改观　　改善

①劳动人民(　　)了无人驾驶的收割机。

②牛顿(　　)了万有引力定律。

③经过努力,他终于(　　)了大家对他的看法。

④我家这次迁居,(　　)了住房条件,解决了我上学难的问题。

⑤多年的努力使他们的生活大有(　　)。

(2)判断题

①同茫茫宇宙相比,地球是渺小的. 运用了打比方的说明方法。(　　)

②科学家提出许多设想,例如,在火星或者月球上建造移民基地,运用了举例子的说明方法。(　　)

③地球是一个半径只有六千三百多千米的星球,运用了列数字的说明方法。(　　)

3. 当堂评价——练笔评价。

从两个层次考查学生。能准确仿照作者的表达方法,写出20世纪的发明发现,并写出它为人类起到的作用为优秀,能写出发明、发现,但其作用不能合理的表达为良好。

(八)板书设计

呼风唤雨的世纪

1900——1999

发展快	列数字
成果多	作比较
用途广	举例子

二、教学反思

小学语文素质教育的落实,最根本的要以学生为主体,让学生生动活泼,主动地得到发展。只有学生的主体性真正得到发挥之时,才是小学语文素质教育真正落实之际。因此,教师要把课堂主动权还给孩子们,让他们在动眼、动口、动手、动脑、动心的过程中,成为课堂的主体,变得更加聪明。

本文是一篇说明文,课文设计不好就容易成为资料展示厅或者科学常识课,失去了语文的本真,缺少语文的味道。我在本课的设计上努力凸现语文学科特点，在引领学生理解、品味、运用语言的同时，调动学生的各个感官，与文本对话，创设丰富的教学环境，突出学生的主体地位，让学生享有个性化的、自由的发展空间，不忽视语文基础知识，基本能力的训练，力求两者的和谐统一，使课堂充满生命活力。我在本课的设计上努力凸现语文学科特点：

1. 抓特点的词，感悟精妙之处，突出语文味

用词准确是说明文语言的一大特色，在教学时要引导学生抠有特点的词语，使学生在比较中体会说明文表达的准确性，尤其要注意动词、近义词、关联词的使用。如本文中的两组近义词“发明、发现”“改善、改观、改变”。以及表述20世纪的科技成果时准确的动词“潜入、洞察、探索”，都是可以品析揣摩的。

2. 抓课件延伸，提升认识高度，突出语文味

在语文课堂上，运用多媒体演示，能使抽象内容直观化，帮助学生建立直观、立体、动态的概念，从而降低了学习难度。本课中的20世纪的成果以图片的方式展示，可以在这短短的时间里通过直观展示，感受到百年来科技发展的迅速，成果巨大。

3. 抓迁移运用，感悟表达写法，突出语文味

在说明文的教学中，我们还要千方百计提供学生说写的时间，让学生运用习得的说明方法，写作特点东来练习语言，提升素养。这样既让学生学得有趣，又达到了整合相关知识的目的。在解语言、赏语言、储备语言、用语言的过程中，达到了说明文的形式与内容的有机融合。如学习作者表达20世纪成果的表达方式时，把自己收集到的相关资料写出来，这样既充分发挥学生的好奇心理，又积极引导学生整合收集资料，运用学到的表达方法进行小练笔。这个过程为学生加深理解、提高认识、丰富积累提供了平台。

可见，说明文语言的准确和生动，多样的说明方法，教材的结构布局，是需要学生在悉心的品味中感知的。这些是指导学生进行语文学习的重要内容，是“语文味”的重要体现。对于说明文的教学，只要我们紧紧把握语文课的根本，细细揣摩文本中的语言，说明文教学也可以让学生在学习的过程中感知内容，乐于探究，品味语言，习得方法。

三、专家点评

赵宁宁(博士、副教授)

科学的魅力无穷尽

叶圣陶说:说明文无非是说明一种道理、原由、关系等等。那种道理、原由、关系等等是本来存在的,并非作者所创造,也非任何人所能创造。在小学阶段,说明文是一个比较重要的教学文体,而在不同的说明文当中,其文体的特征很不一样。就以本篇为例,《呼风唤雨的世纪》这篇文章是中国科学院院长路甬祥先生写的一篇科技类说明文,这篇说明文以其文字的优美、简洁、生动作为特色。汝斌老师在本节课的设计过程中充分展示了说明文所指向的世纪特点,带领着学生们一起回顾了科学方面的巨大进步,彰显了科学的魅力。

1. 彰显科学魅力、延续科学精神

在小学阶段,说明文的阅读教学目标可以从很多个方面加以设计,本次汝斌老师《呼风唤雨的世纪》的教学结合本文的说明内容,进行了教学目标的选择:第一,实用文的外在指向。在这篇文本中,说明文的外在指向是科学的变化,而这其中彰显的是科学的魅力。针对这个教学目标,汝斌老师在课堂中进行了21世纪科学发明的延伸和展示,在教学结束期间,短时间里呈现的各种科学的发明吸引了各位同学,诱发其同学们对于科学魅力的惊叹,从而激发了学生们对于科学的向往和期待。

2. 体会本篇文本的语言特色

在本篇说明文教学目标的设计方面,汝斌老师选择了语言的简洁这一个独特的取向。每一篇课文本身具有自己的独立的特点,汝斌老四抓住了本文中的语言特点,让学生挖掘出本篇说明文的语言魅力。比如老师结合了本篇说明文的特点,针对语言的精准进行了教学目标设计,比如,选择“潜入”“洞察”“探索”等词汇进行深入的剖析和解读。通过区别、对比、选择等方式,让学生体会到不同的语言运用对于表达效果的差异,这一点充分考虑到了词汇运用、句子描述的精巧。当然,除了通过词汇的对比感受效果之外,我们还可以通过各种组合不同词汇,仔细考察每一个字的魅力来实现对于语言的体味。

3. 关注作者说明的顺序和思路

在小学阶段,说明文教学具有很多的教学目标。每一篇说明文都有自己独特的特点,比如其说明的顺序、说明的方法、说明的语言等都各具特色。那么,在说明文的教学过程中,就要针对这些特色进行具体的教学目标的确定。而小学阶段的说明文教学中很容易走进误区,比如一教说明文就是说明方法,而说明方法的认知是一种陈述性知识,能够指认出这类说明方法的运用也不过是达到了运用层次的能力。但是,在实际的生活中,我们即使不知道这些说明方法,也不妨碍我们了解课文讲了什么。而对于说明文而言,有一点比较重要,那就是说明的层次和顺序,也就是作者的思路问题,比如,为什么要写这些内容,为什么要先写这个内容,为什么要把这个内容放在最后来阐述。在这期间都有一种作者的自己的思路和逻辑,而这些说明的逻辑和思路才是我们要教给学生的程序性知识,这才是我们要学生掌握的重点内容——说明的逻辑和思路。在汝斌老师的课堂中,她引导学生反思为什么要进行强烈对比来引导学生质疑,为什么要把两部分联系起来描写——为什么还要写上百万年人类的生活和20世纪的生活。这种设计才是真正体现作者思路的教学设计。当然,我们还可以在接下来的时候,让学生学会如何掌握或者理清作者的写作顺序。

《自己的花是让别人看的》研究案例与分析

教师简介:

张平,女,1982年7月出生,本科学历,小学高级教师,语文学科区级骨干教师,从教以来,一直担任班主任和语文教学工作。张平老师爱岗敬业,把对教育的爱融于对学生的热爱之中,善待每一位学生,关注每一位学生的成长,做到以人为本,积极探索,勤于实践。她注重集体建设对学生的影响,以科学的方法实施多重管理,集家庭教育与学校教育为一体,努力为学生的成长营造良好的氛围,努力培养团结向上的班集体。她全身心投入教学工作,勇挑重担,不断钻研科学育人的方法,探索教育规律,出色地完成了教学工作。她以良好的师德形象,独具特色的教育教学方法,在师生中赢得了良好的声誉。曾获得北京市"紫禁杯"优秀班主任一等奖,东城区教育系统优秀共产党员、优秀教师,北京市说课大赛一等奖,市习作教学大赛一等奖,所撰写的论文在市区大赛中多次获奖并发表。

教学基本信息:

教材:义务教育课程标准试验教科书	出版社:人民教育出版社
年级:五年级	学科:语文
课题:自己的花是让别人看的	课时:第二学时

一、教学设计

(一)背景分析

《自己的花是让别人看的》是我国著名语言学家、教育家和社会活动家,北京大学教授季羡林先生写的一篇精美隽永的短文。作者先点明了德国是一个爱花的国度;然后回忆了自己早年在德国留学时亲身感受到德国人非常爱花;接着用优美生动的语言,描述了德国家家户户窗口都开满鲜花的情景,并抒发了自己的感慨:“人人为我,我为人人”这种境界“颇耐人寻味”;最后讲述作者再次来到德国,又看到这番情景,表达了自己旧地重游的感受,即对德国奇丽风景和与众不同风俗习惯的赞美之情。

学生情况:这篇课文内容简短,通俗易懂,高年级的学生已经具备了一定的阅读水平,通过预习、自学能够读懂文章内容,初步了解“人人为我,我为人人”的精神。所以根据单元训练目标和本文写作特点,本节课重点指导学生了解德国的民族风情特点;引导学生通过想象,抓住重点词句品读课文,积累优美语言;初步领悟作者以小见大的写作方法;使学生在语言文字的训练中潜移默化地受到“人人为我,我为人人”的教育。

(二)教学目标

通过本课的学习,学生能够:

1. 正确、流利、有感情地朗读课文,背诵课文第3自然段。

2. 赏析“花团锦簇”“姹紫嫣红”“山阴道”“应接不暇”“莞尔一笑”等重要语句。

3. 初步领悟作者通过“种花”的小事来彰显德国民族精神的“以小见大”(从小处可以看出大的问题或道理)的表达方法。

4. 体会德国“我为人人,人人为我”的民族精神。

(三)教学重点

感悟德国的民族风情特点,联系上下文和自己的积累理解含义深刻的语句。

(四)教学难点

初步领悟以小见大的表达方法。

(五)教具准备

搜集哥廷根街头有代表性的图片、制作成课件

(六)教学过程

☞教学流程示意

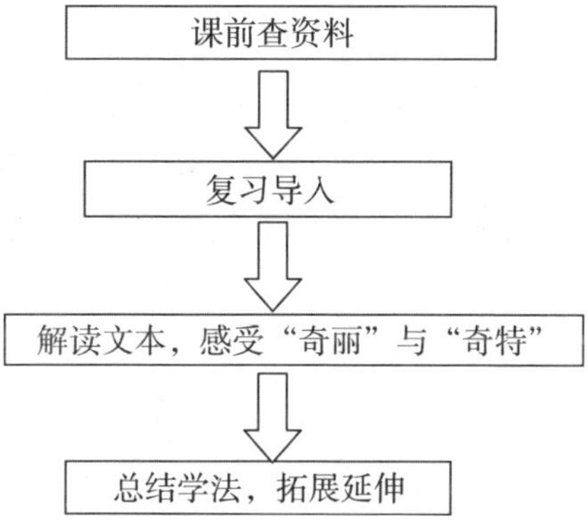

☞教学流程及设计意图

1. 课前查资料

(1)查找作者季羡林的资料。

(2)查找有关德国民族风俗、习惯的资料。

(3)查找季羡林留学德国的相关资料。

2. 复习导入

(1)前一段时间,我们学习了《小苗与大树的对话》这篇访谈录。其中大树指谁？学完之后你对季老先生有了哪些了解？

(2)季羡林爷爷是我国著名的教育家、语言学家,精通12国语言。他在德国留学整整十年,德国人爱花、养花的民族风情,给他留下了深刻的印象。几十年后,当他再到德国时,感慨万千,不禁写下了这样的名篇。

(3)齐读课题。

指导读课题:这花是给谁看的？给别人看的花又是谁的？

再读。

(设计意图:利用已学课文《小苗与大树的对话》巧作铺垫,温故知新,自然入题,重点突出文题的独特之处——“自己”“别人”。关注文题,一是该题表达独特,需要注意;二是引发思考与疑问;三是突出“自己”和“别人”两个主体,为理解课文的主要内容埋下伏笔。)

(4)复习词语。

①“脊梁　莞尔一笑　应接不暇”

读准字音。

②“花团锦簇　姹紫嫣红”

结合图片理解词语意思。

③“耐人寻味　家家户户”

联系课文，谈谈“耐人寻味”的意思。

读文中带有“家家户户”的句子，初步感受德国人爱养花。

季老先生在看完德国的街景后，发出了怎样的赞叹？读句子“多么奇丽的景色！多么奇特的民族！”

3. 解读文本，感受“奇丽”与“奇特”

自学要求：作者在德国看到了怎样奇丽的景色？课文是怎样具体描写的？为什么说是“奇特的民族”？可以画句子，圈词语，简练地写出感受。

（设计意图：积极有序、高效地组织学生合作学习，让学生通过自己收集、分析和处理信息来感悟、体验探究的进程。把学习的主动权交给学生，教师参与学生的讨论交流，精要点拨，从而激发学生的思维，构建“生生互动、师生互动”的交流网络，使学生个性得到张扬，自主发展。）

（1）品读课文，感悟景色美。

①“花团锦簇　姹紫嫣红”

学生闭上眼睛，老师读一句，跟着读一句。边读边用心想象，这是一幅怎样的画面？

相机课件出示：“走过任何一条街，抬头向上看，家家户户的窗子前都是花团锦簇、姹紫嫣红。许多窗子连接在一起，汇成了一个花的海洋，让我们看得人如入山阴道上，应接不暇。”

带着想象练习朗读。

②“山阴道”

山阴道指的是什么？

补充资料：山阴道是地处我国的一处山清水秀，令人陶醉的风景名胜。

《世说新语》中对于山阴道的描写。

季羡林身处异乡的街道，脑中浮现出山阴道的美景。带着这样的想象练习朗读。

③“花的海洋”

体会比喻修辞手法的好处，感受花的多和美。

④“应接不暇”

理解“应接不暇”的意思。

如果你就是德国街头观花的人，应接不暇的花带给你怎样的感受？

体会作者用词的准确，带着体会练习朗读。

创设情境——哥廷根的很多街道都是根据曾在那里学习、工作过的科学家的名字命名的。带学生欣赏哥廷根街头花景图片,教师引读第三自然段重点句。练习背诵,抄写积累。

(设计意图:设计多种形式的朗读,激发学生兴趣。创设情境,引入有关德国街道名称来历的资料,以读代讲,读出画面,读出情感,领会写法,体现对于学生读法、学法、写法的指导。)

(2)体会升华,领悟境界美。

交流德国民族的奇特体现在哪些方面。

学生读文,谈体会。

①发现德国人养花的习惯和方式。

相机课件出示:"家家户户都在养花。他们的花不像在中国那样,养在屋子里,他们把花都栽种在临街窗户的外面。花朵都朝外开,在屋子里只能看到花的脊梁。"

结合文中反复出现的词语"都",体会德国人养花习惯与方式的一致性。

②理解"人人为我,我为人人"的精神。

相机课件出示:"每一家都是这样,在屋子里的时候,自己的花是让别人看的;走在街上的时候,自己又看别人的花。人人为我,我为人人。我觉得这一种境界颇耐人寻味。"

结合课文内容、生活实际,理解"人人为我,我为人人"。

(设计意图:语文课程的资源蕴藏在学生的语文生活中。而在这堂课中,教师以"人人为我,我为人人"作桥梁,巧妙地为学生开拓了课文至生活的资源链接,用多种形式拓展了学生知语文、学语文、用语文的良好习惯。在这有效的拓展中,师生是平等的,情感是真实的,对话是和谐的,意境是美好的。)

③体会传承不变的民族文化。

相机课件出示:"我说:'变化是有的,但是美丽并没有改变。'我说'美丽'指的东西很多,其中也包含着美丽的花,我走在街上,抬头一看,又是家家户户的窗口上都开满了鲜花。"

④总结

面对此情此景,我们会由衷地发出怎样的感叹?

课件出示:"多么奇丽的景色,多么奇特的民族!"

4. 总结学法,拓展延伸

(1)这篇文章没有一个"多"字,却让我们读出满眼的花朵,没有一个"美"字,却让我们感受出"人人为我,我为人人"的美好境界。这就是语言文字无穷的魅力。

而通过描写奇丽的景色来赞美德国人的思想境界，表现德国的民俗、风情，这种写作方法就叫以小见大。

（设计意图：语文课程是学习语言的课程，要培养理解和运用语言文字的能力。课标调整后更强调语言的运用，强调运用语言文字能力的培养。所以根据学生的身心特点，遵循学生的认知规律，引导学生感受作者通过描写景色奇丽，进而讲述“人人为我，我为人人”的道理，初步了解以小见大的写法。）

（2）推荐阅读：《德国印象》。

（七）学习评价

1. 学生课堂上的朗读

优：正确、流利，充满感情。

良：正确、流利，努力表达感情。

合格：正确、流利。

2. 教学过程中，学生口头的表达

优：声音洪亮，句式、内容正确，表达清楚。

良：声音洪亮，句式、内容正确。

合格：声音洪亮，结合课文内容回答。

（八）板书设计

自己的花是让别人看的

	景色	民族
景	奇丽 ↘	↙ 奇特
理	人人为我、我为人人	

二、教学反思

在国学大师季羡林先生的笔下，德国充满异国风情的美丽，在一个异常普通的小镇的居民身上体现得淋漓尽致。人性的美丽，成就美丽的境界，这就是人教版五年级下册教材《自己的花是让别人看的》给我留下的深刻感受。现就自己教学本课后反思如下：

1. 创有效情境，激活语文课堂

《语文课程标准》强调：阅读教学是学生、教师、文本之间对话的过程。而本课的教学就是要通过感情朗读等手段，让学生走进文本，与作者一起感受德国奇丽的景色和奇特的民族风情、文化，在潜移默化中受到启迪，感受到“人人为我，我为人人”的精神境界。为了让学生在阅读教学中实现与文本的对话，我从创设情境，丰富想象的角度进行处理。

(1)丰富想象，创设情境

新课程要求教师唤起学生丰富的想象力，使学生的思维自由地翱翔。《自己的花是让别人看的》这篇课文文质兼美，文中的描写或点到为止，或留下空间，为学生提供了广阔的想象空间。因此，在教学中我根据教学内容，创设情景：让学生闭着眼边跟读课文边想象街头奇丽的美景；借助色彩艳丽的花朵、街景图片，再现课文中用语言描写的情境。利用一切可供想象的空间，诱导和激励学生展开合情合理的想象，挖掘发展想象力的因素，发展学生的想象力和思维空间，把静态的平面文字转化为生动的、能触动学生思维的情境。学生通过想象对文本会有进一步的感悟，他们会带着对文本的体味，更加用心，更加用情地朗读文本。

(2)转换角色，体会情境

为了使教学情境真切地再现在学生面前，我指导学生转换角色，把自己当成赏花的人，让学生站在作者的立场上深入课文，讲述自己面对花海时“应接不暇”的感受。学生转换了心理角色后，这样，不仅能把教材内容迅速形成表象，同时还能很快地理解。

2. 有效利用课外资料，培养学生能力

理想的语文课，应该引导学生就某一学习内容发散思维，把语文学习从课堂延伸到课外。从课前到课中再到课后，有效地运用课外资料，往往能把学生由文本教学中的一个“点”带入课外更广阔空间的一个面，有效地建立起连接语文课堂内外的桥梁，从而培养学生的能力，增强学生语文学习的全面性、立体性。

(1)课前利用资料，触摸文本

高年级学生应该具有初步的收集、处理信息的能力。大力开发课程资源，促进课内外学习和运用的结合，可以使学生扩大语文学习的视野，提高学习、运用语文的积极性，从而更好地体现学生的主体性。学习《自己的花是让别人看的》之前，我设计了学习单，让学生查找有关作者季羡林先生和德国民俗、风情的资料。有了这样的课前学习，教学中很自然地引导学生发现了季老先生在留德十年中，对德国这个“第二故乡”充满了感情，所以透过聊家常似的描绘，介绍出德国的民族精神、文化传统，帮助学生更正确、更深入地理解文中含义深刻的句子。

在上课前，利用课外资料可以使学生触摸到文本的温度。学生课前搜集到的资料能在课堂上加以利用，促进原有体验与课外资料的融合，借以调动学习兴趣，更给课堂提供了认知、情感基础，也使学生对文本的学习“未成曲调先有情”。

(2)课中利用资料，深入文本

课标调整后更强调语言的运用，强调运用语言文字能力的培养。在教学过程中补充资料，目的不仅是为了让学生加深理解，体会情感，更是为了让学生悟出学习的方法，在用资料的过程中提高各种语文基本能力。

以往讲课的时候，常常课前让学生查找、整理资料，或是老师课上直接出示，让学生读读，再谈谈体会。这样把知识硬塞给学生，不仅局限形式，流于表面，更剥夺了学生思维的过程。于是，我开始寻找更好的资料呈现方式和使用方法。在理解“林阴道”这个词的时候，我不仅呈现资料介绍，告诉学生不能只从字面上理解为充满树阴的道路，而是要从其中的典故入手，知道它是一处风景优美的景点。老师先是用幻灯片出示《世说新语》中对于“林阴道”描写的白话文解释，然后出示文言文原文。帮学生搭设理解文言文的梯子，由此讲述古往今来林阴道的变化，激发学生想象，感受德国景色的美丽。

(3)课后利用资料，拓展文本

课堂教学的结束，并不意味着学习活动的结束。在课堂之外，开设教材与课外学习资料相互结合的多种展示形式，更能使学生从中受益匪浅。当学生被课文中的德国风情感染时，我介绍了作者代表作《德国印象》，激发起学生课外阅读的兴趣。老师积极地寻求课外资源，合理有效地加以运用，帮助学生进行拓展阅读，把一篇课文读成了几篇文章，甚至一本书、几本书，既培养了语文能力，提高了语文素养，又学的有兴趣，学的有益。

三、专家点评

赵宁宁(博士、副教授)

衔接课内外，拓展智慧阅读

张平老师《自己的花是让别人看的》一课的教学最精彩的地方在于其拓展教材内容，将课内和课外衔接起来，贯穿了课内和课外的阅读，燃发同学们的阅读热情，并将其拓展到课内外，挖掘了学生阅读的潜力。就其教学而言，具有如下几个重要的特色：

1. 阅读教学的双重目标

《自己的花是让别人看的》是季羡林先生《德国印象》中的一篇短文，按照文学类文本来说应该算是散文。小学阶段没有针对虚构的文体和非虚构性的文体进行区分,统称为记叙文。在小学阶段的记叙文教学当中,张老师也关注到散文教学中的一个重要特点,找到作者自己最想说的话——德国精神“人人为我,我为人人”,张老师选择了季羡林先生心目中的德国民族的精神作为侧重点,对季先生的情感“多么奇丽的景色,多么奇特的民族”进行重点的体会。

在阅读教学当中,在小学阶段记叙文的阅读有几个侧重点,张老师选择了其中一个侧重点——以“以小见大”的表述手法进行本篇课文的教授重点,力图教会学生赏析该文本中的重要词句,并从词句的运用中体会到作者的情感,从中体会“以小见大”的表现手法。这两个阅读教学目标的选择是准确的。比如,在课堂教学当中,张老师选择了几个重点的词汇,比如“山阴道”等进行拓展性的知识性的文化资源延伸,挖掘其内在的文化内涵。张老师从其中的典故入手,引出了《世说新语》中对于“林阴道”的有关描写,拓展了学生的知识。

2. 有智慧地拓展阅读

在本节课前,张老师已经布置同学们针对季羡林先生的生平、资料进行了阅读,并且已经让学生们自行完成了欧洲有关民族文化的资料查询,结合学生即将开展的德国之旅进行了有关的拓展。在课后又继续给学生推荐《德国印象》一书,力图继续运用学生的积极热情,进行阅读的推广。这些非常值得肯定的地方。

当然,学生们的阅读任务,最终可以用各种形式来加以落实和实现。比如,结合本篇课文的表现手法的教授,在接下来的课外作业当中,可以布置学生学着课堂上教师所教授的赏析手法进行旁批式的阅读。模仿教师对于词汇的赏析手法,教会学生如何品鉴和赏析一篇散文或者非虚构的记叙文。学生的独立阅读是提升学生语文素养的最好方法,在课堂上的一切不过是为阅读方法的教学作铺垫,而不是针对文本内容进行的教学,我们并不是要记住季羡林先生对自己的德国的印象,而是要让学生学会体会作者如何处理自己的情感,或者如何通过描写景物来表达自己的情感,而且能够学会作者其以小见大的表现手法。

课外阅读是中学语文教学中一个很重要的组成部分,是课堂教学的有益的延伸和补充。然而,目前我们在语文课堂教学中不能够将课内和课外很好地贯穿起来,比如只是给予推荐、不做深入探究,或者推荐阅读的目的不明确,从而导致了学生没有阅读目的、阅读计划,或者不知道如何针对不同的阅读目的来选择阅读计划。张老师通过结合课文的教学,在这些方面进行了一个新的尝试,今后可以继续拓展,从阅读目的、阅读计划和阅读方法入手,深入探究板厂小学的智慧课外阅读教学。

第二章

数　学

追求智慧的小学数学课堂

吴晗清(博士后、副教授)

何谓追求智慧的小学数学课堂呢?

它意味着以符合学生学习心理的方式获取有意义的数学知识,以实践的方式形成可迁移的数学技能,以情景活动的参与、体验,积累数学基本经验,以省思感悟的方式形成核心的数学思想。

一、数学知识:要符合学生学习心理

知识的重要性不言而喻,但我们往往过于强调系统知识的传授,而这主要依赖逻辑的方法。但是对于学生来讲,这种正当的逻辑形式往往让人高不可攀、不知所措,因为这种完备的逻辑体系是学习的理想结果,而绝不是学习的出发点。正如杜威所言,“在学校的教学实践中,常常从经过简化的科学入门开始。必然的后果是把科学和有意义的经验隔离开来。学生学习一些符号,但没有掌握了解它们意义的钥匙。他获得专门的知识,而没有追溯它和他所熟悉的事物和操作的联系的能力,他往往只是获得一些特别的词汇”。教科书往往是按照专家研究的顺序,一开始就介绍专门的概念和定义。在教学的初始阶段就引进许多规律,学生学习的是所谓“知识”,而不是学习处理日常经验中熟悉材料的方法。学生往往过分被人看作求取知识的理论的旁观者。学生一词,几乎是指直接吸收知识而不从事获得有效经验的人。

德国生物学家海克尔指出:“个体发生就是种系发生的短暂的、迅速的重演。”其简明形式为:“个体发生学(个体的发展)扼要的重演了系统发育学(种类的进化历史)。”对生物系统两个历史过程对比的重演律研究,为我们研究教

育系统的发展规律提供了启示,这就是教育教学的发生学原理。学生学习人类已经创造的知识,是把前人的认识成果转化为自己的认知,对学生来说是一种从未知到已知的转化,转化的过程应与人类获得该认知的思维过程在某种程度上类似。波利亚认为:“在教一个科学的分支(或一个理论、一个概念)时,我们应该让学生重蹈人类思维发展中的那些关键性的步子。当然,我们不应当让他们重蹈过去的无数个错误,而主要是重蹈关键性步子。”因此教师在教学过程中,不应仅仅是教授知识点,而更应该帮助学生去重演知识的发生,让他们了解这些知识从何而来、为何产生,让学生加深他们对知识的理解和对本质的把握。

在小学数学中的知识主要分为四个维度:“数与代数”“空间与图形”“统计与概率”“实践与综合应用”。“数与代数”的内容主要包括数与式、方程与不等式、函数,它们都是研究数量关系和变化规律的数学模型,可以帮助人们从数量关系的角度更准确、清晰地认识、描述和把握现实世界。“空间与图形”的内容主要涉及现实世界中的物体、几何体和平面图形的形状、大小、位置关系及其变换,它是人们更好地认识和描述生活空间并进行交流的重要工具。“统计与概率”主要研究现实生活中的数据和客观世界中的随机现象,它通过对数据收集、整理、描述和分析以及对事件发生可能性的刻画,来帮助人们作出合理的推断和预测。“实践与综合应用”将帮助学生综合运用已有的知识和经验,经过自主探索和合作交流,解决与生活经验密切联系的、具有一定挑战性和综合性的问题,以发展他们解决问题的能力。这些知识的达成,绝对不仅仅是教师直接给予一些数学概念、规律,而是需要孩子们经历心理模拟数学发展的历程,从“无知”到“知识”,再由“知识”到“智慧”。

二、数学技能:在实践中获得

数学技能是数学学习内容的一个重要组成部分。随着课程改革的逐渐深入,人们对数学技能内涵的认识有了变化,比如新课程标准就提出我们在数学教育中要培养学生的十项核心能力:数感、符号意识、空间观念、几何直观、数据分析观念、运算能力、推理能力、模型思想、应用意识和创新意识等。但落实到实践层面上,数学技能的教学却仍然是一个值得研究的问题。也就是说,我们如何培养学生在数学学习中分析问题、解决问题、发现问题、提出问题的能力还远远没有得到解决。重要的原因就是我们对学习实践活动缺乏理解、解构和建构,没有为孩子提供适恰的实践机会。

冯忠良教授认为,一般心智技能的形成分为三个阶段,即活动模式定向阶段、活动模式操作阶段、活动模式内化阶段。数学技能,除了具有一般心智技能的操作对象的抽象性,动作执行的内隐性,以及技能的简缩、跳跃性外,以下一些因素影响着数学技能的掌握与类化。

(一)知识基础问题。在活动模式定向阶段,学生必须掌握与技能有关的数学概念、原理(陈述性知识),了解操作的依据,明确操作活动的方向;还要掌握法则、方法、步骤(程序性知识),了解心智动作的构成要素及动作次序,并在头脑中形成有关活动方式的定向表象。(二)技能程度问题。可以从两个方面衡量,一是训练后的熟练程度,二是能否类化。这里,变式起了关键作用。所谓变式,就是在其它有效学习条件不变的情况下,概念与规则应用例证的变化。变式训练的目的通过非本质特征的变化的题组训练,完善学生的心智操作方式,同时以促进规则运用的纵向迁移。(三)由"术"入"道"问题。在数学技能的内化阶段,技能的定型化、简缩化、自动化一般可以通过强化训练达到,但内化水平的升华,是靠机械重复不可能达到的,需要对技能背后的数学思想、精神进行反省和领悟。

数学教学活动必须激发学生兴趣,调动学生积极性,引发学生思考;要注重培养学生良好的学习习惯、掌握有效的学习方法。学生学习应当是一个生动活泼的、主动地和富有个性的过程,除接受学习外,动手实践、自主探索与合作交流也是数学学习的重要方式,学生应当有足够的时间和空间经历观察、实验、猜测、验证、推理、计算、证明等活动过程。教师教学应该以学生的认知发展水平和已有的经验为基础,面向全体学生,注重启发式和因材施教,为学生提供充分的数学活动的机会。要处理好教师讲授和学生自主学习的关系,通过有效的措施,启发学生思考,引导学生自主探索,鼓励学生合作交流,使学生真正理解和掌握基本的数学知识与技能、数学思想和方法,得到必要的数学思维训练,获得广泛的数学活动经验。基本技能训练是数学知识转化为数学能力与素质的中心环节,它不仅在知识的过程中对领会与巩固知识起促进作用,而且在知识深化形成高层次新知识中起桥梁作用。

三、数学经验:在活动中体验

数学教学要创设源于学生生活的情境,应尽量贴近学生的日常生活经验。这已经成为大家的共识。但是,数学其实不完全是从现实生活情景中直接产生的。人们基于日常生活经验,还必须通过一些感性或理性的特有数学活动,才能把握数学的本质,理解数学的意义。张奠宙教授认为,所谓基本数学经验,当是指在数学目标的指引下,通过对具体事物进行实际操作、考察和思考,从感性向理性飞跃时所形成的认识。数学活动经验的积累过程是学生主动探索的过程。

数学活动经验大抵有以下的特征:(一)目标指向性。数学活动经验是具有数学目标的主动学习的结果,它来源于日常生活经验,却高于日常经验。比如,数学经验视角下的折纸,其目的是学习数学,包括学习轴对称概念、图形的运动、图形的不变特征等。没有数学目标的活动,不是数学活动。(二)具象思维性。数学经验专指对具体、形象的事物进行具体操作和探究所获得的经验,以区别于广义的抽象数学思维所获得的经验。如果把抽象思维、数学证明、探究解题都算作"数学活动",那就过于泛化。(三)现实生活性。数学经验是人们的"数学现实"最贴近现实的部分。人们学习数学,逐步形成了个人的数学现实。数学现实像一座金字塔,从与生活现实密切相关的底层开始,一步步抽象,直到顶层的数学现实。学生学习数学,要把握一大批从生活现实上升为数学现实的完整认识过程,成为学生整个数学现实的基础。

数学基本活动经验是建立在人们的感觉基础上的,又是在活动过程中具体体现的,与形式化的数学知识相比,它没有明确的逻辑起点,也没有明显的逻辑结构,是动态的、隐性的、个人化的。它可以是数学的精神,数学的思维方法、研究方法、推理方法,甚至是经历的挫折等;也可以是从整体意义上对数学活动的领悟。在数学学习中,要使学生真正理解数学知识,感悟数学的理性精神,形成创新能力,就应该让学生积累丰富而有效的数学活动经验,这些经验包括检索、抽取数学信息的经验,选择和运用已有知识的经验,建立数学模型的经验,应用数学符号进行表达的经验,抽象化、形式化的经验,选择不同数学模型的经验,预测结论的经验,对有关结论进行证明的经验,调整、加工、完善数学模型的经验,对所得结果进行解释和说明的经验,巩固、记忆、应用所得知识的经验等。这些经验的最基本的成分是演绎活动经验和归纳活动经验。

四、数学思想:在反思中感悟

数学思想是指人们对数学理论和内容的本质认识,是数学科学发生、发展的根本。数学思想蕴涵在数学知识形成、发展和应用的过程中,是数学知识和方法在更高层次上的抽象与概括而成的数学观点。数学方法是数学思想的具体表现形式,是数学思想的具体化、程序化,具有更多的操作属性。数学思想是指向个体内部的观念,而数学方法是指向个体外部的操作。个体的数学思想需要通过具体操作方法才能体现出来。因此,在数学教学实践中,人们往往把数学思想和数学方法统称为数学思想方法而不加区别。数学思想方法是思考数学问题和从数学角度思考问题的思想和方法,是长期的数学发展所积累的文化灵魂。如果说数学知识是关于“是什么(what)”的问题,那么数学思想方法是关于“做什么(what to do)”“怎么做(how to do)”以及“为什么这么做(why do it such)”的问题。

史宁中教授认为什么是数学思想的标准有两个:数学的产生和发展所依赖的思想;学过数学的人和没有学过数学的人在思维上的根本差异。基于此,数学思想本质上有三个:第一个是抽象。学过数学的人抽象能力很强。数学中的抽象指的是把人们的日常生活和生产实践中那些和数学有关的东西析取出来,作为数学研究的对象。第二个是推理。数学自身的发展依靠的是推理。在一些假设下,按照一定的逻辑规律进行推理,得到命题和定理。相比没学过数学的人,学过数学的人推理能力更强。第三个是模型。模型是沟通数学与外部世界的桥梁。模型是在讲故事,是用数学语言表达的现实生活中的故事。

(一)抽象。数学家用抽象的方法对事物进行研究,去掉事物中那些感性的东西,得到数学研究的对象,比如数、点、直线等。我们通过抽象得到什么?得到数学的研究对象。光有对象不够,更重要的是对象之间的关系。亚里士多德指出,“数学家用抽象的方法对事物进行研究,去掉事物中那些感性的东西。对于数学而言,线、角、或者其他量的定义,不是作为存在而是作为关系。”数学中定义的那些东西本身并不重要,重要的是这些东西之间的关系。抽象大概要分两个层次,一个是直观描述,另一个是符号表达。直观描述的毛病是必然引起悖论,因为凡是具体的东西,都能举出反例。为了避免这些,就必须进一步抽象,抽象到举不出反例来,这只有通过符号表达。但是符号表达也有问题,就是缺少物理背景,缺少直观。对于数学,抽象的内容在本质上只有两种:一个是数量与数量关系的抽象;一个是图形与图形关系的抽象。所以数学是在本质上研究这两种关系。

(二)推理。推理是从一个命题判断到另一个命题判断的思维过程。数学中的定义和定理都是命题。什么叫命题?命题是可以进行判断的语句。所以,数学在本质上是进行判断,对定义和定理的判断。推理的上一种层次叫思维,思维有几种形式呢?形象思维、逻辑思维和辩证思维,这三种形式。数学只用其中的一种:逻辑思维。逻辑思维对应的是逻辑推理。

（三）数学模型。数学模型的历史可以追溯到人类开始使用数字的时代。随着人类使用数字，就不断地建立各种数学模型，以解决各种各样的实际问题。例如，广大的科学技术工作者对大学生的综合素质测评，对教师工作业绩的评定以及诸如访友、采购等日常活动，都可以建立一个数学模型，确立一个最佳方案。建立数学模型是沟通摆在面前的实际问题与数学工具之间联系的一座必不可少的桥梁。数学模型需要满足以下条件：真实的、系统的、完整的、形象的反映客观现象；具有代表性；具有外推性（即能得到原型客体的信息，在模型的研究实验时，能得到关于原型客体的原因）；能够反映完成基本任务所达到的各种业绩，而且要与实际情况相符合。在建模过程中，要把本质的东西及其关系反映进去，把非本质的、对反映客观真实程度影响不大的东西去掉，使模型在保证一定精确度的条件下，尽可能的简单、可操作。因此，数学思想的获得，必须要求学生在学习过程中，不断反思，省悟，除了实践操作，更加需要进行上位的哲学思辨。

一言以蔽之，追求智慧的小学数学课堂就是：在教师的有效引领下，学生在数学活动中手脑并用，发展思维和形成技能，从而体悟数学基本活动经验，灵活学习基本知识和技能，学以致用，并在新情境中学会迁移。最终达成由“术”入“道”领悟数学基本思想的理想境界。如下图示：

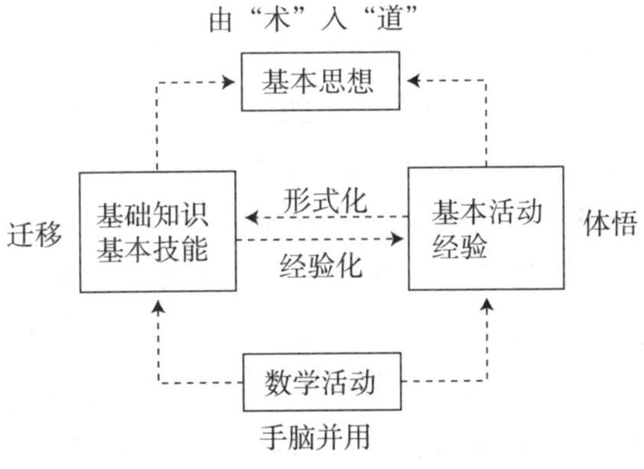

图：追求智慧的小学教学课堂

《三角形三边关系》研究案例与分析

教师简介：

宋晶，女，1974 年出生，本科学历，小学高级教师。任教数学学科 22 年。多年来，致力于小学数学教学研究，在教学中善于调动学生学习的主动性，激发学生的创造性思维。多篇论文获奖。

教学基本信息：

教材：义务教育教科书数学四年级下册	出版社：人民教育出版社
年级：四年级	学科：数学
课题：三角形三边关系	课时：第二学时

一、教学设计

（一）背景分析

1. 教学内容：人教版《义务教育教科书数学》四年级下册 P62 的三角形三边关系。

2. 学生情况：

（1）学生已经学习过三角形的特征、各部分名称以及三角形的特性。

（2）通过自学与小组合作交流，能够完成学习任务，具备一定空间感。

（3）学生在分析实际问题时，能够借助实际情境联系生活情境来思考问题。

3. 教学方式：采用自主、合作、探究与教师启发相结合的方式进行实践活动。通过操作、猜测、计算、验证等活动，充分调动学生的积极性，发挥学生的主体地位，进而培养学生的创新能力。

4. 教学手段：发挥多媒体电脑辅助教学，创设具体的生活情境，引导学生通过开展小组合作讨论、动手实践、思维碰撞等多种新课程倡导的学习方式，激发学生的学习兴趣，使学生主动参与学习活动，养成乐学、会学、善学的好品质。

5. 技术准备：教学课件制作，随堂练习。

（二）教学目标

1. 通过拼一拼、算一算等实验活动，探索并发现三角形任意两边的和大于第三边。

2. 使学生经历实验过程:猜测——实验——验证——应用,感受数学思想在生活、学习中的应用,并在实验过程中培养学生自主探索、合作交流的能力。

3. 通过学生动手操作,想象猜测,进一步发展空间观念,提高观察能力和动手操作能力。

(三)教学重点

在动手操作和讨论等数学活动中,经历探索三角形三边关系的过程。

(四)教学难点

了解三角形三边关系,知道三角形中任意两边之和大于第三边的真正含义。

(五)教具准备

课件、练习卷

(六)教学过程

☞问题框架

1. 猜谜引入忆旧知
2. 操作探究悟新识
3. 猜想验证明法理
4. 深化练习促发展

☞教学流程示意

创设情境，提出问题（迷语引入）→ 新知探索，发现规律（动手操作，发现问题）→ 新知应用、巩固练习（基本练习，巩固新知）

↓

猜想验证，发现规律 → 学以致用，归纳总结 → 拓展应用，提升技能

☞教学流程及设计意图

1. 创设情境,提出问题

(1)谜语引入。

你们喜欢猜谜语吗?这里有一个谜语,看谁聪明猜得快?(出示谜面)

形状似座山,稳定性能好。三杆首尾连,简单又美观。(打一平面图形)

学生回答:三角形。

追问学生,你是通过什么来判别的呢?

生1:根据形状似座山得知。师:这是根据三角形的形状得知的。

生2:根据稳定性能好得知。师:根据三角形的特性。

生3:根据三杆首尾连来判断的。师:根据三角形的定义得知的。

师:什么叫三角形?

关于三角形你都知道什么了？

（三条边　　三个角　　三角形有三条高）

（设计意图：回顾复习三角形的特征、特性及定义。同时激发学生学习兴趣，为学生学习新知作好铺垫。）

（2）导课。

看到同学们这么出色，老师想和同学们一起做用小棒摆三角形的游戏，好不好？

师问：用三根小棒拼一个三角形需要注意什么？（首尾相连）

（设计意图：通过学生身边最感兴趣的活动入手，激发学生的积极性。）

2. 新知探索，发现规律

（1）动手操作，发现问题。

①师：课前老师给你们准备四根小棒，请组长从布袋中拿出来，将它们摆放在桌子上。

②师：引领同学们说出每根小棒的长度。

③师：请学生读操作要求。

操作要求：

A. 每次任意选取三根小棒进行拼摆。

B. 两人一组合作探究，每摆一次，就记录一次。

表格：

拼摆次数	第一根小棒长度（cm）	第二根小棒长度（cm）	第三根小棒长度（cm）	能否围成三角形
1	4	5	6	能
2	5	6	10	能
3	4	5	10	不能
4	4	6	10	不能

④提问：任意选取三根小棒都能拼成三角形吗？有的能拼成，有的拼不成，产生这种现象与谁有关系呢？

⑤出示课题：三角形三边的关系。

（设计意图：动手操作是学生体验数学不可缺少的实践活动。学生借助动手操作，并通过观察可以初步感知三角形三边之间内在的联系。此环节操作步骤清楚,面向全体学生,有利于学生学会有序思考的数学方法。)

(2)猜想验证,发现规律。

①你们猜一猜,三根小棒满足什么关系,就能围成三角形?

生:两边之和大于第三边或两边之差小于第三边。

生:较短的两边之和大于第三条边。

……

②师:任何猜想都要经过验证才能知道答案是否正确,我们就再次操作验证你们的猜想是否正确。

(设计意图:通过前面的活动,学生已经获得了丰富的直接经验和感性认知,在此基础上教师先通过数据让学生产生认知冲突,然后引导学生在已有认知的基础上进行猜想和推理,逐步完善认识的过程中引发新的猜想。学生通过观察、质疑、猜想、验证等学习活动,在观察中思考,思考中顿悟、提升,实现了思维从具象到抽象的过渡,深刻理解了概念的本质。)

(3)小组合作,探索规律。

①探究能摆成三角形的三边的关系。(学生利用学具,小组合作,验证猜想。)

②汇报实验结果,初步发现规律。

任意两边之和大于第三边,就能围成三角形。

(4)电脑辅助,完善规律。

①师:只要三条边满足这个条件就能围成三角形,还有两组实验结果不能围成三角形,它们肯定没有满足这个条件,到底出现了什么问题导致它们不能围成三角形呢?让我们在电脑课件的帮助下共同研究,看谁能发现其中的秘密?

②电脑演示较短的两边之和小于第三边的情况。

4 厘米 +5 厘米 =9 厘米 <10 厘米、4 厘米 +10 厘米 >5 厘米、5 厘米 +10 厘米 >4 厘米。

③电脑演示较短的两边之和等于第三边的情况。

4 厘米 +6 厘米 =10 厘米、4 厘米 +10 厘米 >6 厘米、6 厘米 +10 厘米 >4 厘米。

④对比理解“任意”一词的含义。

三角形任意两边之和大于第三边,就能围成三角形。

如果现在有三根小棒的长度是 a、b、c,你能说当 $a+b>c$ 时,就一定能围成三角形吗?

当不知道小棒的具体长度时,我们就要比三次才能确定能否围成三角形。

师:三角形的三条边有什么关系?

对比发现在判断的过程中,只要判断较短的两条边的和是否大于第三边就可以了。

(设计意图:让学生有足够的时间和空间经历大胆猜想、仔细验证等数学活动过程,在交流的同时,提升了学生的认识。使学生明确三角形任意两边之和大于第三边,就能围成三角形。)

(5)归纳总结。

①师:三角形的三条边满足什么条件一定能围成三角形?“任意”一词什么意思?(任意两条边的和大于第三条边)

②师:这就是三角形边的关系。

③师:我们在判断三条线段能否围成三角形时,只要看三角形中较短两边的和大于第三边就行了。

3. 新知应用,巩固练习

(1)基本练习,巩固新知。

书上 66 页第 7 题。

(2)回归生活,学以致用。

出示例题主题图,让学生用学过的知识阐述理由。

(3)拓展应用,提升技能。

①出示长度分别为 3.1 厘米、3 厘米、6 厘米的小棒,三根小棒能否围成三角形?为什么?

②将其中一个数据抹去整厘米数,最长是(　　)厘米,最短是(　　)厘米。它的取值范围是多少?

③用一根 10 米长的钢管做一个三角形的支架,如果其中的一条边长 3 米,另外两边分别长多少米?(长度取整米数,接头忽略不计。)

④用 15 根等长的火柴棒摆成的三角形中,最长边最多可以由几根火柴棒组成?

(设计意图:巩固运用是课堂教学中不可缺少的一个过程,通过这一环节的练习既能巩固新知、形成能力、优化方法,又有利于学生灵活运用所学知识解决生活中的数学问题,使学生体会到数学来源于生活,又应用于生活,体验到学数学的意义和价值。)

总结:本节课你有什么收获?

(七)学习评价

一、请学生完成调查问卷

(一)在给出具体长度的情况下,如何判断能否围成三角形?

1. 任意两边之和大于第三边　　2. 两条短边之和大于第三边

(二)在没给出具体长度的情况下,如何判断能否围成三角形?

1. 任意两边之和大于第三边　　2. 两条短边之和大于第三边

(三)这节课,你在小组讨论中充分表达了自己的意见了吗?

1. 充分　　2. 比较充分　　3. 没有发表意见

二、简答

1. 这节课你有什么收获?(一两点即可)

2. 评价量规设计:

我是这样评价自己	A(优秀)	B(良好)	C(合格)	选答
根据三边的长度判断能否围成三角形	能	比较能	在他人的辅导下	
能否利用三边关系解决生活中的问题	能	比较能	一般	

(八)板书设计

《三角形三边关系》

任意两边之和大于第三边

两条短边之和大于第三边

任意两边之差小于第三边

二、教学反思

“三角形三边的关系”是四年级下册“三角形”中的一课,是在学生初步了解了三角形定义的基础上,进一步研究三角形的特征,即三角形任意两边的和大于第三边。三角形三边关系定理不仅给出了三角形三边之间的大小关系,更重要的是提供了判断三条线段能否组成三角形的标准,熟练灵活地运用三角形的两边之和大于第三边，是数学严谨性的一个体现，同时也有助于提高学生全面思考数学问题的能力，它还将在以后的数学学习中发挥重要的作用。

1. 让学生体验真实有效的探究过程

三角形三边的关系是三角形认识中一个比较抽象的知识，建立概念一直是数学教学中的一个重点，组织学生动手操作，在操作中发现问题、提出问题、解决问题，进而培养学生的质疑能力，激发学生的学习兴趣。课始，通过动手操作将四根小棒围成三角形(有的能围成，有的围不成)，使学生产生强烈的认知冲突，进而提出了“怎样的三根小棒一定能围成三角形”的问题。接着，我引导学生围绕问题主动地进行观察、实验、猜测、验证等数学探究活动，让学生初步感悟到“当任意两边的和大于第三边时，能围成三角形”的规律。由于知道小棒的具体长度，很多学生在实践操作时会得出较短的两边之和大于较长边时就能围成三角形的结论，而忽略“任意”一词的含义，于是，我引导学生讨论“当三根小棒的长度分别是 a 厘米、b 厘米、c 厘米时，能根据 $a+b>c$ 就判断三根小棒能围成三角形吗?”抓住学生生成性问题进一步探究，完善了规律，又分散了本节课的教学难点。

2. 让学生在反思中提升数学思维水平

数学课更加重视操作活动后的反思和交流。本节课，我设计了一连串的问题：“为什么这三根小棒围不成三角形?”“怎样的三根小棒能围成三角形?”“第三根小棒的长度应在哪个取值范围内?”等。引导学生发表自己的观点，并对他人的观点发表自己的意见，进行质疑。这样，学生能通过一个个问题的解决深化对知识的理解，完善结论，使学生的思维得到提升，认知产生飞跃。

3. 充分发挥多媒体教学的优势，最大限度地提高教学效果

三角形边的关系比较抽象，而且在动手操作时，很容易产生误差。信息技术的恰当应用，能把知识的具体与抽象、静态与动态有机地呈现出来，为突破本节课的难点起到了至关重要的作用。例如，在验证“当较短的两根小棒长度之和等于第三根，能否围成三角形”的猜想时，学生意见不一，因为小棒是圆形的有一定的粗细，所以在围三角形时很容易产生误差，误导学生。如果简单地用“这有误差”来解释，学生恐怕还不会信服。于是我利用动态的电脑媒体引导学生展开空间想象，明白当较短的两根小棒的端点搭在一起时，他们就与第三条线段完全重合了，围不成三角形，直观形象地突破了难点。接着学生很自然地想到了只要把较短的小棒换长点的或把最长的一根换短一点的便可以围成三角形，由此可看出学生对三角形边的关系已经非常清楚了。

良好的教育一定要致力于引导学生用自己的眼睛去观察,用自己的心灵去感悟,用自己的头脑去判别,用自己的语言去表达,要使一个人成为真正的人,成为他自己,成为一个不可替代的大写的“人”。在本节课的授课过程中,我始终坚持这一观点。先是设计了“拼三角形”这一环节,让学生在动手操作中用自己的眼睛去观察,接着设计汇报展示这一环节,让学生用自己的语言去表达,在听别的同学汇报时,让学生用自己的头脑去判别,用自己的心灵去感悟。在后面的教学中,我继续抓住这一教育思想对学生施教,让学生在学习中感受到了生命的存在与价值,体验到了自己主动建构知识的快乐,取得了满意的教学效果。

三、专家点评

刘京莉(博士、教授)

智慧课堂是由学生的智慧学习、教师的智慧从教、课程的智慧建构及环境的智慧设置构成;智慧课堂的本质主要体现为知识深层性、主观能动性、价值共善性、问题实践性。按照智慧课堂的标准,我们来分析这节课。

这节课的导入环节,教师引入了小学生们喜欢的谜语,运用猜谜游戏激发学生学习兴趣,学生充分发挥主观能动性,在师生互动、生生互动的过程中,回顾复习了三角形的特征、特性及定义,感知三角形的学习情景。本课的导入环节中包含的智慧课堂因素是教师的智慧从教。体现在学生积极发挥主观能动性回答问题、教师提出问题以及唤起学生们进一步理解三角形知识的欲望等方面。

在探索新知、发现问题的教学环节,首先,为了让小学生们发现三角形三条边之间的关系,教师为小学生们提供了摆三角形的小棒,引导小学生们操作,任取三根小棒能不能拼摆成三角形?并记录三根小棒的长度,初步感知三角形三边之间的关系。在教学过程中,教师提出了明确的操作步骤和三根小棒拼摆记录的表格,正是教师的智慧从教,使学生课堂的数学活动有章可循,为学生们获得丰富的直接经验和感性认知奠定了基础。其次,在观察、拼摆、猜想、验证等数学活动中,学生充分发挥了主观能动性,学生们两人一组合作学习,齐心协力完成任务,班级汇报时,他们积极发表意见,并对他人的观点质疑、修正、补充、完善,直至发现了三角形两边之和大于第三边的规律,充分体现了智慧课堂中学生的智慧学习。随后的一个步骤是用电脑课件演示不能围成三角形的三条边的情况,由于手工操作时,学具——小棒根数有限,验证三角形三条边的关系时样本有限;另一方面,作为实物的小棒有粗有细,与数学概念——线段有差异,因此,在特定情形下,合适的学习资源——电脑课件发挥了重要的作用,由于电脑中的线段是可视图形,不受线段粗细的影响,并且可以多次操作验证,得出的结论不受误差的影响,为学生们关于三角形三边关系的争议进行了解惑,体现了课堂环境的智慧设置对教学的作用。在这一环节的最后,教师注重知识的严谨性和科学性,引导学生对“三角形任意两边之和大于第三边”中的“任意”更深层次的理解。体现了教师的智慧从教对知识深层次的影响。

在新知应用、巩固新知的教学环节,教师以实践中的真实问题为练习问题,使学生体会到数学源于生活,又应用于生活,体验到数学的意义和价值。体现了教师的智慧从教和智慧课堂的问题实践性。

教案最后,既有学生的学习评价,又有教师的教学反思,体现了学生的智慧学习和教师的智慧教学,以及学生和教师的主观能动性。

本节课最能反映智慧课堂构成要素的是教师的智慧从教,教师设置猜谜游戏,激发了学生的学习兴趣;为学生制定摆小棒的操作要求,引导了小学生自主学习的方向;教师设计实践问题,给学生提供了解决现实问题的机会;在本节课中我们看到,知识教学是逐层深入展开的,教师在教学过程中提出一系列由浅入深的问题:“任意选取三根小棒能拼成三角形吗?有的能拼成,有的拼不成,与谁有关系呢?”“你们猜一猜,三根小棒满足什么关系,就能围成三角形?”“三角形任意两条边的和大于第三条边,‘任意’一词是什么意思?”学生在解决教师的提问中,深化对知识的理解;最后,教师进行了教学反思,这些都反映了小学数学教学中教师的主导地位以及智慧教学的重要性。

本节课表明学生的智慧学习也很重要,无论是探索新知,还是逐层深入地理解数学知识,学生们借助学具——小棒观察、操作、猜想、验证三角形三条边间的关系,并在课堂讨论中质疑、争论、补充、完善结论,使课堂充满了活力,充分表现出学生们在智慧课堂中的主体地位。

在本节课中,我们还看到了课堂环境的智慧设置,为验证、解惑学生探究活动中发现的问题,智慧课堂运用电脑学习课件,为学生提供了学习情景和学习工具,突破了学生自己操作小棒的局限,拓展了思维的空间。

《找规律》研究案例与分析

教师简介：

王春侠，女，1977年1月出生。本科学历，中共党员；小学高级教师，东城区数学学科骨干教师。从教十几年，一直担任数学教学工作。多年以来，她努力践行新课改理念。在科研课题的引领下，努力加强自身修养，认真钻研业务，不断改进自己的数学教学，并很快地成为数学骨干教师。在学校里，她一直担任数学教研组长，积极探索，大胆实践，起着骨干辐射作用。在区里，她担任兼职教研员的工作，一边向专家学习，一边提升自己。王春侠老师被认定为东城区数学学科骨干教师，东城区教育系统优秀教师；在“东兴杯”数学学科教学大赛中获得一等奖，并多次录制BDS课和易网通；她所撰写的论文多次在市区、全国获奖。

教学基本信息：

教材：义务教育课程标准实验教科书	出版社：人民教育出版社
年级：一年级	学科：数学
课题：找规律	课时：第三学时

一、教学设计

（一）背景分析

《（2011年版）数学课程标准》对“探索规律”提出了“探索简单情境下的变化规律”；让学生经历数与代数的抽象、运算与建模等过程；体会数学的基本思想和思维方式。根据以上理念指导，我在教学中从“数形结合”入手，让学生从多角度进行观察，进入对数列规律的探究；然后抽象到只有数列，再进行观察、运算、推理，从而抽象概括出规律。在此过程中建立“前项＋公差＝后项”的模型，并渗透“数列中各项一直在变，但公差不变”这一函数思想。

1. 教学内容：《找规律》是人教版教材一年级下册的内容，属于《数与代数》领域。这单元一共安排了5个例题。例1是通过一组“黄旗、红旗”依次不断重复出现，理解“规律”的含义。例2是借助图形的变化规律教学数字的变化规律，找到“数”与“形”的内在联系。例3是从研究图形过渡到研究等差数列的规律。例4研究数组的规律。例5解决问题。本节课学习的是例3，例3的教学是在前面学习了通过直观图形找颜色规律、数量规律等基础上来学习的，这次图形和数字的变化规律是通过计算相邻两项数量的差找到的，规律隐藏在数列的背后。在此教师要处理好直观演示和数列分析的对应关系，让学生经历从直观到抽象的认知过程，渗透模型思想和函数思想。例3的教学不但为例4寻找数组的规律奠定了数量关系的基础，还积累了观察、推理、抽象、概括等学习方法。

例1　规律的含义

例2　图形和数字的简单排列规律

例3　等差数列（递增、递减）

例4　数组的规律

例5　解决问题

2. 学生情况：学生通过前面的学习，能够准确地找到图形颜色、数量方面的规律，知道规律是“依次不断重复出现的”，理解了规律的含义。但本节课所要学习的数列的规律不同于前面所学的规律，依次不断重复出现的规律隐藏在“公差”里，同时向学生渗透建模思想、函数思想。

另外，学生有数数的经验，他们已经掌握了多种数数的方法，几个几个地数，实际上就是一组等差数列。因此“几个几个地数”也为此次学习提供了知识基础。但是数数具有局限性，本节课还不能完全依赖于数数来解决问题，应找到相邻两量间的关系，从数列的本质出发研究规律。

3. 我的思考：

呈现前测——激趣质疑（这些规律对吗？）

验证探究——理解规律

放手实践——巩固规律

分层练习——运用规律

4. 教学方式：探究式学习。

5. 教学手段：数形结合、识图认数，渗透对应；

观察抽象、理解规律、建立模型；

推理迁移、巩固规律、渗透函数思想。

6. 技术准备：PPT演示文稿、小棒图、笑脸图。

（二）教学目标

1. 引导学生从图形中抽象出数，发现并理解数列的规律。

2. 培养学生观察、推理、概括、抽象的能力。

3. 在具体情境中,培养学生善于观察、敢于表达、乐于交流的习惯,感悟数列的变化规律,渗透函数、模型思想。

(三)教学重点

发现并理解数列的规律。

(四)教学难点

培养学生观察、推理、概括、抽象的能力。

(五)教具准备

小棒图、笑脸图

(六)教学过程

☞教学流程示意

回顾旧知,引出规律

数形结合,理解规律{观察探究,发现规律
合作交流,巩固规律

分层练习,应用规律

☞教学流程及设计意图

1. 回顾旧知,引出规律

(1)出示学生创作的图形规律。

上节课学完《找规律》后,我们班学生创作了这幅图案。你觉得有规律吗?

继续欣赏学生创作的不同规律的图案。

(设计意图:教师课件出示一组颜色上排列有序的小花图案,目的是让学生回顾旧知:依次不断重复出现的事物就是有规律的。然后让学生继续欣赏创作出来的不同规律的图案,通过欣赏,感知不同的规律、感受规律创造的美,提高学生欣赏美的能力。)

(2)展示学生所找到的数列规律。

课前咱班同学找了图形的规律,快来看看吧。(课件演示)

这些规律对不对呢? 一起来研究。

(设计意图:教师课件呈现课前调研,观看课件上出现的学生找到的规律,调动学生学习兴趣,从而引出课题。)

2. 观察探究,发现规律。

(1)数形结合,理解规律。

①感悟数列的规律。

规律一:3、6、9、12

规律一中的“3”表示什么？（3 个小正方形）6 呢？9、12 呢？

12 的后面是几？为什么填 15？——喔，他发现规律了。

你发现了吗？说说你的发现。（前面的数加 3，就得到后面的数。）

（教师顺势板书“思维过程”）

②探索数列的规律。

A. 从左往右观察。

师：观察图，这个增加的“3”在哪呢？（学生指图）在前一幅图上增加了 3 个正方形，就是 6 个正方形。

这个“3”在哪呢？（涂色）在前一幅图上增加了 3 个正方形。

这个“3”在哪呢？（涂色）在前一幅图上增加了 3 个正方形。

小结：看来从左往右看，每幅图都是在前幅图的基础上增加了 3 个正方形，因而才有这样的规律。

认真看：这组数一直在变化，不变的是什么？

B. 从右往左观察。

这组数还可以怎样观察？你又有什么新的发现？

（从右往左看：12、9、6、3。前面的数减 3，就得到后面的数。）

小结：看来换个方向观察，可以发现不同的规律呢！

（设计意图：这一环节，首先让学生把图与数一一对应起来，识图、认数；然后通过填写缺失数，让学生初步体会到数列的规律，并把规律与图形结合感知规律的由来：正是由于每幅图都在前幅图的基础上增加了 3 个正方形，所以才有 3、6、9、12 这样有规律的一组数。最后，通过换方向观察，渗透从不同角度观察，会有不同的发现；再通过观察“变与不变”，向学生渗透函数思想，加强对规律的认识。）

③总结概括方法。

刚才研究了 3、6、9、12 这组数的规律，先说出了这四个数什么意思，然后又从不同的方向观察规律。下面请同学们用这样的方法从这两组当中任选一组讨论，这些规律有道理吗？

（2）合作交流，巩固规律。

①小组讨论：合作研究图形中的其他规律。

②汇报交流。

规律二：1、2、3、4

数表明什么：“1”——表示 1 组——

规律：一个数比一个数多 1。从哪观察？谁比谁多 1？

规律三:10、20、30、40

数表明什么:"10"——表示根小棒——观察得细致入微。

规律:一个数比一个数多10。从哪观察?谁比谁多10?

③小结:

就这样一组图,找到了几种规律,有的从正方形的个数观察、有的从小棒的根数观察,还有的把三个正方形看成一个整体去观察,多有意思啊!看来从不同角度看,会有更多的发现。

(设计意图:在第一环节教师"教"的基础上,这一环节放手让学生合作学习,交流汇报;继而站在不同的观察角度,就会有不同的规律。)

3. 分层练习,应用规律

(1)第83页例3(2)。

题目要求:先找规律再填数。

汇报:发现了什么规律?怎样填出后面的数?

(2)第87页的做一做的第1题。

题目要求:按规律填出下一个数。

汇报:你是怎么想的?

(设计意图:这组练习的设计是从"有图"到"没图"、从展现"思维过程"到不展现"思维过程"去设计的,这样就使形象思维慢慢过渡到抽象思维,概括出数列的规律。)

(3)找规律。

刚才很多同学都得到了小笑脸,笑脸的后面都藏着一个数。请你拿出来,叫到你就走上来。

①30、28、26、24、(　　)后面是谁?

②17、19、21、(　　)、25这组数有规律吗?还差谁?

红色:17、18、19、20、21

黄色:28、30、32、34、36

粉色:22、23、24、25、26

观察这三组数,谁的规律不一样?

(设计意图:这道题的设计与表扬激励学生的小笑脸联系起来,使"小笑脸"的功用变强。"小笑脸"背后的数正好形成两组数列,分别是递增、递减2的等差数列,根据规律填写缺失的数。不同颜色的"小笑脸"又形成了三组不同的数列,通过观察,找到规律不同的一组。)

(4)袋鼠跳。

①袋鼠朋友这时也来到了我们中间,它要展示一下自己的跳跃才能,想想它在这样的格子上可以怎么跳?

②看看它到底是怎么跳的?

猜,再猜,请你打开数学课本 90 页的第 8 题,按规律接着画出袋鼠跳跃的路线。

③汇报:它从 10——15——21,它跳了 4 个格、5 个格。

袋鼠分别落在了“1、3、6、10、15、21”上,你怎么就知道跳到了 15 上?

评价:他按照规律推理出了袋鼠后面的跳跃路线,真棒!

④原来这组数也是有规律啊!看来一组数的规律真是多种多样!

(5)斐波那契。

提起规律,我想起意大利有一位善于研究数学的人,叫斐波那契,他在研究兔子繁殖的时候发现了这样一组数:1、1、2、3、5、8、13……如果感兴趣的同学可以研究一下这组数有没有规律。

(设计意图:这两道题目向学生渗透一组数还有其他的规律存在:“袋鼠跳”通过数形结合理解规律;“兔子数列”通过对斐波那契数列的介绍,引发学生探究的兴趣,渗透了数学文化。)

4. 今天你有什么收获?

(七)学习评价

我采用书面作业的方式对学生的学习效果、知识与技能方面进行检测和评价。

1. 例题。

(1)第 83 页例 3(2)。先找规律再填数:

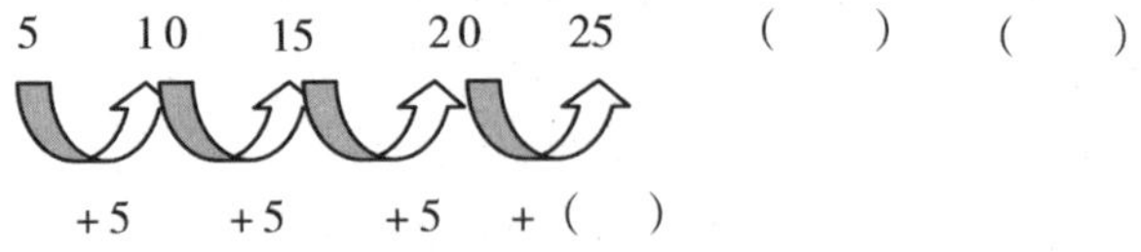

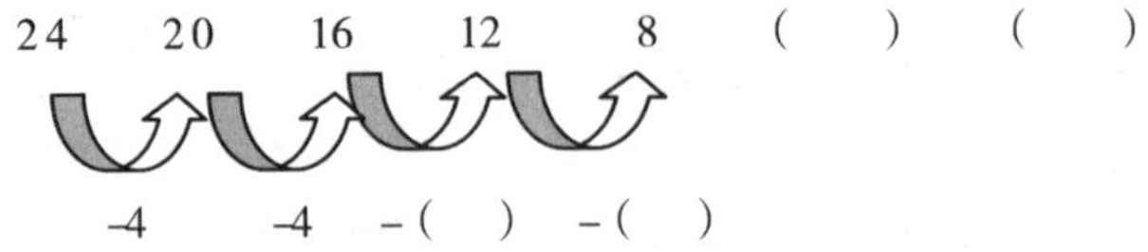

(2)第 87 页的做一做的第 1 题。按规律填出下一个数:

1　5　9　13　(　)

42　32　22　12　(　)

2. 很多同学都得到了小笑脸,它后面都藏着一个数。叫到的幸运号走上来排一行。

(1)幸运号:30、28、26、24、(　)后面是谁?

(2)幸运号:17、19、21、25 这组数有规律吗?还差谁?

红色笑脸:17、18、19、20、21
黄色笑脸:28、30、32、34、36 谁的规律不一样?
粉色笑脸:22、23、24、25、26

(八)板书设计

找规律

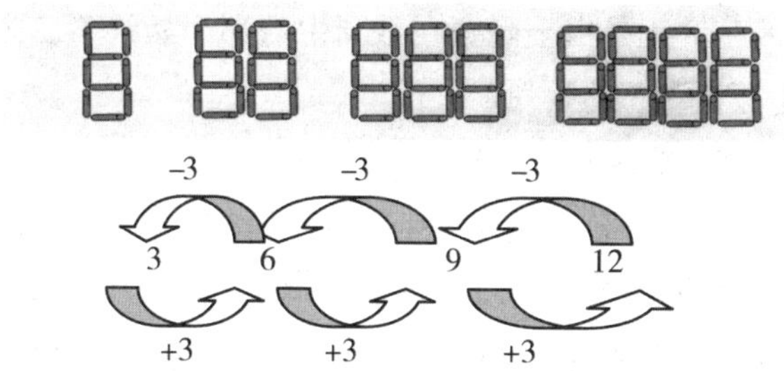

二、教学反思

1. 创造性使用教材,渗透从不同角度思考问题的方法

人教版教材中例 3 的教学任务,是由对几何图形排列规律的研究逐步过渡到对等差数列的研究,学生经历从直观到抽象的认知过程。

但是根据对例题中几何图形的研究,我发现不仅有"3、6、9、12"这样一组数列存在,如果以"1 列"为标准,还可以找到 1、2、3、4 这样一组数列;如果以摆成 1 列正方形的"小棒数"为标准,也可以找到 10、20、30、40 这样一组数列。因而,我创造性地使用了教材,将原来教材中的几何图形改成了由小棒摆成的图形,这样学生就可以从"正方形的个数""列数""小棒数"三个角度去观察思考,得到三组数列。

通过学生对"小棒图"的细心观察、多角度思考,获取了有价值的数学信息,分别得到了三组不同的数列,使学生感受到了"从不同角度观察,就会有不同的发现",从而培养学生多角度观察、多角度思考问题的习惯。

2. 探究数列规律，渗透数学思想

(1)模型思想

在研究等差数列的规律时，通过提问："认真观察这一组数，你有什么发现?"引导学生通过观察找到事物间稳定的关系结构，概括规律，提升对数列规律的认识，即"前一个数加几得到后一个数"，初步建立"前项 + 公差 = 后项"的模型。然后通过根据规律在括号里填数的练习——3、6、9、12、( )，继续应用模型解决问题"后项 = 前项 + 公差"。在此两个环节中，渗透了模型思想。

(2)函数思想

"函数"这一概念虽然在小学教材中没有出现，但是整个小学阶段的数学教学中无不渗透着"函数"思想。可以这样说，凡是有"变化"的地方都蕴藏着函数思想。比如"积的变化规律""商不变的性质"等。细细品读小学数学教材，就会发现在这节课上也涉及到函数思想。当看到"3、6、9、12"这组数的时候，通过提问"数一直在变化，不变的是什么?"让学生感受到数列中每个数都在不断的变化，但是相邻两个数的差不变。正是由于隐藏在数列中的那个始终不变的"公差"的存在，才呈现出了一组逐渐多3的数列。

3. 把评价机制与练习结合，一举多效

本节课，我通过激励性评价奖励给学生一些"小笑脸"，得到"小笑脸"的学生学习兴趣高涨。更为巧妙的是"小笑脸"的背后藏着一些数，这些数组成了两组题：一组题(按号叫学生)让学生填写缺失的数；另一组题，按颜色把"小笑脸"送回家。这样又组成了三组数列，找出规律不同的那一组。

把评价与练习结合在一起，不但能够让得到表扬的学生上台展现自我，同时提高了"小笑脸"的功用性，使课堂更加丰满。

三、专家点评

刘京莉(博士、教授)

1. 例题的呈现具有趣味性

本节课伊始，教师就在悠扬的音乐声中，利用课件展示了学生课前的前测。当学生看到自己的作品、同学的作品"榜上有名"时，不但兴奋，而且很骄傲，对这节课产生了浓厚的兴趣。接着通过质疑："这些规律都有道理吗?"把学生从对作品的赏析中带入了理性的思索中。

2. 例题的呈现具有创造性

教师改编了例题，把几何图形变成了"小棒"图，通过学生对"小棒"图的细心观察,多角度思考、获取了有价值的数学信息,分别得到了三组不同的数列,使学生感受到了“从不同角度观察,就会有不同的发现”,从而培养学生多角度观察、多角度思考问题的习惯。改编后的例题比原来具有更广阔的探究空间,承载着更多的学习任务,蕴藏着更多的数学思想方法。

原例题: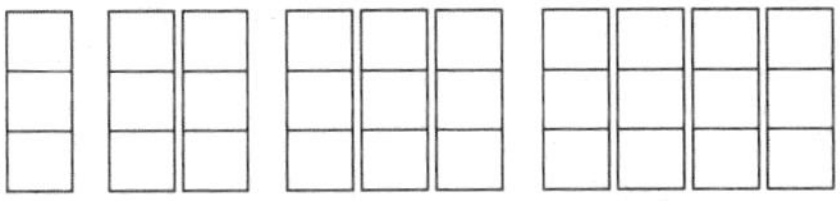

改编后的例题: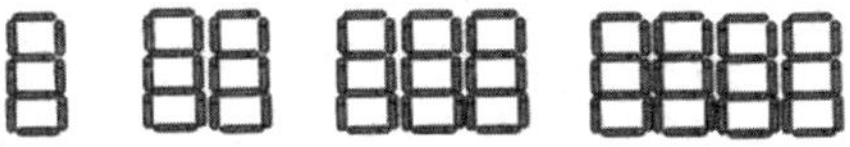

3. 教师的评价到位,具有引导性

教师的评价在一堂课中起着重要的作用,有的评价具有激励性,有的评价具有引导性。这节课的评价特别到位,具有明显的引导性。

(1)当学生说出数列中的“10”指的是小棒的根数时,教师就夸奖他“观察细致入微”;(2)当学生在解决“松鼠跳”的问题时,知道了松鼠下一次就会跳到“15”上,教师就评价他“能够按照规律找到袋鼠后面的跳跃路线,真会推理”;(3)再如,当学生表达发现的规律时,语言多样也不够准确,这时教师就引导学生“如果你能……那样表达,语言就严谨了”。

这样的评价使学生明确了观察的方法、解决问题的策略以及语言表达上的不足。如果课堂上经常有这样的评价与引导,学生就会形成良好的学习习惯,掌握一定的学习方法。

4. 适时渗透数学文化,具有启发性

在课即将结束时,教师呈现了意大利数学家斐波那契的“兔子数列”,兔子繁殖的故事吸引着孩子,兔子数列的与众不同引起了孩子的思考。这样适时地渗透数学文化,增添了数学课的底蕴,丰富了孩子们的学识。“这样的数列有规律吗?”一句质疑激发了学生的继续探究学习的欲望。本节课最能体现智慧课堂要素的是教师的智慧从教引导学生的智慧学习,开发出学生的创新思维。

(1)教师给出了一个开放的空间,学生才能从不同角度发现规律,实现思维的创新。在课的开始,教师用小棒置换了原教材正方形的边,数学问题就有了实质性的变化:从不同的角度观察由小棒组成的正方形组图,学生就发现了图形的变化规律、小棒根数的变化规律、数的变化规律。

(2)教师注意了课堂环境的智慧设置。一年级小学生具有形象思维的特点,教师就引导学生将数与图形一一对应起来,从感知图形的规律过渡到认识数的规律,学生在智慧设置的课堂环境中,借助图形能够发挥主观能动性,发现数的变化规律。

(3)教师的智慧从教还反映在学习方法的指引上。教师在找规律的教学中不只关注结果,更关注变化的过程。教师引导学生“这组数一直在变化,不变的是什么?”,这样教学,学生思考的不只是适合规律的某一个数,而是这组数的变化依据,促进了学生对找规律更深层次的理解。

(4)教师的智慧从教还反映在对过程性评价的恰当运用方面。教师在教学过程中奖励给学生一些“小笑脸”,激发学生的学习兴趣,更为巧妙的是“小笑脸”的背后还藏着一些数,组成了新的找规律的数学问题;按颜色将“小笑脸”送回家,“小笑脸”们又组成了新数列。这样的评价不仅具有激励性,本身也是学习的一个组成部分。

(5)教师的智慧从教还反映在放手让学生创新,教师通过及时反馈跟进。有时学生一时产生灵感,发现了小松鼠下一次跳到“15”,教师就及时反馈“小松鼠跳跃的线路是?你真会推理”;当学生表达规律语言不准确时,教师在鼓励学生的同时,引导学生“如果你这样表达……,语言就严谨了”,在及时反馈中规范学生的数学语言表达。让学生创新,学生就可能暴露出某些瑕疵,但只要教师及时反馈,就能保证创新思考和规范学习两不误,教师的智慧从教促成了学生的智慧学习,王春侠老师的数学课堂充满了智慧的光芒。

《找规律》研究案例与分析

教师简介:

郎婷,女,1985 年 2 月出生,本科学历,小学一级教师。从教以来,一直担任数学教学工作。她教学严谨,踏实好学,基本功扎实。2013 年在东城区第四届小学青年教师教学基本功展示活动中,荣获数学学科一等奖,在北京市小学数学教研活动中进行说课展示,并承担“北京师范大学福建长乐第一期优秀教师高级研修班”的观摩课。所撰写的多篇论文及教学设计均在北京市及东城区教学设计评比中获奖。

教学基本信息:

教材:义务教育教科书　　出版社:人民教育出版社

年级:一年级　　学科:数学

课题:找规律　　课时:第一学时

一、教学设计

（一）背景分析

1. 教学内容:人民教育出版社义务教育教科书数学一年级下册《找规律》。

2. 学生情况:本班学生在生活中已经掌握了一些简单的排列规律,并会运用这些规律创造一些美丽的图案。并且学生有一定描述规律的能力,部分学生思考问题也具有一定的深度和广度,能够在理解掌握基本的数学知识与技能的同时,从不同的角度思考问题。

3. 教学方式:采用实践、探究的方式进行实践活动。通过欣赏、观察、探索、验证、交流的形式,在美的感受中发现图形中的规律,突出过程中的数学思考,重视用图形和数字来表示一个模式,并在“数”和“形”之间建立起联系,促进学生的思维发展。

4. 教学手段:发挥多媒体辅助教学的功能,针对学生理解困难的部分,利用多媒体,有效地帮助学生建立数形结合的思想,发展学生的极限思维,使学生感悟数学的简洁美,无限的美。

5. 技术准备:电脑、PPT。

（二）教学目标

1. 使学生通过观察、实验、猜测、推理等活动,发现事物中简单的排列规律。

2. 培养学生初步的观察能力、分析能力和推理能力。

3. 培养学生探索数学问题的兴趣,以及发现和欣赏数学规律美的意识。

（三）教学重点

理解规律的含义,掌握找规律的基本方法。

（四）教学难点

1. 能够表达发现的规律,并会运用规律解决一些简单的问题。

2. 从不同的角度观察、思考问题,并且找到图形之间的内在联系,建立模型。

（五）教具准备

PPT

（六）教学过程

☞问题框架

谈话引入,揭示课题 { 老师也特别喜欢这种花边,你们知道为什么吗?
这组花边有什么规律?

观察主题图，初步体验规律：
- 你们知道下一朵花是什么颜色吗？你们是怎么知道的？
- 能说说它们的规律是什么吗？
- 那下面这幅花边图有规律吗？
- 我们刚才观察的这些规律，有什么不同的地方吗？

合作探究，运用规律：
- 这幅花边有什么规律？
- 这里的 1 表示什么？2 表示什么？

拓展延伸，讨论辨析：
- 谁能从数量上说一说这幅花边的规律是什么？
- 用什么办法能让别人一眼看出你是怎么找到这幅图的规律的？
- 这两幅图的规律用字母来代替，应该怎么表示这幅图的规律？

☞教学流程示意

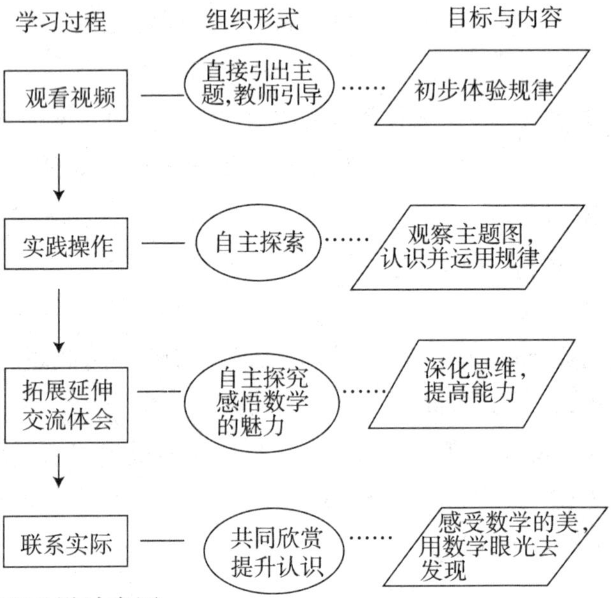

☞教学流程及设计意图

课前谈话，激趣乐学，理解“重复”。

师：同学们，还记得上次我们见面时玩过的小游戏吗？　　生：记得。

师：那我们再玩一次，好吗？　　生：好。

（师拍手，学生重复）

师：你们怎么知道老师下面要拍什么啊？　　生：因为您拍得每次都一样。

师：其实像这样连续出现好几次的现象，就是我们数学上所说的“重复”。

（板书：重复）

师：什么是重复？谁来说一说？　　生：一样的事物连续出现好几次。

师:你说的既完整有准确。大家都小声说给同学听听,什么是重复?

过渡:你们真是爱学习的孩子,老师相信善于动脑思考的你们,更会用眼睛去观察。

(设计意图:兴趣是最好的老师,课初能否激发学生的学习兴趣将直接影响课堂教学效率。因此,课始我安排了游戏,既活跃了课堂气氛,又让学生感知了规律的存在,并且引导学生理解了什么现象是重复,为学生下一步新知的探究做了较好的铺垫。)

1. 谈话引入,揭示课题

师:你们前天帮助老师设计了很多漂亮的花边,让我们一起来欣赏一部分。

(PPT 出示学生作品)

师:老师在你们设计的这些花边图案中,发现了一个小秘密。

用红、黄两种颜色,像这样设计的人最多。

老师也特别喜欢这种花边,你们知道为什么吗?

生:颜色鲜艳、漂亮、有规律。

师:你真有一双会发现的眼睛,那这组花边有什么规律呢?

今天,我们就一起走进花边的世界,找规律。(板书:找规律)

(设计意图:本课一开始,选取学生的设计作品既来源于实际,又充分激发了学生学习的兴趣,同时给学生提供了表达的机会,从而自然的引出课题——找规律。)

2. 观察主题图,初步体验规律

师:谁来读读这组花边的颜色?

师:大家一起再来读一读,然后老师把它画出。(生读师画)

师:如果继续画下去,你们知道下一朵花是什么颜色吗?

师:啊?你们是怎么知道的?

生:回答。

师:你找的可真准,能说说它们的规律是什么吗?(PPT 圈圈)

师:其实,在数学上像这样一红、一黄为一组,一组一组,不断重复排列,就是这幅图的规律。谁能像老师这样,再说一说,这幅图的规律是什么?

生:回答。

师:你说的真完整,谁能再大声地说一遍,让大家都听到你洪亮的声音?

生:回答。

师:请你说给你的小伙伴听一听,这组花边的规律是什么?(小组合作)

师:哪个小组的同学愿意一起说给大家听一听,这组花边的规律是什么?(找小组)

师:他们小组说的真好!快把掌声送给他们。

哪个小组愿意再说一说?(找小组)

师:同意他们小组说的孩子请坐正!看来,你们都能准确找到这幅花边的规律了,那下面这幅花边图有规律吗?(出示3个为一组)(同上处理方式)

师:下面还有两位同学的作品,快用你们善于发现的眼睛找找看,他们两位同学设计的花边有规律吗?(二选一说:小组说,个人说。)

师:你们真是了不起,这么快就都能找到一幅图的规律。那大家快来看一看,我们刚才观察的这些规律,有什么不同的地方吗?

师:你真是个善于发现的孩子。看来我们不光可以2个为一组,3个为一组,4个为一组,(板书2,3,4)那5个为一组可以吗?8个为一组呢?

师:看来只要我们能做到,几个为一组,一组一组,不断重复排列,就是一幅图的规律。

(设计意图:对于一年级学生来说,找规律已有一定的经验基础,但要想完整的表达却比较困难。因此,教师引导学生用简单的语言把规律说完整、说清楚,既加深"规律"在学生脑中的印象,又体现了对学生学会完整表达自己思考方法习惯的培养。)

3. 合作探究,运用规律

师:我们接着比眼力。

这幅花边有什么规律?

师:这里的1表示什么?2表示什么?

生:1朵红花,2朵黄花。

师:老师从你的回答中听出来,我们不光能从颜色上找到规律,现在还能从数量上找到规律。(板书:颜色、数量)你真有一双会发现的眼睛。

师:那谁能从数量上说一说这幅花边的规律是什么?

生:1,2为一组,一组一组,不断重复排列,就是这幅花边的规律。

师:你说的可真完整,谁能像他这样再说给大家听一听?

(同上处理(1、1、2),(3、1))

师:那下面这幅花边有什么规律吗?(颜色、数量各找1人)

师:看来一幅图都可以从不同的角度去观察,不同的形式去表达。但是他们所表示的规律确实相同的。你们都是善于观察的孩子。快给自己鼓鼓掌。

（设计意图：苏霍姆林斯基曾经说过："在人的心灵深处，有一种根深蒂固的需求，这就是说希望自己是一个发现者、研究者、探索者。"本环节结合直观的图形变化规律，让学生自己感受数字的变化规律，让他们自主探究，发现、体验"数与型"之间的联系，使学生在动眼、动脑、动口的过程中加深规律的概念，感受规律中关系的多样化。）

4. 拓展延伸，讨论辨析

师：老师发现，我们一、6 同学都拥有一双孙悟空一样的火眼金睛。快来运用你们的火眼金睛，完成下面这道题。（书 90 页）

师：请你先思考，再动笔。

在动笔过程中，想想用什么办法能让别人也一眼看出你是怎么找到这幅图的规律的？（生动手、师巡视、生汇报）

师：如果这两幅图的规律用字母来代替，你知道应该怎么表示这幅图的规律吗？

师：你真是个善于思考的孩子。看来你们不光有一双善于发现的眼睛，更拥有一个聪明的大脑。那你们敢挑战一下自己的大脑吗？

生：敢！

师：快来看看下面的题！（处理题目）

师：看来我们一 6 班的同学都非常好的掌握了什么是规律，并且能够运用规律来解决实际问题，老师真为能有你们这样善于学习的孩子，感到骄傲。

（设计意图：《数学课程标准》中指出："推理能力主要表现在：能通过观察、实验、归纳、类比等获得数学猜想，并进一步寻求证据、给出证明或举出反例……"本环节让学生在猜测的活动中，更加明确规律的概念，加深对规律的认识，培养了推理能力。）

5. 联系生活，欣赏规律的美

师：其实在我们的生活中，很多事物的排列都是因为应用了我们的规律，而变得更加丰富多彩。下面，让我们一起来感受一下，规律的美吧！

师：这幅花边会存在规律的美吗？

今天就让我们用 XX 的设计结束我们今天的课程，希望同学们能做生活的有心人，在更复杂的规律王国里继续去探索、去发现规律的美。

（设计意图：数学来源于生活，又应用于生活。通过让学生寻找生活中的规律，欣赏规律，让学生发现原来数学离我们并不远，原来我们学的数学知识就在我们的身边。）

（七）学习评价

1. 在学习什么是规律后，针对能正确且完整的从不同角度描述出一幅图的规律，对学生进行评价。

2. 在教学过程中，针对学生发现规律，运用规律解决问题的能力进行评价。

评价内容	优秀等级	合格等级
描述规律	能根据主题图，正确且完整的从不同角度描述出规律。	能从一种角度描述规律。
运用规律，解决问题	能根据主题图，正确运用规律解决问题。	能仿照其他学生回答问题。

（八）板书设计

找规律

一组　　　　重复　　排列

图片

颜色　　2个

数量　　3个

4个

⋮

n个

二、教学反思

我从自由创作——编规律、合作探究——找规律、讨论辨析——明规律、拓展提高——用规律四个方面反思《找规律》一课我的一些想法和做法。

1. 自由创作——编规律

找规律一课是新人教版教材第二册第七单元的教学内容，是在学生已掌握生活中的一些探索规律的内容后，进行教学安排的。我认为新教材安排这样一个内容是源于学生的需求。

（1）实际生活中的需要

在现实生活中，学生接触到大量的有关规律的问题，学生只有准确掌握规律的含义，才能真正解决有关规律的相关问题。

(2)培养“模式化”思想的需要

探索规律实际上就是培养学生的“模式化”思想,发现“规律”其实就是发现一种“模式”。课上,我引导学生用自己设计的图形发现“模式”,同时又用多种表达方法呈现,充分展示了学生的原有认知和思维提升的过程。让学生认识到规律中关系的多样化,从而达到培养学生初步建立“数形结合”的“模式化”思想的目的。

(3)培养学生抽象思维的需要

由于学生在生活中对“规律”已有很多感性认识。因此,整节课利用学生自主设计的花边为主线,把各个规律由浅入深、由易到难、由简单到直观一一展示在学生面前,使学生顺利的由明显的角度发现规律,理解规律到发现数组中抽象而隐蔽的规律。利用符合学生思维发展的规律,能很好地培养学生的抽象思维能力。

(4)让学生感受数学价值的需要

课上面向全体学生,实现人人学有价值的数学。学生在教师的引导下,师生互动、生生互动,共同探索规律使学生感到身边存在着很多有规律的现象。体验数学之美、规律之美,感受数学价值的存在。

2. 合作探究——找规律

新世纪的课堂是生本课堂,学生是课堂的主人,课堂为学生提供了充足的时间和空间让学生合作交流,在这个教学环节中要凸显合作的重要性,在教师的引导下,师生互动、生生互动,共同探索规律,找规律。以上两种合作不是孤立存在的,而是互相联系在一起的。

3. 讨论辨析——明规律

生活中有很多有规律的图形,也有一些看似是有规律的,但实际却并非如此。因此,从学生中寻找错误来源,这样不仅可以帮助学生在纠错的过程中夯实规律的定义,更重要的是在数学辨析的活动中积累了数学经验。

4. 拓展提高——用规律

《数学课程标准》中指出:“推理能力主要表现在:能通过观察、实验、归纳、类比等获得数学猜想,并进一步寻求证据、给出证明或举出反例……”本节课的最后,让学生在猜测的活动中,更加明确规律的概念,加深对规律的认识,培养了推理能力。

三、专家点评

吴晗清(博士后、副教授)

智慧源于生活

听了郎老师的这堂课,非常感动,跟孩子一起,童心未泯,感受“找规律”的快乐。用一句话来表达,就是:智慧源于生活。智慧比静态的知识更加高位,是一种动态的高级能力,包括感知、知识、记忆、思维,甚至文化修养、个性品格等。然而它的形成不是无源之水,无本之木,其本、源就在于生活。

数学教学,要紧密联系学生的生活实际,从学生的生活经验出发,创设生动有趣的情景,而且必须建立在学生的认知发展水平和已有知识的基础之上。教师应激发学生的学习积极性,向学生提供充分从事数学活动的机会,帮助他们在自主探索和合作交流的过程中真正理解和掌握基本的数学知识与技能、数学思想和方法,获得广泛的数学活动经验。而郎老师在教学中做得非常到位。

“你们前天帮助老师设计了很多漂亮的花边,让我们一起来欣赏一部分”,本节课郎老师利用学生亲自设计的作品为主线,在学生认知发展水平和已有知识经验的基础上,激发学生学习的积极性,而且内容具有现实性、挑战性,不是单纯地模仿与记忆。这些作品既来源于实际,又充分激发了学生学习的兴趣,同时也给学生提供了表达的机会,从而自然地引出课题——找规律。

在授课过程中为学生提供充分从事数学活动的机会,通过自主探索与合作交流等重要的数学学习方式,引导学生发现事物中简单的排列规律,让学生体验到数学活动是一个生动活泼、主动和富有个性的过程,让学生真正理解掌握基本的数学知识与技能、数学思想和方法,从而获得广泛的数学活动经验。这样就可以把各个规律由浅入深、由易到难一一展示在学生面前,使学生能够愉快的学习,掌握数学知识和技能,培养学生从数学的角度思考问题,以及培养学生初步的“模式化”思想,让学生的思维向深度和广度发展。

在课的结尾部分,郎老师让教学又回到了生活实际。指出我们的生活中,很多事物的排列都是因为应用了一定的规律,而变得更加美丽。“下面,让我们一起来感受一下,规律的美吧!”让孩子感受数学的无处不在以及无处不美。鼓励孩子做生活的有心人,在更复杂的规律王国里继续去探索、去发现规律的美。

还需要提到的是,郎老师在教学中还重视学生数学思想和方法的渗透。数学思想是数学的灵魂,整堂课教师通过“欣赏——观察——探索——发现——应用——欣赏”的过程,让学生体会图形中的规律,感受数形结合和极限的数学思想。最后使学生感到我们身边存在着很多有规律的现象,体验数学之美、规律之美。整节课堂动静结合,收放自如,氛围和谐,活动扎实,教无痕而学有序,是一堂极其精彩的数学课。

《摆一摆,想一想》研究案例与分析

教师简介:

孙树英,女,1974年3月出生,本科学历,小学高级教师。任教数学学科21年。多年来,致力于小学数学教学研究,在教学中善于调动学生学习的主动性,激发学生的创造性思维。在东城区基本功大赛中获二等奖,多篇论文获奖。

教学基本信息:

教材:义务教育教科书数学一年级下册	出版社:人民教育出版社
年级:一年级	学科:数学
课题:摆一摆,想一想	课时:第一学时

一、教学设计

(一)背景分析

本班学生学习了数的分解与组成,100以内数的认识,对数位和位值的概念有了一定的理解。在平时的教学中,注意引导学生认真观察、发现、总结并归纳出一些规律,学生具有初步的归纳能力。本节课通过操作、观察、探索、交流的形式,发现规律,突出过程中的数学思考,重视模型思想的建立,促进学生的思维发展。

(二)教学目标

1. 让学生在自主探究、合作交流中,感悟100以内数的特点与排列规律,进一步巩固100以内数的认识和“数位”“数值”的概念。

2. 培养学生初步的观察、分析推理能力以及有序地、全面思考问题的方法和意识,提高运用规律解决问题的能力。

3. 通过活动,让学生在愉快的游戏玩乐中感受数学的神奇奥妙,体验到学习数学的乐趣,激发学生探究数学的欲望。

(三)教学重点

使学生在摆珠子写数的活动中感悟100以内数的特点与排列规律。

(四)教学难点

在实践活动中感悟100以内数的规律并能用口头语言表述数的规律。

(五)教具准备

教学课件制作、数位表、小珠子

(六)教学过程

☞教学流程示意

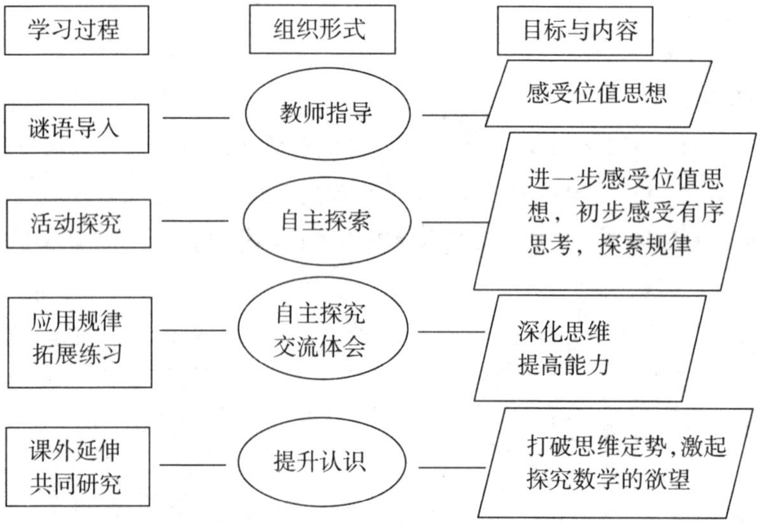

☞教学流程及设计意图

1. 引入新课

(1)教师猜谜语:“小小数位表,我来数一数,从右往左数,它是第一位,请你猜猜看,它是什么位?继续往左数,又是什么位?

(2)揭示课题:我们今天玩“摆一摆,想一想”的游戏,只用到个位和十位。

(设计意图:通过复习数位表,唤起学生对以前知识的简单回顾,体现数学知识的连续性和系统性,符合学生的认知规律。)

2. 活动探究

(1)感受位值思想。

①我手中有一颗珠子,把它放在十位,这个数是多少?它又跑到了个位,这个数是多少?

②为什么一颗珠子,一会儿表示十,一会儿又表示1呢?

小结:一个珠子摆在不同的数位上,表示的意思是不同的。放在个位上,表示1个一,如果放在十位上,表示一个十。

（设计意图：通过对数值和数位的复习，找准学生知识的生长点。通过对 1 与 10 这两个最简单的数的认识，不仅降低了教学难度，拉近了学生间的距离，还激发了学生的学习兴趣，为新知学习埋下了伏笔。）

（2）进一步感受位值思想。

①一颗珠子太孤单了，给它添上 1 颗，这个数是多少？

②谁能给珠子移一下位置，摆出比 2 大的数？说一说，你是怎么操作的，这个数是多少？

十位	个位
●	●

十位	个位
●●	

③果然珠子多力量大，2 颗珠子能摆出 3 个数来。

（3）在操作中感受有序思考。

①再添上 1 颗珠子，3 颗珠子又能摆出哪些不同的数？（教师在实物投影机演示操作要求）请把记录单、数位表摆在桌面，数出 3 颗珠子在数位表上摆数，每摆一个数就在记录单上记录一个数。

②学生汇报，分享不同的摆法。

电脑演示：看谁能边看边说出老师的摆法。（电脑课件演示）

十位	个位
	●●●

→

十位	个位
●	●●

→

十位	个位
●●	●

→

十位	个位
●●●	

③在巡视学生摆珠子的过程中注意收集了几个学生错误的摆法，并用实物投影展示。

④看了他们所摆出的数，你发现了什么？

⑤教师小结。

（设计意图：学会有序观察、有序操作、有序思考是本节课的重要目标。教学中，教师重视学生摆的顺序，所以，多次让学生演示摆与说的过程以及如何才能摆得不重复不遗漏，以便更好地通过数形结合来巩固学生对 100 以内的数的认识。）

（4）边摆边想，探索规律。

①再添 1 颗珠子，就变成 4 颗珠子了。请大家用 4 个珠子摆一摆，看看能摆哪些数？边摆边记。不过老师要提高要求了，看谁能做到不重复也不

漏掉。

②两个人互相说一说,你是怎么摆的?

③我们一起来数一数用4颗珠子摆了几个数?(5个)

④观察用4颗珠子摆的5个数,你发现了什么?

A. 发现个位上的数逐渐少1。

B. 发现用个位上的数字加十位上的数字,得数都等于4。

老师引导学生用个位上的数字加十位上的数字:0+4=4,1+3=4,2+2=4,3+1=4和4+0=4。

⑤个位上的数字加十位上的数字果然都等于4,为什么?

(设计意图:本环节的设计是让每个学生都用自己的眼睛去观察,用自己的思维去判断,用自己的语言去表达,这就是新课程最需要的,也正是教师引导的价值所在。让课堂充盈着自主探究的氛围,弥漫着师生共赏、共享、共识的"学习共同体"气息。)

(5)只想不摆,感受有序思考的价值。

①再添1颗,就是5颗了。我们现在不摆了,让我们想一想,用5个珠子可以表示出那些不同的数?你是怎么想的?

②引导学生回忆用珠子表示出数的过程。

③你想到的第一个数是多少?

④让学生也不用摆,独立写出6颗珠子所表示的数。

⑤他写的都对吗?你是怎么检查出来的?

(设计意图:学生是学习的主体,本环节引导学生利用数的特点和规律来检查自己摆的数是否正确,使学生在丰富表象的基础上抽象概括数的特点和规律,并紧紧抓住数的特点进行判断和检查,让学生懂得学以致用。)

(6)猜猜,说说,巩固规律。

①回顾我们摆的这些数,珠子的个数越多,我们摆出的数也越多。猜想,如果我们用7颗珠子能摆出几个数呢?说说你的理由。

②到底我们的猜想对不对呢?一起验证猜想。

③不用摆,直接写出用7颗珠子所摆出的数,并数一数一共有几个数。

3. 应用规律,拓展练习

(1)9颗珠子

9、18、27、36、45、□、63、72、81、

①这些数是用几颗珠子摆的？为什么？

②这个数是几？你是怎么知道的？

(2)8 颗珠子

□、□、□、□、□、□、□、□、

①一个数也不给了，看你能不能说出是用几颗珠子摆的？可以与同桌交流一下。

②猜年龄：我姥姥和我妹妹今年的年龄都可以用 8 个珠子来表示。你们能猜出他们的年龄吗？

③要想正确猜出年龄，就要知道 8 颗珠子都能摆出哪些数？

④小结：猜也要有一定的依据，才能猜的准。

（设计意图：从 5 颗珠子开始要求学生慢慢脱离珠子，从形象思维逐渐过渡到抽象思维，要求学生不摆，试着写出摆了哪些不同的数。从给出几个数，说出其中漏下的数和珠子颗数；最后一个数也不给了，根据方块数，说出珠子颗数。此环节引导学生从猜想到验证，从简单到复杂，从正向到逆向，既巩固了前面对数的特点和规律的认识，又让学生有一种学习数学的自豪感，实现对学生数学思维的层层拓展。）

4. 课外延伸

（1）课件演示。这是我们用 1—9 颗珠子摆出的所有的数，我们可以看出，珠子越多，摆出的数也就越多。

（2）猜一猜，用 10 颗珠子能摆几个数？

（3）进行验证。

（4）小结：第一颗到第九颗存在着规律，从第 10 颗开始又存在着新的规律，到底是什么样的规律呢？留着你们继续去探索。

（设计意图：通过操作学生已经找到了珠子数和摆出数的规律。在用 10 颗珠子摆数后，产生了矛盾，激起学生进一步探究的欲望。对用 11 颗、12 颗珠子摆珠写数充满了好奇和猜想，像这样的作业，学生是最乐意去做，也是最想探究的。让学生在课外用充分的时间去实践，无疑是为学生打开"自主学习""大胆创新"的新"天窗"。）

（七）学习评价

（1）请学生完成问卷与试题。

①你是否能用几个珠子摆出不同的数？

A. 完全可以做到　　　B. 基本做到　　　C. 有些困难

②你是否能根据给出的几个珠子，不用摆，就能写出摆出的数来？

A. 完全可以做到　　　B. 基本做到　　　C. 有些困难

③你能用有序的思考方法，解决一些实际问题吗？

A. 完全可以做到　　　B. 基本做到　　　C. 有些困难

④你知道 9 颗珠子能摆出哪些数吗？

(2)针对上述调研情况及教师对学生课堂学习情况的观察、了解、评价、分析，我认为本节课学生基本掌握了教学目标中设定的学习任务，且学习积极性较高，学习过程中采用自主、观察、分析、探究式的学习策略，在有滋有味的实践中得到思维的训练，学习能力有不同程度的提高。

(八)板书设计

摆一摆，想一想

珠子数	摆出来	有几个数
1	1、10	2
2	2、11、20	3
3	3、12、21、30	4
4	4、13、22、31、40	5
5	5、14、23、32、41、50	6
6	6、15、24、33、42、51、60	7
7	7、16、25、34、43、52、61、70	8
8	8、17、26、35、44、53、62、71、80	9
	9、18、27、36、45、54、63、72、81、90	

十位	个位
●●● ●●●	●● ●●

二、教学反思

1. 从无序到有序

学会有序观察、有序操作、有序思考是本节课的重要目标。学生第一次在数位表上摆珠写数，会想起一个摆一个，有些学生会摆不全，有些学生会不按顺序摆。因此我先让学生自己尝试摆——同学交流摆法——看电脑演示——优化摆法，在学生反复说摆的过程中将抽象的知识变成了学生看得见、摸得着的现实东西，使学生在操作和观察中渗透“有序”思考的思想方法，从而使学生轻松地掌握摆法。

2. 从具体到抽象

学生开始摆珠子写数，是摆一个，写一个。数形结合，又形象又具体。从 5 颗珠子开始就要求学生慢慢脱离珠子，从形象思维逐渐过渡到抽象思维，要求学生不摆，试着写出摆了哪些不同的数；然后进行拓展练习，从给出几个数，说出其中漏下的数和珠子颗数;最后一个数也不给了,根据方块数说出是由几颗珠子摆的,摆出了哪些数。从而引导学生从猜想到验证,从简单到复杂,从正向到逆向,既巩固了前面对数的特点和规律的认识,又让学生有一种学习数学的自豪感,实现对学生数学思维的层层拓展,培养了学生从具体到抽象的思维能力。

3. 从实践到建模

课标指出:动手实践、自主探索、合作交流应成为学生学习的主要方式。为了实现这一目标,教师给学生提供了自主活动、独立思考的时间和空间,设计了一系列的活动。同桌交流、独立尝试、自己体验等形式,让学生充分经历了摆珠子写数的过程(从摆错、有遗漏到能正确地摆;从无序地摆到有序地摆;从摆珠子写数到不摆能直接写数),在多次实践活动中自觉地寻找规律,并应用规律解决实际问题,在活动中有助于培养学生的模型思想,提高学习的兴趣和应用意识。

4. 从课内到课外

本节课从一颗珠子,一直引导学生摆到了九颗珠子。学生发现了珠子越多,摆出的数也就越多。都摆完后,通过播放课件,让学生从整体上欣赏一下数学知识规律性的魅力所在。然后猜想 10 颗珠子能摆几个不同的数呢? 学生肯定说是 11 个。通过实践验证是 9 个。学生的内心产生了认识冲突,激起学生进一步探究的欲望。让学生课下继续探索珠子的规律,像这样的作业,学生是最乐意去做,也是最想探究的。让学生在课外用充分的时间去实践,无疑是为学生打开"自主学习""大胆创新"的广阔空间。

整堂课教师通过观察、操作、验证、归纳,让学生体会了解决问题策略的多样性,初步建立了模型思想。教师多次让学生自主参与活动的全过程,使学生对直观教具进行充分的感知,在操作中发展了学生的形象思维,从而抽象出数学符号,逐步形成良好的数感。

三、专家点评

吴晗清(博士后、副教授)

活动是智慧形成的重要渠道

1. 孙老师的这堂数学课,非常精彩,在整个学习活动中,思维含量非常大,整个课堂中学生处于一种活跃的思考状态。用一句话来表达,就是:活动是智慧形成的重要渠道。智慧比静态的知识更加高位，是一种动态的高级能力，包括感知、知识、记忆、思维，甚至文化修养、个性品格等。然而它的形成不是一蹴而就的，也并不是教师可以直接给予的。而需要创建合适的活动情景，让还在实践活动中去体验，去感悟。

2. 我们知道，数学是人们生活、劳动和学习必不可少的工具，能够帮助人们处理数据、进行计算、推理和证明，数学模型可以有效地描述自然现象和社会现象。这节课中，通过对珠子的“摆一摆”，认识到个位和十位，培养孩子处理问题的能力。数学还能为其他学科提供语言、思想和方法，比如这节课中的分类、比较，归纳、总结等能力的提升对学生的发展有着重要的意义。另外，数学是人类的一种文化，它的内容、思想、方法和语言是现代文明的重要组成部分，这节课也有体现。

3. 孙老师的课的第一大亮点是：数形结合，思维进阶。(1)学习活动开始时，学生是摆一个珠子，写一个数字。通过数形结合，既形象又具体。(2)然而从5颗珠子开始就要求学生慢慢脱离珠子，从形象思维逐渐过渡到抽象思维，要求学生不摆，试着写出摆了哪些不同的数。(3)然后进行拓展练习，从给出几个数，说出其中漏下的数和珠子颗数；最后一个数也不给了，根据方块数说出是由几颗珠子摆的，摆出了哪些数。(4)从而引导学生从猜想到验证，从简单到复杂，从正向到逆向，既巩固了前面对数的特点和规律的认识，又让学生有一种学习数学的自豪感，实现对学生数学思维的层层拓展。培养了学生从具体到抽象的思维能力。

4.“摆一摆”的活动，建立在学生的认知发展水平和已有的知识经验基础之上。它激发学生的学习积极性，向学生提供充分参与数学活动的机会，帮助他们在自主探索和合作交流的过程中真正理解和掌握基本的数学知识与技能、数学思想和方法，获得广泛的数学活动经验。整个活动中，学生体现了良好的主体性，包括自主性、主动性和创新性，他们是数学学习的主人，教师更多地是活动的组织者、支持者。

5. 孙老师的课的第二大亮点是：自主活动，实践探索。我们知道，知识不是教师的直接给予，教师不可以越俎代庖，而需要学生动手实践、自主探索、合作交流。在整堂课中，孙老师给学生提供了自主活动、独立思考的时间和空间，设计了一系列的活动。同桌交流、独立尝试、自己体验等形式，让学生充分经历了摆珠子写数的过程（从摆错、有遗漏到能正确地摆；从无序地摆到有序地摆；从摆珠子写数到不摆能直接写数），在多次实践活动中自觉地寻找规律，并应用规律解决实际问题，在活动中有助于培养学生的模型思想，提高学习的兴趣和应用意识。

一言以蔽之，孙老师的课是一堂非常优秀的课，以实践活动为载体，优化了学生智慧形成的路径。

《折线统计图》研究案例与分析

教师简介：

宋晓麟，男，1977 年 12 月，大学本科，小学一级教师。

教学基本信息：

教材：义务教育教科书	出版社：人民教育出版社
年级：五年级	学科：数学
课题：折线统计图	课时：第一学时

一、教学设计

（一）背景分析

1. 学生已经学习过条形统计图，明确横轴、纵轴所代表的含义。

2. 通过自学与小组合作交流，能够完成学习任务，具备一定统计意识，并能对统计数据进行简单的分析和预测。

3. 学生在分析实际问题时，能够借助实际情境联系生活情境来思考问题。

（二）教学目标

1. 通过经历收集数据、整理数据和分析数据的过程，学生了解折线统计图的特点，能根据情况选择使用条形统计图或折线统计图。

2. 对于给出的折线统计图，能够结合生活实际对图中的数据进行合理的预测或判断。

3. 在生活中感受数学的重要性，体验数学的简洁美。

（三）教学重点

了解折线统计图的特点，能从图上获取相应信息。

（四）教学难点

根据折线统计图的信息，进行合理的预测或判断。

（五）教具准备

课件、练习

（六）教学过程

☞教学流程示意

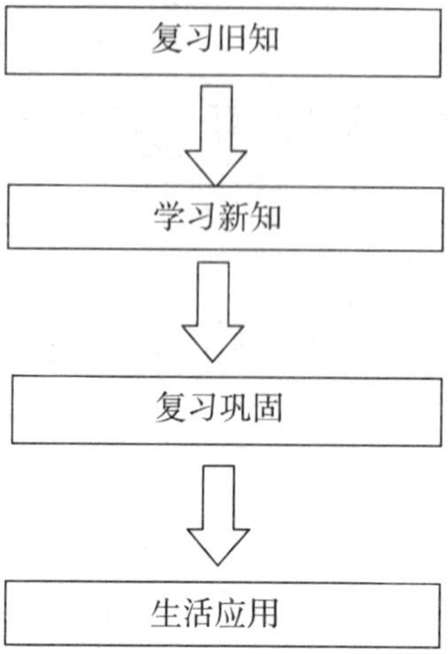

☞教学流程及设计意图

1. 复习旧知

(1)滑梯引入。

师:出示滑梯图片,问问同学你想做哪个?

同学根据自身情况回答,有的同学会选择 1 号滑梯,因为安全,有的同学会选择三号滑梯,因为刺激。

追问学生,你是通过什么来判别滑梯是否刺激的呢?

生:根据滑梯的倾斜程度。

师:让学生动手笔画一下,比较陡的滑梯是什么样的,比较平缓的滑梯是什么样的。

(设计意图:让学生初步体会变化的快慢和线段的倾斜程度有关,为学生突破难点做铺垫。)

(2)出示数据,认识折线统计图。

播放幻灯片,让学生观看学校社团活动的情况。

(设计意图:通过学生身边最感兴趣的活动入手,引发学生的积极性。)

(3)出示统计图。

①出示统计数据:这是我校这几年来 xx 社团参加人数的数据,你能不能把它绘制成一幅统计图。

②出示条形统计图:你能说说在这幅统计图中你都获取了哪些信息吗?

生:我发现 xx 年参加的人数最多,xx 年参加的人数最少。我还发现参加社团的人数越来越多。

师:你是怎样观察得到人数越来越多这一信息的?

生:直条的长度越来越长。

师:对,在条形统计图中,我们就是利用直条的长短来表示数量的多少的?

(设计意图:回忆旧知,明确条形统计图的特点。)

2. 学习新知

(1)折线统计图的做法。

①展示折线统计图。

师:下面老师就给大家变个魔术(进行动画展示,把条形统计图变成折线统计图,边展示,边让学生说说图是如何变化的)。

你们认识这幅统计图吗?

生:折线统计图(板书)

(设计意图:通过把条形统计图变成折线统计图,让学生体会两者之间的关系,并了解折线统计图是如何绘制出来的。)

②再说说在这幅统计图中,你又能获取哪些信息,是如何获取的?

生:每一年的数据,通过点的位置更加清楚地展示出人数的变化趋势。

师:你是如何看出变化趋势的呢?

生:通过线段的倾斜程度不同,陡的变化的就快,平缓的变化的就慢。

师:我们还可以用手势来帮助我们理解,(用手势表示上升、下降、快速上升、快速下降)对于快速上升和下降,有的学生会理解为速度的快慢,这里教师要进行必要的指正,让学生理解上升、下降的快慢不是取决于手动作的快慢,而是取决于倾斜的程度。

(设计意图:利用线段的倾斜程度表示数据变化的趋势是折线统计图最大的特点,也是本节课的重点所在,花时间让学生明确是非常必要的。)

③你能预测 2015 年会有多少人参加 xx 社团?

(设计意图:由于折线统计图可以反映事物变化的趋势,所以对事态变化发展的预测就是折线统计图所能反映的重要功能,通过一个小的案例,让学生初步进行预测。在总结时,不能只对学生的结论进行评价,更应看中的是学生做判断的依据,因为预测具有不确定性,所以不可能千篇一律,也就是目标决定方法。)

(2)比较条形统计图和折线统计图的异同。

师:同时展示两幅统计图,小组讨论,让学生说说这两幅图有什么异同。

生:两幅统计图都能表示出数量的多少。

师:用什么表示数量的多少?

生:条形统计图用直条的长短,折线统计图用点的位置。折线统计图还能更加清楚地表示出数据的变化趋势。

(设计意图:突出折线统计图的特点。)

(3)出示美术社团的人数统计图。

学生在练习纸上独立完成并汇报并讨论。

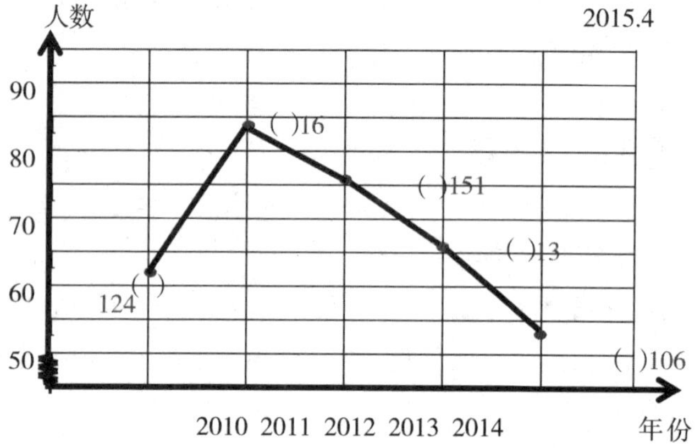

在图(　　)内填上合适的数。

①(　　)年与(　　)年相差的人数最多。

②(　　)年到(　　)年人数呈上升趋势。

③(　　)年到(　　)年人数呈下降趋势。

④你还能提出什么数学问题?

(设计意图:在本环节的设计上,力图体现以下几个方面:①通过隐藏图上的数据,让学生体会标注数据的重要性。②引导学生通过线段的倾斜程度来判断数据的增减情况,体会折线统计图的特点。③通过发散性的提问,让学生更加关注统计数据背后的内容。)

3. 巩固练习

下面这些数据,你想选择哪种统计图来表示呢?

(1)出示 xx 小学四年级 1 班参加社团人数统计数据。

(设计意图:很多学生惯性思维,认为学什么就答什么,所以设计这个问题就是让学生摆脱惯性思维,真正的从事情的本质出发进行判断。从而再次明确进行判断的依据。)

(2)出示小红7日到9日体温数据。

(设计意图:对于这种连续变化的数据,学生进行判断并不是十分困难。所以这个练习的重点我放在了培养学生观察数据上。几个问题的追问让学生体会到在统计数据的收集上是有技巧的,数据收集的越多,可信度越高,但成本增加。反之,可信度降低,成本降低。如何在两者之间获得平衡,就是数据收集的关键所在。)

(3)出示中国队历届奥运会获得金牌的情况。

(设计意图:通过两种形式统计图的展现让学生感知统计的开放性,同样的数据具体选用什么样的统计图还是要取决于要反映什么问题,如果要观察变化的趋势,折线统计图为优;如果只反映数量的多少,条形统计图就可胜任。)

4. 生活应用

老师这里还有一些生活中常见的统计图,大家可以欣赏。

(播放幻灯片)你还见过哪些折线统计图?

(设计意图:通过展示生活中的统计图,让学会体会统计在生活中的广泛应用,也让学生留意观察生活,发现生活中的数学。)

(七)学习评价

一、请学生完成调查问卷

(一)折线统计图和条形统计图最主要的区别是什么?

1. 用不同的形式表示　　2. 折线统计图可以更好地反映变化趋势

3. 折线统计图更好看　　4. 折线统计图画起来简单

(二)你是否能根据图得到数学信息?

1. 完全可以做到　　2. 基本做到　　3. 有些困难

(三)这节课,你在小组讨论中充分表达了自己的意见了吗?

1. 充分　　2. 比较充分　　3. 没有发表意见

二、简答

1. 这节课你有什么收获?(一两点即可)

2. 评价量规设计：

我是这样评价自己	A(优秀)	B(良好)	C(合格)	选答
能否根据图得到信息	能	比较能	在他人的辅导下	
能否根据数据分析进行合理预测	能	比较能	一般	

(八)板书设计

折线统计图

点:数量多少

线段:增减变化

特点:表示数据增减变化的趋势

二、教学反思

在练习环节的设计上,我试图体现三个层次,以此展现学生在课堂中的主体地位。

1. 让学生体会对于什么样的数据适合用条形统计图反映,学生的学习有着很强的惯性思维,认为老师讲什么就考什么。而只有真正融入到课堂中的孩子才能做出正确的判断。

对统计数据进行分析主要有以下两个作用,一是对已发生的事情进行数据收集整理,二是根据数据进行分析推测。而显然后者对于现实生活的作用更大。如何引导学生对数据进行分析,这需要调动学生的主观能动性,老师为学生创设适当的情景,激发学生的学习兴趣,从而让学生更好地参与到课堂中来。

2. 出示了一个人体温变化情况(发烧中),同学们能够正确选择折线统计图来表示体温变化情况。这时,老师追问学生,那么这名同学在 7 日到 9 日间的最高值是多少?这个温度是他在这两天的体温最高值吗?

统计作为数学的一个重要分支,在生活中起着非常重要的作用,我们在小学阶段学习的无论是统计图表还是统计量,其实都是为分析数据服务的,所以我们在上统计内容的过程中，不应当只是注重学生会画统计图或者能够读出统计图表上的数据，而更应当注重学生统计意识的培养，多让学生读懂统计图表数据背后的知识，让学生根据统计数据和生活经验进行合情合理的预判和推测。

3. 出示中国队历届奥运会获得金牌的情况，让学生进行判断使用什么统计图来表示。由于数学采用量化的方式，所以很多数学内容答案是唯一的。而统计教学中，很多数据来源于生活，其存在着不确定性，所以对于统计结果的分析就会出现各种不同的情况。在统计教学中，我们要调动学生的主观能动性，启发引导学生根据合理的情况进行分析，并对学生合理的预测判断予以肯定，让学生体会成功并感知统计中的不确定性。

三、专家点评

袁丽(博士)

本课在课前导入上，利用学生日常所熟悉的滑梯引入，激发学生对本课知识的兴趣和调动学生的活动积极性，为学生突破难点做铺垫。

为了让学生充分了解折线统计图的特点，宋老师设计的教学环节考虑到条形统计图和折线统计图的异同，让学生在多次课堂练习中认识折线统计图和其他统计图的区别，对相似概念有了更深层次的理解。同时让学生学会观察数据，能够根据情况选择使用条形统计图或折线统计图。

折线统计图的最大特点是线段的倾斜程度表示数据变化的趋势，宋老师一方面利用贴合学生生活实际的案例——学校社团人数变化，另一方面用形象直观的手势来向学生阐释本节课的重点所在。

宋老师还注意到统计分析的两个作用，一是对已发生的事情进行数据收集整理，二是根据数据进行分析推测。因此通过小红两日的体温案例分析，创造生活情境，让学生在观察数据后进行判断与预测，使学生初步了解折线统计图的推测功能。

此外，宋老师在设计课堂练习时特别考虑到学生做题的“陷阱”。由于很多学生依赖惯性思维，认为学什么就答什么，据此宋老师设计了巧妙的题目，让学生摆脱惯性思维，能从题目本身的需求出发，形成正确的判断，对所呈现的不同统计数据选择不同类型的统计图。

《小数的初步认识》研究案例与分析

教师简介:

黄萍,女,1970年8月出生,本科学历,小学高级教师,从教25年,一直担任数学教学工作。她教学严谨,经验丰富,基本功扎实,多次在区教研活动中担任期末复习计划的主讲,所撰写的多篇论文在东城区教学设计评比中获奖。

教学基本信息:

教材:义务教育教科书	出版社:人民教育出版社
年级:三年级	学科:数学
课题:小数的初步认识	课时:第一学时

一、教学设计

(一)背景分析

从数的发展历程来看,数的产生是先自然数(整数),然后分数,最后小数。教材的编排遵循这样的顺序,符合“数”的发展进程。研究表明,和分数的学习一样,小学生对小数概念的理解要比对小数计算的掌握困难得多,因此教材将小数认识分两次进行。第一次安排在本册,以学生熟悉的日常事物和活动为场景,通过人民币、米制系统、数尺、数轴这样的直观模型来帮助学生初步认识小数。第二次安排在四年级下册,在初步认识的基础上扩展,从“量”抽象成“数”进行认识,最终使学生完善对小数的认识,理解并掌握小数的概念,称为“小数的意义”。

本节课内容是在学生认识了整数十进位值制和初步认识分数的基础上教学,主要是让学生借助具体的量(米,分米,厘米;元,角,分)和几何直观图,直观感受小数与十进分数之间的关系,初步认识小数。由于学生知识基础参差不齐,有的学生没有关注过生活中的小数,而有的学生对小数有所了解,认识小数,却不了解其具体含义。在教学时,应注重对具体情境中小数含义的理解。

教学中,我采用探究式学习方式,通过米尺操作,逐步认识一位小数,并且理解一位小数的含义,激发学生的学习兴趣。

(二)教学目标

1. 结合具体情境和几何直观图,使学生了解小数的含义。

2. 通过“米尺”直观图,了解0.1米和1分米,1/10米之间的关系,同时体验

0.4 米,0.6 米等的确切长度。

3. 感受小数与实际生活的密切联系。

(三)教学重点

理解具体情境中小数的含义。

(四)教学难点

认识米尺中,1 分米,0.1 米和 1/10 米的关系。

(五)教具准备

米尺(教师用,学生用)、PPT

(六)教学过程

☞问题框架

生活中的小数与小数的读法
- 谁能用小数表示他所抓的钱数?
- 你在哪儿见过小数?
- 你知道标签上写怕小数是什么意思吗?

米尺中的小数和含义
- 这根彩带的长度是 0.7 米,谁能在米尺上找一找哪儿是 0.7 米?
- 谁说说为什么这儿就是 0.7 米?你是怎么想的?
- 0.1 米的长度,还可以怎样表示?

人民币中的小数和含义
- 刚才我们认识了用“米”作单位的小数,如果用“元”作单位呢,你能试试吗?
- 1 元是 10 角,1 角是(　　)元,还可以写成(　　)元。

☞教学流程示意

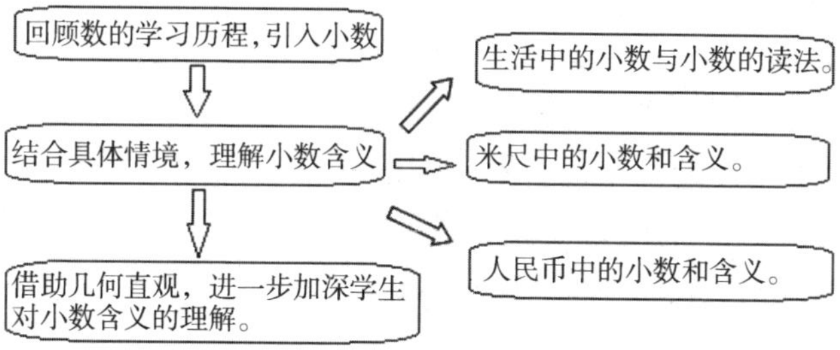

☞教学流程及设计意图

1. 回顾数的学习历程,引入小数

师:同学们,我们在数学课上,有一个非常重要的任务就是认识数,从你们一入学,就认识了像 1、2、5、9、15、100 等这样的整数,后来我们又认识了像 1/2,1/3,2/5 这样的分数,你们在生活中还能常见到哪种数?(小数)

今天我们就一起来认识小数。(板书:小数的认识)

(设计意图:从“数”的发展历程来看,数的产生是先自然数(整数),然后分数,最后小数。教材在编写时呈现这样的顺序,符合“数”发展的进程。我带领学生回顾入学以来从整数到分数的学习历程,引出今天要学习的小数,符合学生的认知顺序。)

2. 结合具体情境,理解小数含义

(1)生活中的小数与小数的读法。

①游戏——抓硬币,理解各个数字的意义。

师:我们来做一个游戏,请一名同学到前面来抓出硬币,看谁能用小数表示所抓的钱数。

预设1:学生随机抓出1个1元的,2个1角的。

师:谁能用小数表示出他所抓的钱数?生:1.2元。

师:1表示什么?2表示什么?生:1表示1元,2表示2角。

预设2:学生随机抓出4个1角的。

师:谁能用小数表示他所抓的钱数?生:0.4元。

师:0表示什么?4表示什么?中间这个点叫什么?在以“元”为单位的时候,小数点左边表示的都是多少,小数点右边表示的都是多少?

(设计意图:使用人民币是学生生活中常见的事情,也是最熟悉的。我用抓硬币这种动态呈现数据的情景引入,既激发学生上课的兴趣,又可以用元、角、分的知识作为学习小数的形象支撑引出小数。)

②具体情境中的小数,每位数字的含义。

师:你在哪儿见过小数?

生:我在超市里看见很多商品的标价是小数。(预设:标签3.2元)

师:你知道标签上写的小数是什么意思吗?

师:你还在哪儿见过小数?

生:我的身高用到小数,测量体温,桥洞的高度……

师:你的身高是多少?

生:1米4。

师:你知道1米4用小数怎样表示,1和4分别表示什么?

师:看来,同学们平时就很注意观察生活,发现了生活中有很多的小数,除此之外,还有一些,我们一起来读一读。

一瓶饮料有1.25升。

小林同学的体温是37.8摄氏度。

一场音乐会的时间是2.5小时。

一间会议室的面积是10.6平方米。

一棵树的高度是18.18米。

师:指着18.18问,小数点左边怎么读?小数点右边怎么读?左边与右边读法一样吗?

师:像1.2,0.4,1.4,1.25,37.8,2.5,10.6,18.18……这样的数叫做小数。

(设计意图:通过让学生找生活中见过的小数,引出学生非常熟悉的“人民币”和“米制系统”两个具体的常见的量,结合具体情境,使学生初步了解小数中每一个数字的具体含义,感悟小数点右边的数字的现实意义。)

(2)米尺中的小数和含义。

①一位小数的含义。

师:出示一根彩带,这根彩带的长度是0.7米,谁能在米尺上找一找哪儿是0.7米?

生:指出0.7米的位置。

师:谁说说为什么这儿就是0.7米?你是怎么想的?

小数点右边第一位表示多少分米?

那4分米的地方用小数表示应该是多少?3分米呢?1分米呢?

师:0.1米的长度,还可以怎样表示?

生:还可以用1分米,10厘米,1/10米。

师:为什么还可以表示成1/10米呢?

生:因为是把1米平均分成10份,每份是1分米,1分米用分数表示就是1/10米。

师:根据我们的生活经验,知道了1分米就是0.1米,学完了分数,我们还知道了1分米也是1/10米,那么1/10米和0.1米之间有什么关系?

得出结论:1分米=1/10米=0.1米。

说出:3分米用分数表示是(　　),用小数表示是(　　)。

4分米用分数表示是(　　),用小数表示是(　　)。

(设计意图:由于“角”与“元”在外形上不容易看到“十进”关系,所以,在进一步学习小数的含义时,我采用了“米尺”模型。“米”与“分米”的十进关系是学生非常熟悉的,并且米尺上这些单位的实际长度,能够直观促进学生对一位小数实际大小的认识。)

②动手操作，感知一位小数的长度。

操作：A. 在“米尺”中找到1分米，并且用“米”作单位写出它的长度。

B. 找到0.2米，还可以怎样表示这个长度？

C. 找到6/10米，还可以怎样表示这个长度？

操作后学生汇报：这是1分米，又是1/10米，还是0.1米。

这是0.2米，又是2/10米，还是2分米。

这是6/10米，又是0.6米，还是6分米。

（设计意图：这是上一个环节的延伸，让每一位学生都在真实的“米尺”上进行操作，边用小数表示边体验实际长度，能够进一步促进学生对于具体长度的感知。）

(3)人民币中的小数和含义。

刚才我们认识了用“米”作单位的小数，如果用“元”作单位呢，你能试试吗？

1元是10角。

1角是(　　)元，还可以写成(　　)元。

5角是(　　)元，还可以写成(　　)元。

8角是(　　)元，还可以写成(　　)元。

3元4角写成小数是(　　)元。

（设计意图：在借助“米尺”理解一位小数的现实意义后，再次回到人民币，发现在“人民币”中也有一位小数与十进分数之间的关系。）

3. 借助几何直观，进一步加深学生对小数含义的理解

(1)巩固课上所学新知，进一步体会分数与小数之间的关系。

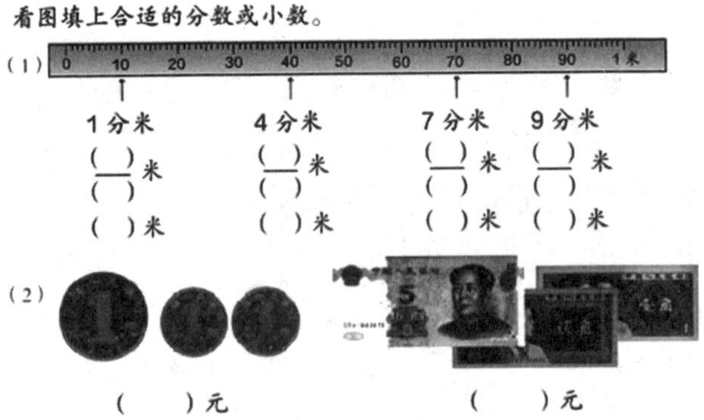

(2)这个图中没有单位了,怎样用分数和小数表示涂色部分?

把下面各图中涂色的部分用分数和小数表示出来。

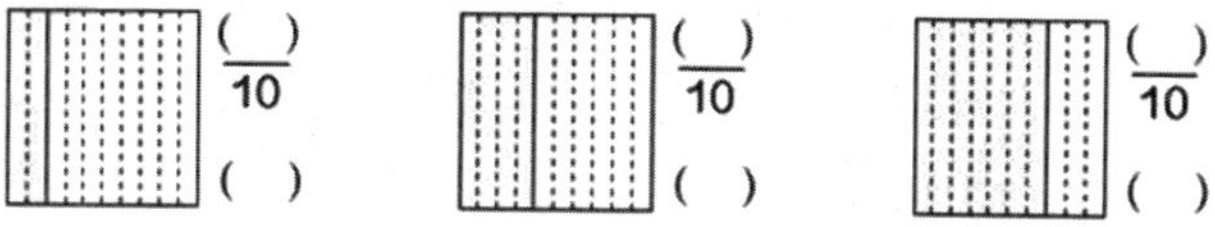

(3)在数轴中写出小数。

在□里填上小数。

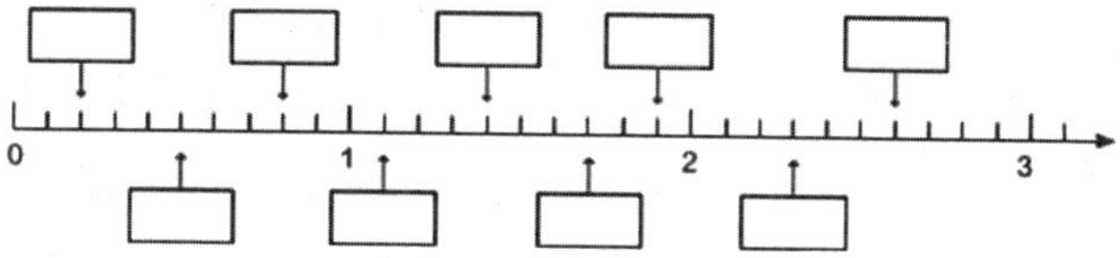

(七)学习评价

	5 分	3 分	1 分
上课表现	听讲非常专注,能根据老师的讲解进行思考,并积极参与到课堂学习中。	多数时间能专注听讲,老师提出的问题会回答,但总是想听听别人怎么说。	课上精神不集中,从不回答问题。
主动学习	对于老师所讲授的新知识,能够找到新旧知识点,很快掌握。	在老师的启发下,明白所学知识,通过练习逐渐掌握。	不知如何思考,不知道今天学的和以前知识有什么关系。
善于总结	能有条理的总结,并能说服其他不同的结论。	可以认同别人总结的方法,但是自己不会总结。	总结是别人的事情,只享受结论。

(八)板书设计

小数的初步认识

1 元 2 角就是1.2 元

4 角就是0.4元

3.2 元就是3 元 2 角

1.4 米就是1 米 4 分米

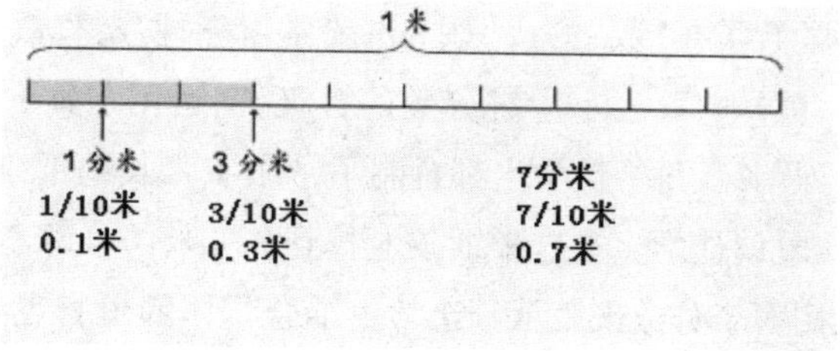

二、教学反思

《课程标准》指出:“要重视学生已有的经验,使学生体验从实际背景中抽象出数学问题,构建数学模型,寻求结果、解决问题。”本课是学生第一次认识小数,由于学生已经具备整数和初步认识分数的基础,所以在教学中,我引导学生借助具体的量(米,分米,厘米;元,角,分)和几何直观图,直观感受小数与十进分数之间的关系,初步认识小数。这节课的设计有以下四个亮点:

1. 游戏引入,激发兴趣

上好玩的数学课是每一个孩子都渴望的,我开课以抓硬币的游戏引入,让孩子感到新奇,但这一活动并不是只为了好玩而设计的,而是希望通过游戏,让学生感受我们的数学课与生活紧密相连,而且随机生成的动态数据也大大激发了孩子的好奇心,同时这些动态数据又可以自然的引出小数,开始这节课的学习。

2. 激活经验,似曾相识

学生数学知识的学习都应该建立在原有知识经验基础上进行。在没有学习小数之前,学生见到过超市的商品标价,铅盒上标明铅芯的粗细,桥洞的高度,距某地的距离都是用小数表示的。课堂上他们可以列举大量的生活实例,这就意味着学生们其实是认识小数的,所以我没有把小数作为一个抽象的“数”来教学,而是以具体的“量”来认识它。整个教学过程都是感性的、直观的。

3. 对接生活,巧用教材

学生的生活经验,一般有两个途径:一个是记录花钱的数量,第二条途径是使用米制系统的经验。我在教学设计时,就让学生找到生活中的小数,由于学生都有花钱的生活经验,所以用元、角、分的知识作为学习小数的形象支撑引出小数,使学生感到小数就在身边。而要学习小数的含义,就要依靠米制系统来完成,因为人民币的十进关系不是那么直观。通过一条1米长的纸条,不但可以认识到1/10米与0.1米之间的关系,同时也能真切体验0.1米,0.4米,0.7米的具体长度。

4. 沟通分小,建立联系

小学数学在“数”的认识中,主要学习三种数:整数、分数、小数。小数具有双重身份,就是它既表示十进分数的含义,又运用了整数十进位值制的表现形式。我在上课前,让每一位学生都自制了一根1米长的纸条,在学习了一位小数的含义后,接着就让学生在这张纸条上找到0.1米,0.4米等长度,同时写出这个长度还可以用哪个分数来表示。让学生结合具体的量直观感受一位小数与分母是十的分数之间的关系。

三、专家点评

袁丽(博士)

1. 通过游戏引入,让学生上好玩的数学课

小学的数学课,不应该是枯燥的学习数学知识,而是应该让孩子觉得好玩。本节课教师以抓硬币的游戏引入,既让学生觉得新奇,又与本节课要学习的知识紧密相连,起到了很好的教学效果。

2. 发掘孩子已有的生活经验和知识基础来学习新知

教师一开课,就帮助学生梳理了以前所认识的分数、整数,自然的引出今天要学习的小数。并且让学生回忆生活中见过的小数,比如,超市中的标签、笔芯的粗细等,使学生以一种积极的学习心态感受到小数并不陌生,它就在我们的生活中,这样有利于学生对本节课知识的学习。

3. 借助真实的米尺,在感受小数的意义的同时,认识具体的长度

学生第一次认识0.1米,0.2米,0.6米等用小数来表示的长度,而这些长度到底有多长呢,教师用纸条制作了米尺学具,使学生在米尺上标注0.1米,0.2米,0.6米的同时,也在具体感知这几个长度,使学生对长度形成表象,促进对小数意义的理解。

本节课导入采用抓硬币的游戏教学方式,一方面激发了学生的听课兴趣和课堂参与积极性,另一方面用学生日常常见的元、角、分的概念作为学习小数的知识铺垫。

为了让学生更好掌握小数的十进制关系,黄老师采用了“米尺”模型。米尺上的单位长度能够直观促进学生对一位小数实际大小的认识。黄老师设计了一些动手操作练习,以真实的米尺,让学生体验小数在具体长度上的感受。紧接着又用人民币、几何图形题多次进行十进制分数的巩固练习,使学生牢固掌握小数概念。

本课的亮点在于探究式学习,让学生在已有生活经验和知识的基础上,采用形象直观且贴近日常生活的教具——人民币与米尺,在游戏教学的引入下进行小数概念的练习,达到了趣味性与智慧性相结合的课堂教学效果。

《数学广角》——《烙饼问题》研究案例与分析

教师简介：

王建利，男，1978年8月出生，本科学历，小学高级教师，学校骨干教师。从教以来，一直担任班主任和语文、数学教学工作。2013年8月来到板厂小学后，任教数学工作，经过多年的教育实践，自身不断的努力，使他在教育教学工作得到很大的提升，并从中深深地体会到：教师不仅是课堂上教师身份的体现，更是课堂上学生的良师益友。教师不仅能传授知识，更重要的培养更高涵养的人。该教师经常接受数学上课任务，教学水平有很大提升，论文多次在全国、市、区级比赛中获奖。

教学基本信息：

教材：义务教育教科书	出版社：人民教育出版社
年级：四年级	学科：数学
课题：烙饼问题	课时：第一学时

一、教学设计

（一）背景分析

《烙饼问题》是人教版教材第七册《数学广角》中的内容，主要通过讨论烙饼时如何合理安排操作最节省时间，让学生体会在解决问题中优化思想的利用。这部分知识对学生来说，比较抽象，难以理解。但由于学生在日常生活中都有过看烙饼如何烙的经历，所以，在这节课的教学中，我想就用这个学生熟悉的情境为切入口，通过演绎、例举、观察、合作讨论、优化，形象地帮助学生理解“三张饼如何烙才能满足顾客要求”，以及归纳出按怎样的顺序安排才会使所用时间的总和最少。因为四年级的学生已经有了一定的解决问题的能力和基础，可以说，在日常的学习生活中，学生能很容易找到解决问题的方法，而且还会找到解决问题的不同策略，但这里的关键是让学生理解优化的思想，形成从多种方案中寻找最优方案的意识，提高学生解决问题的能力。

（二）教学目标

1. 通过对生活中简单事例的分析研究，初步体会运筹思想在解决实际问题的应用，初步认识到解决问题策略的多样性，培养寻找解决问题的最优方案的意识。

2. 能积极地参与数学学习活动，体会到学习数学的乐趣。

3. 通过学生与他人合作,培养学生与人协作的意识。

(三)教学重点

三张饼的最佳策略。

(四)教学难点

寻找解决问题最优方案,提高学生解决问题的能力。

(五)教具准备

投影、圆片

(六)教学过程

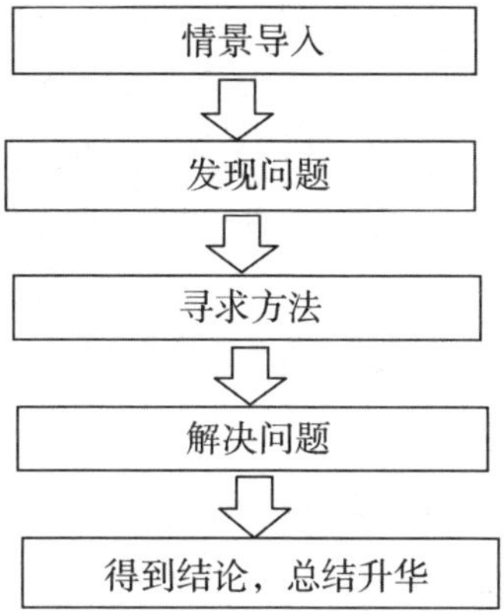

☞教学流程及设计意图

1. 预设情景,走进生活

师:同学们,吃过鸡蛋吗?煮熟一个鸡蛋大约用5分钟,煮熟5个鸡蛋大约用多长时间?(25分钟)

师:你是怎么煮的?请你说一说。(煮1个需要5分钟,煮5个需要25分钟。)

师:你是一个一个煮的,这是一种方法。还有没有跟他不同的煮法?

生:只需要5分钟。

师:请你说说怎样煮只需要5分钟?

生:煮1个需要5分钟,5个一起煮也只需要5分钟。

师:这样煮行吗?(征求全班同学的意见——生齐:行!)

师:当能5个一起煮时,只需要5分钟,这是一种好方法,不但节省了时间,还节省了能源。看来连煮鸡蛋这件小事都要讲究"策略"。(板书:策略)

师:孩子们,人们在日常生活和实际工作中,为了节省时间和能源,经常要用到最优策略。今天这节课我们要研究的是烙饼的策略。

（板书课题——烙饼策略）

（设计意图：利用学生熟悉的生活情景引入课题，既引起了学生的兴趣，又紧扣主题，教学情境简洁有效。）

2. 开门见山

（1）出示问题，理解题意

火车站附近的烙饼店来了3位顾客，每人想买一个饼，急着赶火车，限定时间不能超过10分钟。烙熟一个饼的两面各需要3分钟，店里唯一的烙饼锅一次只能放两个饼。同学们，你们说，这三个顾客能吃上烙饼吗？

①生猜想。

②师：到底能不能呢？首先我们要理解题意，请问：了解了哪些信息？

"两面各需要3分钟"什么意思？请用手势示意说明。

所以烙一个饼要几分钟？

"一次只能放两个饼"什么意思？请用手势示意说明。

所以烙两个饼要几分钟？

③如果烙熟1张饼，最少需要几分钟？（6分钟）谁来烙一烙？

为什么是6分钟？（正面3分钟，反面3分钟）

④如果要烙两张饼的话，最少要几分钟？（6分钟）谁来烙一烙。

$2\times3=6$（分）中"2""3"各指什么？

师：1张饼最少要6分钟，烙2张饼应该12分钟才对，这怎么回事儿？

（因为一个锅可以同时烙两张饼）

（设计意图：充分了解题意，对所求问题进一步理解，初步了解同时烙、正反的意思，目的为了解决问题做准备。）

（2）探究"轮流烙"

①师：如果烙3张饼，怎样烙最省时呢？

②独立思考，小组合作烙一烙。

A. 请同学们静静的想一想，你打算怎么烙，用了几分钟，它是最少时间吗？

B. 有了想法后，先独自用老师发给你的材料动手烙一烙，然后用自己的语言把烙的过程轻轻的说过同桌听。

师：想一想，我怎么向同学汇报，能让大家听的明白一些。

C. 反馈交流：指名学生回答。

生1：2张+1张，6分+6分=12分。

生 2:口述板演:③②→3 分钟→②拿掉;

③①→3 分钟→③好了;

①→3 分钟→①②也好了。

生 3:动手展示。

师:谁听明白了? 指名生 3 再一次板演。师指导口述过程。

D. 同桌合作,动手用学具烙一烙。

请每位同学用刚才这位同学的方法,烙一烙,算一算,验证一下这样烙是不是 9 分钟?

(设计意图:通过孩子们自己动手找材料等的过程,体会到烙 3 张饼的时间如何达到最省,主要是没有浪费,动手是孩子们喜欢做的,体现出融洽的氛围。)

E. 师:请同学比较这两种不同的烙法,为什么烙法 2 就来得省时间呢?

请每个同学静静地想一想,把两种方法对比一下,为什么?(独立思考)

汇报。根据生的汇报师小结:

烙法 1 第二次的时候只放 1 张饼,太浪费了。烙法 2 每次都是两张饼在同时烙,不浪费。看来我们烙饼的时候尽可能使锅里有两张饼在那里一起烙。这样就不会浪费时间,最省时间。也就是说我们在平时解决问题时,不同的问题要用不同的方法来解决,它的效果是不一样的。

(教师板书:省时)

(设计意图:有比较才会有结论,孩子们学习效果才更好,得到省时间的道理。)

(3)探究“分组烙”

①那 4 张饼怎么烙? ($4 \times 3 = 12$(分)中的“4”指什么?)有可能出现孩子用烙三张饼的方法。(教师板书:合理!)

②介绍“分组烙”法。(怎样烙既省时又省力)

③6 张,8 张,10 张……怎么烙? 最少需要多少时间?

④反馈:你发现了什么?

(设计意图:有的孩子掌握了烙三张饼的方法,用到四张饼上,虽然时间是省出来了,但非常费时,要得出不仅要省时,还要省力。)

(4)探究“分组烙 + 轮流烙”

①假如烙 5 张饼,怎样烙最省时间? 谁来介绍一下方法?

②介绍“分组烙 + 轮流烙”法。

③现在你会解决了吗?

火车站附近的烙饼店来了三位顾客，每人想买一个饼，急着赶火车，限定时间不能超过10分钟。烙熟一个饼的两面各需要3分钟，店里唯一的烙饼锅一次只能放两个饼。同学们，你们说，这三个顾客能吃上烙饼吗？

④烙7张呢？9张呢？11张呢？怎样烙最省时间？

A. 同桌合作烙一烙，并完成把结果写在练习纸上。

B. 反馈：你发现了什么？（你怎么这么快就想出来了，有什么好方法吗？）

也就是保证每次锅里都有两张饼，这样才能不浪费时间和能源，所用时间也最少。

（设计意图：通过课上的学习，孩子们总结出烙饼问题策略的最佳方案，通过观察、比较列表的方法，得到了烙饼问题的结论。）

3. 巩固练习

烙熟一个饼的两面各需要3分钟，烙10张饼最少需要多少时间？

4. 课堂总结

师：学了今天这节课，你想说什么？

5. 拓展延伸

复印5张文字资料，正、反面都要复印。如果一次最多放两张，那么你认为最少要复印多少次？你是怎么安排的？

板书：烙饼问题——统筹（合理、省时）

（七）学习评价

烙熟一个饼的两面各需要2分钟，店里唯一的烙饼锅一次只能放两个饼，要吃到3张饼最少多少时间？5张饼最少时间？

（八）板书设计

烙饼问题

省时合理

二、教学反思

为了更好地达成教学目标，我主要运用了讨论、合作学习、动手操作等方式组织教学，这样可以充分发挥学生的主动性，让学生在自己动手的过程中体会数学优化思想的具体应用。

1. 创设情境，探究新知

我直接从学生的需求入手，让学生自己选择课件，激发求知欲。对数学大师华罗庚的解读更是激起了学生的强烈兴趣,为本课的后续学习做了良好铺垫。

2. 挖掘资源,积累经验

我在学生小组合作的时候,没有直接给学生提供学习用具,而是让学生自己挖掘身边的可利用资源,有需要的学生,才到老师这里找学习用具。我认为,教师在课堂上提供学习资源的初衷是希望学生通过动手操作的方式更好地学习,如若教师参与过多、提供资源过多,会降低学生发掘身边资源的主动性,不利于学生思维能力的发展。

3. 自主探究,小组合作

探索"如何尽快的烙三张饼"是本课的关键也是难点,而突破这个难点的关键是让学生在动手操作中感知。因此,我让学生通过动手摆圆片、画图、观察、比较、讨论、交流,发现了"保证每次锅里都同时烙 2 张饼,所用时间最短"的最省时方案。并通过学生的不同展示,由于亲历了实验探究过程,学生深刻体会到了数学优化思想的具体运用,感受到了严谨求实的科学精神,提升了数学思维。

4. 巩固应用,拓展升华

在本课教学中,我通过饼数递加的方式,推动学习过程走向深入,把静态的知识转化成了动态的过程,让学生在思考、讨论中逐步构建并完善自己的知识体系。如引导学生将 3 张饼的烙法应用在 4 张饼上,并通过交流讨论总结出最合理的方案。最后再让学生通过观察表格、讨论交流,发现烙单数饼和双数饼的最佳方法,总结出"烙饼的最少时间 = 烙的饼数 × 每面所需时间"的规律。所有的问题都在学生的自主思考、合作探究、操作实验和交流比较中解决,始终让学生处于主体地位。

最后,本课的点睛之笔在于课末的生活化应用。通过变式题的应用,让学生将所学知识灵活运用,从而把新问题转化成旧知识,在脑海中牢固地构建起烙饼策略的数学模型。使学生明白在生活中遇到问题只要善于动脑,统筹合理安排生活中的事,不仅能省时,还可以品尝到劳动的快乐。

三、专家点评

袁丽(博士)

时间统筹问题对于小学四年级学生来说,是一个比较抽象的数学问题,王老师在导入时利用学生熟悉的煮鸡蛋情境为切口,既引起了学生的兴趣,又紧扣了寻找最优解决策略的教学主题。

探索“如何尽快的烙三张饼”是本课的关键点和难点，王老师在教学中主要运用了自主探究、合作学习和动手操作的教学方式，充分发挥学生主动性，让学生在动手和小组讨论中亲自体验到最优解决策略的数学原理。发现问题（如何尽快烙三张饼）——寻找方法（“轮流烙”和“分组烙”）——解决问题（最省时的方式）——得出结论（“保证每次锅里都同时烙 2 张饼，所用时间最短”）这样的探究学习模式非常适用于强调问题解决能力的数学课堂，有效提升了学生的数学思维能力。

在教学中，王老师在通过在三个饼的优化方案的基础上，提出烙更多饼的变式题，让学生将所学知识灵活应用。最后再让学生通过观察表格、讨论交流发现烙单数饼和双数饼的最佳方法，“烙饼的最少时间 = 烙的饼数 × 每面需的时间”的规律。这些题目的设计旨在巩固学生对优化策略的掌握，并建立起烙饼策略的数学模型，提高学生解决问题能力和统筹优化能力。

《数与形练习》研究案例与分析

教师简介：

赵淑繁，女，1971 年 8 月 20 日出生，大本，小学高级职称，区级骨干教师。长年担任高年级数学教学工作，有一定的教育教学经验，关心爱护学生的成长，所教学生思维灵活，成绩优异，大部分学生考入理想中学，受到家长的一致好评。拥有一定的科研能力，在校级科研课题中发挥着骨干的作用，同时还积极参加区级课题的研究，并且带领数学教师开展独立的课题研究，获区级一等奖。作为十多年的骨干教师，多篇文章、教学设计获市区级一、二等奖，时刻发挥着骨干教师的作用，在学校的教育教学活动中，指导青年教师不断进步，带领周围的教师开展教学研究，得到学校、老师们的好评。

教学基本信息：

教材：义务教育课程标准试验教科书	出版社：人民教育出版社
年级：六年级	学科：数学
课题：数与形练习	课时：第一学时

一、教学设计

(一)背景分析

1. 本班学生在学习了用字母表示数以后,有了一定的抽象表达能力,部分学生思考问题具有一定的深度和广度。

2. 学生四年级学习了长正方形的特征以及面积和周长的计算方法,六年级上册学习了数与形,学生有一定的知识基础,同时作为高年级的学生,拼摆图形的动手实践能力还是比较强的。

3. 部分学生有较好的思维品质,能够在理解、掌握基本的数学知识与技能的同时,还能从不同的角度思考问题,不断提升数学思想和方法,获得广泛的数学活动经验。

4. 但是从日常的教学中,也初步感受到学生数形结合的意识还较差,数学中的极限思想还很淡泊,本节课力争让学生体会数形结合的思想和极限思想,从而感受数学知识内在的美。

(二)教学目标

1. 经历对几种图形的拼摆过程,按一定的顺序有条理地进行思考问题,探索排列的规律。

2. 通过观察、操作、验证、归纳,体会解决问题策略的多样性,发展符号感。

3. 经历解决问题的过程,进一步体会数字与图形之间的密切联系,发展数形结合和极限的数学思想,增强应用数学的意识。

(三)教学重点

按一定的顺序有条理地进行思考,探索排列的规律。

(四)教学难点

解决问题策略的多样性,发展符号感。

(五)教具准备

两张同样大的长方形纸、PPT

(六)教学过程

☞教学流程示意

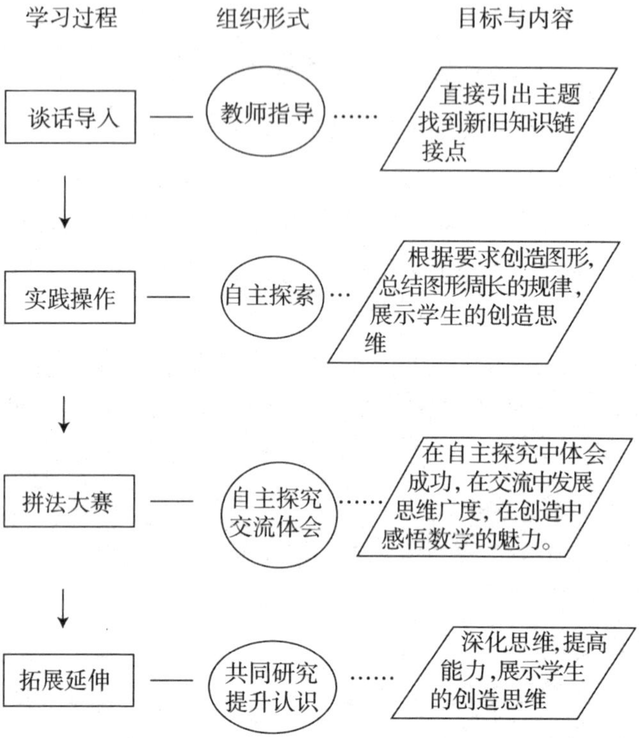

☞教学流程及设计意图

1. 谈话引入

(1)老师手里拿的是两个完全一样的长方形,你怎么验证它们是完全一样的?(学生操作展示)

(2)长方形我们并不陌生,四年级的时候,我们就已经认识这个图形,并且会计算它的周长和面积,到了五年级我们进一步学习了用字母表示它的周长和面积公式,谁还记得怎样表示?

(设计意图:开课伊始,就带领学生从数学的角度思考问题,之后一句简短的话,直接引引入本节的重点,节约时间,培养了学生的操作能力同时,直接突出了课的内容。)

2. 编题游戏

用两个完全一样的长方形你能拼出什么图形?

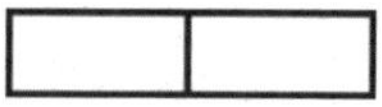

（1）第一种拼法

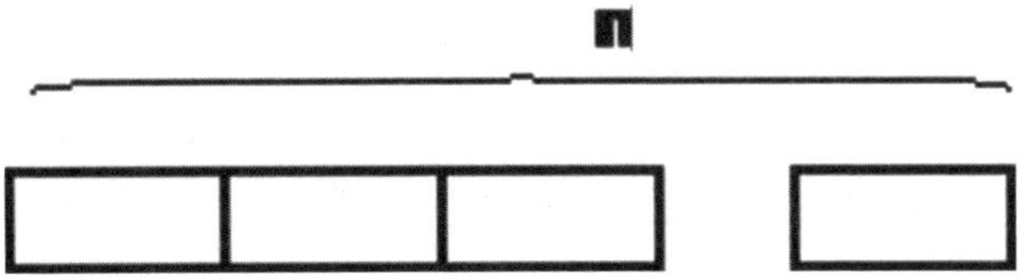

①如果长方形的长用字母 a 表示，宽用 b 表示，拼成的图形周长如何表示？$c=2(2a+b)$或$c=4a+2b$

②如果有三个同样的长方形，按照这种方法排列，你能很快的说出新图形的周长该如何表示吗？$c=2(3a+b)$

③如果有四个同样的长方形，按照这种方法排列，你能很快的说出新图形的周长该如何表示吗？$c=2(4a+b)$

④如果有 n 个同样的长方形，按照这种方法排列，你能很快的说出新图形的周长该如何表示吗？$c=2(an+b)$

（2）第二种拼法

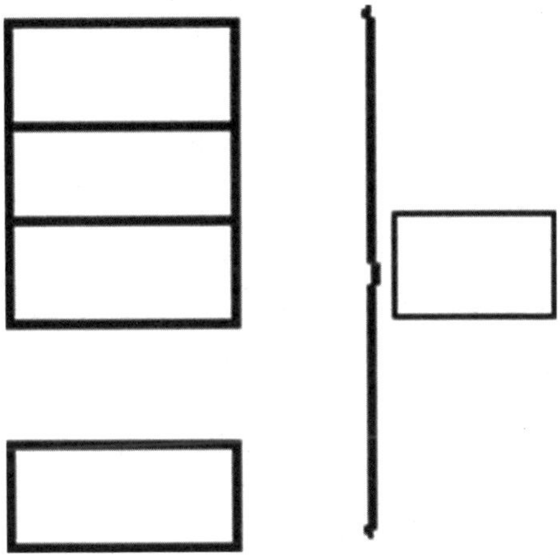

①如果长方形的长用字母 a 表示，宽用 b 表示，拼成的图形周长如何表示？$c=2(a+2b)$或$c=2a+4b$

②如果有三个同样的长方形，按照这种方法排列，你能很快的说出新图形的周长该如何表示吗？$c=2(a+3b)$

③如果有四个同样的长方形，按照这种方法排列，你能很快的说出新图形的周长该如何表示吗？$c=2(a+4b)$

④如果有 n 个同样的长方形，按照这种方法排列，你能很快的说出新图形的

周长该如何表示吗？$c=2(a+bn)$

(3)第一种拼法，新图形的周长与原来两个长方形的周长比较，多了还是少了？(少了)

①少的部分的长度如何表示？2b

②如果有三个同样的长方形，按照这种方法排列，少的部分的长度如何表示？4b

③如果有四个同样的长方形，按照这种方法排列，少的部分的长度如何表示？6b

④如果有n个同样的长方形，按照这种方法排列，少的部分长度如何表示？$2(n-1)b$

(4)第二种拼法，新图形的周长，与原来两个长方形周长比较，多了还是少了？(少了)

①少的部分的长度如何表示？2a

②如果有三个同样的长方形，按照这种方法排列，少的部分的长度如何表示？4a

③如果有四个同样的长方形，按照这种方法排列，少的部分的长度如何表示？6a

④如果有n个同样的长方形，按照这种方法排列，少的部分长的度如何表示？$2(n-1)a$

(设计意图：动手操作是学生体验数学不可缺少的实践活动。学生借助于动手操作，通过观察、比较来找出图形的规律，可以初步感知字母与图形之间之间内在的联系。此环节操作步骤清楚，面向全体学生，有利于学生学会有序思考的数学方法，初步探索排列的规律。)

3. 拼法大赛

用两个完全一样的长方形你还能拼出什么图形？

其中一种：

(1)此时,这幅图形的周长该如何表示呢?

(幻灯片帮助学生理解周长是:c =4a。)

(2)用两个完全一样的长方形你还能拼出多少个周长是4a的用图形?

(展现学生的不同思路,最终拓展为无数个。)

(设计意图:平移是探索规律现象中的主要方法,因此在探索不规则图形的周长中,让学生初步体验和感悟了平移的现象,既能丰富学生对规律的感知,又为发现并概括规律积累了必不可少的素材。在交流的同时,提升了学生的认识,再次拓展了学生的极限思想,是学生思维的广度提到发展。)

4. 拓展延伸

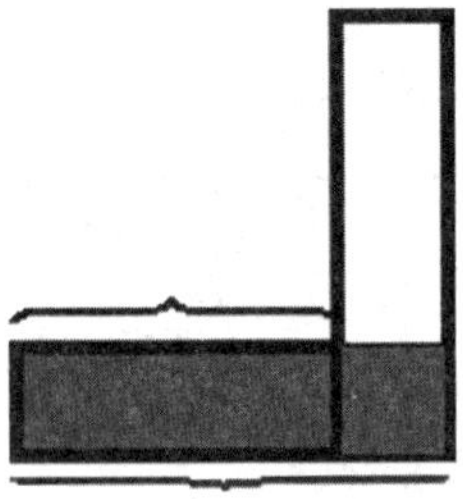

(1)这幅图形的周长还是4a,新图形的面积,与原来两个长方形面积之和还一样吗?又该如何表示?

(不一样,面积减少了,应是:$2ab-b^2$)

(2)此时,如果去掉宽是b这个条件,增加图中的m的条件,你还能用现有的两个条件表示出图形的面积吗?

第一种方法:(课件展示旋转、平移之后的图形)

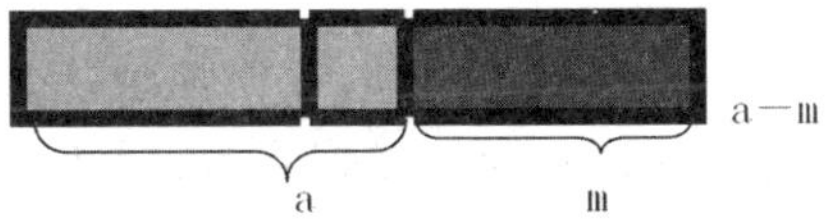

图形的面积是:$(a+m)(a-m)$

第二种方法:(课件展示)

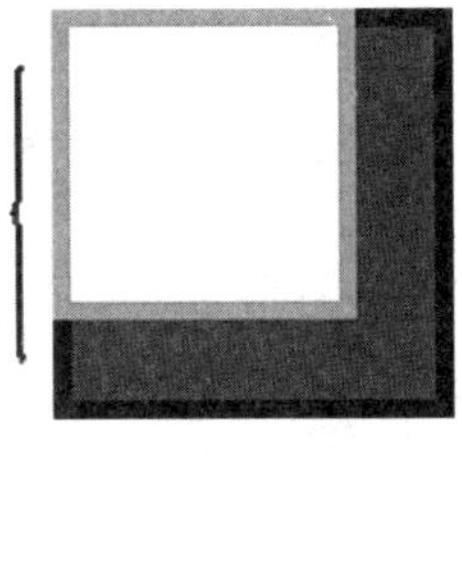

图形的面积是：a^2-b^2

(3)两种方法，展示的是同一幅图形的面积，那么你可以用一个等式连接吗？

$a^2-b^2=(a+m)(a-m)$

同学们，你们的发现非常的伟大，这是你们升入中学还要进一步去验证的理论。这就是我们今天学习的找规律。(出示课题)

(4)下面我们来看一道练习。

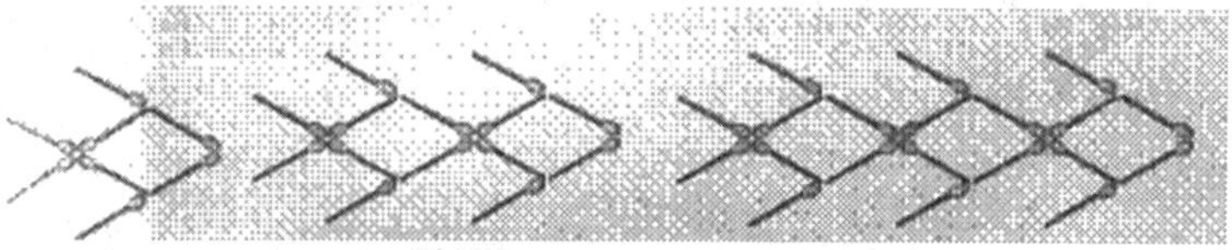

搭1条、2条、3条如图所示的小鱼各用几根火柴棒？

小鱼条数	1	2	3	……	20	……	n
火柴棒根数				……		……	

搭20条这样的小鱼用几根火柴棒？

搭n条这样的小鱼用几根火柴棒？

搭100条这样的小鱼用几根火柴棒？1000条呢？

(设计意图："数"与"形"是数学研究的两大内容，数的问题常蕴含形的因素，形的问题也可以用数来体现。在解决实际问题时，要注意数形结合。只有数形结合，才能把数学问题形象直观地进行展示，使复杂抽象的数量关系变得简单具体，这样有利于学习效率的提高和逻辑思维能力的培养。此环节，充分发挥了多媒体辅助教学的功能，形象的展示了两种不同解法之间的内在联系，使学生顺利的总结出平方差的公式。整个环节，学生亲身经历、体验"数形结合"的全过程，学生看到算式就能联想到图形，看到图形能联想到算式，初步具备了数形结合的数学思想。)

(七)学习评价

1. 你是否能做到用字母表示长、正方形的周长？

(1)完全可以做到　　(2)基本做到　　(3)有些困难

2. 你是否能拼摆出新的图形，并且会用字母表示新图形的周长？

(1)会拼摆图形也会用字母表示周长

(2)会拼摆图形但不会用字母表示周长

(3)不会拼摆图形也不会用字母表示周长

3. 这节课,你又收获了哪些数学方法?(可多选)

(1)平移　　　　　　(2)旋转　　　　　　(3)平移和旋转

4. 通过本课的学习,你学会了哪些数学思想?(可多选)

(1)极限　　　　(2)比较　　　　(3)数形结合　　　　(4)转化

5. 评价量规设计:自己的心情指数

项目	心情指数
我掌握了图形拼摆的技巧	
在操作中我能发现用字母表示图形周长的规律	
我会利用一些数学方法,寻找到用字母表示图形周长的规律	

(八)板书设计

板书:　　　　　　　找规律

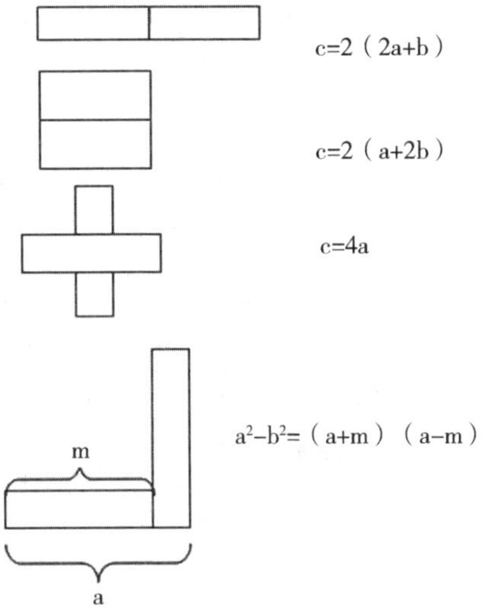

二、教学反思

1. 开放内容，富数学以丰富内涵

这节课，是学生四年级学习了长、正方形之后，五年级又学习了用字母表示数以后，教师精心安排的一节课，不但承接了学生已有的知识，而且还为后面即将学习的平行四边形、三角形和梯形打下一个良好的基础。这节课从内容的本身来说就是一次开放的设计，教师更是抓住了两个完全一样的长方形的不同拼法，引导学生探讨其中的规律，进一步用抽象的字母表示出来。其中一个环节，引导学生拼摆周长一样的图形，学生拼出了很多的形状，有的是"十"字形，有的是"T"字形、"L"形，甚至学生大声说出"我们可以拼出无数个图形"，此时学生思维的广度得到了提升，同时也为学生将来的学习打下了坚实的基础。

2. 关注过程，还数学以本来面貌

用字母表示数本身是数学知识学习中很抽象的一部分，但是，抽象知识的获取过程却是多姿多彩的。如果能再现活动过程，让学生亲身体验如何"做数学"，实现数学的"再创造"，使学生从中感受到数学的力量，促进数学的学习。这样的学习过程才能让学生体会到数学是多么的有趣。因而本节课，变重结论、轻过程为重活动、重过程。教学时我从学生的生活经验和已有的体验出发，将教材中的知识结论变成探究的具体情境，还以本来面貌，让学生自己动手、动脑"做数学"。在拼摆图形的过程中，找到知识之间的内在联系，引导学生的思维向深度发展。

3. 勇于创新、展示学生思维的过程

在解决"L"形图形的面积的时候，我班同学展示出了不同的解题思路，教师通过课件的展示，进一步帮助学生加深了理解。对于学生而言，切割、平移拼凑的数学方法，已经比较新鲜了，而视野更加开阔些的同学又发现大面积减去小面积，也可以得到图形的面积，当同学们还沉浸在不同解法的时候，教师又提升到用等式连接两种表示方法，学生就顺利得到了平方差公式，整个学习过程完全借助了数形结合的思想，在智慧的火花中，学生的思维品质、创新的精神得到了发展。

三、专家点评

胡艳（博士、教授）

数学是基础教育阶段最重要的学科之一。数学学习的价值体现在两个方面：一是帮助人们成为一个理性的人。数学是抽象和演绎的学科。通过对它的学习，帮助人们学会从现象中抽取本质，并用严格的验证。因为数学中任何一条规律的确立只能依靠严格的逻辑推理，而不能靠经验或实验数据，更不能靠人们的直觉或想当然。二是促进其他学科理解认识，促进其他学科的发展。数学是其他学科重要的支撑性学科，正如伽利略所说，“大自然，这部伟大的书，是用数学语言写成的”。自然界中的一切事物，都有“数”与“形”两个侧面。因此，数学所描述的数量关系与空间形式，就自然成为物理学、力学、天文学、化学、生物学的重要基础，数学为这些科学提供了描述规律的语言和探索未知世界的一种工具。可以说，严谨、科学的态度，严密的逻辑思维能力是数学给予的。在基础教育阶段，除了传授初等数学知识之外，培养学生对数学的兴趣，对学生进行严密的逻辑推理训练，培育科学精神是小学阶段数学教育的重要职责。

从赵淑繁老师六年级《数与形练习》的教案中可以看出她致力于学生的数学兴趣和科学精神的培养，致力于学生逻辑推理能力的培养。为此，她做了如下几方面设计：

1. 多方式培养学生的数学兴趣

在小学阶段，对一门学科学习的兴趣来源于两方面：一是学得懂，二是发现学科的价值。为此，赵老师做了如下设计：

一是分析学生学习的基础，并把它作为教师教学的基础。在教案设计中，教师对学生已有相关知识的学习状况、学生的数学思维品质和能力，以及六年级学生学习特点等进行了分析。在课堂教学实施中，教师也有意识的找出新旧知识的链接点，让学生在已有知识基础和能力水平上进行学习，使新知识的学习不至于成为空中楼阁。

二是注重从操作、体验中学习。小学高年级的学生虽然逻辑思维能力正在逐步养成，但思维特点还是以直觉思维为主。通过观察、操作、体验，帮助小学阶段的学生学习抽象的数学知识有很大的帮助，也很容易激发学生的学习兴趣。本课在教案设计中，老师借助于学生自己拼图，帮助学生在操作、体验中掌握图形的变化及其包含的数学知识，对激发学生学习兴趣，掌握相应的学习内容有很大的帮助。

2. 注重培养学生数学思维能力

数学思维能力是任何一个阶段数学教育的目标。在本教案中，老师一方面通过操作和体验让学生自己发现图形变换的奥秘和规律，另一方面，通过字母和公式来把变化的图形用抽象的数学语言表达出来。这个培养学生“有条理进行问题思考，探索排列规律”，探索“多渠道解决问题策略”的过程就是培养学生严谨的数学思维能力的过程。

另外,教师注重学生数学思维水平的提升。在教案设计中,老师一方面通过学生自主探究不同的解题策略开拓学生的思维,与此同时,教师借助于数形结合的思想,把不同的表达方法等同起来的方式,帮助学生获得平方差公式,使其数学思维能力在自己探究和老师引导的基础上得以进一步提升。

总之,赵老师的教案设计既考虑了学生的学习基础、学生新旧知识的链接,更关注在学生自主探究中培养和提升学生的数学思维能力,对培养学生的数学学习兴趣,培养其逻辑推理能力,培育科学精神有帮助。然而,教案中的评价设计还可以改进。关注及时评价对老师及时了解教学质量改进教学有帮助,但评价方式过于呆板,这种不与教学内容结合的评价显得空洞和缺乏实际意义。

《分数的意义》研究案例与分析

教师简介:

李亚琴,小学数学高级教师,大学本科学历。李老师工作勤恳,热爱学生,课堂中以学生为主体,充分发挥学生自主探究精神,培养学生勤于思索的能力。所撰写的论文《勤思乐想,培养学生的探究精神》获北京市一等奖,论文、案例、教学设计多次获市区级奖。作为东城区兼职教研员,多次录制北京市微课及东城区精品常态课。

教学基本信息:

教材:义务教育课程标准实验教科书　　出版社:人民教育出版社

年级:五年级　　学科:数学

课题:分数的意义　　课时:第一学时

一、教学设计

(一)背景分析

本课的教学设计主要以构建主义基本理念为依托,注重学生的认知规律,关注学生的生活经验,让学生在做数学中体验分数的价值,激发学习的兴趣,培养良好的数感。

《数学课程标准》指出:“让学生在观察、操作、猜测、交流、反思等活动中逐步体会数学知识的产生、形成与发展的过程,获得积极的情感体验,感受数学的力量,同时掌握必要的基础知识与基本技能。”为了比较完整的建立起分数的概念,利用孩子们在三年级对分数已有的初步认识为基础，提供平台让学生举例说明分数的含义，让学生在合作、探究中主动获取知识，找到把许多物体组成的一个整体平均分与把一个物体平均分之间的内在联系，抽象概括出分数的意义，并强调了单位“1”的概念，揭示了分数表示部分与整体的关系。教学过程中师生、生生之间的自我评价与相互评价，增强了学生的自信心和责任感，促进师生的共同发展。

学生在三年级上学期的学习中，已借助操作、直观，初步认识了分数，知道了分数各部分的名称，会读、写简单的分数，会比较分子是1的分数及同分母分数的大小，会加减简单的同分母分数。通过本单元的学习，将引导学生在已有的基础上，由感性认识上升到理性认识，概括出分数的意义，让学生经历整个概念的形成过程，帮助他们从中获得感悟，促使其主动参与建构。

（二）教学目标

1. 使学生知道分数的产生和其它数学知识一样是由人类的生产和生活实际中产生的。

2. 使学生在初步认识分数的基础上，理解分数的意义，掌握分子、分母和分数单位的含义。

3. 通过分数的学习，培养学生动手操作、观察、思考、抽象概括的能力。

4. 使学生体会到分数就在我们身边，运用分数可以解决生活中的实际问题，从而增强学生学习数学的兴趣。

（三）教学重点

理解分数的意义。

（四）教学难点

理解分数的意义。

（五）教具准备

课件、正方形、圆形、线段图

（六）教学过程

1. 创设情境，激发兴趣，感知分数的产生

（1）古人用结节计数的方法量一些物体的长度，他们量一些物体长度时遇到过这样的困惑：不够一个结该怎么记呢？你能说说吗？（出示课件）

生：不是整数，可以用分数表示。

（2）对，分数产生的很早，最初古代人用图形、没有分数线的数表示分数。像现在这样完善的分数，是经过很长时间才逐步形成的。

（课件依次出示：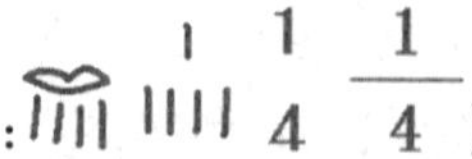）

师：你们知道这几幅图都表示什么吗？

（3）两个同学分东西也遇到过这样的问题。（出示课件）

（4）实际生活中，人们在进行测量、分物和计算时往往不能得到整数的结果，为了适应这种实际的需要，于是人们就发明创造了分数。（板书：分数）分数就是这样产生的。

师：三年级时我们已经对分数有了初步认识，而且分数在人们的生活中用处非常广泛，今天我们进一步学习“分数的意义”。（出示课题）

（设计意图：教师课件出示，通过现实的事例，介绍分数的产生，让学生感受分数是在整数不能满足人们需要的基础上，适应客观需要而产生的。通过欣赏，感知学习分数的重要性。）

2. 探究新知，理解分数的意义

（1）认识单位“1”。

①动手操作。

师：今天为同学们准备了一些操作材料，你能用自己喜欢的方式，利用手中的学具，通过折一折、画一画、分一分等不同的方法来表示这个分数。学生先分小组合作，后汇报展示成果。

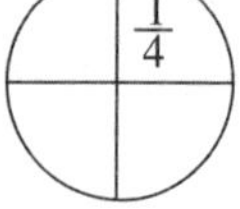

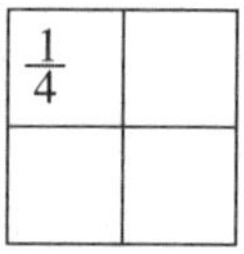

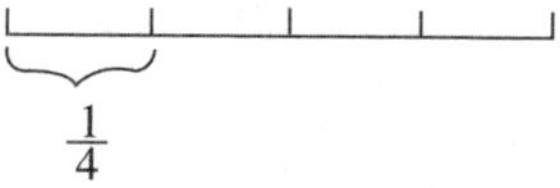

预设：

生1：我把一张正方形纸对折再对折，其中的一份就是这个正方形的$\frac{1}{4}$。

生2：我把一个圆平均分成4份，其中的一份就是它的$\frac{1}{4}$。

生3:我把一条线段平均分成4份,每一份都是它的$\frac{1}{4}$。

师:没有阴影的部分是几分之几呢? $\frac{3}{4}$

你能试着说说它的含义吗?

(设计意图:在三年级分数初步认识的基础上,让学生动手利用手中的小纸片通过折一折、画一画、分一分来自由地表示$\frac{1}{4}$,组织学生自主探究、操作、实践、合作交流,加深学生对$\frac{1}{4}$意义的理解,使学生在动手操作中经历平均分的过程,初步感知分数的含义。)

②老师出示图片。(P61页下方的香蕉图)

老师:一根香蕉能用什么分数表示?为什么?2根呢?四根呢?

预设:把4根香蕉看作一个整体,一根香蕉是这个整体的$\frac{1}{4}$。

预设:把8根香蕉看作一个整体,平均分成4份,每份两根香蕉是这个整体的$\frac{1}{4}$。

预设:把12根香蕉看作一个整体,平均分成4份,每份三根香蕉是这个整体的$\frac{1}{4}$。

③概括总结。

老师:刚才同学们在表示$\frac{1}{4}$的过程中,有什么发现吗?

预设:都是把物体平均分成4份,表示这样的一份。

预设:发现有的是把1个图形平均分,有的是把一把香蕉、8根香蕉平均分。

师:为什么1根、2根、3根香蕉都可以用四分之一表示呢?

师:关键是看平均分的份数和表示的份数,而不是只看个数。

一个图形比较好理解,我们把它称为一个物体,那么4根香蕉,8根香蕉,12根香蕉是由许多单个物体组成的,我们称作一些物体。一个物体,一些物体都可以看作一个整体,一个整体可以用自然数1来表示,通常把它叫做单位“1”。

④举例。

对于这个整体,你还能想出其他的例子吗?

预设:这个整体还可以是一个苹果、一盒粉笔、一个班级的学生人数、全校学生数、全中国人口、全世界人口等。

（设计意图：这一环节，目的是使学生学会思考，敢于质疑。学生进一步感受$\frac{1}{4}$的具体意义，关键是看平均分的份数和表示的份数，而不是只看个数，理解一个整体就是单位“1”，使学生进一步明确：平均分的整体，既可以是一个物体，也可以是一些物体，为概括分数的意义做好准备。）

（2）概括分数意义。

①概括分数的意义。

师：通过上面的学习，同学们对于单位“1”有了一个全新的认识，可以表示一个物体、也可以表示一些物体。整体“1”可以很小，也可以很大……刚才同学们举了很多分数的例子，那么到底什么是分数，你能尝试用文字描述一下吗？

先引导学生交流：把“谁”平均分？它表示的是一个什么样的数呢？

学生试说，教师板书。

板书：把单位“1”平均分成若干份，表示这样一份或几份的数，叫分数。

强调必须是平均分。

揭示课题：分数的意义。

②教学分数各部分的名称，明确分子、分母的含义。

学生一边回答，教师一边板书：

3……分子

—……分数线

5……分母

学生：分母表示平均分的份数，分子表示有这样的多少份。

（设计意图：这一环节放手让学生合作学习，交流汇报。概念的建立，应注重学生对知识的理解。借助观察、比较不同的表示的方法的异同，数形结合，使学生透过现象发现本质。引导学生进行观察、分析、抽象概括出分数的意义。）

3. 理解分数单位的含义

（1）师：我们学过自然数的计数单位是1，小数的单位是0.1，0.01，0.001……，那你们想分数会有计数单位吗？

师小结：分数的计数单位叫做分数单位，就是把单位“1”平均分成若干份，表示其中的一份的数。（课件：说一说分数的分数单位）

（2）师：那分数单位是由分子还是分母决定的呢？

(3)课件出示。

一堆糖,平均分成2份,每份是这堆糖的$\frac{(\quad)}{(\quad)}$。

平均分成3份,2份是这堆糖的$\frac{(\quad)}{(\quad)}$。

平均分成4份,3份是这堆糖的$\frac{(\quad)}{(\quad)}$。

平均分成6份,5份是这堆糖的$\frac{(\quad)}{(\quad)}$。

(4)集体订正。

请学生说出$\frac{1}{2}$,$\frac{2}{3}$,$\frac{3}{4}$,$\frac{5}{6}$分别表示什么意思。

(5)引导学生明确分数单位的意义。

强调:分数的分母不同,它的分数单位也是不一样的。

(分母是几,分数单位就是几分之一。)

引导学生发现:这些分数的分母分别是2,3,4,6……表示什么意思?(表示把单位“1”平均分成的份数)分子又表示什么意思?(表示这样的一份或者几份)

师边板书:把单位“1”平均分成若干份,表示这样一份的数就是分数的分数单位。例如,$\frac{2}{3}$的分数单位是$\frac{1}{3}$。

(6)发现分数单位的特点。

师:你们发现这些分数的分数单位有什么特点?(它们都是几分之一)为什么?(因为分数单位是把单位“1”平均分成若干份,表示这样一份的数就是分数单位。)

说一说黑板上这些分数分别有几个这样的分数单位。

(设计意图:通过回顾自然数的计数单位是1,小数的单位是0.1、0.01、0.001……,激发学生探究分数计数单位的愿望,加深学生对单位“1”的认识。学生获得知识,必须建立在自己思考的基础上,才能在数学思考、问题解决和情感态度方面得到发展。)

4. 夯实基础,拓展延伸

(1)练习十一第1、2、3题。

(2)练习十一第5、8、9题。

(3)猜一猜,一共有几支笔?

(设计意图:通过设计不同层次的练习题,关注学生的差异。不仅夯实了学生的基础,加深了学生对分数的意义以及分数单位的理解,而且还进行了拓展延伸。)

今天,我们一起学习了哪些内容?你有什么收获?

(七)学习评价

			等级		
			A	B	C
教师	1	准确把握教材重难点,使用教材有创意。			
	2	教学设计有创新,教学方法灵活			
	3	善于捕捉课堂生成,顺势而导,体现教学机智。			
	4	教师教学评价语言准确、丰富,具有鼓励性,指导性。			
学生	1	积极参与学习,思维活跃,参与度高			
	2	善于发现问题,提出问题,乐于表达个人见解。			
教学效果	1	整个教学过程遵循学科教学规律,把握了这科特点,师生共同完成了预定的教学目标,学生学有发展。			

(八)板书设计

分数的意义

把单位"1"平均分成若干份,表示这样的一份或者几份的数,叫分数。

二、教学反思

1. 在情境中引入

情境是教学内容的载体,是教学活动的平台,有利于激起兴趣,凝聚注意力,课一开始,我以古人测量物体长度遇到的疑惑为导入,引导学生回顾较为熟悉的物体平均分问题,激活学生已有经验,顺利进入课堂教学。

2. 在实践中体验

由于数学知识具有抽象性的特点,而小学生的思维是直观多于抽象。教师向学生提供一定的学习材料,采用动手操作的方式,引导学生的多种感官参与活动,能帮助学生借助直观建立表象而形成概念。本节课重点就是引导学生把多个物体看作单位"1",通过平均分得出不同的分数,这是对原有分数的拓展和扩充。在课堂教学中,我坚持活动、主动、开放有机融合的理念,适时引导学生进行探索、创造与操作活动,增强学生直观体验,加深对抽象概念的理解。

3. 在交流中内化

苏霍姆林斯基说:"在手和脑之间有着千丝万缕的联系,这些联系起两方面的作用,手使脑得到发展,使它更加明智,脑使手得到发展,使它变成创造的、聪明的工具,变成思维工具和镜子。"新课标强调学生经历教学活动的过程,操作活动有助于学生亲身经历知识的形成过程。教学过程是师生之间、生生之间、教学内容和学生之间交往互动的过程,课堂主要是通过沟通实现的。在这个过程中,语言和阅读起十分重要的作用。课堂上,我非常重视学生将操作活动的过程用语言表达出来,让每个学生都有机会发表自己的想法,培养学生的合作意识和能力,引导学生用语言来表述自己操作的结果,促进语言与思维的融合。

4. 在练习中发展

知识和技能依然是新课程的教学目标之一,我们要让学生通过知识技能的学习来促进学生自身的发展,课堂上我很注重让学生运用知识解决相应的数学问题,我整合教材内容,优选练习题,采用不同形式练习,让学生在练习中发展(巩固知识、形成技能、发展思维、促进积极的情感)。

5. 在游戏中延伸

常见的数学游戏往往是用于调节课堂气氛,我认为好的数学游戏还应融知识性、思维性和创造性于趣味之中,我设计了个游戏,拓展了学生的知识,引领学生进一步学习。

通过这节课的教学,使学生达到了对知识的深层理解,让学生亲历探究发现的过程,培养了他们敢于探索、勇于创新的精神。

三、专家点评

胡艳(博士、教授)

近些年来,我国的数学教育已经由过去单纯关注知识传递和掌握向关注通过数学培养学生对数学的兴趣方向转变,让学生了解数学在日常生活和科技发展中的价值,培养学生严密的逻辑思维能力和科学精神等。实践和研究发现,在小学阶段,学生仍然以直觉思维为主,通过加强数学与生活的联系,注重数学学习中的过程性体验,在操作、观察、体验中了解数学知识(定律)的形成,是实现上述目标的重要途径。

在李亚琴老师关于五年级"分数的意义"这节课的教案中,我们发现她十分注重数学与生活的联系，并通过多种途径达成上述目标的实现。

首先，她运用直观性教学的原则（通过讲解分数在古人生活中实际应用的起源，帮助学生认识到分数在人们生活中的价值、意义，引导学生深入思考）；通过让学生亲自“折一折、画一画、分一分”等不同的方式，让学生认识单位“1”以及加深对分数的认识和理解，激发学生的思考。

其次，她通过新旧知识的链接帮助学生从旧知识基础上掌握新知识。如，在学生三年级时已经知道了分数的名称、简单的同分母分数加减法的基础上，她引入分数，使学生的学习不是建立在空中楼阁之上。

再次，她非常注重基础知识、基本概念的掌握和应用。该教案准确把握了教学的重点和难点，并在教学中运用多种手段帮助孩子认识分数的含义，同时，通过动手操作、小组探究、课内练习等方式让学生手脑并用，学习掌握了分数的概念和意义。因而，整个设计看出老师尽量让数学课充满趣味，努力让学生成为学习的主体。

总之，李老师的教案体现了我国基础教育阶段注重基本知识、基本技能掌握的教学理念，同时，她也注重从学生的实际出发，从学生的思维特点出发，采取多种途径实施课程，实现教学目标。

《不规则图形的面积》研究案例与分析

教师简介：

陆金茹，女，1973 年 1 月出生，小学高级教师。大学学历，东城区骨干教师。2012 年在东城区“东兴杯”教学大赛中获得一等奖，在市、区、校做过多节研究课、观摩课，根据校市级科研课题撰写的多篇论文、案例、教学设计分获全国、市、区奖励，部分获奖文章在国家级教育刊物中发表。

教学基本信息：

教材：人教版	出版社：人民教育出版社
年级：五年级	学科：数学
课题：不规则图形的面积	课时：第一学时

一、教学设计

（一）背景分析

1. 教学内容：五年级数学上册 P100 例 5《树叶的面积》。

2. 学生情况

(1)学生学习内容的前后联系

学生已经掌握了用数方格的方法计算规则图形的面积,学会了利用公式计算长方形、正方形、平行四边形、三角形、梯形五种规则图形的面积,并且在学习推导平行四边形的过程中接触到了数方格时,不满一格的按半格计算的思考方法。本节课的知识是不规则图形的面积估算,需要学生将前面学习的方法迁移到新知识的学习中,利用旧知解决新知,为今后学习圆面积的计算方法积累一些数学活动经验。

(2)学生学习经验的背景分析

认知发展心理学的有关研究结果表明:在学生计算能力的发展过程中,估算能力的发展要相对早于精算能力,表现为一个由以估算能力为主逐渐过渡到以精算能力为主的发展趋势。但由于过去的教学中对估算不够重视,或只重视估算知识点的教学,忽视估算意识和能力的培养,使得学生在潜意识中认为每个问题必须进行精确计算,估算不能解决问题,对估算不容易接受。

3. 教学方式、手段

采用自主、合作、探究的方式进行探究实践活动。通过猜想、讨论、验证、应用等多个思维训练,充分调动学生的积极性,发挥学生的主体地位,进而培养学生的创新能力。

发挥多媒体电脑辅助教学,创设具体的生活情境,引导学生通过开展自主学习、合作讨论、应用实践等多种新课程倡导的学习方式,激发学生的学习兴趣,使学生主动参与学习活动,养成乐学、会学、善学的好品质。

4. 技术准备:课件。

(二)教学目标

1. 能用数方格或转化的方法估算一些不规则图形的面积,并能用不同方法灵活估算面积。

2. 让学生经历估算不规则图形面积的过程,通过将估算面积的方法与同伴进行交流,培养学生的合作意识,以及借助操作等实践活动,培养学生运用数学知识解决实际问题的能力。

3. 在多样的数学活动中,渗透数学思想方法,积累数学活动经验,让学生体会数学源于生活,用于生活。

(三)教学重点

估计不规则图形面积的大小,计算不规则图形的面积。

(四)教学难点

不满一格面积的估算方法。

(五)教具准备

课件一套、印有树叶图案的方格纸

(六)教学过程

☞问题框架

如何求不规则物体的面积→怎样预测不规则物体的面积范围→用什么方法估算→怎样估算不满一格的面积

☞教学流程示意

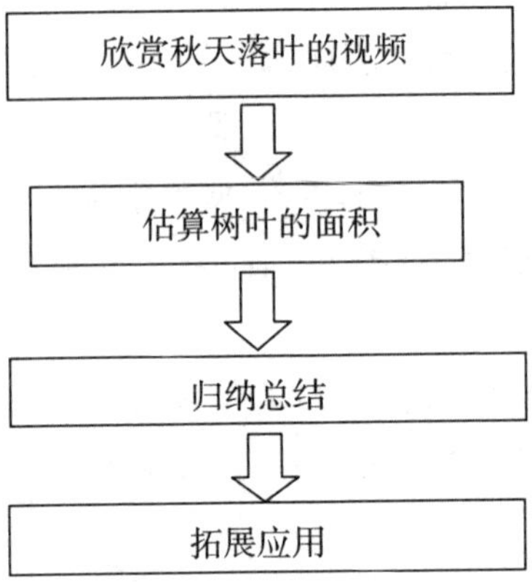

☞教学流程及设计意图

1. 激趣引新

(1)播放深秋落叶的配乐图片,让学生感受大自然秋日的美景。

(2)谈话引入:秋天一到,到处都是飘落的树叶,我把这美丽的树叶带进了课堂,我们可以研究它的什么数学知识呢?(出示各种树叶图片)

预测:

生:对称、周长、面积、体积、表面积。

(3)出示课题。学生的回答板书课题:树叶的面积。

(设计意图:课的伊始,用美丽秋天的落叶视频配上优美娴静的轻音乐,让学生感受大自然秋日的美丽,产生疑问,数学课与落叶有什么关系?接下来的设问,将落叶与数学知识紧密的联系在一起,唤起了学生的回忆,激发了学生探究的欲望,点明了课题。)

2. 指导探索

(1)明确树叶面积的估测方法。

师:树叶的面积如何计算呢? 为什么用方格纸?

(用数方格或转化成规则图形两种方法解决,因为树叶是不规则图形。)

(设计意图:突出了树叶是不规则图形,要借助方格纸这个工具来解决问题,传达着一种信息是当遇到新问题时,学会寻找工具帮助解决问题。)

(2)用数方格的方法估算树叶面积的范围。

①明确:用一个统一的标准的方格进行计数。

A. 出示三张方格大小不同的纸,选用哪一张方格纸估测树叶的面积最合适?(课件)

B. 出示树叶和纸,引导学生为了计算方便,要先在方格纸上描出叶子的轮廓图。(课件)指一指树叶的面积是哪一部分?

C. 演示教材第 100 页图:在树叶上摆放透明的每格 1 平方厘米方格纸。(课件)

(设计意图:选择合适的方格纸进行估算,初步渗透单位化思想,让学生初步体会单位面积越小,估算得越准确。)

②估测树叶面积的范围。

A. 演示教材第 100 页图:在树叶上摆放透明的每格 1 平方厘米方格纸。

引导学生观察图中方格,说一说发现了一些什么情况?

学生可能会看出:树叶在透明的厘米方格纸中,出现了满格、半格,还出现了大于半格和小于半格的情况。引领学生数一数,18 个整格,18 个不满一格的。(课件)

B. 师:猜一猜这片树叶面积最小要大于多少平方厘米,最大要小于多少平方厘米? 并说一说自己的想法。(小组讨论)

预设:$18cm^2 \sim 36cm^2$

(图中有 18 个满格,因此树叶的面积要大于 18 平方厘米,不是满格的也是 18 个,这片叶子的面积一定小于 36 平方厘米。)

C. 师小结:估测不规则图形面积的范围,一定是大于图中满格的面积,小于图中满格与不满格之和的面积。

(设计意图:此环节的设计力图体现估算策略中的预测策略,要想准确地进行估算,首先要预测不规则图形的面积范围,让学生借助多媒体课件发现估测树叶面积最大范围的方法是最小要大于图中的整格面积,最大要小于图中整格和半格个数的和,在这个环节中先让学生说出各种猜想,然后再逐一验证,最后总结方法,展示了学生思维。小组合作探究估测树叶的面积。)

(3)用数方格的方法探究估算树叶的面积。

①师问:通过观察,我们要估算树叶的面积,首先要解决不满一格的面积怎样算,你有哪些好的方法呢?请同学们小组合作用数方格的方法估算树叶的面积。

②出示合作要求。

小组合作要求:

A. 画一画、说一说不满一格的面积你想怎样估算。

B. 再估算整片树叶的面积,将估算的算式和结果写在横线上。

C. 比一比看谁的方法多。

D. 每组选一名汇报的同学。

③汇报交流:

A. 用数方格的方法估算树叶的面积。

预测:

生1:不满一格的全部按半格计算:$18+18\div 2=27(cm^2)$

生2:不满一格的几个拼成一个整格计算:$18+10=28(cm^2)$

生3:不满半格的忽略不计,满半格的按整格计算(四舍五入):$18+11=29(cm^2)$

生4:整体——空白:$6\times 7-6-18\div 2=27(cm^2)$

B. 师问:说一说用数方格的方法怎样估算树叶的面积。

(将树叶分成满格和不满一格的,先估算不满一格的面积,再加上满格的面积就是树叶的面积。)

(设计意图:针对教学内容的重点和难点,开展了小组合作,互帮互学,取长补短,展示自己的奇思妙想,培养学生用数方格的等方法估算树叶的面积。)

(4)转化成规则图形估测面积。

①师问:你们还有什么方法估算树叶的面积?

②让学生观察叶子的形状近似于我们学过的哪种图形。(平行四边形或长方形)

③电脑演示转化成平行四边形。

生展示汇报。(课件)

生:$5\times 6=30(cm^2)$

师:这些露在平行四边形外的部分怎样处理的?

生:用移多补少的方法,将露在外边的面积移到平行四边形内部的空白部分。

生:转化成长方形,$5\times 6=30(cm^2)$

④学生自主尝试转化成长方形。

师:将树叶转化成规则图形,再利用这个图形的面积计算方法计算就会方便快捷。

（设计意图：转化思想是估算不规则图形最快捷的方法，但是转化成什么样的图形最合适和如何在图形中取点则是难点，因此要体现估算策略中的调整策略，借助动画教给学生一种调整的方法，使学生更快地将不规则图形转化成规则图形，并利用规则图形的面积计算公式进行计算，从而估算出树叶的面积。）

3. 归纳总结

师：黑板上的结果各不相同，觉得这样合理吗？为什么？

师：在我们估算面积时，方法各不相同，只要在合理的范围之内就可以了。

师：回顾一下，在计算树叶面积的过程中想到了哪些方法？

生1：先用数方格的方法计算面积的范围，再把格子分为满格的和不满一格的，分别计算后再相加就可以计算出树叶的面积了。

师：用数方格的方法，把格子先分成满格的和不满一格的来讨论，关键是解决不满一格的如何计算，同学们用了不同的方法解决了问题。

生2：用转化的方法解决问题。

师：不规则图形可以近似的转化为规则图形，再运用规则图形计算面积的公式解决问题。

师：这两种方法你更喜欢哪一种？为什么？

师：要想把叶子的面积估算得更加精确，怎么办？

生1：可以改变方格纸中一个方格面积的大小，单位面积越小，估算的越准确。

生2：将不满一格的面积按小数计算。

师：对于像树叶这种不规则图形，先正确估算面积的范围是非常重要的。

（设计意图：教师的问题层层深入，引导学生概括总结不规则图形面积的估算方法，渗透数学思想和方法，沟通知识之间的联系。）

4. 巩固提高

（1）估手掌的面积。

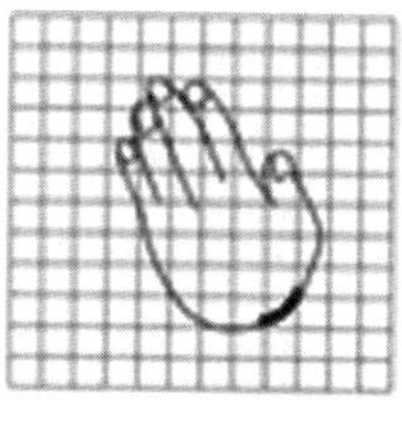

师：当我们知道自己手掌的面积大约是多少后，就可以用它当做一把测量不

规则图形面积的标准，在生活中可以解决估算不规则图形的面积了。

（设计意图：练习不在多，而在精，让学生估算手掌面积的练习，设计目的有两个：一个是对本节课知识的巩固，另一个是渗透单位化思想，送给学生一把生活中的尺子，知道自己手掌的面积，就可以估算生活中任何不规则图形的面积了。在此还要体现估算策略中的优化策略，学生灵活选用估算的方法比赛看谁算得快，学生选用转化方法的比数方格的学生估算得快。）

（2）欣赏树叶画。

（设计意图：课的最后伴随着美妙的音乐展示着一幅幅的树叶画，将学生带入了美的世界，音乐和树叶画的完美结合冲击着学生的视觉神经，让学生感悟根据树叶的面积大小、形状的不同、颜色的差异创作出的树叶画，将数学知识和艺术有机的联系在一起，真正体验到生活中处处有数学。）

（七）学习评价

1. 学习效果评价设计

（1）请学生完成调查问卷：

①你是否能主动地参加小组合作？

A. 完全可以做到　　B. 基本做到　　C. 有些困难

②在估算树叶的面积时你想到了几种解答方法？

A. 一种　　B. 两种　　C. 三种

③这节课，你在小组讨论中充分表达了自己的意见了吗？

A. 充分　　B. 比较充分　　C. 没有发表意见

（2）简答：

你喜欢这样的数学课吗？为什么？

2. 评价量规设计

我是这样评价自己	A（优秀）	B（良好）	C（合格）	选答
主动参加小组合作	主动	比较主动	在教师帮助下	
愿意表述自己的意见	愿意	比较愿意	在教师指导下	
能否主动的思考问题	能	比较能	在教师帮助下	
能否灵活应用知识解决问题	能	比较能	一般	

（八）板书设计

树叶的面积

$18cm^2$~$36cm^2$

数方格

按半格算： $18+18\div2=27$（cm^2）

凑整格： $18+10=28$（cm^2）

四舍五入： $18+11=29$（cm^2）

整体—空白：$6\times7-6-18\div2=27$（cm^2）

转化

平行四边形或长方形

$5\times6=30$（cm^2）

二、教学反思

从教学内容需求化、估算策略多样化、实际估算单位化、学科整合情感化四个方面反思《树叶的面积》一课我的一些想法和做法。

1. 教学内容需求化

树叶的面积一课是新人教版教材新添加的教学内容，安排在五年级上册第六单元多边形面积中，计算组合图形面积的后面，是这个单元最后一个教学内容，我想新教材安排这样一个内容是源于学生的需求。

（1）实际生活中的需要

在现实生活中，学生将接触到大量计算不规则图形的面积问题，学生只有掌握估算不规则图形的面积的策略，才能够解决生活中的这类问题。

（2）培养空间观念的需要

多边形的面积属于图形与几何领域中的内容，培养学生的空间观念是小学数学的重要教学任务之一。树叶的面积是一个很好的教学素材，在引导学生探究用多种方法估算不满一格的面积的过程中展示了学生对图形的特征、图形之间的关系、图形的运动等知识解决问题的能力，从而达到了培养学生的空间观念的目的。

（3）培养估算意识和估算策略的需要

曲线围成的不规则图形的面积精准计算很难，生活中不需要人们精准计算面积的大小，估算出面积的大小就可以了，因此，教材中提供了树叶这个不规则图形，让学生运用多种估算方法来估算树叶的面积，体现了估算思想在图形与几何中的应用价值。

(4)不规则图形面积教学内容的需要

生活中的不规则图形包括用线段围成的和用曲线围成的两部分,旧人教版教材中只呈现了用线段围成的不规则图形,没有用曲线围成的不规则图形。因此,新教材补充了这个内容。

2. 估算策略多样化

在这个教学环节中凸显对估算的意识和策略、有效渗透数学思想方法、凸显学生的主体地位三个方面的设计理念。

(1)培养学生估算的意识和策略

①预测策略:就是对问题结果的取值范围进行合理的估计,计算结果如超出这一估计的取值范围,说明答案是错误的。当学生在遇到问题时,能主动对信息作出整体把握,并迅速运用直觉思维作出判断,以指导解决问题的方向,从而实现计算结果的准确性。

②调整策略:在转化成规则图形的过程中,采用了电脑动画呈现,原因是在试讲后对学生做了测试,发现学生没有一个好方法进行图形的调整,所以想教给学生一种调整的方法,提高学生转化图形的速度,达到快速估算不规则图形面积的目的。

③优化策略:由于学生生活背景和思考角度不同,所使用的方法必然是多样的。数方格的方法和转化的方法,学生可以根据自己的需求灵活选择。在估算的过程中没有好与不好,只有谁的结果更接近精准结果而已。

以上三种策略不是孤立存在的,而是互相联系在一起的。

(2)有效渗透数学思想方法

在估算树叶面积的过程中,学生提出了用数方格的方法和转化的方法进行估算,在数方格的过程中对于不满一格的创造出了:按半格计算,不满半格的忽略不计、满半格的按整格计算,凑整格计算,整体减空白等多种估算方法,在利用转化的方法进行估算的过程中,学生根据图形的特征想到了平行四边形和长方形,利用这两种规则图形的面积计算公式来估算树叶的面积。正因为融入了数学思想方法,整个教学过程充满了浓厚的数学情趣,学生在活动中思维也得到了磨砺,解决问题的方法也逐步优化,学习经验也更加充实,成功、自信的体验也进一步得到了强化。

总之,在小学阶段重视培养学生的估算能力,是学生学习的需要,是适应实际生活的需要,也是训练学生思维和发展智力的需要。

(3)凸显学生的主体地位

新世纪的课堂是生本课堂，学生是课堂的主人。课堂为学生提供了充足的时间和空间，在开展数一数、画一画、猜一猜等多样的数学活动中，数学活动经验得到了积累。

3. 实际估算单位化

生活中有很多不规则图形，而像方格纸这样的测量工具却不是常带在身边，所以帮助学生寻找一个生活中的测量标准十分重要，手掌的面积就是一个很好的标准，让学生利用所学的知识估算出自己手掌的面积，不仅是本节课知识的应用，更重要的给了学生一把尺子，学生可以利用这把尺子去估测生活中任何不规则图形的面积。

4. 学科整合情感化

提起数学课，总会给人一种枯燥乏味的感觉，学生往往不愿意学习数学，而本节课上有效地将音乐、图片带进了课堂，不仅丰富了教学内容、活跃了课堂气氛，更是满足了学生的情感需求。

三、专家点评

胡艳(博士、教授)

在人类的语言中，数学是最简洁、最抽象，也是最有价值的语言。但当你尚未真正迈入数学的殿堂时，当你尚未理解数学之美时，数学往往是枯燥乏味的。因而，在知识、情感、能力、价值观等养成的重要阶段，如何更有效地传授基本的数学知识，激发学生对数学学习的兴趣，培养其逻辑思维能力，培育科学精神是小学阶段数学教育特别需要关注的内容。然而，长期的应试教育让很多老师除了知识的传递之外，看不到数学教育更丰富的内涵和目标。而陆老师的教案设计让我们看到一些教师已经走出单纯的知识教育的藩篱，关注人的发展，尤其注重数学兴趣、数学思维能力的培养。

陆金茹老师在五年级数学《不规则图形的面积》的教案设计中，尤其关注以下几方面：

1. 注重学生数学兴趣和对数学美的认识培养。与通常数学老师课程导入方式不同的是，陆老师在上课导入环节，通过“美丽秋天”的落叶视频配上优美娴静的轻音乐，让学生感受大自然秋日的美丽。这种导入给学生美的感受，使学生发现自然界、生活中有许多的美和数学有着诸多的联系，从而激发了学生的兴趣和对数学别样的体验。

2. 注重学生严谨的数学逻辑思维能力的培养。如何把对大自然,对日常生活的粗略、大致的观察和认识上升到用数学的语言、严谨的逻辑思维进行精确的描述、理解、认识是数学学习的难点。在小学教育阶段尤其如此。而在本教案中,为了解决上述问题,陆老师进行了有益的探索,如,用对金秋树叶的观察引入"不规则图形"的概念、用方格纸绘制树叶轮廓让学生体验不规则图形可单位化、"单位面积越小越容易估算准确"等的数学思想,以及用小组合作学习的方式探究"不满一格图形如何准确计算其面积"的多元策略。在它一步一步地引导下厘清了学生的思路,展示了解决"不规则图形"面积计算的一整套行之有效的思维过程,从而培养了学生逻辑思维能力。

3. 注重学生作为学习主体的培养。虽然整堂课的设计是教师引导下的学生学习,但学生在整个学习过程中体现的是一个自主探究的过程。老师通过为学生提供自主学习的时间和空间,通过各种有价值问题的提出,通过数一数、画一画、猜一猜,以及小组合作学习等多样的数学活动,让学生成为探究知识和规律的主人,也帮助学生掌握了所学的内容。

总之,该教案反映了老师自身对小学数学教育目标的理解,她不仅关注学生数学知识的学习,更关注学生数学学习的兴趣和学生数学思维能力的养成,关注学生作为学习的主体如何在课堂中发挥作用。

第三章

英　语

小学英语课堂教学:将知识的传递转化为智慧的培养

裴森(博士、副教授)

板厂小学开展的《智慧型小学建设的研究》课题从智慧教育的宏观概念出发,分离出与学校教育教学直接对接的智慧课堂的微观概念,并进一步在学生的学习、教师的教学、课程的重构以及环境的创设四个方面规定其更为细致的属性,帮助教师清晰地理解以及可操作地将智慧课堂这些优质理念合理地融入自己的教学实践中,同时还可以用智慧课堂的分解指标来评价和解读自己和他人的课堂教学。

国内有学者认为智慧课堂的"智慧性"涉及教学内容的优化呈现、学习资源的便利性获取、课堂教学的深度互动、情感感知与检测、教室布局与信息化管理等多个方面。也有学者更为具体的提出教师把握好三个环节,将有利于将课堂上的知识传递转化为智慧的激发和可现:重构教材让课眼突显、及时回应精准提问后学生的回答、构建多方对话的课堂氛围。

映射到英语教学中,教师需要思考如何从对英语语言知识的传授,转化为基于学生原有中文经验和英语知识,激发学生学习兴趣,让语言成为智慧(intelligence)培养的工具。这里的智慧是指学生认识、理解客观事物并运用知识、经验等解决问题的能力,包括记忆、观察、想象、思考和判断等;也是板厂小学"智慧课堂"概念所倡导的一种能力要素,即辨析判断能力。

2011 版的《全日制义务教育英语课程标准》强调学生英语学习的体验、参与、交流与合作。在中国当前缺乏英语语言环境的情况下,创设接近真实的英语学习环境,让学生在轻松活波的气氛中、在饶有趣味和意义的活动中感受英语,培养语感,积累语言,使学生能够用英语进行对话和思维。学生在这样的语言环境中，不仅学习语言知识，更通过语言去观察和分析事物，并讨论和表达自己的观点和意见，在同伴互助中完成任务、解决问题，培养了“学生用英语做事情的能力”。这是板厂小学“智慧课堂”概念所倡导的另一种能力要素，即创新创造能力。

板厂小学两位英语教师的教学设计在不同的层面体现并践行着新课标理念，同时也体现着智慧课堂概念的某些维度：

林媛媛老师"Can you tell me the way?"一课以问路指路为主题，其内容就会在学生的日常生活学习过程中发生，体现了英语课程和教学对学生实践能力和社会性培养的功能。林老师准确地定位这一功能，利用现实的物理环境和视频营造的模拟环境的结合，为学生营造出学习内容的实践情境；在此基础上，林老师抛出的核心问题就显得真实而有效，因此能够很好地调动学生的主观能动性去参与到模拟的“真实对话”中，运用语言处理真实生活场景中的问题。这样的迁移对学生的语言学习来说就是创新能力的培养。

曾丽老师的"Story time：Mulan"一课的主题是中国古代传统故事的英文呈现和表达，体现的是英语课程和教学的文化承载、欣赏和传承功能。曾老师基于学生对这一故事的中文经验，利用图画书这一学生喜闻乐见的学习资源，增加学生的学习兴趣；同时引导学生将图文对接，帮助学生将对故事的中文记忆加载上英语的语言标签，以备之后他们和国际学生对话时对故事的介绍和对中国文化的认同；曾老师在设计中还涉及有学生探讨故事的具体环节的步骤，让学生体会“责任”对故事人物的意义和对现实中他们自身的意义，实现对学生生命意义与人生价值的引导，最终达成价值的共善性。

从林老师和曾老师两位英语教师的教学设计中，我们看到了教师在其实践中尝试实现着智慧课堂的各项指标：知识深层性、主观能动性、价值共善性和问题实践性。正是有了这样的理念层面的要求，教师的课堂教学变得更有内涵和价值，特别是对学生智慧能力素养的培养。即便是在英语这样的语言课堂中，也能实现这样的培养理念。

《There are many animals》研究案例与分析

教师简介：

闫烁，女，1989 年出生，本科学历，小学一级教师。

教学基本信息：

教材：义务教育教科书	出版社：北京出版社
年级：二年级	学科：英语
课题：Unit4 There are many animals Lesson13	课时：第一学时

一、教学设计

（一）背景分析

1. 教学内容：本课为北京版新教材二年级第 4 单元 Unit 4 There are many animals 的第 1 课时内容，是一节新授课，包括的版块为 Listen and say，Let's act 和 Let's say；本单元的话题是动物：谈论动物园拥有的动物、动物的数量和喜欢的动物。本课 Listen and say 板块呈现的是 Lingling 和 Maomao 在动物园谈论喜欢的动物及数量，以及用 there be 句型询问动物园中的动物。Let's act 板块学习新的功能句型"Are there…?"来询问某地拥有的动物，并会用"Yes，there are…. /No，there aren't"来回答，其中否定回答为第三课时重点内容。Let's say 板块的小韵文描述在动物园能看到大象、袋鼠、长颈鹿和猴子，通过韵文朗读，感知英语韵律，积累词汇。

2. 学生情况：本次授课的对象为二年级学生。学生已多次接触动物话题，积累了许多动物词汇，如 dog，cat，duck，elephant，fox，tiger，monkey，panda 等。但他们第一次接触 there be 句型，学生理解和运用有一定难度。因此，教师要让学生在多种语境中运用，熟悉这种表达方式。

3. 教学方式：情境教学法、合作学习。

4. 教学手段：演示 PPT 课件。

（二）教学目标

1. 能够在一定的情境中用"Are there…in this zoo?"询问动物园是否有这种动物，并做出回答；能用 there is/are 表述动物数量。

2. 能认读和运用 big、small 描述本课所学动物 elephant，monkey，panda，kangaroo，giraffe，并进行交流。

3. 了解名词复数,并初步建立复数概念。

4. 能够跟随录音说唱小韵文。

(三)教学重点

1. 学习询问动物园有什么动物的用语“Are there... in the zoo?”及应答“Yes, there are...”。

2. 认读单词 big, small, animal, elephant, monkey, panda, kangaroo, giraffe。

(四)教学难点

理解功能句 Are there...? 运用“Are there...in the zoo?”“Yes, there are...”询问动物园中是否有这种动物及动物的数量。

(五)教具准备

句子卡、单词卡片、PPT 演示文稿、动物贴画

(六)教学过程

☞教学流程示意

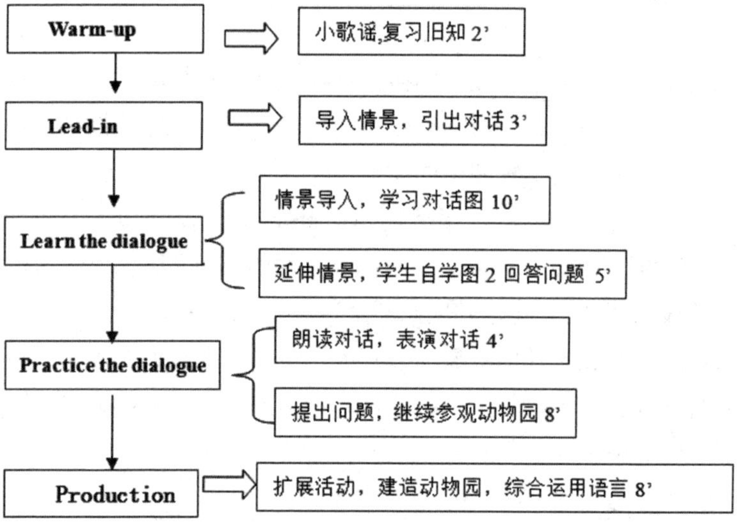

☞教学流程及设计意图

1. Step one: Warm up

(1) Let's chant.

T: a dog, two dogs, many, many dogs; a cat...

Ss: two cats, many, many cats.

(设计意图:教师课前准备的在一年级学过的动物卡片:dog, cat, bird, fish, tiger,sheep,lion。一边在黑板上摆出图片,一边引导学生一起说唱。在轻松愉快的氛围中,复习所学动物词汇,及名词复数的变化。初步理解 many 的意思。)

(2) Assessment.

T: What are they?

引导学生回答"Animals"。

T: Four students in a group. Look, there are many animal stickers in your boxes. If you do well in this class, you will get one.

(设计意图:导入本课的学习主题"Animals",并根据音节拼读单词 an - ni - mals。明确以奖励动物贴画的形式作为课堂评价,与本课主题紧密相连。在最后的产出活动中,同学将运用得到的贴画,小组合作完成一个动物园。)

2. Step two: Lead in

T: Can I see the animals at school? Where can I see them?

Ss: Zoo/Farm/…

T: Listen. Where is it?

T: Let's go to the farm. What animals are there?

引导学生运用 There is/ are…来回答问题。

(设计意图:通过听农场动物的声音,教师带领学生来到农场。在视频参观农场的情境中,学习 There be 句型。复习动物词汇 dog, pig, duck, rabbit, cow, horse, 并根据动物的数量理解 There is/There are 的用法,初步建立复数概念。)

3. Step three: Learn the dialogue

Picture 1

T: I haven't seen my favorite animal. It's a big animal. It has a long neck. Can you guess?

引导学生学习"giraffe"。

T: Are there giraffes on the farm? Where can I see them?

Ss: At the zoo.

T: OK. Let's go and see them! Come with me.

(设计意图:在学习 giraffe 的同时引发学生思考,农场上是否有长颈鹿。使学生在问题中初步理解 Are there…的意思。同时自然过渡到课文情景,来到动物园。)

(1) Look at the picture:

T: Who are they?

Ss: Lingling and Maomao.

T:What are they talking about? Are they talking about food?

Ss:Animals.

(2) Ask and Answer:

①Watch the cartoon for the first time.

T:What does Lingling say?

播放录音,鼓励学生模仿。

教师示范 There are 的读音,操练和纠正学生读音。

T:Does Maomao like big animals?(做动作,指着老虎和狮子)

②Watch the video for the second time.

S1:Maomao likes big animals.

T:Does Lingling like big animals?

再次播放录音学生找出答案理解"small"。

(板书:big,small)使学生直观理解单词含义。

T:Look and say. They are big animals or small animals.

(设计意图:快速给出大型动物与小型动物的图片,检测学生是否理解 big 和 small 的意义。)

Picture 2

T:Maomao likes big animals. Can you guess, what animal does Maomao want to see?

学生猜测。

③Watch the cartoon for the third time.

Ss:Elephants.

再次播放录音,请学生重复,并学习新句型:"Are there elephants in this zoo?"

T:Come with Maomao and Lingling.

补充动画:与 Maomao 和 Lingling 一起参观动物园,看到四只大象。引导学生回答"Yes,there are four."

(设计意图:Are there…引导的一般疑问句很容易被学生误解为 Are these…或询问数量,学生需要理解 Maomao 初次来到此动物园,询问是否有大象而不是询问大象的数量。通过教师展示参观动物园的动画,让学生真的去参观动物园,从而与 Maomao 一起发现公园里有四只大象。自然地回答出"Yes,there are four.")

(3)Let's read.

(设计意图:通过指读并跟读,培养学生正确的语音语调,准确朗读课文。)

(4) Let's act.

（设计意图：角色扮演是学生喜爱的活动，通过角色扮演，使学生在体验角色，揣摩角色的过程中，再次感知语言、体验语言、理解语言、内化语言。）

4. Step four：Practice the dialogue

T：Maomao likes elephants，so he asks，"are there elephants in the zoo?"

I like pandas. So I want to know "are there pandas in the zoo?"

How about you?

引导学生用"Are there... in the zoo?"提问

S1：Are there monkeys in the zoo?

S2：Are there tigers in the zoo?

S3：Are there... in the zoo?

S4：……

S5：……

教师把学生的问题罗列到黑板上。

T：Let's visit the zoo and find out the answers.

（设计意图：回到课文故事，让学生说一说自己想看的动物，对课文进行拓展。进而用"Are there..."句型询问公园里是否有此动物，带着问题观看视频，与学生共同游览动物园，学生从游览动物园的过程中找到答案。）

5. Step 5：Production

(1) Make a new zoo.

T：Today you've got many animal stickers. You can make a new zoo in your group.

小组活动示范：边贴边运用句型 There is/ There are... in the zoo.

（设计意图：学生用优秀表现换来的动物贴画，完成一个新的动物园。在小组合作中，巩固练习 There be 句型。）

(2) Visit the zoo.

①创设情境：参观其他组的动物园。

②教师示范：T：There are many animals in the zoo.

S1：Let's go and see them.

T：I like small animals. Are there monkeys in the zoo?

S2：Yes，there are three.

（设计意图：各组组长带着做好的动物园到其他组交流。教师通过示范呈现真实对话情境，小组模仿练习，学生根据自己喜欢的小动物创编新的对话，模拟交际。）

（3）Let's say.

T：Here is my zoo. What animals are there? Let's listen and chant.

观察韵文图片，学习韵文内容。在轻松愉快的韵文说唱中结束本课内容。

（七）学习评价

1. 教师评价

（1）英语课堂在鼓励学生尽可能多的运用语言同时，教师更注重学生的倾听，所以 to be a good listener 一直是教师在课堂中运用的评价方式。通过学生在回答问题、表演对话及玩游戏时的表现，教师通过语言（good，well done，great，perfect）对学生进行鼓励。

（2）小组或组内成员表演得好，正确回答问题或者听得认真，能够复述其他学生回答内容，都可以在得到一张动物贴画。这种评价方式能够有效激活学生的兴趣，培养学生的合作能力，并且将评价方式与本节课的动物园相结合，在最后的产出环节中，运用自己得到的动物贴画，小组为单位共同设计一个动物园。

2. 学生评价

（1）学习效果自评

通过预测、猜想、回答问题，检验学生是否明白对话内容。

通过对话朗读、表演、拓展，检验学生是否能理解对话及语言的初步运用。

（2）学生互评

通过学生小组角色扮演活动，让学生评价该小组是否表演出色，学生可运用语言 good，better，best。

（八）板书设计

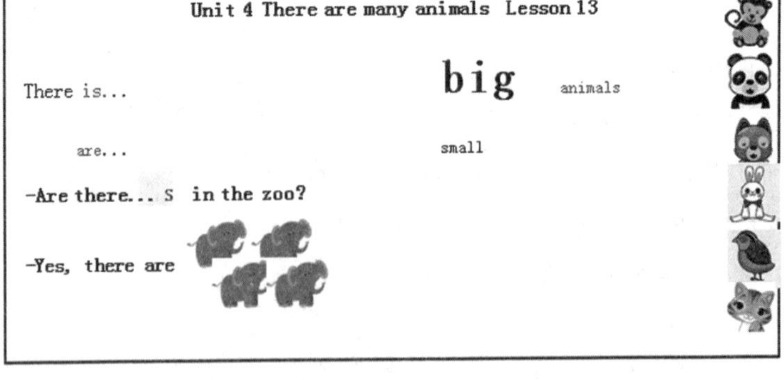

二、教学反思

1. 开门见山,清晰课堂教学目标

从新课标一级的总体目标中看出,一级目标主要是强调培养学生学习英语的兴趣,为学生今后的学习打基础。尤其对于低年级学生,更要注意课堂设计的知识性与趣味性相结合。新课伊始,进入热身活动,学生跟着鼓点律动起来,在轻松愉快的氛围中,复习所学动物词汇,并快速对应出相应名词复数的变化。活动中调动学生旧知,激活学生语言。让学生在轻松地氛围下学习到更多知识。进而点明本课主题 animals 动物,明确了本节课的学习目标,引导学生快速进入本课的主题,为后面的活动做语言支撑。

2. 创造性地使用教材

在备课前,细读文本。基于文本,创造性使用教材内容,促进学生语言发展。本课第一个主题图为毛毛和玲玲站在动物园门口准备去看动物,并讨论各自喜爱的动物。第二个主题图为毛毛在动物园里问玲玲,动物园里有大象吗?玲玲回答有四只。在动物园里问是否有大象,似乎有些"明知故问",玲玲的回答也不容易让学生理解问句的真正含义。低年级学生以形象思维为主,教师应借助图片以及创设接近学生生活的情景来帮助学生理解语言。为了使课文更加完整,故事性逻辑性更强。我没有直接进入动物园情景,而是先带领学生参观农场。农场上的动物与动物园的存在差异,考虑到低年级学生的认知特点,我适时提出问题"农场上有长颈鹿吗?"引发学生思考,初步理解"Are there…"功能句。从而自然过渡到要来动物园看长颈鹿,回归课文文本。运用更多的教学媒体手段,给学生更多的合理输入。

3. 以学生为主体,引导学生用英语提问题

课堂提问的过程是师生之间彼此沟通的双边活动,也是推进教学过程的重要手段之一。一方面教师提问应引导学生向更深、更广的领域去思考、探索,同时也要引导学生自己提出问题,转变学习方式,角色转换,让学生当一回老师以营造一种全新的课堂教学氛围。在小学英语教学中,培养学生的提问能力,变学生课堂上的被动接受为主动探求,对于开发学生智力,拓展学生思维,发展学生创新精神和实践能力都至关重要,更有助于我们建立新的教学方式,促进学生学习方式的变革。因此在本课教学设计中,我创设游览动物园的情景,游览前学生先说出自己喜欢的动物,从而运用本课功能句型"Are there…in the zoo"对动物园里是否有这种动物进行提问。引发学生自主思考,唤醒学生语言,激发学习兴趣。带着疑

问,进行参观动物园活动,从中找到问题的答案,实现语言的实际运用。

4. 课堂设计还要注重学生个体差异

新课程要求课堂教学要关注每一个学生的发展,关注学生个体差异。但是在本堂课中还不能完全做到这一点,操练的面不广,那些不愿意说的学生时常会被我们遗忘在角落里。学生以小组为单位制作新的动物园,并进行交流的活动中,应注意激活已有知识,激发想象力,才能呈现丰富的语言输出。语言可以有问题,但要多给学生机会。本课中大部分学生能够理解课文,有语气的朗读课文,小部分学生可以表演。二年级的学生,表达上还不够流畅,尽量鼓励学生说,让学生多说,在日常教学中开放度还要更大,孩子的语言能力超过我们的想象,应给学生更多的开放空间,他们会有更多更好的发展,站在学生的角度,设计乐学的课堂。

三、专家点评

叶菊艳(博士,教育部普通人文社会科学重点研究基地,北京师范大学教师教育研究中心)

闫老师的这节课应该说非常成功,其标志就是在下课时,不论是学生,还是我们听课者都觉得依依不舍。这节课为我们提供了一个很好的在英语学习中"工具性和人文性相统一"的范例。那么闫教师到底有怎样的智慧做法,让这节课这么成功?我想最为核心的即是,整节课逻辑主线非常清晰,教师精心设计的各环节衔接得浑然天成却又不断激发着学生的好奇心,知识逻辑很好地对接了学生的情感逻辑,整节课的进程仿若学生在教师的引导下层层探秘的过程。

在课程导入中,闫老师用学生先前学过的各动物的单词带领学生吟唱,"a dog, two dogs, many many dog; a cat, two cats, many many cats",冉冉上口的节奏和对学生身体的释放,一下就调动了学生的学习热情。而后,教师以"What are they?"这一问题,引出学生回答"Animals"一词。教师借机对学生进行了分组,并为学生提供了可以极好地呼应本课内容的奖励品——动物贴纸。而这种奖励本身又是教师教学环节的有意设置,因为在课程最后,教师请学生以 4 人一组的方式,拿自己所得到的奖励贴纸合作设计一个动物园。而这在课程开始,我们和学生都不知道,所以当课程进行到最后时,我们无不佩服闫老师的智慧设计。

既然认识了"动物"这一单词,那我在哪里可以看见动物呢,农场?动物园?我们一起去看一看。这里教师不是再用课本中角色的名字,而是用"我"(I),"我们”,“let’s go to the farm”这类表达。这一下子将学生带入了情境。整节课俨然成了师生一起去逛农场和动物园的故事,而课堂中的每个人都是这个故事中的主人翁。这无疑极大地调动了学生的学习参与性。而课本上的对话内容亦很好地融入了进来。参观完动物园后,教师会问学生,是否在动物园看到自己喜欢的动物,如果对参观的动物园不满意,我们自己造一所吧。在课程现场,我们就可以看到,学生为有这样自己创造的机会感到惊喜。课堂再次被推向高潮。

在这个大主线下,闫老师也充分考虑了学生的认知特点,运用直观化的方式向学生呈现了各组反义词,以对学生的感官进行刺激,强化学生对新词的理解与记忆。比如讲“big”和“small”这对来描述动物的形容词时,说Big时,教师不仅在课件中将Big写得很大,双手亦夸张地作出很大的姿势,声音上也放得很大。而讲small时,课件中的small就很小,与big形成鲜明对比,在手势上教师亦做出很小的姿势,声音也降得很轻很低。孩子全都在参与到这个变化里边。无疑,教师的这种引领是很有效的,学生在跟读中,也不自觉地分别做出“大”和“小”的姿势,并在声音上做出强烈对比。相信通过这样的五官调动,学生对“大”和“小”这对概念有了更为深度的认知、理解和记忆。

在讲到“我们一起去看动物园”时,教师主动去牵了两位学生的手,做出一起前行到动物园的动作。学生见此,也非常主动地去牵周围同学的手,以表示“一起前往”。课堂上顿时浮现出非常温馨的同学情谊,有的同桌两位同学在活动结束后还手牵着手,不放开。这种和谐融洽的场面是很令人感动的。对于孩子的社会性发展是一种很好的培养。后来在小组共同“建造”一个动物园的任务环节中,就看到,小组成员彼此能够很好地协作,比如当将哪些动物放在哪时,遇到观点不同时,他们能够很好地沟通交流,满足组内各成员的心愿。而且教师要求这种交流必须使用英文,这又极大地丰富了小组任务的教育意义,将英语学习渗透到学生课堂活动的各个环节。而当任务结束时,教师提议各组可以互相参观其他组的动物园时,孩子们也多是手拉着手一起前往,并用英语与其他组同学进行提问和交流,丝毫不因下课铃声影响交流的兴致。现场其乐融融的场面甚是让人感动和欣慰,也不由感慨,这就是智慧教师和智慧课堂的力量。

《What colour is your bag?》研究案例与分析

教师简介:

李平,英语教师。

教学基本信息:

教材:小学英语一年级下册　　出版社:北京版

年级:一年级　　学科:英语

课题:Unit 3 Lesson 10 What colour is your bag?　　课时:第一学时

一、教学设计

(一)背景分析

本课学习的字母为 Mm, Nn 字母,在之前学生学过了 mum, mouse, nut, nine 等以这两个字母为首的单词。本课时是本单元的第二课时,在第一课时学生已经学会询问物品的颜色并回答。What colour is your bag? It's white. 由于本课的内容版块为:课文,字母单词和歌谣,内容较多,所以此处调整了教学顺序,先学习了字母和单词,自然过渡到课文的学习,给课文句型的运用产出留出了时间。

(二)教学目标

1. 能够听懂,询问并回答关于喜好:

Do you like…? Yes, I like it. / No, I like…

2. 能够认读关于颜色的单词:orange, blue, black。

3. 能够在四线三格中正确书写字母:Mm, Nn。

4. 能够准备认读并说出以下单词的首字母:map, monkey, net, nose。

5. 能够亲近大自然,运用所学语言结构表达自己的喜好并询问他人。

(三)教学重点

1. 能够运用句型询问他人的喜好:Do you like…?

2. 字母 Mm Nn 的书写和以其开头的单词:map, monkey, net, nose。

(四)教学难点

1. Mm、Nn 的书写。

2. 能够运用句型询问他人的喜好:Do you like…?

3. 能够说出以下单词的首字母:map,monkey,net,nose。

(五)教具准备

1. 教具:本节课运用的资源:图片,录音,单词卡片,教师还自制了部分教具辅助教学,如单词条 PPT,教学动画课件和小奖票等。

2. 学具:学生用书。

(六)教学过程

☞教学流程示意

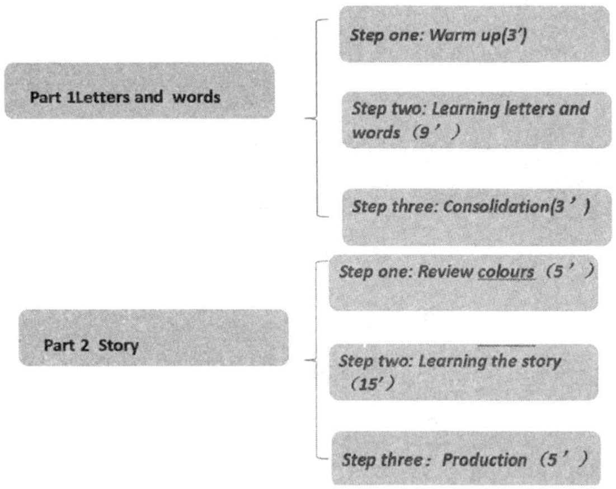

☞教学流程及设计意图

1. Part 1:Letters and words

(1)Step one:Warm up.

Activity:the alphabet exercise

(设计意图:在开课时让学生做字母操,充分动起来,迅速引起学生对英语课堂的兴趣和关注。同时复习已学字母的音型以字母为首的单词。)

(2)Step two:Learning letters and words.

Activity1:通过语音词串成的故事,学习 Mm 和以其为首的单词。

①过渡:我们的新朋友 Mike 打个招呼吧!

②故事导入词汇:Mike lives in this city. This is the city's map. Here is a concert now. Mike can make music. The mouse and the monkey are here. They say, You did a good job, Mike!

③跟读复习单词。

(设计意图:语音故事中添加了 mouse,music,Mike 易于理解的词汇,课外拓展补充 Mm 为首的单词。)

④书写字母 Mm。

小写是书写的难点，这里老师通过体态语提示学生注意小写字母有小帽子和小尾巴，形象的帮助学生记忆。

（设计意图：字母和语音词的学习本是枯燥和简单的重复跟读。这里设计了字母和语音通过语音故事整体呈现单词并用动画和讲故事的形式展示出来，形式易于学生接受。对于书写，教师加入了体态语，活跃了课堂气氛并帮助学生记忆。）

Activity2：学习 Nn 和以其为首的单词。

①过渡：通过刚学过的 monkey，贴到黑板上，放在小河边，让学生猜一猜它在干嘛。

②导入：通过看歌谣，边看鼓励学生跟着说一说。导出 The monkey is fishing with a net. 教师注意引导学生：Is the monkey fishing with hands? 帮助学生理解 Net。

③跟着老师书空并书写字母 Nn。

④游戏：Guessing game。通过遮挡图片的一部分，让学生猜一猜单词，从而出示以 Nn 为首的词：nut，nine，nose。

（设计意图：通过 Mm 为首的单词 monkey 导入歌谣并导出 net，衔接自然，过渡流畅。通过小游戏，激发学生猜图的兴趣并从而激活旧知，并补充书中以 Nn 为首的词汇。）

（3）Step three：Consolidation.

Activity：Listening game.

通过遮挡单词的首字母，通过听音说出首字母。例：Mm is for monkey.

（设计意图：这里通过听音，培养的学生听的能力和习惯并检测了学生字母和单词的掌握情况。）

2. Part 2：story

（1）Step one：Review colours.

①过渡：通过 Nn 为首的单词 net，网到了一只鸟，让我们放鸟回森林吧。导出视频，视频内容为自然中各种颜色的事物，例 Green leaves purple flowers.

（设计意图：这里老师通过自然的过渡，衔接到关于颜色的视频。复习了关于颜色的词，并为课文的学习做铺垫。）

②复现操练颜色词汇。

T：There are so many colours. What colour do you know? 教师出示不同花朵，小

动物的图片请学生们说出颜色,进行了颜色词汇的复现操练并请孩子们贴到黑板上,激发了学习兴趣。同时询问学生 Do you like the orange flowers?

(设计意图:通过让学生拿着图片贴到黑板上,培养了孩子乐于说英语的积极性。激发了学生的兴趣,活跃气氛。并在这里铺垫了 Do you like…? 的功能句型,为下面的学习做铺垫引导。而且这里黑板呈现了一个小森林,为本课的最后产出活动做铺垫。)

(2)Step two:Learning the story.

Activity1:Before the story.

①过渡:通过学生贴图复习颜色,教师出示一把雨伞的实物。(导出 umbrella)

A. 学生拿着雨伞互相传递并练习单词的发音。

B. 出示图中很多把雨伞说一说颜色,再次复现颜色。

C. 看视频,回答问题:Where are the umbrellas?

②教师提示,帮助学生理解:Are they in our classroom?

Ss:No,they are in a shop.

(设计意图:通过颜色导入本课在商店买东西,这有各色的伞。询问伞在哪,导出在商店,此处过渡自然。)

Activity2:In the story.

Picture 1

①观看视频第一遍:

General questions:Who are they?

What does Lingling like?

Why she wants to buy an umbrella?

通过图片和视频的播放,观察到 Lingling 和妈妈在商店并买雨伞,Lingling 和朋友们要去郊游,怕会下雨所以买了雨伞。

②观看第二遍:

Detail question:Which one does Lingling like?

(这里只听音不看视频)

预设:Does she like the black one? 如果学生没有听懂问题,可以提醒帮助理解。

Lingling says "I like it !"让学生试着说一说是何种语气。

(设计意图:通过细节问题再次观看视频寻找答案。并注意了让学生表演一下喜欢的语气,这里通过提示学生语气帮助学生理解 I like it. 的句意,并培养了孩子语感。根据《北京市中小学英语学科教学改进意见》低年级侧重听说的改进意见,在此设计在第一遍看视频后,对于内容的问题设计了只听音,不看视频,培养了学生听的能力。)

Picture 2

① Question:What else does Lingling buy? Can you guess?

② 观看视频,寻找答案。

③Why she buys a car for an outing? 让学生说一说她买小汽车的原因,此处是开放式问题,学生可以自由思考表达。

此处文中出现的 this/that 不是本课的重点,教师通过实物小汽车的摆放位置和体态语帮助学生理解。

④通过 Yes or No 的问题,检测学生的课文理解情况。

Lingling wants a blue car.

Lingling wants a black bird.

Lingling wants a black car.

(设计意图:通过让学生自由发散的说一说外出郊游 Lingling 要买的东西,并讨论为什么买。这里给了学生开放式的问题,发散的了学生的思维并给有基础的学生表达的机会。鼓励学生用英语思考和表达的意识和能力。)

Activity3:After the story.

①跟读课件,进一步巩固语言。

②教师和学生分角色朗读。

③学生分组分角色表演课文。

④展示表演课文,通过教师准备的实物,学生进行角色扮演。可以读书扮演,也可以根据黑板的句型提示进行配音活动。

(设计意图:这里的 role play 体现了分层教学,让同学们可以角色扮演读书进行表演,对于能力强的学生可以进行配音表演展示。体现出运用了所学的语言。)

(3) Step three:Production.

Activity1:watch a video.

T:Let's go out with Lingling. Let's watch where do they go?

过渡:通过观看森林的小视频过渡到询问学生是否喜欢,运用本课句型进行操练和产出。

Activity2:talk about the forest.

学生通过黑板上呈现的森林中不同颜色的动植物,进行描述自己的喜好和询问他人。

S1:I like the white rabbit. Do you like it?

S2:Yes,I like it. / No,I like...

(设计意图:通过之前复习颜色呈现的小森林,请学生们根据黑板上的森林表达自己的喜好,描述颜色并询问他人。前后呼应并运用了所学的语言,体现用英语做事情。)

Activity3:make a card.

Do you like the forest? Let's draw and color the forest. You can send this card to your mum.

(设计意图:学生可以自由表达自己的喜好并画在卡片上,涂上颜色。做成一个贺卡。通过巧妙的将开课时学习书写字母时的 Mm 中间加上字母 u,变成 mum。把贺卡送给妈妈。)

(七)学习评价

1. 教师评价

(1)用课堂评价表进行评价。每一课我都注意从学生的听说读写及合作等方面进行评价,各项以小奖品(小星星、小贴画等)来记分,每项都得了小奖品为 Excellent(最棒),递减为 Very good(很好),Good(好),Not bad(可以),Work harder(需努力)。

(2)用小奖品进行评价。我准备了许多学生们喜欢而又熟悉的人物贴画。在每次发给他们的时候,我总会指着小图片上的人物问:

What color is your butterfly/flower/fish? 而同时,"It's red. This butterfly is pink."等表达方式也自然而出。评价的同时渗透了课文的重点。

2. 小组评价

为了不挫伤学生学用英语的积极性,增加每个学生说英语的机会,课堂上我把学生按四人一小组分配,由英语学习较好的学生担任组长,在小组内,学生不但是学习的主体,也一样可以成为评价的主体,形成了学生自评和学生互评相结合的评价体系。小组评价既克服了班级容量大,教师检查、评价不过来的困难,又使学生在自评互评过程中获得了可持续发展。

（八）板书设计

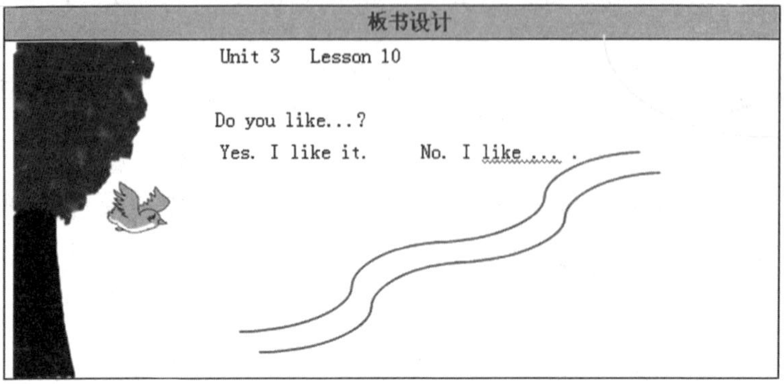

二、教学反思

作为低年级的英语教师，在学校智慧课堂的研究中我也在不断的思考“该如何打造自己任教班级、学科的智慧课堂”，使之充满关爱，能够遵循规律，注重创意地使用教材，教学环节注重衔接。体现全人育人，使自己的课堂因智慧而变得鲜活、生动。

下面我以本课为例，谈谈本课如何体现自己的智慧型课堂的两个智慧点：1. 准确把握教材重难点，使用教材有创意。2. 教学环节注重衔接，自然流畅。

本课的教学内容为：学习字母为 Mm，Nn，在之前学生学过了 mum，mouse，nut，nine 等以这两个字母为首的单词。本课时是本单元的第二课时，在第一课时学生已经学会询问物品的颜色并回答。What colour is your bag? It's white. 由于本课的内容版块为：课文，字母单词和歌谣，内容较多，所以此处调整了教学顺序，先学习了字母和单词，自然过渡到课文的学习，给课文句型的运用产出留出了时间。在本部分的设计中，体现了智慧点——把握教材，创意地使用教材。在设计中通过把 Mm 为首的单词串成了 Mike 参演音乐会的语音故事，自然在听故事中导入单词从而学习字母。通过 monkey 捕鱼的歌谣导入 net，从而学习了以 n 开始的单词。在调整了教学顺序的同时体现了各个环节的自然过渡。

学习字母后通过小鸟被网捕住，放鸟回森林的视频，从而观察到事物的颜色。导入颜色的单词。复习了已知的颜色的词汇并通过老师准备的不同颜色的小动物卡片复习并操练单词。为课文做铺垫。这里的过渡是通过观察雨伞的颜色，从而进行课文的学习。

《英语课程标准》提出学生能积极运用所学英语进行表达和交流，能体会到英语学习的乐趣,敢于开口,表达中不怕出错误。所以结合本课的智慧点,课标中低年级需要达成的一级目标我通过看视频、简单的角色表演、说唱英文歌谣、交流喜欢森林中的事物等简单的表达,不断激发和维持学生的学习兴趣。并通过调整教学顺序和充分设计各个教学环节的过渡,开展符合学生学习的不同活动,让学生在快乐中学习。

同时在小学英语学科改进意见中注重激发学生学习兴趣,培养学生语言感知能力,形成良好的语音语调和大胆开口说话的习惯。小学低年级侧重听说训练,要求学生能看懂简单的教学节目、进行简单交际。所以在课文的学习中侧重了听说,在第一遍试听后对于细节的问题只做了听的设计,锻炼了孩子听的能力。

我会在不断努力,继续提高。在探讨和提升自己的智慧课堂方面加强理论学习和实践。

三、专家点评

叶菊艳(博士)

李平老师执教的针对二年级《What colour is your bag?》一课,让人印象最为深刻的地方即是她能通过自制视频、借助实物教具(雨伞)、设计精美版书、角色扮演、为学生营造生活互动场景等一系列手段为学生营造良好的学习环境,并以各种活动的设置和衔接对课程教学内容进行了重构,在对接学生生活体验的同时,充分调动了学生课堂参与的积极性及英语学习的兴趣。在整节课中,学生们积极性很高,用李老师自己的话说,很多课教师需要设置各种中间操,以活跃课堂气氛,吸引学生的注意力,而英语课则根本不需要设置中间操。

好的教学,关键在于教师如何在学习目标、学习内容和教师个人之间建立联结,并最终促进学生的学习与发展。这个过程极大地考验教师的教育教学智慧。李平老师的课堂教学,至少体现了以下几点智慧:

1. 智慧调动学生的身体作为学习的工具,引导学生在体验中进行学习。比如,在帮助学生学习 monkey,mouse 等单词时,她请学生用动作去将这些动物表演出来。从认知心理学的角度来看,对于低年级学生来说,他们是一种直观性的思维,如果只给学生一种单一的抽象刺激,孩子不仅记忆难以持久,对单词的深层次理解亦有限。让孩子用自己的身体去探索词语,这就意味着他们的大脑需要多好几道加工,比如,他要先知道这个单词是什么意思,想到是老鼠后,他还要头脑立刻想到老鼠的动作,再去想,我该怎么表演出来呢? 这一系列复杂的过程和课堂因表演而产生的氛围和学生的情绪情感体验等无疑都加深了学生对所学单词的认知、记忆和理解。

2. 营造多元体验氛围,智慧调动学生的五官投入学习。除了进行角色扮演外,李老师充分运用有趣的动画视频、兴奋的音乐、精美的图画板书、对话情境的设置和角色扮演等,这些教学活动无疑刺激着学生的各种感官,引导学生全身心投入到课堂学习当中。而丰富的感官刺激和为学生营造一种故事性的学习情境,亦有助于学生将所学记得更久。因为人的记忆往往需要借助情境,比如当时我是在做着什么,我的周围是一种怎样的氛围,这种情境性的信息越丰富,无疑越有助于学生进行深刻记忆。

3. 教师智慧地运用自己的身体投入教学。人文主义教育观认为,教师本身是教育教学的工具。教师要意识到自己的个性特点和自己的身体也是可以富有教育意义的。当教师自己调动自己的身体全情投入到课堂教学中时,必然会带动孩子投入到课堂学习中。李老师在课堂上充分利用肢体语言进行教学,学生怎能不积极参与?李老师在课堂中所用的手势语也让我印象深刻。孩子如果在兴奋和吵闹状态时,教师说什么对他们未必有效,但是教师清晰有力的手势语无疑是一种有效的引导。在课堂上看到,当李老师的手势速度变快时,孩子的动作也在加快,而当教师的手势慢下来时,孩子的动作也慢了下来。

当然,本课在将学习内容对接到学生体验上也还可以有进一步改善的空间。比如,本课一个重要目标是引导学生学会使用“Do you like”的句型。这一句型其实在日常生活中是使用很频繁的一句话,教师在引导学生进行角色扮演时,完全可以将情境设定为学生自己日常身边的情境,引导学生切身投入情境,而非让学生只是扮演课本中的人物,说课本中一模一样的对话。比如课本中学生喜欢某种颜色,而实际上学生并不喜欢那种颜色,这时候对起话来,知识就很难入心了。

《Story Time Mulan》研究案例与分析

教师简介:

曾丽,女,1980 年 10 月出生,本科学历,小学一级教师。曾获东城区第三届中小学生英语校园剧优秀指导奖、东城区第八届“东兴杯”特殊教育教学大赛英语学科决赛三等奖、东城区教育系统教育新秀、东城区中小学生英语口语大赛优秀指导奖等荣誉称号,承担东城区小学英语高年级课例研讨研究课《Story time:story 6》,她设计的《Story time》获东城区小学英语课堂教学设计一等奖,《一般将来的导入》获东城区小学英语微课程评选二等奖,《Unit 3 School sports day》获东城区小学英语教学设计与评选三等奖,《Unit 9 life in the year 2050(1)》被东城区精品常态同步课程资源库收录,论文《国际交流与合作论文》获东城区国际交流与合作工作论文优秀奖。

教学基本信息:

教材:北京版	出版社:北京出版社
年级:六年级	学科:英语
课题:Story time Mulan	课时:第一学时

一、教学设计

(一)背景分析

1. 教学内容:本课是本册教材中阅读部分的最后一个故事,也是孩子们比较感兴趣的一个故事。多数学生都对这个故事有所了解,但很少有同学读过英文版的故事。我把这个故事处理成了英语绘本,以一种崭新的方式呈现在学生面前。这个阅读中有较多的新单词,学生通过上下文的阅读运用一定的阅读方法技巧读懂并理解这个故事的情节,满足了学生的好奇心,同时学生通过故事的学习也领会到了木兰坚强勇敢的优秀品质。

2. 学生情况:本次授课的对象是我校六年级(2)班学生,这是一个活泼并且表现欲较强的大集体。作为高年级的同学,他们思想意识都比较成熟,他们有着良好的学习习惯,部分同学已经掌握了一定的学习方法和技巧。在口语表达方面,已基本养成了用英语表达与交流的习惯。对于我们班的同学来说,他们对语篇学习很感兴趣而且很愿意尝试新的阅读方法,愿意在课上与老师一起进行学习和探讨。同时,我们班也同样存在一些英语基础不太好的同学,但他们总是能在周围同学带动下尝试着完成老师布置的任务,是自觉性非常强的孩子。

3. 教学方式:绘本教学,小组合作。

4. 教学手段:多媒体设备,自制绘本。

5. 技术准备:单词卡片、多媒体课件、演示文稿、自制绘本。

(二)教学目标

1. 能较流利地朗读故事。

2. 通过上下文分析并理解故事中的新单词。

3. 理解整个故事并能根据提示短语简单复述故事。

4. 了解中国传统故事，培养学生孝敬父母，勇于分担的意识和情感。

(三)教学重点

通过上下文的阅读和图片的辅助，理解故事中的新单词；尝试着根据提示简单复述故事。

(四)教学难点

根据提示图片和单词简单复述故事。

(五)教具准备

单词卡片、多媒体课件、演示文稿、自制绘本

(六)教学过程

☞教学流程示意

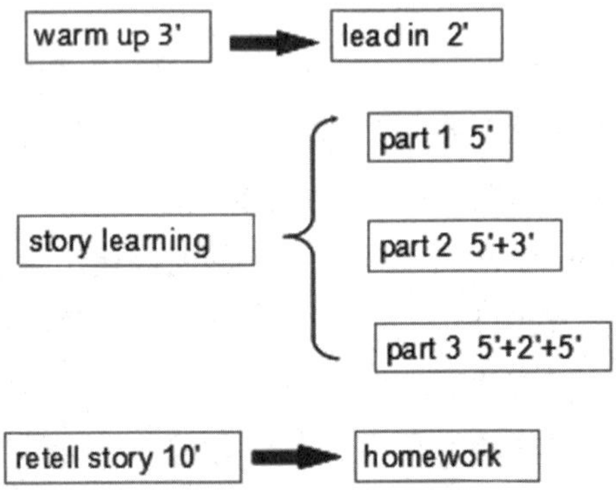

☞教学流程及设计意图

1. Step 1: Warm up and lead in

(1) Greeting.

T: Welcome to our story time. Tell students we'll learn a story about a beautiful girl. Maybe you know the girl, show students the pictures and ask: Do you know her?

Show another picture: look, a general. She is wearing a suit of armour. Do you know general? We know some famous generals such as Zhu De. Who is this general ? She is wearing armour. I think the armour is very heavy but they are very useful for us when we are in the war. They can protect our body.

At last show the beautiful woman, "Do you know this woman? Who is she?"

Yes, these pictures are all about Hua Mulan. Today we are going to read the story about her. What things do you know about her?

(设计意图：通过引入本节课主要人物——花木兰，学生进行了较充分的猜

测,激发学生的兴趣和兴趣点,学生的学习积极性不由自主的被调动了起来,为后面的故事学习做好充分的准备。)

(2)Lead in.

T:Show the pictures and tell students:Hua Mulan's story happened in Henan and her story spread in China many years and also her story inspired girls everywhere. Do you want to read her story today? Now let's read the story in our English class.

(设计意图:通过学生自己猜测出正确答案在将教师自制的绘本教材发给学生,使学生格外的对阅读文本感兴趣并且主动地阅读。从而使本节课变成学生主动学习地阅读课,教师也不会在后面的课上组织教学。)

2. Step 2:Story learning

(1)Part 1

T:Show students the book and give some questions about the pictures on page 1:

Can Mulan ride a horse? Did she like kung fu? What did she use?

S:Read the pictures quickly and tell the answers .

T:Ask:she can do these things,do you know who taught her to do these? I have four questions and I know the answers,please read page 1 -2 and find out the answers.

S:Find out the answer and underline the answers,check the answer with the teacher.

T:Mulan was so young and she was a girl but she had to go to the war because her father was too old to fight in the war. What would happen to her? I'm really worried about her.

(设计意图:通过简单的问题入手,使学生仅仅从观察图片就可以找出答案。引导学生读图找答案,获取有关信息的能力,此部分采取问题引领的方法,使学生自然地开始阅读故事,并进入到故事的情节中去。引导学生继续关注故事的情节发展。)

(2)Part 2

T:Show a picture and give some tips:Look at Mulan,she is in the war. Now she is a general. Was she brave? Can she win the war? Where did you find out the answer? Can you read this part?

S:Look at the pictures on page 3 -4 and try to guess:Mulan was very brave in the war and she won the war. Because the Emperor was very happy. And then read these part and find out some key points

T:Give some explanation for the new words. And then show students some sentences to check:You know this part very well,now let's do the exercise about it.

Mulan fought bravely in the war.

They knew mulan was a woman.

The emperor gave mulan a lot of money aftor the war.

Mulan won the war.

(设计意图:本部分较难理解,通过判断句子并改正的方式检查学生的理解程度并在过程中突破不好朗读的单词,带领学生从上下文的意思中理解陌生单词的意思,并用自己熟悉的单词进行替换,在此过程中锻炼了学生的语言表达能力,同时也考察了学生对句法结构的掌握程度。)

(3)Part 3

T:Mulan won the war and she went home. I think she was very happy. Was she a man or a woman at home ? Let's listen to this part together.

S:Listen to this part carefully and answer:

She was a woman and she dressed herself in woman's clothes.

T:Mulan was a beautiful woman again but her friends in the army didn't know. Look,they were very surprised,what would they say? Can you guess?

S:Think and guess:

Am I dreaming? I can't believe that. Oh,you are so beautiful…

T:Now let's read this part follow the computer sentence by sentence.

(设计意图:本部分是学生熟知的内容,让学生大胆展开想象去猜测,在掌握全文逻辑关系合理性的同时也锻炼了学生的思维能力。希望有越来越多的同学把自己的真实想法甚至是自己所学到的其他的句子与本故事联系起来,真正达到灵活运用的目的。)

3. Step 3:Retell story

T:You like the story so much. I think you can tell the story to your foreign friends one day. Let's read this whole story and try to retell the story in groups.

S:Read the whole story and try to retell it in groups. Then show the story in class.

T:When you retell the story in your group,you can write some key words for each picture.

T:It's such a good story,What can we learn from this story?

Mulan was really very brave and we should learn something from her and for me,I knew this: If you have enough love and courage, you can accomplish anything, no matter how impossible it seems.

Explain for students: if you have enough love and you are brave enough you can finish everything no matter how difficult it seems.

Maybe it's difficult for you to understand this but I'm sure you will understand it well in the future and you will remember it.

(设计意图:此部分是故事的结尾,通过本节课的学习,让多数学生较好地理解故事,力求通过最后的引导让学生知道自己的责任,在日常的生活中多关心他人,多去照顾他人。)

4. Step 4: homework

(1) Read the story after class and retell it to each other.

(2) If you know other stories, you can tell it in our class next time.

(七)学习评价

在本节课教学中,学生通过绘本和小组合作的学习形式,同学间既互相帮助,共同学习,又可以互相监督,共同进步;此外,关于木兰照片的猜测激发了学生兴趣,使学生乐于讨论有关花木兰从军的故事并从中进一步了解了中国历史上的女英雄。

(八)板书设计

Story time Mulan

too old to fight had to go to the war

armour

fought bravely no one knew

won the war went home

surprised couldn't believe

二、教学反思

本课是本册教材中阅读部分的一个故事,也是孩子们比较感兴趣的一个故事。多数学生都对这个故事有所了解,但很少有同学读过英文版的故事。我采用较为新颖的绘本教学方式,大大吸引了学生的注意力,本课的教学目标是:能较流利地朗读故事;通过上下文分析并理解故事中的新单词;理解整个故事并能根据提示短语简单复述故事;热爱中国传统文化,培养学生孝敬父母、勇于担当的情怀。本教学设计本着以人为本,从学生实际出发的原则,较符合学生的发展特点,每个学生通过学习都能够在英语阅读方面掌握一定的技巧以及学习策略,具体分析如下:

1. 图片导入,学生乐于接受

我用图片导入的方式引入新授课,通过学生观察图片导入到故事的学习,高年级学生喜欢较为新鲜刺激的事物,多数学生对于花木兰的故事了解的并不多,所以孩子们看到花木兰的图片都会觉得很新鲜,从而真正激发了学生的学习兴趣。

2. 问题引领,处理故事

本故事主要分为三个教学部分,我为每个部分设计了不同层次不同难度的问题与活动,目的在于引导学生通过各种手段不断深入地了解文本信息,从而掌握故事发展的必然性。同时在图片的支持下学生掌握了新单词,例如 armour。

3. 有效拓展,正确引导

在处理第三部分木兰的朋友来看望她发现她是女人很吃惊时,我让学生自由想象木兰的朋友会说什么,一方面是让学生根据自己的水平自由发言,另一方面是希望学生能把自己生活中的话恰当地放入所需要的语境中。通过故事的学习,学生了解了木兰这位巾帼英雄替父从军的故事,同时对中国古代的历史又有了进一步的认识,激发了学生的爱国情怀。

本节课总体上符合学生的认知发展规律,不同的学生通过参与本节课的绘本教学活动都能在阅读方面有不同程度的提高。真正好的英语课应该是每个细节都不留遗憾,因为课堂上的每个细节都是提高学生能力的途径,注重每个学生的能力发展点从而使学生得到进步是每个教师的心愿。

三、专家点评

裴森(博士、副教授)

1. 这是一堂设计新颖、有趣味性的阅读课,教学过程和目标意图清晰,强调了语言的结构、意义与运用的统一。通过把中国传统文化中的巾帼女英雄的故事用英语呈现出来,一方面贴近学生的生活与学习经历,学生对故事的背景较为熟悉,有利于激发学生学习的兴趣与动机;另一方面,学生有机会用英语表达出对花木兰的看法以及自己的感受,不仅实现了语言技能上的目标,也让学生通过自由发言,将历史与现实生活紧密相联,从而提升自身价值。从这个角度上看,曾老师在教学中,关注对学生的人生价值的引导,这种价值共善性是教师智慧从教的体现。其次,曾老师的教学内容不只是停留在语言技能和语言知识层面,还强调学生以语言作为媒介,进行有意义的输出与创造,体现了教师对学生的主观能动性的强调,希望学生能进行智慧学习而非表层学习。这是一种旨在挖掘课程中的意义,对课程进行智慧重构的教学方式。

2. 从语言技能和语言知识来看,曾老师用了一些很好的教学策略来实现技能和知识的目标。比如,以真实的问题为引导,激发学生的兴趣,锻炼学生从文本中提取信息的能力;创设语境,让学生联系上下文猜测词义;联系学生的已学知识和生活经历,启发学生思考,让学生表达自己对"发现花木兰是女生,大家很吃惊时可能会说的话"的看法,通过语言与思维的交互,实现对语言的运用与创造。在这个过程中,教师强调了对知识的"生活情境化",加深学生对知识的理解与运用,体现知识的深层性。这对于教师与学生来说,都是本课的难点所在。

3. 从教学方式来看,绘本的形式给学生提供了合适的学习资源,让学生能够感知学习情境,容易激发学生学习的兴趣。而小组合作学习,则给予了学生相互交流的机会,让学生相互学习,达到语言输出的目标。并且,曾老师强调在教师的引导下,给予学生更多的自主权,这充分体现了以学生为中心的教学理念。

4. 总的来说,曾老师的教案很好地融入了"智慧课堂"的设计理念,在知识深层性(语言意义与生活经历的联系)、主观能动性(调动学习兴趣与动机)、价值共善性(引发学生从文本中获取自身意义)、问题实践性(真实的问题设置)等方面都有考量与体现。但学生的自我评价和同伴评价方面需要进一步完善,可以在小组合作学习中融入这一设计理念。

《Unit3 Can you tell me the way? Lesson 9》研究案例与分析

教师简介:

林媛媛,女,1989 年 7 月出生,大学本科,学士学位,小学一级教师。北京市东城区板厂小学英语教师,现担任二、五年级共 6 个班英语教学工作,曾获得北京市东城区"东兴杯"教学大赛一等奖。在板厂小学已经工作快五年的她,已经逐渐形成了自己独特的教学风格，性格活泼的她始终秉承 Happy English Class 的教育理念，力争用自己亲切的笑容和亲和的态度打造快乐英语课堂。随着学校智慧课堂理念的不断深入，她也在教具制作、视频制作等方面不断研究并创新，用新技术打造智慧课堂。

教学基本信息：

教材：义务教育教科书	出版社：北京出版社
年级：四年级	学科：英语
课题：Unit 3 Can you tell me the way? Lesson 9	课时：第一学时

一、教学设计

(一)背景分析

1. 教学内容：本课为北京版新教材四年级下第 3 单元 Unit 3 Can you tell me the way? 的第 1 课时内容，是一节新授课，包括的版块为 Listen and say；Listen, look and learn；Let's do。从单元整体看，本单元的教学内容围绕"问路与指路"展开，而本课(Lesson 9)中，Listen and say 这一版块提供的场景图为 Mike 向路人询问新图书馆在哪，并学习问路的功能句"Where is ... ?"以及指路的功能句"It's ... ."而在 Listen, look and learn 这一版块中则围绕本课的功能句展开了练习，这一部分中，如何结合序数词给他人指路是本课的教学难点。最后 Let's do 版块通过 Listen and number 这一听力练习呈现了方位介词 go straight on, turn right, behind, near 等，为下一节课的学习做下了铺垫，同时也是本课学习的延伸。

2. 学生情况：本次授课的对象为板厂小学的四年级学生。在口语表达方面，学生能用英语进行问候，已基本养成了用英语表达、交流的习惯；在已知方面，学生在三年级上学习北师大版教材时，学习过有关学校内各地点的名称，如 classroom building, teachers' office, art classroom 等，因此本课中有关学校内地点的名称对于学生来说并不太难；本单元的话题为问路，学生在前三年的学习中没有接触过这一话题，而由于学生教材版本的不同，学生没有学习过序数词的表达方法，因此如何用序数词为他人正确指路对学生来说是难点。

3. 教学方式：情境教学法、任务教学法、合作学习。

4. 教学手段：演示 PPT 课件。

5. 技术准备：句子卡、单词卡片、教师自制场景图片、教师自制导入视频、评价用小黑板及字母磁贴、学生活动用书。

（二）教学目标

1. 能够听懂、认读 library, teachers' office, art classroom, computer lab 等场所类词汇。

2. 能够听懂、认读 first, second, third, fourth, fifth 等序数词并会正确表达场所所在的楼层。

3. 能够初步运用“Where is ... ?”的基本结构向他人问路并用“It's ... ”给他人指路提供帮助。

4. 能够初步感知 go straight on, turn right, behind, near 等介词短语。

5. 通过分角色朗读对话或进行角色扮演并在角色扮演中，知道如何有礼貌地向他人问路，体验乐于助人的快乐。

（三）教学重点

1. 能够听懂、认读 library, teachers' office, art classroom, computer lab 等场所类词汇。

2. 能够听懂、认读序数词 first, second, third, fourth, fifth 等序数词，并会正确表达场所所在的楼层。

3. 能够初步运用“Where is ... ?”的基本结构向他人问路并用“It's ...”给他人指路提供帮助。

（四）教学难点

1. 能够听懂、认读序数词 first, second, third, fourth, fifth 并会正确表达场所所在的楼层。

2. 能够准确运用“Where is ... ?”的基本结构向他人问路并用“It's ...”给他人指路提供帮助。

（五）教具准备

句子卡、单词卡片、教师自制场景图片、教师自制导入视频、评价用小黑板及字母磁贴、学生活动用书

（六）教学过程

☞教学流程示意

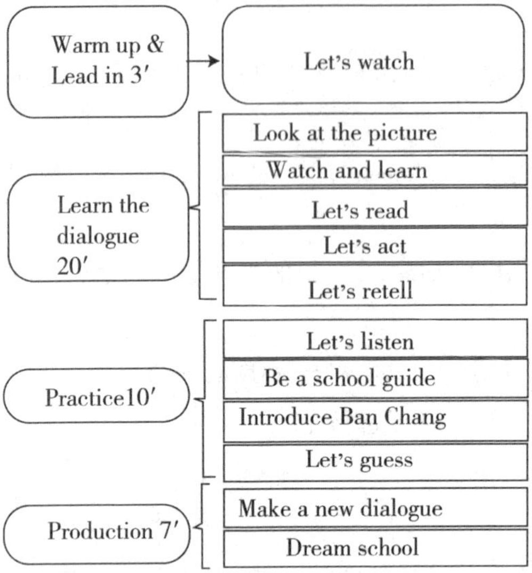

☞教学流程及设计意图

1. Warm up

(1)Introduce the assessment.

T:In this class,if you can listen well,speak well and answer questions well,then you can put a letter on your group blackboard. If your group finish the word,shout BINGO and I will give you a key word.

(设计意图:通过介绍本节课的小组任务,激发学生的兴趣,同时这也是本节课的评价方式,小组完成一个任务后即可在黑板上粘贴一个字母,字母都拼完后会在黑板上形成一个场所的名称,如 library,最先完成任务的小组要喊 BINGO 并能获得教师的一个提示。这里需要说明的是,每个小组最后黑板上会拼出不同的场所名称,这也为本节课最后的产出部分提供了铺垫。)

(2)Let's watch.

T:Today,I want to show you a piece of video,and then guess whose school it is.

Watch the viedo.

(设计意图:通过教师自制的介绍学校的视频,呈现不同的场所,如 library,teachers' office,art classroom 等,激活学生的已知,提前处理 Listen,look and learn 中的场所名称,同时视频中呈现的为 Lingling,Guoguo,Baobao,Maomao 的学校,为后面课文的学习做下了铺垫。)

2. Lead in

T:In the video Miss Wang says "A new friend will come." Do you know who he is?

Ss:Mike

T:Yes, it's Mike. He will come to a new school to study for a period of time. And he likes reading very much, so he wants to go to the new library.

T:Let's look at the picture.

(设计意图:从热身中的视频导入 Mike 将来到新学校学习一段时间,从而为本课的两幅主题图创设了符合实际的情境,过渡自然。而 Mike 的爱好也是读书,因为一本好书犹如一生挚友,过渡中培养了学生爱读书的意识。)

3. Learn the dialogue

(1) Look at the picture.

T:Does Mike know where the library is?

Ss:No, he doesn't know.

T:Why doesn't he know?

Ss:Because he asks to the man.

T:Why he asks to that man? Look, what's in the man's hands?

Ss:Books.

T:Yes, maybe the man wants to go to the library too. So Mike asks to him, right?

Ss:Yes.

T:How does Mike ask to the man? Now let's watch the video.

(2) Learn:

①Watch the video for the first time.

T:Mike wants to find the library, so how does he ask to the man?

Ss:Where is the library?

T:出示板书。

T:And then where is the library?

T:Let's watch it again and try to remember.

②Watch the video for the second time.

T:Where is the library?

S1:It's in that building over there.

强调 in that building over there.

T:Which floor?

S2:The fifth floor.

T:Then Mike goes into the building,and he is standing in front of the stairs,but he is very confused,because on the left of the stairs there are some rooms and on the right of the stairs there are also some rooms,does he know where he should go to?

Ss:No.

T:Then he asks… ?

T:Let's watch the video and find out the answer.

③Watch the video for the third time.

T:So can you find the answer?

S3:Is the library on the left of the stairs?

T:Yes! Well done!

T:Read after me "on the left of" "on the right of"

T:So Mike should go to the right side of the stairs. OK,look,how many rooms are there?

Ss:Three.

T:Which room Mike should go to?

Ss:The third room.

(设计意图:通过三次观看动画,师生共同讲故事,力求学生能够准确理解对话内容,在讲对话的过程中处理难点 over there,on the left of the stairs 等,使学生在老师的图片帮助下,能够正确地在情境中理解语言。)

(3)Let's read.

(设计意图:通过指读并跟读,培养学生正确的语音语调,准确朗读课文。)

(4)Let's act.

(设计意图:角色扮演是学生喜爱的活动,通过角色扮演,使学生在体验角色,揣摩角色的过程中,再次感知语言,体验语言、理解语言、内化语言。)

(5)Let's review.

T:Mike wants to go to a new library,so he asks to the man…

Ss:Where is the new library?

T:And the library is …

S1:In that building over there.

T:And the library is on the …

S2:It's on the fifth floor.

T:Then he goes into the building. Is the library on the left of the stairs?

Ss:No,it's the third room on the right.

(设计意图:通过师生共同复述故事,梳理语言知识,内化语言。)

(6)Let's do.

Let's listen.

T:We helped Mike and he is very grateful,he wants to thank us,so he wants to show us his school. Do you want to know what's his school like?

Ss:Yes.

T:Let's listen.

Mike 自述学校:

Hello,welcome to my school. This is our classroom building. Go straight on and turn right,you will see it. It has 4 floors. I like to play football in the afternoon,and the playground is behind the classroom building. On the left of the playground is the clinic. I like reading books in the library,and the library is just near the clinic.

(设计意图:改编听力材料,使书本中的 Listen and number 整合起来,加入情境 Mike 介绍学校,使听力连贯,而学生也能在连贯的语境中感知并体会方位介词 behind,on the left of,go straight on,turn right 等。)

4. Practice the dialogue

(1)Who is the school guide?

T:Do you like Mike's school?

Ss:Yes. / No.

T:Just now Mike is the little school guide,we should say "Thank you!" to him right?

Ss:Yes.

T:You know this is my first time to come to your school,and can you describe your beautiful school for me? Who can be a little school guide?

Ss:I can be.

T:OK,I like reading too,I want to go to the library,so where is the library?

S1:It's on the … floor.

T:I want to dance,where is the dance room?

S2:It's on the … floor.

T:Where is the … ?

S3:It's on the … floor.

（设计意图：出示崇文小学的平面图，从授课教师是首次来到崇文小学的角度出发，教师对崇文小学充满了好奇，想去好多地方，如图书馆等，教师则会发问“Where is the … ?”，学生则会扮演校园小导游的身份，在真实的语言环境里运用语言。这一环节则注重学生对“It's on the … floor.”的回答。）

（2）My school.

T：Thank you boys and girls. Your school is very big and beautiful. You know I'm from Ban Chang Primary School，do you want to see my school?

Ss：Yes.

T：OK，I will show you. This is the plan of my school. You can ask about any places，and I will be a school guide this time.

S1：Where is the library?

T：It's on the first floor.

S2：Where is the … ?

T：It's on the … floor.

（设计意图：出示板厂小学的平面图，激发学生对教师所在学校的兴趣，那么学生就会自然地发问“Where is the … ?”，而教师则会扮演校园小导游的身份，告诉学生各个场所所在的地点。这一环节则注重学生对“Where is …?”的运用。）

（3）Let's guess.

T：I have another picture of the school. Look at the picture. Can you guess where the teachers' office is?

Ss：It's on the first floor.

T：Great. Now can you make a dialogue with your partner? Please 2 in a pair. One ask，one answer.

（设计意图：此部分处理书中的 listen，look and learn 这一部分。出示平面图，首先让学生猜一猜各个场所所在位置，然后让学生两人一组做问答或编一个简单的对话，反馈学生对功能句的理解与运用。）

5. Production

（1）Make a new dialogue.

T：Did you finish your group work?

Ss：Yes.

T：Let's open the envelopes. First，make a question. Second，find the answer about it. Third，stick the picture on the paper. And finally，try to make a new dialogue in your group.

（设计意图：通过评价，各小组完成黑板拼单词任务，完成拼词任务的小组可以逐一打开各自的信封，通过信息差的方式，组内成员分享信息，最终获得所拼场所的位置，最后将该场所粘贴在模拟教学楼中。）

（2）Dream school.

T：Today we have talk about the places in the school，right？ What is your dream school like？ Can you show me your picture about the dream school？ And try to describe it in English.

S1：My dream school is very beautiful…

S2：…

T：Wow，our school is wonderful！

（设计意图：学生在上课之前已经提前画出了自己想象中的学校，教师会给予一定的语言支撑，让学生用自己的语言来描述学校，如 The classroom building has 10 floors. The ipad room is on the fifth floor. 等，通过这一活动，不仅激发了学生的想象力及思维能力，同时又让学生勇于开口说英语，在想说的欲望中运用语言。）

（七）学习评价

1. 教师评价

（1）教师融入到学生之中，通过学生在回答问题、表演对话及玩游戏时的表现，教师通过语言（good，well done，great，perfect）及眼神对学生进行鼓励。

（2）以完成小组黑板拼词任务为评价方式，小组或组内成员表演得好或正确回答问题后，都可以在黑板上粘贴一个字母，回答的问题越多或表演的越多就能越快完成任务，而最先完成任务的小组要喊 BINGO，并可以获得教师的额外奖励。这种评价方式新颖，能够有效激活学生的兴趣，培养学生的合作能力，并且将评价方式与本节课的场所名词相结合。

2. 学生评价

（1）学习效果自评

通过预测、猜想、回答问题，检验学生是否明白对话内容。

通过对话朗读、表演、拓展，检验学生是否能理解对话及语言的初步运用。

（2）学生互评

通过学生小组角色扮演活动，让学生评价该小组是否表演出色，学生可运用语言 good，better，best。

（八）板书设计

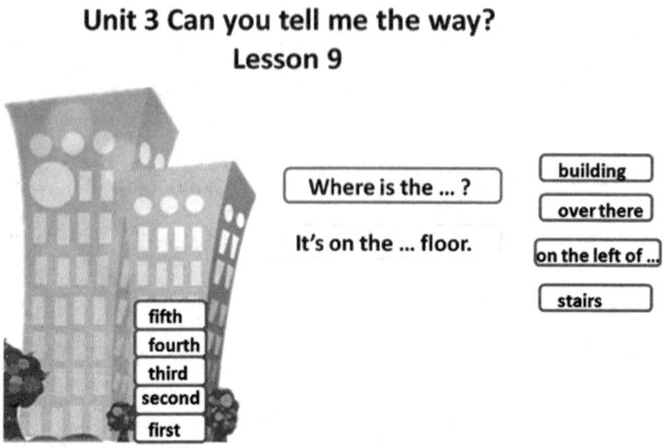

二、教学反思

1. 运用多种方法，激发学生的学习兴趣

《小学英语课程标准》中指出，保持积极的学习态度是英语学习成功的关键。教师应在教学中，不断激发并强化学生的学习兴趣，并引导他们逐渐将兴趣转化为稳定的学习动机，以使他们树立自信心，锻炼克服困难的意志，认识自己学习的优势与不足，乐于与他人合作，养成和谐和健康向上的品格。兴趣是最好的老师，因此我注重培养学生的兴趣。本课以 Let's watch 看一段生动、有趣的视频为课堂的伊始，调动学生的积极性，同时也呈现本课中所涉及的场所名词 library，art classroom 等；在本课的产出部分，以小组共同完成的任务而形成一个真实的学校，并让学生根据这个场景恰当地问路、指路，并在教室中走起来，使课堂不再是平面结构图，而是一个真实的、立体的学校，使课堂动了起来。

2. 联系学生的生活，激活学生已有的知识与经验

《小学英语课程标准》中指出，英语课程要力求合理利用和积极开发课程资源，给学生提供贴近学生实际、贴近生活、贴近时代的内容健康和丰富的课程资源。在本课中，我从学生的实际生活入手，通过自制介绍学校的视频，结合学生的实际，激活学生的已知（Library，teachers' office 等词）。

3. 努力创设情境，注重语言的训练与运用

对话学习最重要的就是情境的创设，在本课中我努力创设情境，如在导入部分，Mike 来到 Lingling，Guoguo，Maomao，Baobao 的学校学习一段时间，而 Mike 的

爱好是阅读,因此他想去新学校的新图书馆,为对话创设了真实的语言环境;又如在处理本课的听力练习 listen and number 时,为了使课堂连贯,情境丰富,我改编了听力材料,创设了 Mike 向我们介绍自己的学校的情境,从而同时锻炼了学生听及捕捉信息的能力,使听力练习不那么生硬。

4. 评价方式新颖,以任务目标驱动学生参与课堂

小组黑板拼词任务为评价方式,小组或组内成员表演得好或正确回答问题后,都可以在黑板上粘贴一个字母,回答的问题越多或表演的越多就能越快完成任务,而最先完成任务的小组要喊 BINGO,并可以获得教师的额外奖励。这种评价方式新颖,能够有效激活学生的兴趣,培养学生的合作能力,并且将评价方式与本节课的场所名词相结合。

三、专家点评

裴淼(博士、副教授)

这是一堂关于"问路与指示"的功能句型的学习课。林老师很好地整合了不同的语言技能,把输入(听)与输出(说)结合起来,同时有丰富的视觉辅助(图片与视频),突出了在真实的语境中让学生学习和运用语言,也以真实的问题与情境激发了学生的兴趣与动机,调动了学生的主观能动性。教学设计层层递进,让学生在完成小组黑板拼词任务和听与说的任务中,不仅增加了学习积极性,也学习了新的场所名词及指示方位的句型。教师为学生营造了一个安全、轻松、有利于交流的课堂学习环境,提供了合适的学习资源,并创设了可以感知和体验的真实学习情境。

林老师很注重对学生的引导,在引导中激发学生说英语的欲望,同时不断巩固新学的语言知识。此外,林老师对听力材料进行改编,将听力内容与学生的具体生活经历联系起来,让听力活动变得有趣和有意义。在听力活动后,又以崇文小学和板厂小学为实际案例,在真实情境中让学生进行语言的输出,同时也是对已学语言知识与句型的运用。最后,学生们还自己创造新的场景,使他们能结合所学并发挥想象力,实现对语言的运用与创造。整个过程以小组合作的形式,基于任务而进行。可以看出,林老师最突出的特点,在于她的创新意识,她对课程与知识的整合能力很强,使学生能以不同的途径学习同一个主题。而学生的主观能动性在这个过程中也得到了很好发挥,在真实的情境和有意义的任务中进行语言学习与输出,并在语言输出中实现对语言知识与句型的运用与创造。

总的来看,这是一份经过精心思考与设计的教案,林老师能很好地贯彻"智

慧课堂”的理念,不仅发挥自己的聪明才智,也充分调动学生的聪明才智,可以说是师生双方思维的对话与提升。但也有几个细节可以完善,比如,在教学难点上,应该要再思考学生现阶段对这个新知识的理解之难处在哪儿,使教学中的任务和活动能够更好地突破难点。其次,教学设计中的师生交流很多,但学生与学生之间的交流稍微少一些,可以给学生更多的机会在小组内进行交流,并给予彼此反馈。

《Ann's family》研究案例与分析

教师简介:

张梦雅,女,1989 年 8 月出生,本科学历,小学一级教师,从事教学工作 4 年。

教学基本信息:

教材:义务教育课程标准实验教科书	出版社:人民教育出版社
年级:二年级	学科:英语
课题:Unit 4 Ann's family	课题:第一学时

一、教学设计

(一)背景分析

1. 教学内容:本课为 Unit 4 Ann's family 的第一课时内容,讲述了 Ann 给 Uncle Booky 介绍自己家庭成员,是 Uncle Booky 第一次通过照片认识 Ann 的家庭。故事对话中出现的表达方式 Who's that? That's my…并不是全新的内容,有的是在第三单元已经学习过的,因此,故事中出现的新内容以家庭成员的名称为主。故事结构以 Uncle Booky 和 Ann 的对话过程为主,没有情节的起伏和场景的变换,人物对话围绕 Ann 的家庭照片展开,是支撑故事内容发展的主要道具。

2. 学生情况:二年级的学生在口语表达方面,我为学生准备了口语材料,其中包括介绍自己、学校及家庭情况,学生已经练习了一年的口语表达,因此学生已基本养成了用英语表达的习惯。在知识储备方面,在 Unit 3 Who's that? 中,学生已掌握了 Who's that? That's…的句型并能运用该句型进行简单的问答。

3. 教学方式:教师与学生共同构建故事情景。

4. 教学手段:故事教学,讲故事、演故事。

5. 技术准备:PPT flash 动画、单词图片及卡片、句型卡片、用于评价的字母及单词、信封及爱心卡片、面具、实物放大镜。

(二)教学目标

1. 能听懂、会说本单元的课文,初步理解课文大意。

2. 能听说、认读、理解本课主要词汇 father,mother,sister,brother 以及较难词汇 ready,smile,family,aunt,并能正确运用 ready 及 smile 进行口语交际。

3. 通过听、说、演的练习,能用英语询问他人的家庭成员并能向他人介绍自己的家庭成员。

4. 通过学习课文,能体会到作为自己家庭的一员是件幸福的事,并能主动表达自己对家人的爱。

(三)教学重点

能听懂课文,理解课文大意并能运用 Who's that? That's…进行实际操练及口语表达。

(四)教学难点

ready 和 smile 情景词汇在实际中的运用。

(五)教具准备

头饰、PPT、单词卡片

(六)教学过程

☞教学流程示意

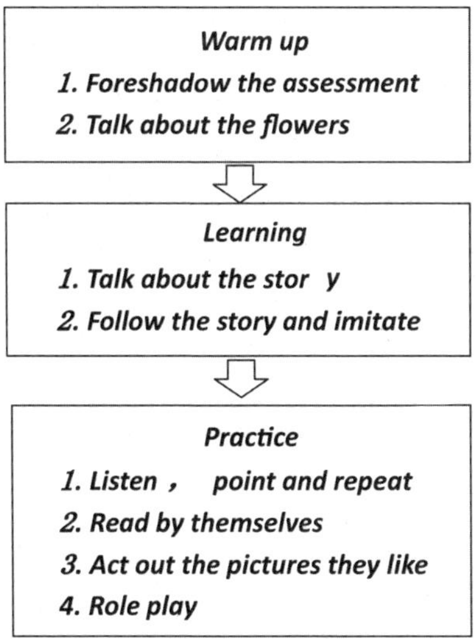

☞教学流程及设计意图

Warm up
1. Foreshadow the assessment
2. Talk about the flowers

⇩

Learning
1. Talk about the stor y
2. Follow the story and imitate

⇩

Practice
1. Listen , point and repeat
2. Read by themselves
3. Act out the pictures they like
4. Role play

⇩

Production
1. Introduce Ann's family
2. Introduce your family

1. Warm up

(1) Greeting.

T: Good morning, boys and girls. Today we will have an interesting class, if you can listen to me carefully, speak well and answer my questions well, then youcantrace a letter in this picture.

You are all smiling like the flowers. Lovely children.

(设计意图:在课堂的开头,做下铺垫,留下悬念,吸引学生以最好的姿态上好这节课。)

(2) Showing a picture.

T: I have a beautiful picture. Do you want to have a look? Oh, What a beautiful picture! What can you see in the picture? Are these flowers beautiful? But I think you are more beautiful than the flowers.

(3) Showing some Ss' photos.

T: Look! Who's that? … can you say sth about yourself? Look! Who's that? …. , please introduce our school. Look! Who's that?

T:…. ,I think you have a warm family . Tell us sth. The last flower,Who's that?

…. has a warm family.

T:Ann has a warm family too. So today let's enjoy a new story"Ann's family"Let the Ss read the title.

(设计意图:练习口语材料,分别介绍自己、学校、家人,从而引出 Ann's family。)

2. Lead in

Show a picture of the text. [courseware]

T:Ok now,let's look at another picture. Point "Mocky" and ask "Who's that?" Great,that's Mocky. Point "Ann" and asks "Who's that?" Super, that's Ann. Point "Ann's father" and asks "Who's that?"Point "Ann's mother" and ask "Who's that?" So,we dont know who they are.

Now let's watch the flash,see if you are right?

(设计意图:出示课文的图片,创设情境,初步感知课文,同时回答的问题,又能复习本课的重点句型"Who's that?""That's…")

3. Presentation

(1)Ask questions:How many people can you(see?)

Who(are they?)

Who's(that? 针对 Aunt Booky)

En,maybe. Any suggestions? Anyone else?

Let's enjoy it again and see if you are right.

(设计意图:利用课件将故事整体呈现,带着问题整体感受故事,初步感受对故事大意的理解。)

(2)Watch the flash 2nd time.

Ask some questions.

Point("Aunt" and ask "Who's that?")

Great! (T:(show the picture)She is Uncle Booky's wife(妻子),so we can call her Aunt Booky.

(3)Talk about the pictures one by one. 针对故事本身,环境、动作,人物,对话:

Picture 1

Where(are they? Are they in the zoo?)

Who are they? (Are they in the park?)

They(are taking a photo and who helps them take a photo?)

What is Mocky doing?

What does Mocky say?

Mocky is using a camera and

Taking photos for Ann's family.

(设计意图:通过学生与教师一起讨论图片内容,使学生能够自主学习,并能够用英语复述图片内容,尽管学生可能说的不太正确,但是这种方法能锻炼学生的发散思维,使学生勇敢地开口说英语。)

新授 camera(实物出示)This is a camera Mocky says"ready? Smile."

新授 smile (图片出示)(Let the Ss read)

Can you smile? Smile, please.

Now, I want to take photos for you.

(Choose some Ss)XX, ready? Smile!

(Choose 2 groups act)Who wants to take photos for your friend?

T: Do you want to see the photo?

Now let's have a look.

T: Is this you?

Ss: Yes, this is me.

(设计意图:让学生使用实物去感受,更具趣味性。)

Picture 2

Who(can you see?)

What's(this?)

What(does Ann say?)

Read after me "This is my family."

Picture 3

In picture3:

Uncle Booky is holding a reading glass.

(新授 reading glass)This is a reading glass. (Let Ss read the word)The reading glass can make things looks bigger than the really are.

(Show Ss the reading glass)

Look, this is a reading glass, these letters are very small.

But when I use the reading glass,

What happen?

Now, Uncle Booky is looking at the photo with the reading glass.

Why does Uncle Booky use the reading glass?

Yes, so he uses a reading glass in order to make it look bigger.

(设计意图:开放性问题的设置:询问为什么 Uncle Booky 要用放大镜? 孩子只有的在真正理解故事的意思才能答出这道题,也是对前面所学的考察。)

Uncle Booky doesn't know Ann's mother.

So what does he say?

Ann says...

(Stick the sentences on the blackboard and let the Ss act picture 3 in pairs)

Picture 4

Who(they are talking about?)

What(does Booky ask?)

What(does Ann answer?)

Picture 5

This time they are talking about Ann's sister.

What(does Booky ask?)

What(does Ann answer?)

Picture 6

Now, they are talking about Ann's brother.

What(does Booky ask?)

What(does Ann answer?)

Picture 7

Who's the girl?

What(does Booky ask?)

What(does Ann answer?)

Picture 8

What are(they talking about?)

Yes, they are talking about Uncle Booky and Aunt Booky.

Are(they happy?)

So, (what's does Uncle Booky introduce?)

Follow the flash and try to imitate.

T:Ok now let's enjoy it again and this time tries to imitate.

Imitate:follow the flash and repeat.

Show the flash for the third time.

(设计意图:通过让学生模仿原声带,培养学生正确的语音语调。)

4. Practice

(1)Let them open the books P38.

(Show the recorder.)

(Walk and help.)

(Ask one student to come to the front to point every word.)

(设计意图:指读练习让学生正确朗读句子及认识单词、句子,通过让学生自读对话,给学生一个自己练习的机会,使每个学生都开口练习。)

(2)Ask to read by themselves.

Walk and help

(3)Act out the pictures they like.

Ask students to act out the picture they like

(4)Role playing.

T:①one is Mocky,one is Uncle Booky and the other is Ann.

②Model play.

Who wants to practice with me?

I'm Mocky.

③Let students practice the dialogue.

④Walk and help.

⑤Who wants to show for us?

A. Before show your work,you should introduce yourself by using this sentence "I'm…"

B. Let students show their work.

(设计意图:此处让学生挑选自己喜欢的图片进行表演,展示,给学生创造了勇敢开口表达的机会,也为后面的角色扮演做下了铺垫。)

5. Production

(1)Introduce Ann's family.

Stick a family tree about Ann's family on the blackboard,and let students retell the story while they looking at the family tree.

Teacher will give some key sentences.

（设计意图：通过将本课的人物关系按家庭树的关系贴在黑板上，有助于学生理解课文，能够直观地看出人物关系，更加明确 father, mother, brother, sister 的意思。）

(2) Introduce Uncle Booky's family.

T: Let kids create a new story.

（设计意图：发散学生思维，让学生在理解课文的基础上，创编新的故事，灵活运用本课的重点句型。）

(3) Introduce your family.

Students show the photo of their family and use their family photo to make a new dialogue. Two people in a group to ask and answer.

① Let students take out their photos.

② Model play: Find one student to be teacher's partner.

③Let students practice.

④ Walk and help.

⑤ Let students show their work.

⑥Assess.

（设计意图：在拓展练习中，加强了学生合作学习的意识，创造性思维，使知识内化。）

6. Ending

(1) Assess.

Point the word and the sentence on the blackboard and say I will give you a gift. And now do you know what does family mean?"

T: Yes, family means father and mother I love you.

Do you love your father and mother?

Our father and mother love us very much, so what should we do?

(2) Set homework.

Today's homework is to make a card like this (show the card that I made), give it to your father and mother and tell them you love them, ok?

（设计意图：作业的形式是让学生做一张爱心卡片送给自己的爸爸、妈妈，并对他们说"Father and mother I love you"，渗透德育教育。）

（七）学习评价

1. 教师口头评价。

2. 小组评价法：

本节课的评价方式采用的是小组集体评价法，即当学生回答问题回答的好时，就奖励学生描绘一个字母（最后拼成单词 family）和一个单词（最后连成一句话 Father and mother I love you.），这样做既避免了由于分组竞争评价所引起的冲突，又巧妙地与本课内容结合了起来，同时也将本课的主题上升到 love your family。

（八）板书设计

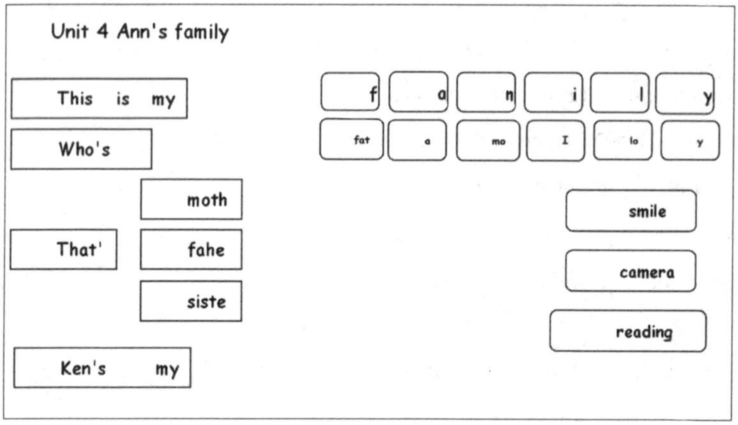

二、教学反思

本课为故事教学，因此本课我采取了整体感知故事，开展了寓于故事的英语教学，学生与老师一起探讨构建故事的方式，使学生在情境中理解语言。

本课设计依据故事教学的教学理论，教师发挥“导”的作用，使学生细心观察，发展其读图能力。通过对“看”的过程及活动的引导来发展学生“读图”的能力，即通过图片中人物的行为、动作、表情等隐含线索，对即将学习的内容做大致的推断，使学生走进人物的内心世界，对故事内容产生更真实、更深刻的体会。

文中 Mocky 活泼可爱，以他为 Ann 一家照相为线索，带着学生进入情景。通过挖掘与延伸故事内容，让学生介入故事角色等方法，可以使教学的内容更连贯，更有趣味性。这样的故事会给学生留下极其深刻的印象，强化学生对故事的感悟和体验。具有趣味性的情节能激发学生的兴趣，提高其对语言的专注程度，有助于其通过联想记忆、学习和掌握所学知识。

在处理相关重难点句型时，运用动作及图片，给学生直观感受，使他们更容易理解。本节课我把相机带入了课堂，通过学生自己的实际体验，学习了 Ready，smile！最后的角色扮演，采用活动途径，让学生在活动中学习和掌握最基本的语言知识，提高其学习英语的兴趣，促进其语言实际运用能力的提高和自身的发展

本节课我采取了观看课件、与教师讨论故事、小组角色扮演练习对话、实物展示、模拟等教学方法，使学生在情境中学习语言知识，并了解家庭成员关系，培养了学生对英语的学习兴趣，在娱乐中学习。

三、专家点评

马文静（研究助理）

本节课的教学设计不仅体现了教师对学生兴趣的关注，还巧妙结合了语言学习的相关策略，使学生乐于学习、同时也保证了学习的有效性。同时，教师还通过角色扮演等课堂活动，增加了学习的趣味性。

兴趣在学习者的学习过程中发挥着重要的作用，将直接影响其学习效果。兴趣在小学低年级学生的英语学习中尤为重要，不仅会影响学生英语学习态度的形成，同时还会对学生学习动机的培养发挥积极的促进作用。本节课上，张梦雅老师充分关注了对学生兴趣的引领——利用图片、照片等生动形象的教具吸引学生的注意力，巧妙的创设问题情境，让学生介入故事角色中等，从课堂互动的效果来看，学生能够积极的参与教学活动中。因此，兴趣的引领是本节课的一大亮点。

根据心理语言学的观点，小学生倾向于把语言当作传达意义的工具，而不是把语言当作研究分析的对象。因此，小学英语教学的目标就是创设利于学生主导课堂话语的语境，让学生在执行以意义为中心的任务的过程中自然会学会运用语言。这也符合任务型语言教学的要义。“任务”是一种教学活动，是为达到某种语用目标而对语言的交际性运用。国家教育部 2001 年颁布的《英语课程标准》明确倡导学校要进行任务型的教学，并指出：“教师应从学生的学习兴趣、生活经验和认知水平出发，倡导体验、实践、参与、合作与交流的学习方式和任务型的教学途径，发展学生的综合语言运用能力”。在《英语课程标准》中，各级目标都以学生“能做某事”的描述方式来设定。这就要求“教师应该避免单纯传授语言知识的方法，尽量采用‘任务型’的教学途径”，使学生带着明确的任务目标，在做事情的过程中发展语言能力、思维能力以及交流与合作的能力，从而提高他们语言综合运用能力，为真实的语言交际打好基础。张梦雅老师在讲授 Ann’s family 一课时，针对二年级学生的心理特点和英语能力水平，充分挖掘教材本身的故事性，为学生

创设了 Ann's Family 的故事情境，让学生走进人物的内心世界，对故事内容产生更真实、更深刻的体会，从中也达成的教学重点——运用 Who's that? That's...句型。但在任务的创设中，活动安排稍显紧促，学生活动不够重返，教师应精简教学活动，从而保证学生有充分的活动时间与空间。

TPR 教学法与大多数传统教学法的最大不同在于：它的语言学习过程类似于母语习得，是一个自然而然地从理解到认知的过程。教师通过系列活动让学生来感知和猜测所教内容的做法，迎合了小学生的好奇心态，能够充分吸引学生的注意力，让其参与到课堂活动中来。TPR 教学法不仅符合人类语言学习的自然认知过程，还能改善沉闷的英语课堂氛围，让学生在欢声笑语与玩乐游戏中学习英语，确实不失为一种切实可行的操作方法。本节课中，教师通过让学生亲自实践照相活动来学习新词 ready 和 smile，让学生深刻理解词汇在生活中的实际意义，能够较为准确的运用词汇进行日常交流。

第四章

音体美

回归艺术本体的课堂教学

张静(博士后)

音乐、美术、舞蹈等艺术学科在我国学校教育中长期处于被重视却没地位的处境,近年来,教育部颁布了一系列旨在加强中小学艺术教育教学工作,提升学生艺术素养的文件,毋庸置疑,这些举措将大幅提升我国中小学艺术课堂的教学水平。

从"义务教育"的角度而言,中小学艺术课是培养具有一定艺术素养的普通公民,而不是培养从事艺术的专门人才,所以课堂艺术教学是基础性的。基于这样的认识,"中小学艺术课堂到底应该教什么"是一个需要思考的问题,我们的艺术课堂是否可以淡化学生对艺术本体的认知,而偏重培养学生的艺术人文素养?作为中小学艺术学科的任课教师,无论是美术教师或者音乐教师,都需要思考本学科课堂教学的核心内容,即应该教什么?如何认识、思考从本学科本体出发的教学目标?笔者基于自身的学科背景,以音乐课为例围绕上述问题进行简要说明。

音乐是声音的艺术,以有组织的乐音为材料构建而成,并诉诸于听觉而被感知。在音乐教学过程中,"听音乐"是最根本、最基础的活动。因此,培养学生对音乐要素敏锐的感知能力和体验能力是第一要素。音乐的基本语汇,如力度、速度、音色、节奏、节拍、旋律、调式、和声等等都可以通过聆听获得感性的体验,而这些恰是引发学生音乐情感体验的重要依托。

在实际教学中,很多教师容易忽略"听音乐"是音乐学习重要的环节,总担心"听音乐"浪费时间,"我讲"才是课堂的重点,殊不知在相当程度上,如果教师在课堂上将"我讲"让位给"学生听",会有"此处无声胜有声"的效果。当然,这里的

"听音乐"不是毫无目的,听之任之的"听",而是教师经过课前"听之千百回"后,结合学生已具备的音乐经验,引发不同思考与感受的"听"。在课堂上,教师引导学生带着不同的问题或者关注点,反复聆听相关的音乐或音乐段落,充分调动学生学习的主体意识,从而使学生通过亲身参与和体验,获得对音乐的理解与判断。

音乐是情感的艺术,情感体验是评价音乐教学成功与否的一个重要指标。在音乐教学中,很多音乐教师往往会陷入教学误区中,比如"在音乐中寻找非音乐信息",过度借鉴其他艺术、过度拓展人文内涵、依托"非音乐信息"获得情感体验或价值判断或者将教学方法、形式作为教学内容等等,从而导致音乐课的教学偏离了音乐本体,甚至变形为其他学科的附属。因此,我们有必要反复强调,无论选取何种音乐教材、采用哪种教学方法,音乐教学的目标都应该从音乐本体出发,引导学生通过品读"音乐的语言"获得知识经验,丰富情感体验,提升自身的人文素养。

2011 年颁布的《义务教育音乐课程标准》强调:"音乐音响不具有语义的确定性和事物形态的具象性。音乐课程各领域的教学只有通过聆听、演唱、演奏、综合性艺术表演和音乐编创等多种实践形式才能得以实施。"明确提出音乐课程的基本理念就是以审美为核心,注重音乐实践,突出音乐的特点。

艺术是人类文化的重要组成部分,具有独立的意义和价值,因此在学校课堂教学中,无论音乐课、美术课还是舞蹈课,都要遵循本学科自身的特点,立足于学科本体,而不应陷入"将教材内容的组织形式、教学方法作为教学内容"或者"将艺术之外的内容作为艺术体验"等教学误区之中。作为中小学艺术学科教师,应该准确把握艺术的特性,明确符合本学科艺术特性的教学目标,走出由于观念错误而导致的教学误区,共同推动中小学课堂艺术教育教学水平不断向前。

我们很高兴地看到,板厂小学艺术学科的老师们将艺术课堂教学回归艺术本体的积极尝试,课堂朴实、生动,从本学科的艺术特性出发,多渠道引导学生亲身实践、感受,获得艺术的体验,也许这些体验比较浅,甚至于有些粗陋,却是在遵循艺术本体的正道上走着。

音乐课《报灯名》研究案例与分析

教师简介：

白艳，音乐教师，小学高级。

教学基本信息：

教材：音乐二年级（上册）	出版社：人民音乐出版社
年级：二年级	学科：音乐
课题：报灯名	课时：第一学时

一、教学设计

（一）背景分析

1. 教学内容：《报灯名》（选自京剧《打龙袍》）。

2. 学生情况：二年级学生活泼好动，敢于表现，求知欲强。对于喜爱的事物会充满好奇，愿意与老师沟通交流，乐于表达自己的想法。当掌握了一些京剧知识后，会主动找老师请教、询问。由于我校开设了校本课程《京剧欣赏》，从一年级开始给学生介绍京剧的相关知识，观摩欣赏讲解经典的京剧剧目，孩子们对于京剧的基础知识如：京剧的行当、脸谱、服饰以及四大名旦等有一定的了解。可以表演简单的京剧念白、京剧动作。

3. 学习方式：体验、模仿、合作。

4. 教学手段：多媒体。

5. 技术准备：PPT、视频（《卖水》《闹天宫》片段、《柜中缘》片段、《三岔口》片段、《报灯名》片段、手及眼神等身段片段、京歌《唱脸谱》）、京剧服装（水袖）。

（二）教学目标

1. 知道《报灯名》是传统京剧《打龙袍》选段。

2. 通过学习《报灯名》，使学生初步了解京剧的行当——丑，知道灯官属于丑行，知道京剧念白的种类及特点。

3. 通过学习《报灯名》的念白和身段，能尝试模仿灯官的表演，感受京剧丑角艺术的表演特点。

（三）教学重点

《报名灯》念白，念白的分类。

(四)教学难点

加入京剧身段,伴奏表演《报名灯》。

(五)教学准备

京剧水袖(文丑服饰)、梆子、白粉、粉扑(用于在鼻梁上化出丑角的妆扮)、PPT

(六)教学过程

☞教学流程示意

创设情境导入新课 → 复习已学知识 → 新授知识 → 表演表现

☞教学流程及设计意图

1. 师生问好

师:嗯 ten。

生:拜见先生,学生这厢有礼了。

师:罢了。

生:谢先生。

师:请坐。

生:谢坐。

(设计意图:创境:采用已有知识,带领学生进入情境。一板一眼的韵白尖团字,古代学生的规矩严肃表情,京剧舞台上生旦行当的动作,仿佛穿越了时空,把我们带入了京剧的世界,同时为导入新课埋下了伏笔。)

2. 导入新课

提问:同学们,刚才我们问好时使用的是京剧的念白,你能告诉老师京剧的念白有几种? 分别是什么?

(PPT 视频介绍京剧京白、韵白的特点。)

模仿表演京白、韵白,视频《卖水》《闹天宫》片段,对比两种念白。

师:同学们,你们还记得京剧的行当有哪些?(生旦净丑)

提问:灯官是什么行当? 念白属于哪种?

(PPT 重点介绍丑行的脸谱特点:鼻梁眼窝处有一块白粉。)

(设计意图:第一次提问可以让导课自然过渡到新课;第二次提问可以通过复

习生旦净丑,自然过渡到丑角;第三次提问可以重点强化丑角的相关知识。)

3. 新授知识

PPT 呈现“丑”——文丑、武丑。

看视频,介绍文丑、武丑的表演特点。

文丑:表演幽默风趣,引人发笑。

观看视频:《柜中缘》片段。

武丑:武功功底深厚,能表演高难度的动作。

视频:《三岔口》片段。

(1)学习京剧《报灯名》的念白,看视频。

(2)简介《打龙袍》剧情,介绍灯官的工作。

(3)学习开始部分“大宋”,听音频,介绍台词内容。

(4)提问:“大宋”应该怎么发音?

(全体逐句练习:大宋要拉长音,两字三音节,附点节奏念准确,“我办的是”的“办”字强调。)

请个别同学表演。学生用梆子伴奏。

(设计意图:解决容易出错的地方,首先引起他的重视。)

(5)接着学习一至六盏灯的台词,听音频。

(提问:请注意哪句念白的节奏有变化?)

(设计意图:埋伏灯,帮助学生准确把握附点节奏。)

师请一名学生尝试表演,其他同学进行评价、补充。

(设计意图:帮助学生感受正确的表演,找出不足,培养学生的鉴别能力。)

全体念一遍,师敲梆子。

五子夺魁、六国封相的故事请同学们自己课后收集查阅,相关资料,下节课一起交流分享。

(设计意图:京剧因素浓郁,课前课后呼应。)

请个别同学表演,学生伴奏。

学习七至十盏灯的台词,听音频。

(6)简介“七擒孟获”“八仙过海”“十面埋伏”的故事。

全体表演,师生敲梆子。

(7)全体完整练习台词,师敲梆子。

请个别同学表演,生敲梆子。

及时评价,师生共同参与。

(8)加入手势动作,表演一遍。

(9)看视频,学习身段(手、脚、眼神等)。

(10)穿京剧服装,完整念白,加入水袖、身段。

表演:念白、身段、伴奏。

合作表演:一生敲梆子,二生念白。

男女生分别表演,用白粉给学生化妆。

4. 总结

师:今天我们学习了京剧《打龙袍》的片段《报灯名》的念白,这是文丑行当用京白表演的一段数板念白,数板就是只念不唱,是丑角的一种念白方式。大家学得非常认真,表演得非常好,谢谢大家。

“众将官……”

学生随着京歌《唱脸谱》跑圆场出教室。

(七)学习评价

采用了合作学习,师生有的表演,有的伴奏,有的念白,然后说出谁表演得好,谁需要改进。

(八)板书设计

PPT

二、教学反思

京剧《打龙袍》之《报灯名》是京剧丑角的念白,上课前经过充分准备,我自信满满。一个京剧的京白还不简单吗?但是,一上来,头两个字“大宋”,孩子们就没念好。正确的念法是:大—a(二声)—song。孩子们念成了达—a(一声)—song,而且纠正起来还挺费劲。其余的附点节奏孩子们掌握起来倒是游刃有余。因为台词中典故较多,再加上时间关系不能一一讲述,但是可以看出,学生们对这些古代的小故事很有兴趣,可以再用一节课的时间,对这节课进行补充,让学生了解更多的历史常识。

在一年级京剧校本课上,孩子们掌握了一定的京剧基础知识,所以京剧的行当、京剧的念白等教学环节从复习入手,只需循序渐进地强化本课中丑角的相关知识。

京剧文化博大精深历史悠久,我们要坚持不懈地传承下去。

三、专家点评

张静(博士后)

这是小学二年级上半学期的课程,教学的基本要求是:知道《报灯名》是传统京剧《打龙袍》选段;简单了解京剧四大行当脸谱的基本特点;知道灯官属于京剧四大行当中的丑行,能尝试模仿灯官的表演。鉴于《京剧欣赏》属于该校的校本课程,故学生对京剧的了解比较充分,因此,教学内容、教学目标、教学重点等方面的要求均高于教材的学习要求。

教学中,教师采用了多种体验方式,如用梆子为念白伴奏、穿京剧的服装模仿灯官的身段表演、用白粉给学生化妆等等,加深学生对丑行表演特点的体验。

教学环节包括欣赏《卖水》《闹天宫》《柜中缘》《三岔口》《报灯名》的视频片段,并引导学生模仿表演京白、韵白;重点学习报灯名的念白、身段表演;让学生穿京剧服装加水袖身段表演念白、敲梆子伴奏以及用白粉给学生化简单的丑行脸谱;简介“七擒孟获”“八仙过海”“十面埋伏”的故事等内容,可谓丰富多彩,但本课是第一学时,即便学生对京剧有些了解,但要完成上述各个环节也难免仓促,不利于强化学生的感受与体验。

另外,根据本课的教学目标(2)“通过学习《报灯名》,使学生初步了解京剧的行当——生旦净丑”,在教学中,教师重点介绍了丑行,但是生、旦、净的脸谱特点却没有涉及到。

建议主讲老师根据实际情况,密切结合教案中制定的“教学目标”“教学重点”“教学难点”,适度补充和删减教学内容,从而使教学过程与之前确定的各项指标相一致。

建议主讲老师进一步思考、修改之处:

1. 尽管《京剧欣赏》属于该校的校本课程,但本课教学目标(2)“通过学习《报灯名》,使学生初步了解京剧的行当——生旦净丑,知道灯官属于丑行,知道京剧念白的种类及特点”中“初步了解京剧的行当”在教学过程中没有体现,仅仅在授新前有个提问,没有引导学生依据目标所设定的,了解四个行当的脸谱特点。

2. 京剧的念白有韵白和京白,本课学习的《报灯名》是经典的京白,建议在教学中,引导学生简单区别韵白和京白之后,重点,体验京白的特点,“结课”部分提到的“数板”最好提前到学习报灯名环节介绍。将念白的分类作为教学重点,对学生而言内容过多,建议缩小学习范围,将“体会京白的念白特点”作为教学重点。这样一方面降低难度,另一方面也符合本课的教学目标。

3. 在“教学反思”中教师说:“因为一年级京剧校本课上,孩子们掌握了一定的京剧基础知识,所以京剧的行当,京剧的念白等都只是蜻蜓点水,一带而过,不必过分细讲”,根据教案可知,“念白的分类”又是本课的教学重点,既然是教学重点又岂能“蜻蜓点水,一带而过”,此表述前后矛盾;另外,京剧的念白是本课学习的重点,可是在教学过程的导入新课环节便向学生提出“你能告诉老师京剧的念白有几种? 分别是什么?”的问题,明显这个学习重点对学生而言是已知的,表述依旧前后矛盾。

4. 在学习念白过程中,多次使用梆子伴奏,但在教学过程中、教案设计中均未显示教师指导学生学习用梆子敲击节奏的教学部分,建议最好在教案中呈现梆子敲击的节奏,并增加指导学生学习用梆子敲击节奏的教学环节。

5. 教学过程有“男生女生分别表演,用白粉给学生化妆”的环节设计,此处是强化学生对丑行脸谱特点的认知,在教学中教师最好做示范并简要说明抹粉的技术要领以及水袖的折法。既然准备了京剧的服装、白粉,那么这些工具便是辅助学生加深体验的学具,在教学中教师有必要给学生做简单的示范和说明。

体育课《折返接力跑》研究案例与分析

教师简介:

蒋乌兰,女,1983 年 11 月出生,本科学历,小学一级教师。工作以来,一直担任学校体育教师及副班主任工作,有丰富的教学和育人经验。作为青年教师,她的微课程及教学设计多次获得区、市、国家级一、二等奖。并录制北京数字电视五年级《体育与健康》山羊分腿腾越课程。被评为东城区“优秀教师”。

教学基本信息:

教材:《体育与健康》	出版社:人民教育出版社
年级:一年级	学科:体育
课题:折返接力跑	课时:第一学时

一、教学设计

(一)背景分析

本课主教材“往返接力跑”是跑与游戏教学内容中的一部分。发展学生跑的动作能力是低年级体育教学的重点内容,通过游戏的方法让学生在多种形式的游戏中体验正确的跑步姿势,发展自然奔跑能力,要求跑的姿势正确,直线跑进。同时培养学生集体主义和规则意识。“往返接力跑”要求“错肩交接”,需要学生形成强烈的安全、便捷意识。在教学中力求通过游戏提高学生对错肩交接的关注度,在强化安全意识的同时渗透便捷交接棒的有利之处。辅教材“支撑传物”,主要是在发展学生上肢、腰腹力量的同时,提高学生身体灵活性和协调性,培养学生坚韧不拔的毅力。

本内容的教学对象是一年级学生,他们活泼好动,求知欲强。但是学习往往从兴趣出发,注意力不稳定,易受外界事物的干扰。因此本课以游戏贯穿整个教学环节,在练习中培养学生的安全意识、合作意识。之前通过学习跑,学生初步学会了两臂屈肘前后摆动技术,初步掌握了直线跑进能够做到跑时动作协调。但是在游戏中,学生不能稳定的保持跑的正确姿势。在教学中教师通过语言提示和辅助练习力争 90% 及以上学生能够在游戏中保持跑的正确姿势。即使个别学生因身体素质等原因没有始终保持正确的跑步姿势,也应通过教学提高其对跑的兴趣和对动作的理解。

(二)教学目标

1. 通过往返接力跑的练习,使 95% 及以上学生掌握错肩交接的游戏方法。

2. 通过往返接力跑的练习,培养学生养成良好跑步姿态的习惯,提高学生快速奔跑能力;通过辅教材提高学生力量、协调等身体素质。

3. 在游戏中培养学生鼓励他人,团结协作、积极进取的良好品质,同时提高安全意识。

(三)教学重点

错肩交接。

(四)教学难点

游戏中保持跑的正确姿势。

(五)教具准备

标志杆 8 个、呼啦圈 4 个

(六)教学过程

☞教学流程示意

双人击掌游戏

↓

双人击掌错肩绕身后

↓

4人一组近距离体验往返接力跑

↓

8人一组对抗赛

↓

传接“鸡蛋”接力

↓

传接软棒接力

☞教学流程及设计意图

1. 开始部分

(1)常规。

(2)队列:向左转、向右转、向后转、原地踏步走、立定。

(设计意图:使学生养成良好的课堂常规习惯,培养良好的身体形态,增强学生的集体意识,提高学生的集体荣誉感。)

2. 准备部分

(1)图形跑

(设计意图:由于场地狭小,需充分利用场地,在热身的同时提高跑的兴趣,培养协作意识和集体观念。)

(2)广播操

(设计意图:复习学的内容,活动身体各部位。)

(3)专项练习

(设计意图:站立式起跑、摆臂、高抬腿练习。)

3. 基本部分

主教材:往返跑接力

(1)教师讲解、示范双人击掌游戏,学生右手手心贴有红色标记(要求:轻拍准确)。

(2)学生体验,教师指导评价。

(3)教师讲解、示范双人击掌错肩绕身后(要求:不相撞)。

(4)学生体验,同时互相帮助,教师评价鼓励。

(设计意图:激发兴趣,初步学会教学重点错肩交接。)

(5)教师慢跑中讲解示范往返接力跑游戏方法。

(6)学生前后四人一组体验近距离往返接力跑。

(7)教师小结、评价出最遵守规则和最有安全意识的一组。

(设计意图:初步掌握错肩交接的方法,培养安全意识。)

(8)教师组织学生进行大组对抗赛,同时提出评价方法是最遵守规则和跑得最快组。

(9)学生分组体验,教师小结评价。

(设计意图:检验学习成果,提高奔跑能力和协作意识。)

(10)教师组织用“鸡蛋”进行往返接力跑游戏,并设疑:“鸡蛋如何传才能安全呢?”

(11)学生原地传接练习,找最合理的方法与学生分享。

(12)学生分组用“鸡蛋”进行往返接力跑比赛。

(设计意图:检验学习成果,激发学生主动学习的意识和协作意识,提高奔跑能力。)

(13)教师将传接物品换成自制软式接力棒让学生体验。

(14)学生原地体验接力棒的传接方法。

(15)教师找学生共同分享“妙招”,并提示。

(16)学生体验用“软式接力棒”进行往返接力跑比赛。

(设计意图:为今后用接力棒交接打下基础。)

辅教材:快快钻出来

学生平均分成四组,各组一列横队排列,相邻学生手拉手。第一名学生将呼啦圈斜跨在肩膀上,听到开始口令后,利用身体的抖动或者转动、钻过或者跨过呼啦圈至队尾。整个过程不可以用手来协助。

(设计意图:提高身体灵活性的同时,培养学生合作意识。)

4. 结束部分

(1)课课练“体前屈”。

(2)放松、小结。

(3)送还器材。

(七)学习评价

1. 学生互评:两人一组练习时,队友做错要帮助纠正。

2. 小组互评:学生分组用不同物品体验传接棒时,互相评价谁的方式更合理。

3. 教师评价:教师通过观察、提问、语言激励等方面进行评价。

二、教学反思

1. 根据1－2年级学生的身心特点，我组织游戏贯穿整个教学过程，始终使学生的注意力在课堂上，提高了学习效率。

2. 学生通过不同物品的传接，可以举一反三，不仅掌握了传接圆形物品的方法，还学会了传接条形物品的方法，为今后学习接力棒的传接打下了良好基础。

3. 学校场地小，整体教学场地的安排既考虑到了学生学习技术时的练习密度，又考虑到了学生队列的转换及教学任务要求15米折返。

三、专家点评

高嵘（博士、教授）

1. 整体评价

本次课的主要教材为"往返接力跑"，教学对象是小学一年级学生。授课教师能根据教材本身的属性、学生的身心特点和场地器材的实际，合理设计教学，其教学目标从认知（学生运动方法的掌握）、技能（学生运动能力发展）和情感（学生人格品行陶冶）三个维度确立，明确而具体；其教学过程的结构从"开始、准备、基本、结束"四个环节构建，过程明了而完整，各个环节在具体的教学节点上相互衔接递进，方法步骤清晰合理。而从实施教学的实际情况来看，学生学习的积极性得到了比较充分的调动，教师对课堂教学的驾驭比较从容，能够按照预设的教学设计有效地实施教学，寓教于乐，寓教于赛，将体育知识、运动方法的掌握与体能的发展以及品行教育融合，学练结合，练赛结合，教学的整体效果比较好，达到了预期的教学目的。

2. 特点分析

（1）寓教于乐

该课的教学对象是小学一年级的学生，而该学段的小学生活泼好动，求知欲强，对运动知识的掌握比较直观，对学习容易兴趣化，注意力不稳定，易受外界事物的干扰。因此，教师针对学生的这些特点，将学生喜欢的游戏贯穿于整个教学过程，通过"击掌游戏"、往返接力跑的练习和游戏比赛，激发学生的学习动机。同时在游戏和比赛过程中，教师一方面让学生体验正确的跑步姿势，发展奔跑能力，掌握正确的跑姿；另一方面，还通过小结、评价（谁是遵守规则和跑得最快的小组），引导学生遵守规则，树立安全防范和团队协作意识，培养学生的团队精神和规则意识,从而做到了寓教于乐,比较充分地调动了孩子们学、练的积极性和主动性,并在学、练过程中,对学生的思想品行也进行了自然而有益的陶冶。

(2)寓思于练

在寓教于乐的学练过程中,教师还比较注意对学生思维的启发,引导学生关注和思考运动方法合理性,通过设疑——“鸡蛋如何传才能安全呢?”,引导学生原地传接练习,探寻最合理的方法。另外,在“鸡蛋”往返接力跑游戏过程中,教师将传接物品换成自制软式接力棒让学生体验,引导和提示学生寻找“妙招”,从而通过不同物品的传接体验,以便使学生能够举一反三,不仅掌握了传接圆形物品的方法,还学会了传接条形物品的方法,为以后学习接力棒的传接奠定动作技术基础。

(3)兼顾学生体能的全面发展

当下,学生体质健康水平的持续下降已成为学校体育急迫解决的问题。本次课的教学中,教师针对学校场地小、练习空间有限的弊端,一方面通过15米往返跑来提升练习的密度,提高学生快速奔跑能力;另一方面,通过辅教材“支撑传物”,发展学生上肢、腰腹力量,提高学生身体灵活性和协调性。这样的安排体现了教师对发展学生体能的兼顾和学生身体素质发展的全面性。

3. 改进建议

(1)鉴于学校场地较小,学生奔跑练习的距离比较有限的弊端,建议在练习间歇的行进间或者游戏中适当增加有关身体辅助练习活动,进一步提高课的的练习密度,以便更好地促进学生体能的发展。

(2)建议在课堂教学设计时,注意从单元整体设计考虑,进一步发掘和提升教学的整体效益,并在课堂教学设计时说明其在单元教学中任务和前后关联性。

体育课《障碍跑》研究案例与分析

教师简介:

王宝华,男,1969年7月出生,本科学历,中共党员,中学高级教师,东城区学科带头人,北京市教育学会体育研究学会第五届理事,2004年至2010年北京市骨干教师,2004年获北京市基础教育先进个人,2004年在全国“中小学体育教学观摩展示活动”中被评为特等奖,2006年被授予北京市优秀教师。

教学基本信息:

教材:《体育与健康》第三册教材　　出版社:人民教育出版社

年级:三年级　　学科:体育

课题:障碍跑　　课时:第二学时

一、教学设计

(一)背景分析

1. 教材分析

(1)本课主要内容是障碍跑,是三年级跑的教学内容。跑是小学生非常喜爱的一项体育活动,如果单一的为跑而跑,学生的积极性就得不到提高,在以往跑的教学中,学生动手参与少,被动地学习,不利于学生的个性发展,本教材在教学中注重让学生有表现自我的空间。

(2)本单元课的教学重点是各种过障碍的方法,难点是如何快速安全协调地通过每个障碍;如何合理地安排每一个障碍的顺序。因此,在本课障碍跑的教学中,突出了重点练习,并围绕课的内容布置场地和障碍物等,丰富了障碍跑内容,调动了学生学习的积极性。

(3)通过课的要求,让学生根据自己的设计来动手参与场地的布置(第二次课),增添了学生的学习兴趣,促进了学生动手动脑的能力,培养了学生团结合作的精神,同时发展了学生在快跑中运用绕、跨、钻、爬等方法通过障碍物的能力,均衡发展了身体素质,培养了学生勇敢顽强的优良品质。

2. 学生情况

(1)学生心理特点:三年级的学生活泼好动,对体育有广泛兴趣,自信心强,喜欢新颖的,有一定难度的,多人或集体参与的活动,有较强的表现欲望,开始注意教师和同学对自己的态度。

(2)学生生理特点:运动能力较一、二年级有了一定的发展,但多为模仿或自发形成的,对技术要领还未形成正确的理解。

3. 教学方式:本课教学主要采用"情境教学"的教学方式,激发学生学习兴趣以及表现、创造的欲望,培养学生积极、主动的学习精神。

4. 教学手段:教学中,采用观察、模仿、练习法,鼓励法,游戏法,竞赛法等直观教学手段来辅助教学,进一步形成技术动作,提高学生的锻炼兴趣,促其个性发展,培养学生敢于竞争、善于合作的精神。

5. 技术准备:音箱1个标志物4个、跨栏架4个、垫子4个、标志杆4个、海绵包 40 个。

（二）教学目标

1. 通过学习，使 95% 学生能够学会“绕、钻、爬、跨”过障碍的方法。

2. 提高学生过障碍的能力，发展学生身体协调性和灵敏性。

3. 强化安全意识和规则意识，培养学生勇敢、克服困难和团队协作的意志品质。

4. 心理教育目标：培养学生面对任何困难都不要轻言放弃，勇于向前、顽强、果断的优良品质，且在不断地尝试中找出最佳的方法建立与培养学生的自信心。

（三）教学重点

学会过障碍方法。

（四）教学难点

动作协调、连贯。

（五）教具准备

音箱 1 个标志物 4 个、跨栏架 4 个、垫子 4 个、标志杆 4 个，海绵包 40 个

（六）教学过程

☞问题框架

1. 学生完成此教材内容，有一定难度，教师应根据学生的实际水平、场地、器材等情况，对教案进行及时、适当的调整。

2. 由于学生还处于初学阶段，学生分组练习时，学生易出现碰撞，教师应加强巡视，帮助学生调整距离，并进行个别指导。

安全措施：教师做好学生组织和宣传工作，及时观察并处理突发事件。

☞教学流程示意

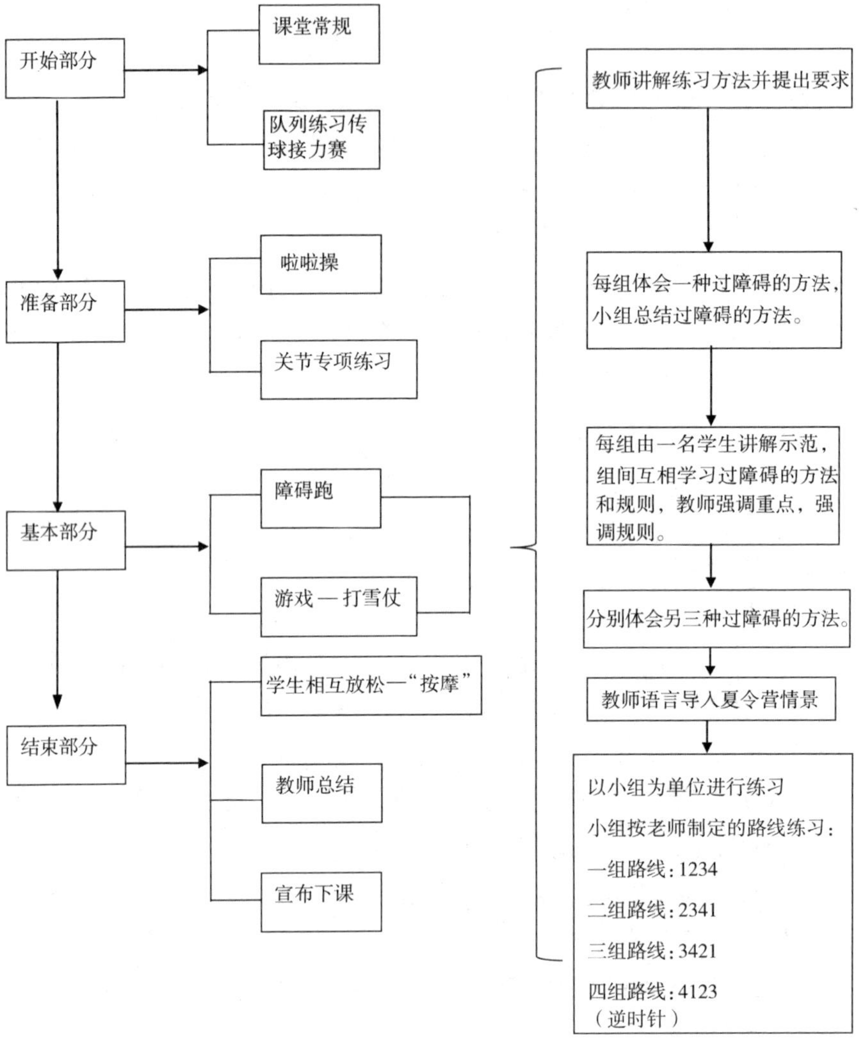

☞教学流程及设计意图

1. 开始部分（3 分钟）

（1）课堂常规。

（2）队列练习：

①向左、向右、向后转。

②行进间齐步走——立定。

③场地设计：四列横队变两列纵队。

× × × × ×○ ○ ○ ○ ○

× × × × ×○ ○ ○ ○ ○

（设计意图：加强学生的组织性、纪律性，使学生能够尽快的进入本课的学习，培养学生主动参与意识，创设合作学习的氛围。）

2. 准备部分（7 分钟）

（1）啦啦操（音乐）

（2）专项练习

①活动踝腕膝关节。

②纵跳。

（设计意图：通过学生的模仿、自我展示与表现，突出学生个性发展，增加学生动作的美感，提高学生参与意识。）

3. 基本部分（28 分钟）

（1）过程

①教师讲解练习方法并提出要求。

（设计意图：初步了解过障碍正确的技术动作，提高学生理性认识。）

②每组体会一种过障碍的方法，小组总结过障碍的方法。

（设计意图：体会、感受过障碍的动作，培养学生发现问题解决问题的能力，进一步加深对动作的理解。）

③每组由一名学生讲解示范，组间互相学习过障碍的方法和规则，教师强调重点，强调规则。

（设计意图：通过亲身实践，加深学生对动作的理解，从理性到感性认识的提高。）

④分别体会另三种过障碍的方法。

（设计意图：让学生更多的尝试不同的障碍，在实践中自练，提高学生兴趣，积极参与教学过程。）

⑤教师语言导入夏令营情景。

（设计意图：提高学生兴趣，积极参与教学过程。）

⑥以小组为单位进行练习。

（设计意图：在合作中让学生尝试，提高学生的学习与合作的能力。）

（2）游戏——打雪仗

①游戏方法与要求

A. 教师讲解游戏方法、规则并提示要求。

B. 以小组为单位进行练习。

C. 以击中对方为目标。

②学生学习方法

A. 学生人手一包。

B. 分成两组学生相隔10米面对面站立进行对投练习。

③教师指导方法

A. 教师用语言渲染烘托教学气氛。

B. 明确规则,决出优胜。

(设计意图:1. 提高学生团队意识;2. 满足学生自我表现力。)

(场地组织)

((((((((

((((((((

((((((((

((((((((

4. 结束部分(2分钟)

(1)放松:学生相互“按摩”。

(2)教师总结。

(3)宣布下课。

(设计意图:激活学生活动中的亮点,激发学生下次参与的动力。场地设计:四列横队。)

(七)学习评价

1. 自我评价

在学习过程中,学生对集体活动中自己的表现进行评价,如:过障碍时动作是否规范,是否准确,学生在展示中进行评价。

2. 师生相互评价

在学习过程中,学生对教师的示范进行学习性评价,在评价中学习过障碍技巧和方法。教师始终关注学生学习的状态,采取观察、谈话、提问、个别检查反馈的过程中,对学生的活动给予适当的评价,鼓励学生激发学生的学习兴趣,发现问题与不足改进教学方法,提高教学实效。

3. 学生相互评价

在分组练习的过程中,学生之间根据自己及对方的表现,进行相互的评价,在评价中发现问题共同改进,学习对方的长处,共同提高。

（八）板书设计

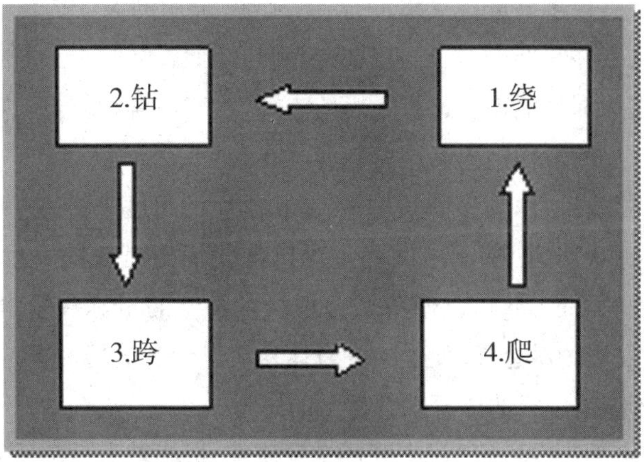

二、教学反思

对“障碍跑”的教学我将从以下几个方面进行反思：

1. 反思教学目标

我个人认为教学目标设计是否合理，预设的目标本节课学生是否都能够完成，教师是否能够有效的把握目标是评价一节体育课的关键。课后经过专家的点评，我认识到本课的教学目标能够达到；但学生练习密度相对偏低，所以再以后的教学中要进一步研究教材研究学生，研究教学内容和方法。

2. 反思教学过程

我们现在常规的体育教学分为四个部分：开始部分、准备部分、基本部分、结束部分。我个人认为一堂精彩的体育课这四个部分是紧密联系的整体，相辅相成，层次分明又层层递进。开始部分调动学生对本次课的兴趣和期待；准备部分要根据本次课的教学内容安排专项化的准备活动，现在很多体育课的准备活动都是千篇一律的徒手操，徒手操固然是很好的准备活动，但学生每天都在做，会产生疲劳和厌倦，从而影响了准备活动的质量。准备活动不仅要在形式上“专项化”，其强度也要始终，让学生充分活动开，预防运动损伤，为基本部分的学习做准备。

基本部分的教学是重点，开始部分和准备部分都为之服务。我个人认为想上好体育课必须研究教材，对教师来说研究教材比研究学生更重要，对教材把握的深度将决定体育课的厚度。只有深入的研究教材才能对课堂上出现的问题进行精准的预设，提高教师驾驭课堂的能力。

3. 反思教和学

我的教学,有很多要进行反思的地方,比如,采用的教学方法,对课堂的引导与组织,对课堂事件的处理,教学过程的控制与把握,教学对器材的准备和对教学场地的利用,这些都是值得我进行反思的内容,这些内容,是教师课堂能力的集中展现,我会在以后的工作中提高这些内容。

学生的学习效果,由很多因素构成,单从学生的角度来讲,主要是学生的学习能力和学习心理状态,把握学生的心理可以使我们更有效的发挥教师的主导作用,认识学生的学习能力,可以使我们合理设计教学的目标和教学内容,同时,应注意学生素质发展的敏感期,使学生的身体素质得到有效的发展。

4. 基于"研究学生"的体育教育教学的思考

现在板厂小学正在进行"深入开展学生研究,提高教育教学质量"的课题的研究,开题报告对我的启发很大,我在会后用了很长的时间认真的思考了此课题,与其他学科相比,体育课是一门以身体练习为主要手段、以增进学生健康为目的的课程。小学阶段的体育教学的科学化将直接影响着孩子的以后的身体健康和终身体育的意识,所以提高体育教学质量决定着学生未来的健康,对一个人的影响是深远的。

体育教学与训练必须根据学生的解剖生理学特点和心理学特点来安排教学内容和教学训练方法和手段,并根据体育运动技能的形成的规律来组织教学,以及利用丰富的活动内容和多样合理的教学方法来引领学生上好体育课,从而达到良好的教学效果。

(1)研究学生的生长发育特点

学生的体育健康水平的提高是以学生的有机体自然生长发育为基础的。小学阶段是学生有机体发育的重要时期,要提高体育教学的质量,必须掌握学生的有机体的自然生长发育规律,才能把握教学训练过程,使之健康成长。

(2)研究学生多年体育教学训练阶段任务

青少年的体育教学训练根据其年龄阶段的不同,其教学目标不同。小学阶段体育教学训练阶段可分为三个阶段:基础时期、学习时期、训练时期。

例如,基础体育教学训练时期孩子的年龄在 6 ~ 9 岁,也就是小学 1 ~ 3 年级;此时期的学生的体育教学目标是学习所有的基本动作技能,应该采用游戏或者娱乐等积极的方式进行教学。基本技能的教学应该是可见的,如移动、操作、稳定等技能,重点发展学生的灵活性、平衡性、协调性和速度。首先侧重于速度素质的发展与提高是小学体育教学必须解决的任务,每节体育课都应安排学生速度素质发展的练习；其次是灵活性和协调性，应加大学生的灵活性和协调性的教学。

以上是本人课后的一些反思，也只有经过一次又一次的反思——提高——再反思——再提高的过程，才会受益非浅，也会更加深刻地认识到在教学中及时反思的重要性和必要性。那么在今后的教学中，我会通过不断地反思来提高自己的教学水平和创新能力。

三、专家点评

高嵘（博士、教授）

1. 整体评价

本次课的主要教材为"障碍跑"，教学对象是小学三年级学生。授课教师能根据教材、学生身心特点和本校场地器材的实际，能比较准确地把握教材的重点和难点，合理设计教学。其教学目标从学生对通过障碍方法的掌握、运动能力和体能的发展、思想品行的陶冶教育三个维度建构，明确而适宜；其教学过程的结构清晰，开始部分、准备部分、基本部分、结束部分这四个部分紧密关联，相辅相成，递进有序，教学方法步骤合理。

从实施教学的实际情况来看，教师教学功底深厚，对课堂教学驾轻就熟，按照预定的教学设计有效地实施教学，通过游戏、情景和体验等教学方式，调动学生学练的主动积极性，想练结合，使学生掌握了"绕、钻、爬、跨"过障碍的方法，达到了预期的教学目的。

还值得一提的是，教师课后对教学进行了认真有益的反思，其反思也比较深刻而全面。

2. 特点分析

（1）注重学生的体验和思考

本课的主要教材及其重点是"绕、钻、爬、跨"四种过障碍的方法学习，其难点在于如何快速安全协调的地通过每个障碍。为此，教师在教学中，不是简单运用地讲解示范和组织练习，而是首先通过各小组过障碍方法的初步体验和总结，使学生初步体会过障碍的动作方法；进而每组由一名学生讲解示范，组间互相学习过障碍的方法和规则，而教师只强调重点和规则，让学生更多地尝试不同通过障碍的方式，在实践体验中自练和思考讨论，促进学生积极参与教学过程，加深学生对过障碍动作方法的理解和掌握，培养学生发现问题解决问题的能力。

(2)有效运用情景式教学

本课的教学对象是小学三年级的学生,该学段的学生思维方式仍然具有以具体形象思维为主的特点,他们很喜欢有具体情景的游戏方式。为此,教师一方面围绕课的主要内容布置场地和障碍物,营造一定的环境情景;另一方面通过语言导入夏令营的情景,引导孩子们进入相应的学习情景进行尝试探索,激发了学生学习的兴趣、表现、创造的欲望,有限地调动了学生的学习主动积极性。

3. 改进建议

(1)鉴于目前学生体质健康水平下降问题严峻,本次课的教材具有很好发展学生体能的特点,建议课程进一步改进个别练习环节,进一步提高课的练习密度,以便更好地促进学生体能的发展。

(2)建议在体育课堂教学设计时,注意从单元整体设计考虑,进一步发掘和提升教学的整体效益,并在课堂教学设计时说明其在单元教学中任务和前后关联性。

(3)提高学生过障碍的能力,发展学生身体协调性和灵敏性。

(4)强化安全意识和规则意识,培养学生勇敢克服困难和团队协作的意志品质。

体育课《300—400 走跑交替》研究案例与分析

教师简介:

孟丽秋,女,1982 年出生,小学高级教师,中共党员。

获奖情况:

1. 2009 年北京市中小学体育教学评优一等奖。
2. 2009 年崇文区中小学体育教学评优一等奖。
3. 2008 年崇文区第六届崇文杯教学基本功大赛二等奖。
4. 2007 年崇文区中小学体育教学评优三等奖。
5. 2008 年北京市地方教材《健康教育》教学课例评比三等奖。
6. 2010 年崇文区小学体育学科优秀课堂讲学设计评选活动一等奖。
7. 2007 年崇文区优秀课堂教学设计评选活动二等奖。
8. 2009——2010 学年区小学体育学科研修活动中承担教学展示。

9. 2011 年《前滚翻起立接球》在东城区小学体育学科优秀课堂教学设计征集与评选活动中被评为一等奖。

10. 2013 年《小篮球—原地运球》在东城区小学体育学科优秀课堂教学设计征集与评选活动中被评为一等奖。

11. 2013 年在北京市第十六届学生艺术节中指导的节目荣获二等奖。

12. 2013 年北京市中小学优秀课堂教学课例区级评选二等奖。

13. 2014 年撰写的《中国传统游戏跳皮筋》荣获崇文区教育学会第 27 届学术年会优秀论文二等奖。

14. 2014 年东城区第八届“东兴杯”小学教师基本功展示活动二等奖。

15. 2014 年撰写的《浅谈如何消除小学体育课的安全隐患》获崇文区教育学会第 27 届学会年会优秀论文三等奖。

16. 2015 年撰写的《耐久跑》在东城区小学体育学科优秀课堂教学设计评选二等奖。

教学基本信息：

教材:《体育与健康》	出版社:人民教育出版社
年级:三年级	学科:体育
课题:300—400 走跑交替	课时:第一学时

一、教学设计

(一)背景分析

1. 教材分析:耐久跑教材是小学跑的重要内容之一,经常练习可以起到提高心肺功能,增强体能的作用。对于培养学生不怕困难,坚持到底的意志品质等方面具有较好的育人价值。但是耐久跑教材本身相对枯燥,针对于此,本次课主要通过多种教学手段,激发学生的练习兴趣,在限定条件和创设情境下练习掌握正确的动作方法。辅助教材选择“砍鸭子”的游戏,旨在培养学生身体灵敏素质和团队合作意识。

2. 学生情况:本课教学对象是小学三年级学生,这一年龄段的学生天真、活泼、好动,模仿能力和接受新鲜事物的能力强,敢于表现自我。对体育有广泛的兴趣,喜欢挑战,同时也开始关注教师和同学对自己的评价。但学生在有氧耐力和体能方面相对较弱,缺乏不怕困难、坚持到底的精神。结合我校场地设施以及学生实际,希望可以使学生通过各种形式的练习在速度耐力和体能方面都得到一定的发展,为今后的体育教学奠定基础。

(二)教学目标

1. 通过学习让学生了解耐久跑的技术动作,明白步幅均匀、呼吸有节奏的方法。

2. 发展学生耐力、灵敏、力量等身体素质,提高奔跑和投掷能力。

3. 培养学生顽强的意志品质和团结协作的精神。

(三)教学重点

动作轻松协调,步伐均匀。

(四)教学难点

呼吸节奏与跑的节奏相结合。

(五)教具准备

小标志墩 20、录音机 1 台、小旗子 2 面

(六)教学过程

☞教学流程示意

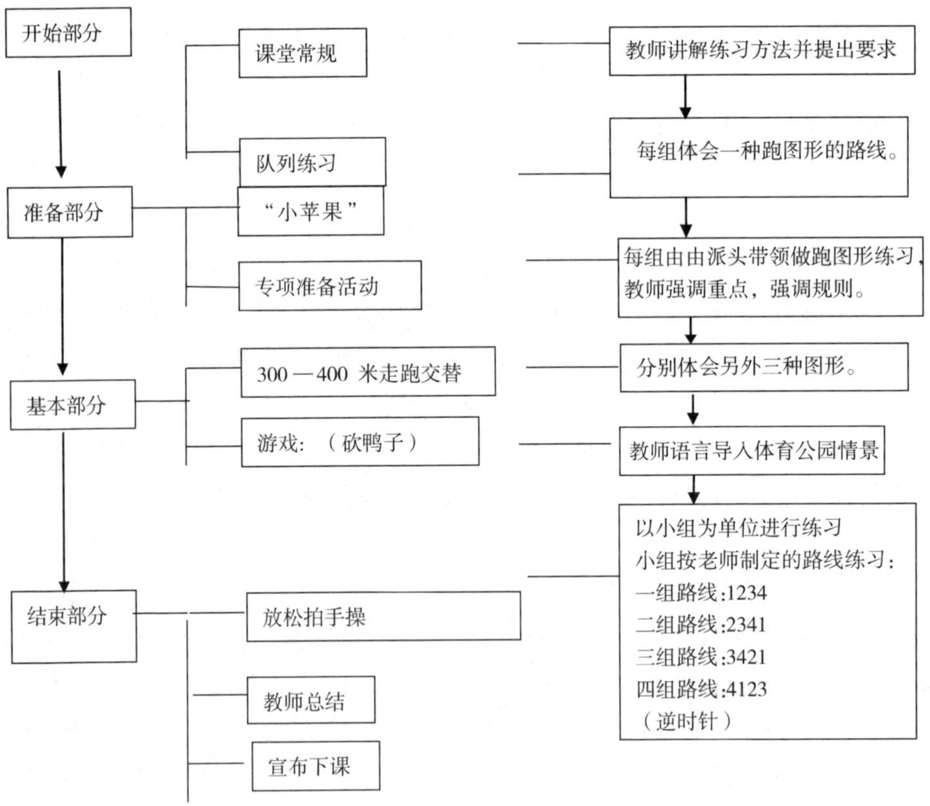

☞教学流程及设计意图

1. 开始部分

(1)课堂常规

①集合整队,师生问好。

②教师宣布课堂内容。

(2)队列练习

①原地转法、原地踏步走。

②齐步走、立定。

(设计意图:加强学生的组织性、纪律性,使学生能够尽快的进入本课的学习,培养学生主动参与意识,创设合作学习的氛围。)

2. 准备部分

(1)配乐韵律操《小苹果》。

(2)专项准备活动:正、侧压腿,活动踝、腕、膝三关节,原地高抬腿。

(设计意图:通过此环节的练习增加学生动作的美感和节奏感,并且充分活动身体骨关节,避免在后面的练习过程中受伤。)

3. 基本部分

(1)300—400 米跑走交替

①教师带领学生进行原地跑步练习。

(设计意图:通过原地的跑步练习,学生体会跑步的动作方法和呼吸方法,体会跑步的节奏感。)

②学生分组进行自然地形跑。

(设计意图:通过练习使学生体会行进间跑步的动作方法。)

③教师讲解并出示练习路线,组织学生进行分组图形跑。

(设计意图:通过跑图形如圆形、三角形、菱形、正方形等的练习,激发学生的练习兴趣。)

④教师用旗子提示学生进行交换场地练习,提示重难点。(配乐)

(设计意图:本环节,我主要围绕激发学生的练习兴趣为主要出发点,例如跑不同图形,交换场地,听指挥交换场地,并且借助节奏鲜明的音乐,让学生在整个练习过程中惊喜不断,勇于挑战自己,将一节本来枯燥无味的耐久跑课变得有声有色,学生练习情绪积极高涨。)

⑤教师组织学生再次练习。

（设计意图：通过前面各种形式的练习，本环节再次让学生进行练习，意在增强学生的心肺功能，锻炼学生坚强的意志品质。）

（2）游戏：《砍鸭子》

①游戏方法：老师带领学生走成圆圈，一到四报数，分四组分别进入圈内做猎物，其余三组在圈外用软排攻打猎物，每组限时一分半钟。

②游戏规则：

A. 猎物被打中后回到原位参与攻击。

B. 猎人不得进入圈内攻打猎物。

C. 注意安全。

（设计意图：培养学生顽强的意志品质和团结协作的精神。）

4. 结束部分

（1）放松整理。

（2）教师小结。

（3）收拾器材，宣布下课。

（设计意图：通过放松拍手操让学生在轻松愉悦的氛围中身心得到全方面的放松。）

（七）学习评价

生生评价、组间评价和教师评价相结合，主要注重于练习过程当中的过程性评价。

1. 学生之间通过互相评价，学习别人身上的优点，弥补自己的不足，增强锻炼效果。

2. 通过组间评价让学生树立集体荣誉感，培养不怕困难、团结协作的意志品质。

3. 教师评价给予学生正确的技术动作指导，以及语言上的鼓励和肯定。

（八）板书设计

二、教学反思

长期以来，大多数学生都不会积极主动地去从事耐久跑这项锻炼。当然这也不能排除客观的场地条件因素，最主要的还是在于学生的意愿不足。因此如何调动学生的积极性，激发学生的热情，成了上好耐久跑课的关键问题。

1. 本节课，我主要以激发学生的练习兴趣为出发点，例如跑不同图形，交换场地,听指挥交换场地,并且借助节奏鲜明的音乐,让学生在整个练习过程中惊喜不断,勇于挑战自己,将一节本来枯燥无味的耐久跑课变得有声有色。同时,创造良好的学习氛围,使学生从主观上感知耐久跑练习的重要性,从而激发学生学习的热情。

2. 选用节奏明快,催人奋进,鼓舞斗志的音乐用于耐久跑教学,引起学生的无意注意。在教学实践中,采取按能力分组的教学形式,来提高学生学习的积极性。

3. 寓耐久跑的练习于游戏中,使学生在愉快的比赛氛围中,忘却疲劳,达到积极练习的目的。

三、专家点评

齐建国(博士、副教授)

耐久跑是小学生体育教学的重要内容之一。耐久跑可以提高心肺功能和增强体能,耐久跑的练习对培养人的意志品质也具有很好的作用。

心肺功能指的是人的摄氧和将氧气转化为能量的能力。整个过程,涉及到心脏泵血功能、肺部摄氧及交换气体能力、血液循环系统携氧至全身各部位的效率,以及肌肉使用这些氧的功能。儿童心肺功能的强弱对其一生的健康都有着举足轻重的作用。但是,由于耐久跑课本身相对枯燥和学生怕苦怕累等种种原因,该项教学成为体育老师的难点。也有数据显示,近 30 年来我国儿童青少年心肺功能处于下降趋势。

板厂小学的孟丽秋老师在她的《点亮智慧课堂》教学研究中,以小学三年级的耐力跑教材的教学为例,展示她的智慧从教。从教案可见智慧设计教学和智慧组织教学的特点,观看教学课时让我们仿佛见到了一位有谋略的军师在布阵,如火如荼的游戏大赛,让学生们个个斗志昂扬地奔跑,使我们确信这样的教学达到了让学生积极锻炼的效果。

对孟老师教学设计的智慧我的体会是这样的:首先,她深知学生不喜欢相对比较枯燥的耐久跑。然而,智慧的孟老师并没有放弃,而是怀着促进学生健康发展的积极心态迎接挑战。其次,在充分分析学生体能现状和身心发育特点的基础上,有针对性地从有意注意和无意注意两个方面,调动学生学习的主观能动性。最后,确定了从提高学生活动兴趣入手的教学策略,得以实现锻炼身体,提高奔跑能力和了解耐久跑的技术动作,明了步幅均匀、呼吸有节奏的方法和培养顽强的意志品质及团结协作的体育精神。

孟老师组织教学的智慧更是令人赞叹。首先是环境的智慧创设。对300—400米的跑走交替练习场地，清晰地标画出圆形、三角形、菱形和方形四种图形，使人感觉新颖，引起学生的好奇心，让学生产生跃跃欲试的情感；其次是营造一个多方位吸引学生注意力和鼓舞斗志的活动场景。整个跑步过程中音乐、口哨和教师的原地踏步动作的引领都与学生的跑步节奏浑然一体，这样的场景不仅增强了运动声势，提高了运动积极性，也让学生在很大程度上学习和体会到跑步节奏的重要性；加之教师手中挥舞的彩旗不时地指挥着交换场地，使学生们时刻保持着注意力。最为智慧的是孟老师提前按照学生体能分组，以团队为单位的跑步行动，促使学生不轻易掉队，彰显出团队的魅力。整个教学过程正如孟老师自己在总结中所说"惊喜不断，将一节本来枯燥无味的耐久跑课变得有声有色"。

深度反思是智慧教学的继续。如果孟老师再进一步考虑是否需要学生理解耐力跑与脉搏的关系？是否有必要给学生交流跑步感受的机会？如何通过运动锻炼培养学生的健康意识等等问题，总之，以是否有益于促进学生终身健康发展而教、而学为镜，反观教学，改进教学，就一定会使自己早日成为智慧型的卓越的体育教师。

体育课《4×30米（下压式）接力跑》研究案例与分析

教师简介：

杨丽，女，1974年11月出生，本科学历，高级教师，区体育学科带头人。1994年至今一直从事体育教育教学工作，教学经验丰富具有较高的教学能力。2004年—2014年被区教研室聘请为体育兼职教研员，2014年9月评为区级体育学科带头人，2014年9月—2015年，被区聘请为龙体学区体育学科组长；在教学工作中尊重学生的生理与心理年龄特性，严格执行《体育课程标准》，灵活使用教材，为学生提供自主学习与探索知识的机会，让学生在体育课堂教学中感受运动的快乐。在全国中小学教师继续教育网播出《30米跑》《跳长绳》与《踢毽子》，2001年做北京市研究课《单双脚向不同方向跳》《前滚翻》《持轻物掷远》；教学模式独特，并多次在北京市、东城区做研究课、专题讲座，受到一致好评。

教学基本信息：

教材:《体育与健康》	出版社:人民教育出版社
年级:五年级	学科:体育
课题:4×30 米(下压式)接力跑	课时:第二学时

一、教学设计

(一)背景分析

1. 教材分析:4X30 米(下压式)接力跑是以 4 个人相互配合、密切协作,分别跑完各自规定距离的集体项目。也是田径运动中唯一体现集体合作的运动项目。选用此教材,在教学的过程中既能发展学生的速度素质、协调性,又可以培养学生间相互信任、密切配合的集体主义精神。

此教材中跑的技术与快速跑技术基本相同,不同的是接力跑减少 3 次起跑,增加了传递接力棒的技术,而且传接棒技术非常重要。下压式传、接棒技术的优点是每一次的接棒,都能握住棒的一端,便于持棒快跑。而缺点是接棒时,接棒人的手臂比较紧张、不够自然。对于五年级学生而言,传、接棒之间的配合技术尤为重要。因此本课教学的重难点是接棒手掌心向上、虎口向后及传递时机。

2. 学生情况:此教学内容中的接力跑学生在三年级时已经接触过,并具有较高的奔跑能力。我校一至三年级每年均要举行无器材(接力棒)的接力赛跑活动,这项活动深受广大师生的喜欢,在竞赛中每一位学生都能做到错肩传递接力棒。通过这样的活动,为五年级学生学习下压式传接棒中的“错位传递接力棒”奠定基础。

此年龄段的学生具有较高判断与识别能力,同时也喜玩爱模仿。结合以上两个特征,我利用顺口溜形式,叙述技术动作,将游戏贯穿整个教学过程,运用质疑、设问的教学手段培养学生主动进行探究式学习的能力。同时进一步培养学生团结合作、为集体争光的意识。

3. 教学方式:讲授法、演示法、体验法、实验法。

(二)教学目标

学生在游戏进一步学习下压式传接棒动作,98% 的学生掌握错位传接的动作方法。提高身体灵活性、协调性,发展下肢力量,同时增强快速奔跑的能力。学生积极主动的参与全课程,在体验与游戏相结合的课堂教学中,培养学生主动学习的能力,提升合作意识,突出集体主义观念。

(三)教学重点

接棒手掌心向上、虎口向后。

(四)教学难点

传递时机。

(五)教具准备

接力棒若干、标志桶8个、标志杆4个

(六)教学过程

☞问题框架

为了让学生掌握教学内容中重点的技术动作——错位传接和解决难点——传接棒时机教师采用了问题引导、儿歌讲授、游戏贯穿、合作体验的教学手段,利用讲授法、演示法、体验法、实验法使学生掌握动作方法。具体过程如下:

开始部分,教师设计"猜数比对"的游戏,为学生初步掌握错位传接的技术动作奠定基础。

准备部分,学生在教师设计的儿歌中回顾旧知,为进一步学习新知奠定基础。

基本部分:首先,学生在教师统一的指挥下,两人一组复习传接的技术动作。接着,学生在教师设计的"在传棒的过程中如何做到不减速?"的问题情境中,四人一组研讨,总结出教学内容的重点技术——错位传接。再次,学生在教师设计的由易到难、由简到繁的教学过程中,掌握"错肩传接"的技术动作。最后通过学生展示,教师进行评价,使学生进一步掌握动作方法。接着,学生在教师设计的"反映小游戏"(双手背后,听指令游戏)中游戏,为解决教学难点——传接棒时机做铺垫。再次,教师在学生游戏中,提问"采用什么方式控制接棒时机?",并让学生体验、总结。通过慢跑和一定距离跑,让学生体会动作,进一步掌握教学难点技术动作。最后,学生在接力游戏中学会教学内容,巩固并提高技术动作。

☞教学流程示意

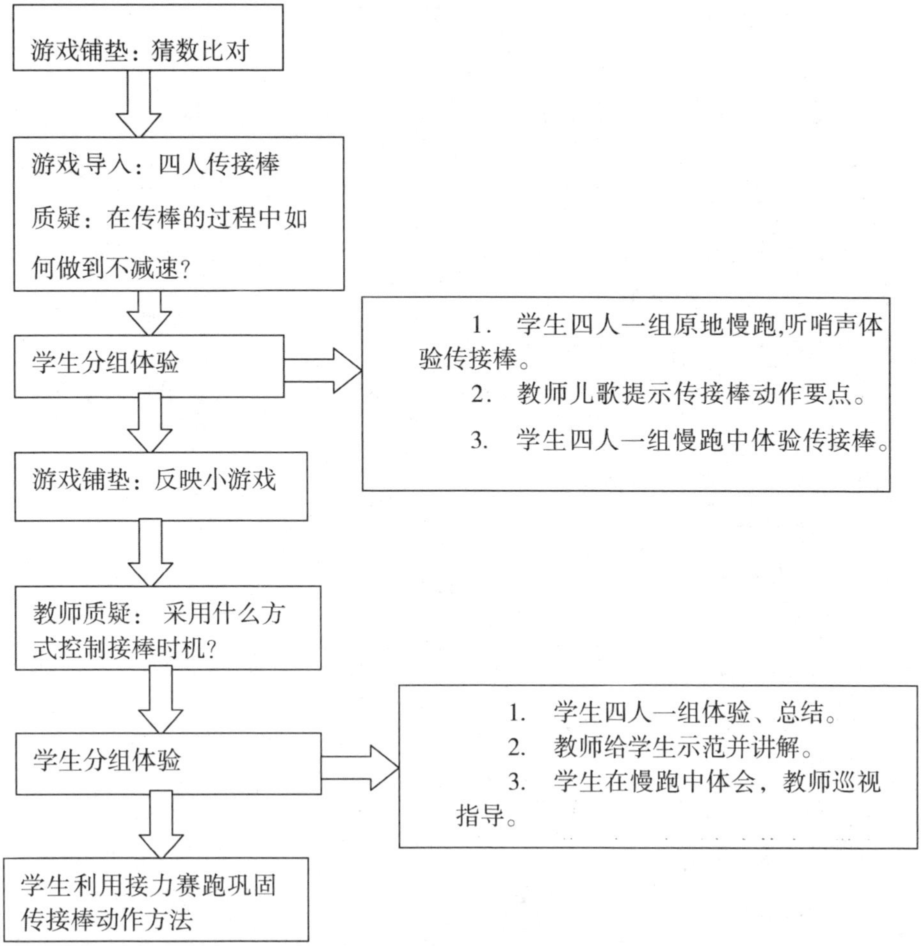

☞教学流程及设计意图

1. 开始部分(3—4 分钟)

(1)课堂常规。

(2)队列练习：

①向左、向右、向后转。

②原地踏步走——立定。

③队长整队、检查服装、汇报人数。

④教师公布本课内容,提出上课要求。

⑤学生在教师的口令下队列练习。

⑥教师提示动作要点,并进行评价。

(3)游戏:猜数比对

①方法

A. 掌心向上、虎口开,做准备;

B. 由上向下、手指落,猜得准。

②教法

A. 教师设计猜数游戏,与学生示范。

B. 学生两人一组体验。

C. 教师评价。

(设计意图:学生在游戏中初步了解错位传接的技术动作,为掌握教学重点进行铺垫。)

2. 准备部分(5—6分钟)

(1)《拍手操》。

(2)专项练习:

①内容

A. 正压腿、侧压腿;

B. 活动膝关节、踝和腕关节。

②教法

A. 师生在节奏的提示下练习。

B. 教师提示动作要点。

C. 教师评价。

D. 学生自主练习,教师点评。

(3)巩固旧知。

①内容

A. 原地摆臂练习。

B. 徒手模仿练习。

②教法

A. 教师利用儿歌引出旧知。

B. 学生在教师的提示下复习。

C. 教师点评。

③儿歌内容

A. 左脚在前、两腿屈,重心前移、伸右臂。

B. 掌心向上、虎口开,由上向下、快传递,前端递棒、抓得紧。

（设计意图：利用儿歌引出旧知，为学生提供巩固旧知引出新知进行铺垫。）

3. 基本部分（27—30 分钟）

（1）4×30 米（下压式）接力跑（18—20 分钟）

①内容

A. 利用器材复习旧知。

B. 带问题四人一组体验。

C. 学生分组体验。

D. 反应小游戏。

F. 学生再次分组体验。

G. 游戏：接力比赛。

②教法

A. 学生两人一组复习传接的技术动作。

B. 教师提示动作要点，并设计四人接力情景。

C. 学生原地慢跑，慢跑中体验。

D. 教师设计质疑环节，学生带问题体验，总结。

（设计意图：学生通过小组合作探究问题，引出教材重难点——错位传递的动作方法。同时培养学生自主探究学习的能力。）

E. 教师总结，学生继续练习。

F. 教师推荐示范，相互评价。

（场地组织）

G. 教师设置游戏情境——反应小游戏。

H. 学生游戏，教师质疑，分组体验、总结。

（设计意图：学生通过做反应小游戏，结合教师的质疑自主的寻找教材的难点。同时激发学生合作学习的意识，并让学生感受成功的喜悦。）

J. 教师给学生示范并讲解动作方法。

K. 学生由慢跑过渡到有一定距离跑体验动作。

L. 学生自荐示范，相互评价。

M. 教师讲解游戏规则,学生分组游戏,总结。

(场地组织)

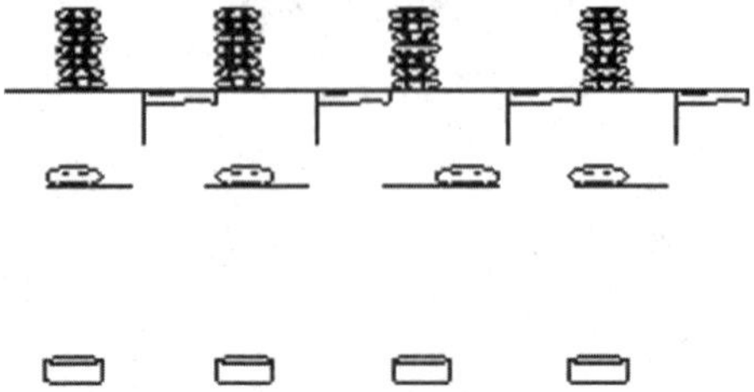

N. 教师评价。

(2)合作游戏(9－10分钟)

①内容

A. 叫号抱团。

B. 灰熊爬。

C. 昆虫爬。

D. 蜈蚣爬。

②教法

A. 教师设计游戏情境——合作游戏。

B. 学生由单人逐渐增加到多人进行游戏。

C. 教师巡视,提示规则。

D. 教师评价。

(设计意图:学生在合作游戏中学会交流,相互信任。培养学生主动与他人合作的意识。)

(场地组织)

4. 结束部分(2—3分钟)

(1)内容

①放松舞蹈。

②师生总结。

③下课,收拾器材。

(2)教法

①教师语言提示。

②学生自主模仿放松。

③教师巡视,提示动作要点。

④教师提问"用儿歌说出动作方法"。

⑤学生回答,教师评价。

5. 运动负荷图

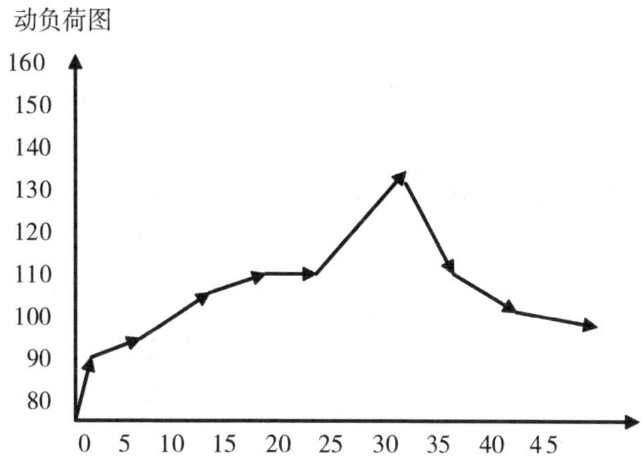

6. 预计运动密度:30%—35%

(七)学习评价

评价的方式有许多,但是对于瞬间产生的技术动作而言,语言评价、肢体评价和学生成功后的自我评价、相互评价更为合适。

1. 语言评价

语言是一门艺术,教师在肯定学生的成就时采用激励、肯定、赞许式的语言评价,对于此年龄段的学生来说起到了画龙点睛作用。

2. 肢体评价

体育运动需要运动者身体的各个部位充分活动来展现动作的意义,当教师发现学生展示出优美的动作时,立即竖起"大拇指"表示你真棒,是对学生的一种肯定;当学生在练习中动作有改进时,教师摸摸他的小脑袋,是对他的一种赞许;当学生勇于挑战时,教师拍拍他的后背,是对他的一种鼓励。

3. 自我评价

自我评价一般采用条款性评价,而此课将学生体验到成功后发自内心的击掌,也作为自我评价的另一种形式。

(八)板书设计

二、教学反思

本课在教学中,我紧紧抓住学生身心特点——喜游、乐游,以游戏贯穿整个教学过程。首先,采用“猜数比对”游戏导入,让学生在游戏中初步了解“错位传接”的动作。接着,利用“反应小游戏”做铺垫,为进一步解决“传接棒时机”的技术动作奠定基础。最后,运用分组比赛的形式对教材的重难点进行巩固。这种游戏教学的手段不仅能活跃课堂气氛,还能有效地提升课堂的实效性。

本课在教学中紧紧抓住学生另一个身心特点——善于观察、敢于表达,以问题贯穿整个教学过程。当学生在由易到难、由简到繁的递进式学习过程中,通过教师的质疑“在传棒的过程中如何做到不减速?”和“采用什么方式控制接棒时机?”为学生提供了小组合作学习,探究学习的机遇。最后,学生利用体验式学习、总结研究的形式,总结出教材的重难点,运用教师推荐、自我推荐的方式进行展示,从而对教材知识点进行巩固。这种质疑教学的手段不仅能提高学生自主探究学习的能力,还能更好地激发学生的学习兴趣。

三、专家点评

齐建国(博士、副教授)

体育是一门实践性课程,需要教师和学生的互动参与才能更好地完成教学任务。简单讲,体育教学的主要任务是向学生传授基本的体育知识与运动技能,增强学生体质,促进学生身心健康发展。

教育实践告诉我们:枯燥无味的说教式教学与呆板单一的训练式活动,不仅无法激起学生参与学习的激情,还会使学生对体育课产生厌烦心理。

板厂小学的杨丽老师依据自己多年的教学经验,形成了一个为学生提供自主学习与探索,能让学生在体育课堂中感受运动快乐的教学模式。她在《点亮智慧课堂》教学研究中,以小学五年级学习 4×30 米(下压式)接力跑的教学为例,展示自己的智慧从教。

该课程设计与教学的最大特点是自始至终都以游戏贯联，同时搭建以问题为导向的小组探究平台，和发挥教师的肢体语言评价和学生自我评价所构成的学习氛围。这样的课堂教学无处不体现着教师智慧性设计的结晶。

我们知道喜欢游戏是孩子们的天性，儿童是从游戏开始学习的。寓教于乐，以游戏的形式教学，可使学生在轻松的氛围中，在欢快的活动中，甚至在激烈的竞争中，不知不觉地学到和掌握知识与技能。杨老师巧妙地将“游戏”与“教学”两者结合在一起引发学生学习兴趣，结果不仅使几乎全班同学都掌握了“错位传接”的技术动作，还促使学生在游戏中学习人际交流，相互信任，提高了主动与他人合作的能力。

在课堂中为学生搭建以问题为导向的小组探究学习平台，也是杨老师的教学智慧点。我们知道体育课多以身体活动的形式呈现，老师也没有太多的讲述时间。杨老师智慧性地选择了利用调整学生运动量的时机，向学生提出与所作运动或动作相关的问题并要求学生小小议论，以此引导学生思考，培养探究的意识。

杨老师的教学智慧还体现在自己及时对学生进行正向鼓励，且方法多样。如当发现学生展示出优美的动作时立即竖起“大拇指”；当学生在练习中有所改进时摸摸他的小脑袋；当学生勇于挑战时拍拍他的后背等，都是学生愿意接受的鼓励。

如何使学生主动学习和发展，是当今社会对每一位教师提出的挑战。智慧性地运用游戏教学法也需要不断提升对其意义和价值的认识。例如：如何在游戏的运用中创造性地发展内容，如何结合教学任务创新游戏规则，不断创造新的游戏等。提高体育游戏的功能，发挥体育游戏对学生身心健康的积极作用，将“健康第一”的指导思想融入学校教育之中，无疑是体育教师的光荣使命，也是体育教师专业智慧的荣耀。

美术课《北京的胡同》研究案例与分析

教师简介：

闫笑。

教学基本信息：

教材：北京市教育课程改革实验教材	出版社：人民美术出版社
年级：三年级	学科：美术
课题：北京的胡同	课时：第一学时

一、教学设计

(一)背景分析

1. 教学内容:人民美术出版社教材第五册第七课《北京的胡同》,属于第二学段“综合·探索”领域的内容。

纵观全套教材,与北京地方古代建筑文化有关的课程有《3—10 北京的桥》、《5—7 北京的胡同》《6—10 多姿多彩的塔》《7—4 北京的牌楼(一)》《7—5 北京的牌楼(二)》《8—14 北京的城楼(一)》《8—15 北京的城楼(二)》《11—16 北京的世界文化遗产》《12—16 北京的建筑》等。

在第五册教材中,本课与《庙会》构成了北京地方文化的单元课程,分别从北京民居建筑、北京民俗活动两个不同的视角看北京地方民族文化,区别在于侧重点不同,本课侧重通过欣赏、调查、创作、展示等综合探索性的活动使学生感受北京民居建筑的美。

对于《北京的胡同》这一题材,教材中呈现了速写、国画、摄影等多种表现形式,表现内容上有胡同远视图、四合院的门楼、历经沧桑的院门、民居建筑细节的装饰,如:抱鼓石、门钹等。教师可以根据学生认知水平、教学环境等因素,进行特色教学设计,制订具体目标和教学重难点,对表现形式进行选择或创新。

2. 学生情况

(1)美术知识技能:三年级学生通过两年的美术学习,已经具备了一定的线造型能力,能够比较深入的表现事物的细节。随着时间的变迁,胡同越来越少,离我们也越来越远,北京胡同文化的相关知识多数孩子并不了解。

(2)社会实践:我校位于东城区南部,孩子们多数生活在学校周边的住宅小区,当地的学生很少有在胡同里生活的经历,对胡同比较陌生。

3. 教学方式:讲述法、讨论法、合作学习指导法、实地考察法、示范法、练习和实践指导法。

4. 教学手段:多媒体信息技术手段。

5. 技术准备:文本材料、视频和图像。

(二)教学目标

1. 知识与技能:主动探索研究北京的胡同文化,初步认识门墩的艺术特征,利用线描的形式在平面纸张及立体造型上细致刻画门墩。

2. 过程与方法:通过实地考察、图片欣赏、资料查找等方法,培养学生合作探究的能力，利用绘画、泥塑等表现方法，进行造型表现活动，并以小组等形式对活动结果进行展示。

3. 情感态度价值观：通过对北京胡同里门墩的初步了解，初步感受美术与社会生活、学习生活的联系，进而感受胡同的艺术美、装饰美，激发学生热爱家乡的情感。

（三）教学重点

了解门墩的造型及寓意，利用线描的方法表现出门墩的特点。

（四）教学难点

1. 通过门墩的造型特点的总结，了解胡同文化。

2. 以装饰图案的方法表现门墩。

（五）教具准备

多媒体设备、胡同资料、范画、面塑材料、马克笔

（六）教学过程

☞问题框架

1. 影片中讲述的是什么？

2. 哪组同学收集了与门墩内容有关的资料，能介绍一下吗？什么是门墩？门墩有什么作用？

3. 从外形上观察，这两种门墩有什么不同？

4. 门墩由哪几部分组成的？哪组同学收集了这两种门墩的结构，汇报一下。

5. 两种门墩外形不同，有什么不同的讲究吗？哪组同学收集了门墩的这方面内容，请你们汇报一下。

6. 选择这些作为装饰图案？有什么特殊的含义吗？哪组同学收集了门墩的这方面内容，请你们汇报一下。

☞教学流程示意

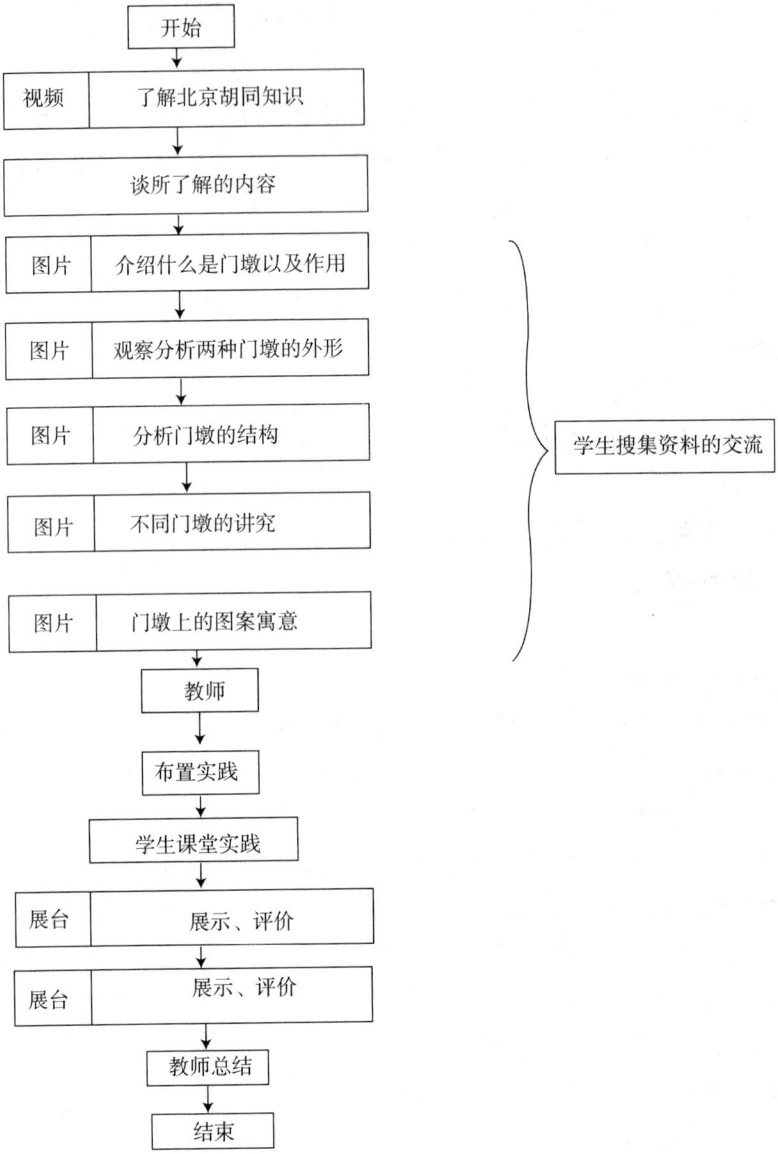

☞教学流程与设计意图

1. 导入新课

(1)播放影片,了解北京胡同知识。

师:首先我们先看一段影片,看一看,影片中讲述的是什么?一会儿说给大家听。(播放胡同影片)

学生交流。

（板书：7、北京的胡同）

（2）确定本节课的重点，进行分析研究。

关于胡同的知识包罗万象，每个角落都有值得我们去研究学习的地方，今天老师准备和大家一起研究学习胡同中门楼的一个组成部分——门墩。（板书副标题）

（设计意图：简单了解北京胡同的相关知识，明确本课的学习内容。）

2. 讲授新课

（1）门墩知识（知识反馈，了解门墩相关知识）

提问：哪组同学收集了与门墩内容有关的资料，能介绍一下吗？什么是门墩？门墩有什么作用？

学生：汇报相关知识。

教师：门墩是四合院中，用来支撑正门的门槛、门框和门扇的石头。

小结：胡同里有数以万计的门墩，但石雕造型却只有两种。

（设计意图：培养学生自主收集信息、整理信息、归纳信息及大胆发表自己的学习收获的能力。）

（2）门墩外形（了解门墩外形特点，感受门墩文化）

课件：出示门墩图片。

提问：从外形上观察，这两种门墩有什么不同？

学生：从外形上观察描述，一种外形像箱子，一种外形像鼓。

（3）门墩结构

课件：出示门墩图片。

提问：门墩由哪几部分组成？哪组同学收集了这两种门墩的结构，请汇报一下。

学生汇报，教师出示课件。

课件：{鼓形门墩：抱鼓、鼓座、须弥座、兽吻四部分组成
箱型门墩：须弥座、抱鼓或方箱、石狮子

（设计意图：了解门墩的结构，为突破重点做铺垫。）

（4）门墩的象征

教师：这两种门墩外形不同，有什么不同的讲究吗？哪组同学收集了门墩的这方面内容，请你们汇报一下。（出示课件）

学生：猜测……

教师：在封建社会，不同外型的门墩象征不同身份、地位的人家。鼓型门墩是

一般为武官家门前所用,鼓上有狮子的为高级武官所用,鼓上有兽吻的是低级武官所用。箱形门墩一般为文官门前所用,有狮子的为高级文官门前所用,只有雕饰的为低级文官门前所用。

做连线游戏:给门墩找主人

抱鼓型有狮子门墩	高级文官
箱子型有狮子门墩	高级武官
箱子有雕饰门墩	低级武官
抱鼓形有兽吻	低级文官

教师:在封建社会,一般市民的大门前是没有门墩的,只有木制的门枕木。

(设计意图:学生了解并掌握不同门墩的外形代表不同身份的人。)

(5)门墩图案(突破重点)

课件:门墩图案变化。

提问:请大家仔细观察,看看门墩上都有什么图案呢?(课件:局部放大)老师给每个组准备了其中的一个门墩的图片,请小组长带着组员一起讨论。

各组观察、交流、汇报每组门墩上的图案内容。

提问:为什么会选择这些作为装饰图案?有什么特殊的含义吗?哪组同学收集了这方面内容,请你们汇报一下。

学生交流。

课件展示不同图案的门墩,教师进行讲解。除了这些吉祥图案,中国的吉祥图案还有很多,我们再来看一些。(边看老师边简单介绍吉祥图案的寓意)

教师小结:由此可以看出门墩上的每一个图案都和人们的美好愿望相联系,不同的图案有着不同的吉祥寓意,那我们给门墩添画图案时就可以按照这些来创作。

(设计意图:感受生活的情趣性,渗透中国传统文化教育,使学生发现美术无处不在,生活中处处是美,突破重点。)

(6)直观演示(化解难点)

教师:演示如何表现门墩的结构并添画纹饰。教师在彩砂纸上演示门墩的外形及吉祥图案的添画。(步骤一:用基本型概括门墩的外形。步骤二:添画吉祥图案。步骤三:刻画细节。)

(设计意图:学生直观的了解创作过程,为学生创作奠定基础。)

3. 艺术实践

(1)作业内容:在纸上或已做好的门墩雏形上,利用线描的方法细致刻画门墩。(提示:纸上可以任选一种门墩)

(2)作业要求

①图案简介、概括,线条流畅。

②选择具有一定寓意的装饰图案。

(设计意图:综合实践,提高学生的动手能力、合作能力、审美能力。)

4. 教师辅导

集体辅导、个别辅导。

(设计意图:关注合作,使学生获得学习的乐趣,结合普遍问题及个体问题有针对性地进行指导解决。)

5. 作品展示

展示学生门墩作品。

(设计意图:展示学生作品,巩固学生学习兴趣,提高学生审美情趣。)

6. 课堂评价

(1)评价要点

①图案是否简洁、概括,线条流畅。

②装饰图案是否具有一定寓意。

(2)评价方式

①自评:从门墩图案的装饰、吉祥寓意进行汇报。

②同学互评:提出创作中可供学习的优点或提出修改的建议。

③教师点评:提炼优点与不足(突出的及普遍的)。

小结:同学们介绍的很全面,并且在介绍中体现了我们美术学科的特色,让我们在学习胡同文化的同时,也增长了见识。

(设计意图:感受胡同的美,提高学生审美情趣,培养学生的语言表达能力,拓展知识,激发学生继续探索学习的热情。)

7. 拓展延伸

教师:虽然胡同就在我们北京,离我们很近很近,但我们对它的关注却很少。今天当我们观赏胡同时,会发现保持完好的门墩已为数不多,现在我们欣赏到的可谓是珍品了,为此很多画家都用手中的画笔记录下了美丽的北京胡同。

(七)学习评价

1. 评价方式

(1)学生展示自己的作品,进行自评。

(2)学生赏析同学们的作品,进行组评。

(3)老师总结性评价。

2. 评价量规：利用线描的方法表现出门墩的特点。

（八）板书设计

北京的胡同

鼓形门墩　　箱型门墩

二、教学反思

1. 自主学习、知识反馈，明确美术学科与其他学科的区别。谈话引入，了解学生课前自主学习的知识掌握情况，迁移教学，明确美术学科的学科特色。

2. 有目的欣赏，了解学生兴趣点。新授环节，欣赏中提炼，从北京胡同的门墩一点展开，感受北京胡同文化的艺术魅力。

3. 直观演示，体现实效，温故知新。演示环节，实实在在。在直观演示环节中，我对旧知识进行迁移，合理整合学科知识，创新门墩上的浮雕艺术，这符合学生发展规律，学生易于理解和掌握。

4. 展示评价，搭建舞台，使学生收获快乐，激发学生探索兴趣。我在课堂教学中创设胡同情景，让学生融入胡同特有的情境中，感受胡同文化的艺术魅力，给学生展示空间，延伸学生继续探索的欲望。

三、专家点评

贾小川（博士、主编）

这是一节文化色彩和地域性很强的综合性课程。美术作为一种文化载体，同时也是人类生活的一个组成部分，它反映了不同人群的价值观和生活方式。我们可以从美术不同的视觉形式里解读到各种不同的文化信息。《北京的胡同》就体现了美术的这一特点，是集中反映美术与文化有密切关系的典型课程。编者的目的在于，让学生主动探索、研究北京的胡同，了解北京胡同的相关知识，能用绘画、摄影、版报等综合手段表现北京胡同的独特风貌，理解美术和文化的关系。综上，如果从美术教育的三个维度来理解本课的话，人文性和情感态度价值观应放置于首要位置。通过对课程内容的理解和教学任务的完成，可以培养学生一种准确的判断力和丰富的创造力，这一点与智慧课堂可以说是一个很好的结合。

通过教材的分析我们可以发现，教材中反映了大量的信息，有摄影、绘画、建筑、民间艺术等美术本体的知识技能，还有语言、历史、地理等相关知识，因此要想通过一个课时达到教学目的，反映编者意图具有一定难度。在有限的教学时数之内如果想面面俱到，则只能是蜻蜓点水一般，容易使学生不能深入理解。本课的教师能够以胡同的元素——门墩作为切入点不失为一个良策。学生可以从一个知识点的学习，激发学习兴趣，并能举一反三，主动了解更多的胡同文化。由于年龄和阅历所限，儿童往往只有点状的知识，通过学习会渐渐形成一个网状的知识面。这样美术的学习就会形成两种方式，或自上而下，从整体到局部，从一个大的胡同背景之下学习门墩；或自下而上，通过对门墩的学习形成对胡同的整体印象。教师在这一点上做的很成功，课堂的一开始以胡同的整体介绍导入，课堂的结尾以胡同的整体意义结束，可以说为学生编织了一个胡同文化之网，这里有鲜明的点，有明确的线，也有整体的面。

美术综合探索课程具有一定的目的，即在强调与其他学科课程之间的联系的同时，保持自己的个性和特质。本课的教师在引导学生进行综合探究的同时始终没有脱美术课程本体，比如在探讨门墩和门楼之间关系的同时，注重了门墩形体和结构特点；在探讨图案寓意的同时没有放弃线描这一美术技能的运用。

美术综合课程的教学需要一定的教学方法。教师在教授过程中采用了讲述法、讨论法、合作学习指导法、实地考察法、示范法、练习和实践指导法等多种方法，教学过程不拘一格，充分调动了学生的感官和思维，激发了学生的学习兴趣，达到了教学效果。

教学中创设学习情境是当今教育思想的一大特点。学生对于知识的获取如果能来源于生活，将会终生受用。本课教师在授课之前就让学生进行了胡同的实地调查，做了信息的收集、归纳和概括。这些来源于真实生活的一手信息，使课堂和学生的生活情境融为一体，发挥了教材的地域性作用，并激发了学生对家乡的热爱之情。

教师在教具的使用方面也创设了较为贴切的教学情境，一改大部分课堂在平面的纸上绘画的做法，做了两个立体的门墩模型。这种教具的出现有以下几个优点：给学生带来一种全新的绘画感受；创设了真实的教学情境和学习体验；利于学生展示自己的作成果；满足了学生的成就感等。

教师的教学评价抓住了本课教学要点，并创造了学生自评和互评机会，促使学生对自己和同学的美术学习过程和完成的美术作品进行评价，激发了学生的学习兴趣，也培养了学生的主动性和对学习负责的态度。

美术课《各式各样的椅子》研究案例与分析

教师简介：

温昱，女，1977 年 7 月出生，毕业于北京师范大学美术系，本科学历，小学高级教师，现任区骨干美术教师。北京市美术家协会会员，曾参与编写过艺术课教材，参加北京市小学美术教参的撰写工作。美术作品多次参加区、市美展，2013 年作品《荷》获北京市美术教师三等奖，2008 年入选区美术教师优秀作品集。作品《巧夺天工》《校园童趣》获区教师优秀作品一等奖。《奇异组合》《各式各样的椅子》《动态之美三》等课被评为市教学设计二、三等奖并开展了研究课，收录到一网通。多篇论文获得全国、市、区一等奖。教学中进行个人课题的研究。辅导学生参加全国各级各类美术竞赛成绩显著，多次获全国、市、区各类美术比赛辅导教师一等奖。

教学基本信息：

教材：义务教育教科书	出版社：人民美术出版社
年级：五年级	学科：美术
课题：各式各样的椅子	课时：第一学时

一、教学设计

（一）背景分析

1. 教学内容：本课作为第三学段的教学内容，它的教学目标和之前的第一段和第二段的《设计小帽子》《漂亮的小钟表》等课教学目标不同，体现出了各学段之间逐级递进、相互衔接的关系。本课与本册《易碎品的包装》《蛋糕盒设计》《我设计的鞋》等课联系紧密，都是与生活用品紧密相关的“设计 · 应用”课。前一节《我设计的鞋》一课侧重设计的创新，而这节课是上节课的延伸侧重采用改良的方法设计。

椅子与人们的生活以及社会文化密切相关，是我们朝夕相伴的用具，无论在家里的客厅、学校的教室、赶路的汽车，还是休闲的广场、电影院和公园，椅子都在默默地服务于我们的生活，支撑与包容着我们的身体。本课以椅子为主题进行设计，让学生通过观察、实际测量、探讨等方法寻找生活中不同的椅子，了解椅子的功能决定其形态变化及艺术美感，尝试对生活中常见的椅子功能、材料、造型、色彩与环境等方面进行分析和有创造性地改良和设计。进一步培养学生的设计意识、创新能力和实践能力。同时也体现了"以学生发展为本"的教学理念。

2. 学生情况:第一,学生从一年级就开始接触"设计·应用"领域的学习内容,到五年级学生已经掌握了大量的设计经验,包括设计意识、材料运用、动手能力等。

第二,通过课前与学生谈话发现有些同学不会区分椅子和凳子的区别。

第三,由于学生对生活中常见到的事物非常漠视,造成学生忽略对椅子形态与功能的观察和思考。

根据以上问题,结合学生认知水平,课前设计了一份课前调查问卷,引导学生通过调查、实际测量和观察,记录椅子的基本特征,存储一定量有关椅子的信息。这样,就让本课的教学内容更加贴近学生的生活实际,突出实用性、审美性和趣味性。也更有利于学生对设计本质的理解,即设计为生活服务。

学生可能出现的问题:

学生在设计时可能更注重对功能的设计,忽视美感与功能的关系。由于学生对尺度没有清晰的概念,可能在绘制设计草图时尺度的标示比例不合理。教师将采用探究式的学习方法解决以上问题。

3. 教学方式与教学手段说明:利用多媒体技术,以学生体验为主,运用师生问答、小组讨论、图片欣赏和个人创作等教学方式。

4. 技术准备:课件、图片等。

(二)教学目标

1. 知识与技能:初步了解、学习椅子的相关知识,认识椅子的形态与功能的关系。

2. 过程与方法

(1)产品设计可以分为"改良"和"创新"两种类型。本课教学设计侧重引导学生通过探究式的学习方法进行椅子的"改良"设计。

(2)教学过程分为课前准备和课上教学两部分进行。

(3)课前,学生通过观察和动手测量的形式记录椅子的尺度、外观造型、色彩、媒材等方面的设计,填写《椅子改良设计调查表》,为课上学习做好充分准备。

3. 情感态度价值观:学生通过学习设计椅子的方法,形成关注生活、热爱生活的情感和严谨的学习态度。

(三)教学重点

认识椅子的形态与功能的关系,尝试进行椅子的设计,画出设计效果图。

(四)教学难点

设计出符合使用者需求的实用、美观、有创意的椅子。

(五)教具准备

上节课学生作业、课件、课前调查表

(六)教学过程

☞问题框架

椅子的组成?

生活中发现那些不同样式的椅子?

设计师为什么要设计出各式各样的椅子?

怎样能进行改良设计?如何添加功能?

☞教学流程示意

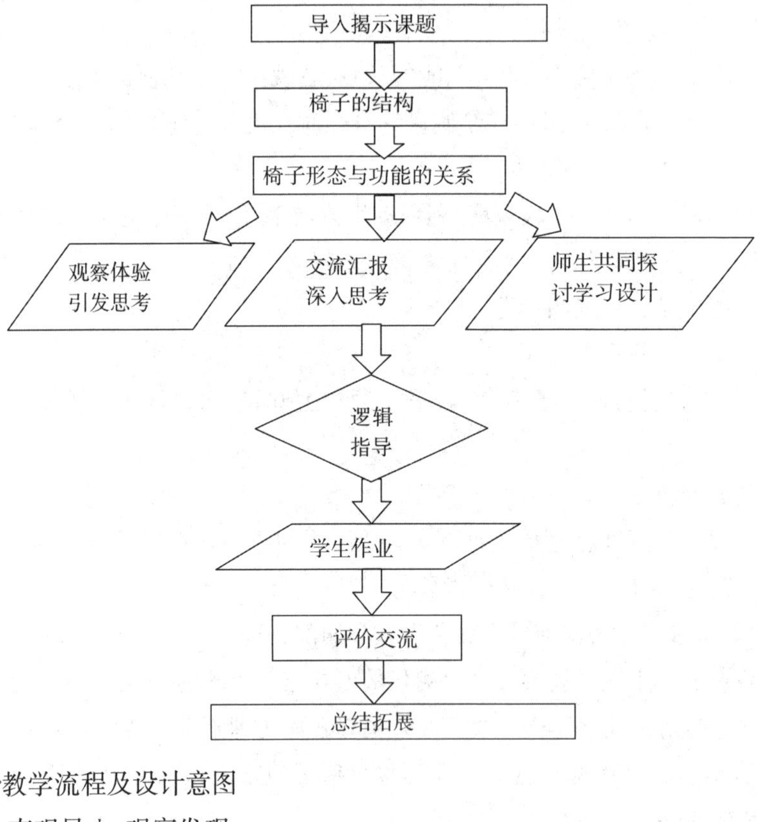

☞教学流程及设计意图

1. 直观导入,观察发现

(1)回忆复习

教师:同学们上节课奇思妙想的设计出不同风格、不同样式、不同功能的鞋。今天这节课我们来设计各式各样的椅子。

学生：回忆上节课学习内容。

（设计意图：激发学生兴趣和对知识的回忆。）

（2）观察发现

教师：请你摸一摸、看一看自己小屁股底下坐的椅子是由哪几部分组成？（根据学生回答情况补充。）

学生：椅子的结构包括椅面、椅背、椅腿，有的有扶手。

（设计意图：通过观察体验激发学生对生活的关注和热爱，明确设计目的。五年级学生有了一定的生活经验和表达感受的能力。在教学中我首先通过尝试看一看、坐一坐、摸一摸的教学环节，增强学生对椅子视觉、知觉的感受。和下一个环节请同学汇报自己在生活中看到的不同造型和功能的椅子，来进一步丰富学生的感性认识。通过这两个教学环节学生对椅子有了直观地认识，兴趣也一下被激发起来了。）

2. 体验分析，获取新知

（1）观察体验

找椅子实物，学生分别到椅子上坐一坐，摸一摸，感受它们的质地、坐上去舒适的程度。

思考：

是由什么媒材制作的？

适合什么人坐，摆放在一个什么样的地方？

坐上去舒适的程度？（宽松、不生硬、不疲劳、符合人体姿势、坐面够大、柔软）

它们有什么不同的功能？

学生：1—2 名同学到前面尝试感受。

（设计意图：体会设计者设计目的与人们需求的关系。）

（2）汇报交流

教师：通过课前调查分享一下在生活中你还发现哪些不同样式的椅子？设计师为什么要设计出各式各样的椅子。

请 2—3 名同学把自己课前调查情况和大家交流。

学生可能回答：设计师为了满足人们的不同需要，设计了各式各样的椅子。

（设计意图：引导学生初步感受设计目的与人们需求的关系。）

（3）探究学习

①椅子各部分造型与功能之间的关系。

小结：功能的设计决定外观造型。

②从“色彩媒材”方面欣赏古今中外设计师们设计的椅子。

教师:请同学们仔细观察图片,圈椅的外观造型是以线材设计为主,还是以面材设计为主?

学生看图观察回答:圈椅是以线材设计为主,学生边观察边描绘。

教师:比较《安娜皇后椅》,这样的穿插体现出怎样的美?

学生可能回答:简约的美、变化的美。

教师:你是想坐在椅子上呢? 还是想退后站着欣赏?

这个椅子的特别之处远不止这些,还有它的秘密你们想听吗?

出示德里安的作品,介绍《红蓝椅》和《红黄蓝相间》两幅作品,教师总结。

教师:书上还有一些艺术家设计的不同风格的椅子,说一说你喜欢哪把椅子的色彩媒材?

学生发表自己的见解。

小结:功能决定色彩媒材的选择。

总结:艺术家设计的各式各样的椅子能够让我们眼前一亮,它们不仅让人们坐得舒服还坐得艺术。这是现代的设计理念,把实用与艺术相结合。

③尺度对比。

教师:如果请你设计一把椅子,除了考虑以上因素外还需要考虑什么?

学生分析比较自己的课前调查表看一看国内现代座椅尺度的设计,阐述想法。

学生可能回答:椅子的设计要考虑身高尺寸。

(设计意图:引导学生体会椅子的形态(造型、色彩媒材)与功能的关系,感受实用与美观相结合的设计原理。让学生说出自己的想法,进一步巩固设计意识。了解设计中尺度与功能的关系,帮助学生形成严谨的治学态度。引导学生欣赏,学生在自主探究中加强感性认识,理解形态与功能的关系。如在教学中我通过引导学生欣赏书中作品及其他艺术家的各种设计作品,启发同学的设计灵感。在欣赏中探究使学生认识椅子形态与功能的关系,感受了艺术家创作的椅子和平日生活中所看到的椅子的区别。)

(4)教师示范

教师:课前我对我家书房的椅子进行了调查,尺度符合身体尺寸,但是感觉造型普通、不够舒适,我特别喜欢花,花能跟椅子有什么关系? 怎样能进行改良设计? 如何添加功能?

教师示范演示绘画过程,解释刚才思考的过程,其实就是设计过程。

小结:在设计中不仅可以联系我们喜欢的植物、动物,我们生活中见到的任何一种事物都可以给我们启发。

(设计意图:通过教师在示范中的问题来启发学生思考,发散学生思维,明确设计过程。)

(5)看书欣赏

注意书上作品的标注,有了辅助说明的标注才是一个完整的设计稿。

通过学习说说对自己课前调查的椅子有什么改良措施。

(设计意图:引导学生有意识地利用形式原理表达出设计椅子的创意。在交流中充分激发了学生的丰富想象力和创造热情,气氛很活跃。)

(设计意图:通过以往教学实践结果,我发现通过教学难点的解决学生虽然已经了解了造型、色彩媒材、尺度与功能的关系但是还是不知道如何着手设计。教师的简单示范容易影响学生的设计广度。本节课我在解决教学难点时以自己为例,走向学生、贴近学生,参与到学生的美术实践活动中。通过对我自己家书房椅子的调查和喜好引导学生思考怎样把物和椅子的造型、功能结合,符合使用者的需求。学生在示范中理解思考的过程就是设计的过程。在看书的过程中学生发现作品要有标注、有辅助说明才是一个完整的设计稿。再通过说说对自己课前调查的椅子有什么改良措施,拓展学生思路。在解决教学难点时教师创造的"教"激励学生主动的"学",使美术教学实现师生"互动交流,共同发展"。从而对观察能力、创新意识和创造能力得以发展,使学生的思想与情感得到提升,形成创造美好生活的愿望与能力。)

3. 艺术实践,设计创新

请两名同学根据桌子的设计创造性完成椅子设计效果图。其他同学个别分层辅导,完成椅子的改良设计。

辅导要点:

(1)学生是否能考虑到椅子的形态与功能的关系。

(2)改良是否体现椅子的实用、美观等特点。

(3)学生是否能够有意识地运用形式原理设计绘制草图。

(4)学生是否能够结合尺度绘制效果图,表达自己的设计构思。

(设计意图:提高学生的设计实践能力。优美的乐曲可以陶冶人的情操,一首合适的乐曲可以激发学生的灵感和表现欲望。边设计边播放乐曲,学生们在学习活动中受到陶冶和熏陶,绘画表现时才会把设计图画得灵动,富有创意。)

4. 展示评价,还于生活

(1)组织学生进行拍卖会活动。

(2)学生根据评价要点介绍自己的设计。

(3)学生购买设计作品,进行同学互评,教师参与评价。

(4)反思、拓展。

(设计意图:由于学生有了一定的生活经验,讲评时我采用拍卖会的方法,学生推销自己的作品是自评,学生购买产品为互评。学生快乐的评价、积极地表达,在活动中进一步拓展了学生的创新思路,情感得以交流。通过这样的设计教学,学生的学习热情非常高涨。)

(设计意图:通过教学实践我发现虽然学生通过学习理解了椅子造型与功能之间的关系,表现的内容各不相同,但是从画面中我发现学生还是更重视功能的设计,对造型表现有些忽略。我觉得欣赏时可以让学生更充分地表达自己的见解,让学生多看,这样思路就打开得更快、更宽广。)

(七)学习评价

1. 评价方式

(1)过程性评价

①在观察发现体验时——

②在交流汇报发言时——

③在探究学习讨论时——

④在艺术实践创新时——

⑤在总结概括时——

(2)指导、启发式评价

①教师通过把问题分解、分层次思考,让学生体会,教师要及时给予评价指导。

②在思考问题之前,学生只是凭借生活经验和一般知识对椅子做出反映,他们储备的知识极为有限,通过对这些问题的调查、思考、探究,可以使知识面得到扩大、丰富,审美感受得到深化,设计意识得到提高。

(3)学习结果的评价

组织小型的拍卖会活动,进行自评、互评、他评。

①自评:学生填写作品评价表,并大胆地介绍自己的作品谈谈设计感受。

②互评:学生购买同学的作品,并说说喜欢的原因。

(4)评价量规

每个人的感觉都是独特的、唯一的,每个人的作品也都是与众不同的,是内心体验的呈现。

在欣赏、探究、分析、尝试中,能够用语言表达出自己内心的想法,并作为评价量化。

能够在自评、互评、他评中准确表达对自己或他人作品的看法。

①自评

评价点:

A. 我设计的椅子舒适、造型美观。

B. 我设计的椅子造型和功能巧妙结合。

C. 我设计的椅子实用性强、又有创意。

学生填写作品评价表,对自己的作品反思。

②互评

评价点:

A. 我喜欢这个椅子设计很舒适。

B. 我喜欢这个椅子设计的造型很美观。

C. 我喜欢这个椅子设计很实用。

D. 我喜欢这个椅子设计很有创意。

课后反思填写评价量表。

通过评价,重新审视自己的作品,并对他人和自己的画法有所意识和醒悟。

(八)板书设计

各式各样的椅子

椅子的结构

椅面

椅背

椅腿

二、教学反思

1. 根据学生年龄特点和认知规律安排教学活动

这节课我重视新课程的实施,以“以人为本”的教育理念科学性地实施教学。在教学中,为使学生达到上述目的,我进行了以下设计:

(1)通过观察体验、汇报交流,激发学生对生活的关注和热爱,明确设计目的。

五年级学生有了一定的生活经验和表达感受的能力。在教学中我首先通过尝试看一看、坐一坐、摸一摸的教学环节，增强学生对椅子视觉、知觉的感受。然后请同学汇报自己在生活中看到的不同造型和功能的椅子，来进一步丰富学生的感性认识。通过这两个教学环节学生对椅子有了直观地认识，兴趣也一下被激发起来了。

(2)引导学生欣赏，学生在自主探究中加强感性认识，理解形态与功能的关系。

在教学中，我通过引导学生欣赏书中作品及其他艺术家的各种设计作品，启发学生的设计灵感。在欣赏中探究中，使学生认识椅子形态与功能的关系，感受了艺术家创作的椅子和平日生活中所看到的椅子的区别。

(3)和学生一起研究，激发创意。

通过教师示范中的问题来启发学生思考，并让学生相互交流如何对自己的椅子进行改良，表达设计意图。在交流中充分激发了学生丰富的想象力和创造热情，气氛很活跃，有很多同学的构想十分奇特新颖。在实践中学生能够大胆地根据自己的想法进行创作，教师与学生分别沟通交流给予指导。

(4)拍卖会活动，学生实际应用。

由于学生有了一定的生活经验，讲评时我采用拍卖会的方法，学生推销自己的作品是自评，学生购买产品为互评。学生快乐的评价、积极地表达，在活动中进一步拓展了学生的创新思路，情感得以交流。通过这样的设计教学，学生的学习热情非常高涨。

通过教学实践我发现虽然学生通过学习理解了椅子与功能之间的关系，表现的内容各不相同，但是从画面中我发现学生还是更重视功能的设计，对造型表现有些忽略。我觉得欣赏时可以让学生更充分地表达自己的见解，让学生多看，这样思路就打开得更快、更宽广。

2. 根据教学难点开展探究活动，注重教学实效性

通过以往教学实践结果，我发现通过教学难点的解决，学生虽然已经了解了造型、色彩媒材、尺度与功能的关系但是还是不知道如何着手设计。教师的简单示范容易影响学生的设计广度。本节课我在解决教学难点时以自己为例，走向学生、贴近学生，参与到学生的美术实践活动中。通过对我自己家书房椅子的调查和喜好，引导学生思考怎样把物和椅子的造型、功能结合，符合使用者的需求。学生在教师示范中的思考过程就是设计的过程。在看书的过程中，学生发现作品要有标注、有辅助说明才是一个完整的设计稿。再通过说说对自己课前调查的椅子

有什么改良措施,拓宽学生思路。我认为,在美术教学中,教师应坚持师生“互动交流,共同发展”的理念,创新教学难点的教授方式,激励学生主动学习,培养他们的观察能力与创新意识,提升学生思想境界,树立创造美好生活的愿望。

3. 各种资源的开发和合理利用,提升美术素养

开发和合理利用各种资源,可有效提高教学效率。在备课中,我根据学情调查结果及教学环节预设,制作了资源丰富的课件。实践证明,大量的图片、分析图等直观性资源可使学生的注意力更集中,参与意识更强。在各种媒体资源的刺激下,学生思维活跃,创造能力、审美能力、表达能力等都可得到长足发展。

三、专家点评

贾小川(博士、主编)

这是一堂十分注重教学内容与学生生活相联系的设计应用领域的课程。教材的编者试图通过教学内容与日常生活的联系加深学生对事物的认识,并积累学生的美术学习经验,让学生通过潜移默化的方式理解物品艺术性与功能性结合的重要性。教材的另外一个目的在于训练学生的创新思维,开启智慧。椅子是学生生活中接触最多也最常见的物品之一,也是激发学生关注生活、体验生活的切入点之一,通过对椅子的观察和思考更能达到开启学生智慧,激发学生创造性思维的目的。通过本课的学习,学生能够做到用学习过程中独立分析、独立思考、独立解决问题,并且对学习效果进行自我评价;教师也能做到用实践中的真实问题设定教学情境,使学生学有所用。

通过对教材的分析,我们发现其中包含了大量古今中外各种不同形态、不同材质的椅子,透露出美术设计的本质特点,涵盖了相关的设计知识和技能。本课教师很好地抓住了这一教学资源,从椅子的形态、材质、多样性等方面进行了全面的分析,开阔了学生视野,激发了学生创新思维,使学生对设计有了一个全方位的认识。并且在适当的时候将椅子的设计与现代艺术相结合,把现代艺术引进了课堂,与经典椅子的设计形成的鲜明对比,丰富了学生的美术学习经验。建议此处添加一些艺术家在社会中所扮演的角色之类的问题,这样会帮助学生更好地体验艺术家与艺术品之间的关系,以激发学生体验艺术家的角色,以更大的热情投入到本课的学习中。另外教师对于学生的学情也做出了准确的分析,知道学生对于常见事物的漠然态度,因而引发了教学中对于设计尺寸的重视,这样的尝试有利于学生对设计思维的理解,并体会物品从无到有,从构想到实现的全过程。

在教师对本课的导入环节我们可以看出,教师能够做到对教材的整体把握,

前后课程的紧密联系，并为本课在整体的教学体系中找到一个准确的位置。这样做有助于学生了解知识体系，在过程性中体会美术学习的意义。

在本课的教学过程中，教师能够做到让学生从生活中发现问题，以探究式的学习方式引导学生了解椅子的形态与功能的关系，通过切身的体会，理解设计的作用和意义，并设计出一件件作品。调查问卷的呈现是一个引导学生体验设计过程的重要方式，有利于培养学生收集信息、归纳信息、处理信息的意识。在对生活中椅子的优点和缺点的讨论中，教师充分发挥了学生的积极主动性，并通过学生亲身体验得出了椅子的改良方案。

本课教师所采用的评价策略值得一提。在教师的过程性评价中注重了以下几个方面：在观察发现体验时、在交流汇报发言时、在探究学习讨论时、在艺术实践创新时、在总结概括时。这几个方面完整而周详，相信能够对学生的美术学习做出一个完整而客观的评价，值得借鉴。另一方面，教师将日常课堂中的结果性评价改为了拍卖会的形式。这一形式的采用不仅仅激发了学生积极参与的兴趣，也体现了评价鼓励性、即时性、多主体性。从教师的整体评价策略来看，顾及到了美术教学三维目标的实现，并能激发学生使用美术语言表达自己的观点。多种评价方法的使用更有利于学生全面地描述、分析、解释自己和他人的设计作品，也有利于教师及时了解学生的识知水平，及时调整教学策略。

第五章

技术、科学与生活

体验智慧生活,点亮智慧人生

桑国元(博士、副教授)

透过板厂小学提出的智慧教育、智慧课堂的视角,曾经被轻视甚至忽略的科学、劳动与技术教育、品德与生活等课程,能够通过创设智慧型的学习环境和实施智慧型教学过程,让学生体验智慧生活,并为点亮学生未来的智慧人生做足准备。

一、智慧型的劳动与技术教育:教与学

劳动与技术教育是一门综合性、实操性的学科。现代社会日新月异的技术革新又要求劳动教育与技术、家政、职业教育紧密地联系在一起,使学生获得终身进行技术劳动和技术学习的能力,成为未来的合格劳动者。

在劳动与技术教育课程的实施过程中,学校应根据具体情况,适当开辟劳动场所,如工艺室、实验室、植物园等等,或者带学生参加各种形式的社会公益劳动,通过各种实践活动使儿童善于动脑,勤于动手,培养劳动兴趣,调动学习的积极性,发挥创造才能。劳动与技术教育课程的智慧体现在如何激发、养成学生的劳动智慧,使学生能够在教师的引领下,创造性地参与劳动,形成富有创意和内涵的劳动成果。

白旭宁老师的《泥塑玫瑰花》教学设计,力求通过关注学生差异、注重动手实践、培养科学观察等措施,让学生体验泥工之美,感受生活的乐趣,增长劳动与创作的智慧。

二、智慧型的科学:教与学

科学是“以培养科学素养为宗旨”的启蒙课程。在小学阶段,培养学生的科学

素养主要包括以下几方面的任务:1. 细心呵护儿童与生俱来的好奇心,培养儿童对科学的兴趣;2. 引领儿童学习与周围世界有关的科学知识;3. 帮助儿童体验科学活动的过程和方法;4. 使儿童了解科学、技术与社会的关系;5. 培养儿童乐于与人合作,与环境和谐相处。板厂小学所提倡的智慧课堂理念,实际上与这些任务紧密联系在一起的。学生的学、教师的教都应围绕智慧课堂环境的创设、培养和呵护学生的问题意识、倡导教师的教学生成这些核心要素展开。

《果实的结构》一课的设计,正如邓然老师所言:“在制定研究方案和搜索调查等几个活动环节,学生的独立思考和合作学习体现出了学生的智慧学习。”智慧的科学,首先是严谨的科学,求真的科学,其次是假设的科学,创新的科学。

三、智慧型的品德与生活:教与学

品德与生活课程是一门以儿童的生活为基础,以培养品德良好、乐于探究、热爱生活的儿童为目标的活动型综合课程。它具有生活性、实践性和活动性的特点。其实施宗旨就是以儿童的现实生活为课程内容的主要源泉,以正确的价值观引导儿童在生活中发展,在发展中生活。

智慧型品德与生活课堂的建构,在设计教学活动时不能脱离学生的生活、脱离社会实际来进行。只有来自于学生生活中的东西才能在最大程度上让学生乐于接受,从儿童的生活出发,才能充分调动学生的学习积极性。因此,智慧型的品德与生活课的教学不能局限在课堂、课本以及固有的教学模式,而应该以崭新的教学理念,构建开放的教学模式,拓宽学习内容、形式和渠道,使学生在广阔的时空间里自由地学习、感悟,促进良好品德的自然形成。

王海云老师《动脑拼七巧板》的设计,亮点在于“引导学生活动中提高动脑思考、认真观察、敢于发现创新的能力”。此外,王老师的智慧教学还体现在创造性地评价学生的点滴进步,鼓励学生勇于尝试、敢于突破。

总之,劳动与技术教育、科学、品德与生活等三类课程,分享一些共同的特性:综合性、实践性、学科交叉性、生活性、体验性。这些特性是师生尤其是教师创立智慧课堂、开展智慧教育的精髓。

劳动技术课《泥塑玫瑰花》教学案例与分析

教师简介：

白旭宁，女，1978年12月出生，本科学历，小学高级教师，从2012年起连续三年担任本校劳动技术学科教师。几年的教学实践，使她深深地认识到：劳动技术教育的最终目的不是使学生掌握某项技术，而是使学生在技术项目的学习过程中，养成正确的劳动观点、劳动习惯；掌握学习技术技能的基本方法；培养学生动手能力、审美能力并使其在体能、智力等方面都得到发展。所以，她在教学中，重视培养学生的实践能力与创造能力，注重学生直接经验的体验与学习，使劳技课堂教学成为一个开放性和生成性的课堂运行体系。

教学基本信息：

教材：劳动技术　　出版社：北京出版社

年级：三年级　　学科：劳动技术

课题：泥塑玫瑰花　　课时：第一学时

一、教学设计

（一）背景分析

1. 教学内容：泥工的学习内容安排在三、四年级，总体分为“技术基础”和“技术实践”两部分。《泥塑玫瑰花》一课选自北京版劳动技术三年级上册泥工单元，属于“技术基础”里的手捏成形法中的压粘接内容。本课属于动手实践课，主要是通过学生观察玫瑰花的花瓣特点了解玫瑰花的组成，为学生动手实践时做的花形象逼真打基础，让学生在动手实践中掌握揉、压、抿合的泥工技法，通过观赏图片、展示作品、师生评价、了解花之语等环节培养学生欣赏美、创造美的情趣。本节课的重点是使学生学会抿合法。难点是使学生塑的花形象、逼真。

2. 学生情况：三年级的学生生活范围一天天扩大，但生活仍是他们的主要学习领域，热爱生活、体验生活、学习生活是学生一生发展和进步的基础。三年级的学生对泥非常熟悉，对玩泥也非常感兴趣，以前也经常玩，但对泥工的基本技法掌握得并不规范，需要教师的进一步指导。三年级的学生年龄小，力气小，揉球、压片环节虽然简单，孩子们不会在方法上感到困难，但是现在天凉，泥比较硬，孩子们又急于求成，很可能会揉几下就忙着压片，造成泥粗糙裂口，压片不是所需要的形状。另外,现在学生相比而言都缺乏实际的参加生产劳动的机会,通过这个课可以增进其对劳动意义和价值的认识。

3. 教学方式:直观讲授式、学生参与式。

4. 教学手段:本节课主要体现体验学习和探究性学习,通过逐层探究,教师示范、学生跟做、亲身实践等方法促使学生掌握揉、压、抿合的泥工基本技法,突破重、难点,使学生塑出形象、逼真的花。通过情境创设、利用课件演示让学生在欣赏美的过程中产生制作愿望。通过展示作品、师生评价、拓展延伸等方法让学生亲身感受到经过自己的努力也能创造出美,学会按标准评价。通过了解花语向学生渗透要关心自己身边的人。

5. 技术准备

(1)教学媒体准备:学习环境和需要的物质条件:多媒体计算机、实物投影。

(2)资料准备:

①教师准备:玫瑰花、花的图片、泥塑的玫瑰花、幻灯片、陶艺泥

②学生准备:陶艺泥、一次性筷子。

(二)教学目标

1. 了解泥工的基本技法,揉、压、抿合。

2. 运用所学技法动手制作玫瑰花。

3. 通过观赏图片、展示作品、师生评价、了解花等环节培养学生欣赏美、创造美的情趣和具有劳动精神。

(三)教学重点

学习抿合的技法。

(四)教学难点

运用抿合的技法制作玫瑰花。

(五)教具准备

教师准备:玫瑰花、花的图片、泥塑的玫瑰花、幻灯片、陶艺泥

学生准备:陶艺泥、一次性筷子

(六)教学过程

☞问题框架

泥工的技术基础,学会了几种基本技法,谁能说一说?

怎样做能使接缝处衔接自然?

仔细观察它的花瓣看看玫瑰花的花瓣有什么特点?

如何使花瓣泥片的大小一致呢?

你知道怎样用一小块泥做一片花瓣吗?

你还认识那些花? 能把你喜欢的花泥塑出来吗?

☞教学流程示意

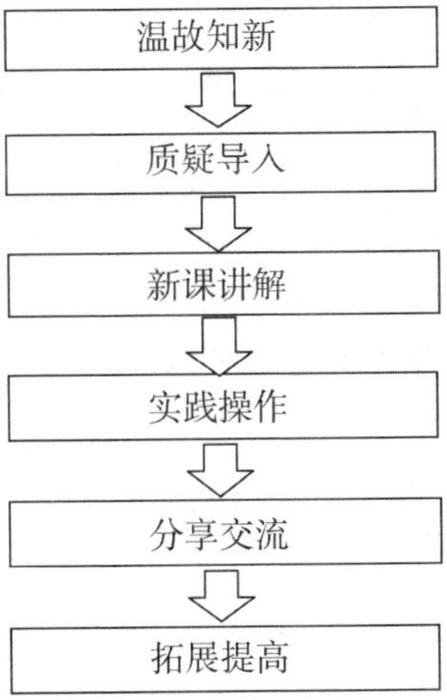

☞教学流程及设计意图

1. 温故知新

(1)提问:上节课我们学习了泥工的技术基础,学会了几种基本技法,谁能说一说?(生:回忆,用自己的语言表述)

板书:

揉—掌心、转动

搓—掌心、滚动

压—合掌用力

捏—手指

剪

(2)用学习的技法揉一个球和搓一个圆柱。

(设计意图:新旧知识的衔接。)

2. 质疑导入

(1)学习“抿合”。

①请将球和圆柱粘接在一起(生:边做边思考)

思考:怎样做能使接缝处衔接自然?

(设计意图:通过动手实践发现问题。)

②示范：

抿合：用手指或泥工刀将接缝处的泥抹平，使两块泥看起来成为一个整体。（生：认真看教师示范）

（设计意图：教师示范直观展示。）

③请同学们自己试一下（生：实践操作）。

（板书）

抿合：自然、无接缝。

（2）出示课题。

今天我们就用这种粘接方式来制作玫瑰花。

板书课题：泥塑玫瑰花

（设计意图：动手感知所学内容。）

3. 新课讲解

出示课件：玫瑰花作品。

（1）激发兴趣：老师有一个习惯每次会禁不住用自己的相机记录下你们的作品，老师现在展示的是上一届三年级他们完成的作品。

问：好看吗？你想做吗？（学生回答，跃跃欲试）

老师相信你们一定比他们做得更好！

（设计意图：激发学生的制作欲望，建立信心。）

（2）出示玫瑰花图片。

师：玫瑰花生活中我们都见过，颜色非常鲜艳，都是玫瑰花但形状各不相同，盛开的程度也有不同，做出来的造型也会不同。

（设计意图：让学生理解万物的变化很多。）

（3）注重观察：上节课我们讲过了当泥塑一个实物的时候，在做之前我们要先对实物进行观察，发现他的特点（生：学生随着老师的提示回答）

（设计意图：培养良好的学习习惯。）

（4）出示放大的玫瑰花。

师：我们仔细观察，看看玫瑰花的花瓣有什么特点？（生：随着老师的介绍观察图片）

生：观察后回答：花瓣是由里向外一圈围着一圈，花瓣是错着的，位置是不同的。

（5）作演示，体会位置不同，花瓣的排列关系。

老师用手做花瓣的造型，问学生想一想应该是怎样排列的？是并列的吗？

（学生分组体会：一个同学用双手作花瓣的造型，作为第一层，另一个同学用手做第二层，想想应该怎样摆，一组同学到前面来展示。）

巩固加深理解：谁还想来做第三层？（请一个同学上来做第三层）

（设计意图：肢体感知能更直观、形象地表现出作品的特点。）

（6）老师总结：花瓣的位置每一层都是错开的，同一个方向排列只会越来越厚，不会排成球状的花瓣，那我们在制作的时候要注意了。

（7）如何使花瓣泥片的大小一致呢？（生观察比较后回答：由形状、花的大小决定）

分泥：用目测的方法将大的泥按物体的比例和制作的需要分成若干小块来准备。

（8）你知道怎样用一小块泥做一片花瓣吗？（生：用揉、压的手法边做边回答取泥，将泥块揉成球状，合掌压。）

（9）指导学生尝试将泥球压成泥片。

4. 实践操作

（1）做玫瑰花分三步来完成

出示课件（生看课件，了解过程）

①制作花心；

②制作花瓣；

③整理美化。

（设计意图：归纳总结，升华所学内容，构建完整的知识体系。）

（2）制作花心

出示课件，教师示范（生：认真看示范，动手实践）

①揉：取一小团揉成球；

②压片：把其按压成片；

③卷：卷成花心。

（注意事项：根据自己泥的数量，制作花心大小。）

（3）制作花瓣

出示课件，教师示范（生：认真看示范，动手实践）

①分泥揉球（比花心用量少）；

②压片：压成椭圆的泥片（比花心小）；

③微卷花瓣粘接处抿合在花心上（每层两片对称）。

(4)整理美化

可以加上枝叶。

(设计意图:图例展示直观细致让学生的操作更有针对性。)

5. 分享交流,拓展提高

展示学生的作品

(1)自然界中大部分花朵都是片状的,都可以用压粘接的方法制作出来。

(出示花朵图片)

(2)你还认识那些花?能把你喜欢的花泥塑出来吗?(生说自己喜欢的花,动手试一试。)

(设计意图:把所学运用到生活中,巩固所学技法。)

(七)学习评价

1. 过程性评价:课堂教学过程中,采用教师评价及学生互评相结合的方式。当小组活动开展得非常顺利时,教师及时给予表扬性评价;当发现小组实践中有困难时,给予指导性评价。课上引导学生观察作品,学生按标准评价,教师根据情况及时进行总结性评价。

2. 总结性评价:评价方式多样,借助量规进行评价,以课上做的花是否形象逼真,粘接是否自然与课上参与率相结合对学生进行评价。课后组织学生对照自己学习前、学习后的变化做出自我评价,使评价更客观、公正。

(八)板书设计

泥塑玫瑰花

压	抿合	分泥
揉		制作花心
捏		制作花瓣
搓		整理美化

二、教学反思

1. 充分尊重学生,根据学生的年龄特点,设计教法

对三年级的学生来说生活是他们的主要学习来源,因此在导入环节我从生活中搜集了大量的各种各样花的图片让学生欣赏,使学生在欣赏美的同时感受美,激发学生的学习兴趣,产生动手制作玫瑰花的欲望。

在学习制作玫瑰花的方法前让学生观察生活中玫瑰花的特点,一方面培养了

学生的观察能力,另一方面为学生制作玫瑰花打下了基础,让学生明确了花瓣的排列组成。只有学生在这一步观察的细致,真正的感受到了玫瑰花的美,在制作玫瑰花的时候才能做的形象、逼真。

2. 备课时始终把学生放在首位,反复地备学生

在备课时我反复的备学生,揣摩学生的心理,站在孩子的角度亲自体验制作泥塑玫瑰花的过程,我发现学生对于技法掌握得较熟练,主要是花瓣如何排列成为了难点,如何突破? 怎样突破? 成为了备课的重点。

我设计了用手作花的造型,让学生自主摆出花瓣的造型,分小组配合摆出花瓣的每一层,这样不需要过多的语言描述,学生通过实践形象直观的理解花瓣的排列位置不同,要错开排列,很自然地突破了这一难点,还会印象深刻,为后面做完整的玫瑰花打下了很好的基础。

3. 抓住生成资源,激励学生,让他们体验成功

抓住生成资源,用激励性的语言鼓励学生,让每个组体验成功,感到成功的喜悦。

三、专家点评

班建武(博士)

智慧的课堂不仅表现为教师教的智慧,更表现为学生学的智慧。在这节课中,教师的教学设计与课堂教学,较好地实现了教师教的智慧与学生学的智慧的有效统一。

教的智慧,关键点在于教师能够较为娴熟地把握和掌控自己所讲授的知识,从而把知识的深层意涵以一种生动直观的方式驾轻就熟地展示在学生面前。在本课中,教师对于“抿和”的泥塑技术的理解和掌握,可谓精到。对于这项技术的若干重点、难点的解析也是十分精彩。这对于学生充分认识这种技术具有十分重要的引导和示范作用。

同时,在这节课中,教师的教和学生的学都体现了鲜明的实践教学特征。劳技课重点在于动手实践,仅仅纸上谈兵是无法培养真正的劳动能力的。从这节课的设计我们可以看到,教师的整个教学设计为学生在课堂上的动手实践提供了大量的机会和条件。这既符合这门课的课程特征,更符合这个年龄阶段学生的学习特点。这样一种实践化的教学,对于提高学生在课堂上的主体性和能动性,从而增强学生自我发现和自我创造的能力,具有十分重要的作用。

更为难得的是,在这样一节劳技课中,教师的教学不仅专注于特定劳动技能的传授,还关涉到了劳动技术当中所包含的价值共善性。能够自觉地引导学生通过自身的课堂实践,去领略和发现劳动本身的艺术美和创造美。而这些价值元素的融入,确保了这节劳技课的教育属性。我们都知道,教育不同于技能培训的关键点在于教育不仅要教人技能、方法,更重要的是要赋予这些技能与方法内在的价值灵魂,从而确保教育的价值性和方向性的。因此,本课教师注重在讲解技术的过程中,注意引导学生去发现劳动的美,符合教育道美与技美的统一。如果教师在课程结束前,引导学生思考如何处理自己在课堂上所创造的玫瑰花,把“赠人玫瑰,手有余香”的价值观念渗透其中,这样或许对于这门课价值升华将具有画龙点睛的提升意义。

这门课之所以具有以上这些特点,关键点就在于教师在处理这门课的教学时,具有十分强烈的主体能动性。这主要表现在这样几个方面:第一,教师在驾驭知识,而不是被知识所奴役。在教学设计中我们能看到,教师并没有完全被课程知识所奴役,按部就班地把课程知识简单地再现在学生面前。而是事先对这些知识进行了充分的咀嚼和吸收,并根据学生和教育的实际进行了富有创造性的加工。因此,在这节课中,教师就不再是一个简单的“知识搬运工”,而是转变成了一个有个人思想的“知识的创造者”。第二,教师是带着感情进入课堂的,从而使得她所教授的看似冰冷的劳动知识具有人性的温度。衡量教师是否有主体性的一个重要指标就在于,教师在处理客观知识的过程中,他的个人情感和生活经验能否融入其中。如果教师只是满足于提供各种正确、客观的知识,而没有用自己的情感将这些知识焐热,那么,这样的课堂就不会充满活力。而在这节课中,教师的字里行间,都体现了教师的教学态度以及情感投入。这对于三年级的学生来讲,是一个非常重要的教学品质。在很大程度上,小学生更容易服膺于各种真诚的情感,而不是冰冷的知识。

总而言之,这节课教师对知识深层内涵的精到把握,对知识价值属性的深切渗透,对学生实践能力的高度关注以及自我主体的真诚融入,确保了学生在课堂上动手能力、创造能力的有效培养,显示了智慧课堂的魅力。

科学课《果实的结构》研究案例与分析

教师简介：

邓然，女，1988年1月出生，本科学历，小学一级教师。在2013北京市理科实验专题培训项目（小学科学）展示课评为一等奖；2013年东兴杯教学基本功大赛荣获一等奖；2015年东兴杯教学基本功大赛荣获二等奖；多次在东城区教学设计大赛中荣获一二等奖。

教学基本信息：

教材：科学	出版社：首都师范大学
年级：四年级	学科：小学科学
课题：果实的结构	课时：第一学时

一、教学设计

（一）背景分析

本教学内容依托于首师大版科学教材第四册《果实的结构》一课。全课主要是让学生通过观察、比较和解剖果实等一系列活动，知道果实的结构是由果皮和种子两部分组成的；果实有肉果和干果两类；训练和培养学生的观察、分析、归纳、概括能力和分类能力。具体内容分成三部分：第一部分是研究果实的结构，分为两个层次，第一层以肉果为例研究果实结构，第二层以干果为例研究果实结构；第二部分是根据果实结构的共同特点辨认各种食品中哪些是果实的活动；第三部分是阅读内容，主要介绍罂粟的果实，开展远离毒品的教育。在学习本课之前，学生对包括果实在内的植物体六大器官有了整体的感受，大致了解了植物的一生；并逐一认识了种子、根、茎、叶、花等器官的结构和作用，了解了这些器官形态的多样性。此时，他们已经具有一定的归纳概括能力，观察记录的方法也比较熟练。而本课之后，教材安排了《果实的形成》选讲课，将花的结构与作用和果实的结构联系起来。在首师大版教材中，果实由果皮和种子两部分组成的概念在概念进程中的作用是：有利于进一步理解花的结构与功能，理解花、果实、种子是植物的繁殖器官。

本课之前，学生具备了一定的观察能力，观察活动正从被研究对象的外部观察向被研究对象内部结构的观察过渡；画图记录能力也正从画简图向准确画图记录过渡;通过比较找相同的能力有了较为充分的训练,将为本课归纳概括学习提供有效的支持。而这种归纳概括果实结构共同点的能力训练主要建立在叶的结构共同点的学习基础上,又会为归纳概括植物花的结构、种子的结构做准备,处于承上启下的位置。

教学中我采用多媒体辅助教学,借助图片,激发学生兴趣;并采用观察法、共变归纳法、学生记录、教师演示等多样的教学方式帮助学生突破重难点,从而达到本课教学目标。

(二)教学目标

1. 知道植物的果实是由果皮和种子两部分组成。

2. 学会横切、纵切的方法,在教师指导下能利用画图方法,有序而准确地记录苹果等果实的结构。

3. 培养观察、比较能力,具有归纳概括植物果实结构共同特点的能力和判断果实真伪的演绎推理能力。

4. 在明确什么是植物果实的过程中体验探究的过程,感受探究的乐趣,形成细致认真、乐于合作的态度。

(三)教学重点

1. 知道植物的果实是由果皮和种子两部分组成。

2. 学会横切、纵切的方法,在教师指导下能利用画图方法,有序而准确地记录苹果等果实的结构。

(四)教学难点

1. 学会横切、纵切的方法,在教师指导下能利用画图方法,有序而准确地记录苹果等果实的结构。

2. 培养观察、比较能力,具有归纳概括植物果实结构共同特点的能力和判断果实真伪的演绎推理能力。

(五)教具准备

实验材料:苹果、梨、土豆、豆角、萝卜、花生、白纸、刀、实验记录单

(六)教学过程

☞教学流程示意

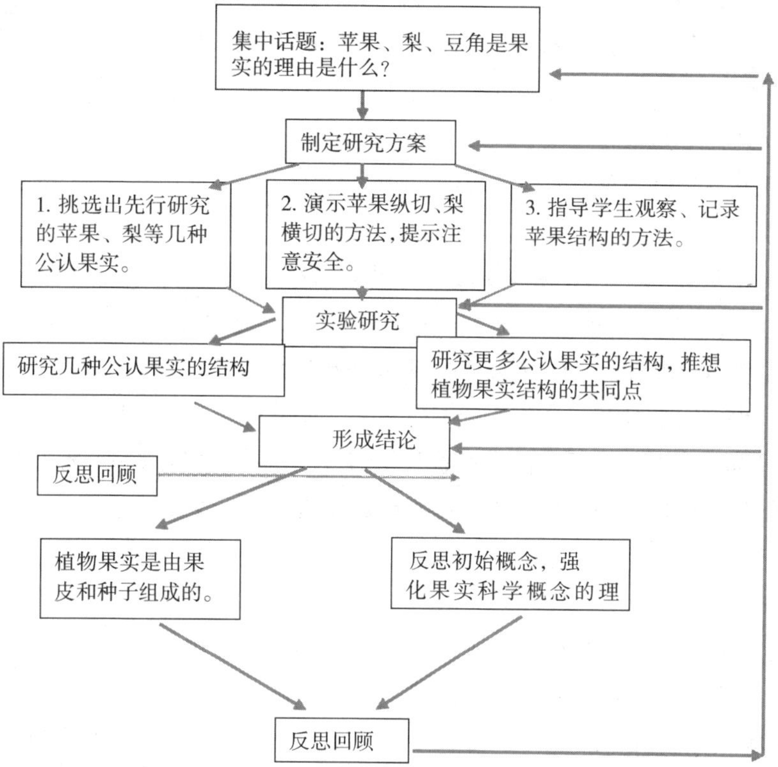

☞教学流程及设计意图

1. 创设情境，了解"果实"的前概念

(1)今天老师带来了一些东西，我们看一看都有些什么，老师指，你们说它是什么。

(苹果、梨、豆角、花生、萝卜、土豆)

(2)这些都是植物身体的一部分，请同学帮老师一个忙，把你们认为是果实的挑出来，放在盒子的左侧，其他放在盒子的右侧。注意：小组里的所有成员要商量着一起挑选。

(3)学生小组活动。

(4)学生汇报：

(苹果、梨、扁豆、花生)

(苹果、梨)

(苹果、梨、土豆)

……

听了同学们的汇报，老师有个发现，虽然你们挑选的果实有些不一样，但你们挑的果实里都有苹果和梨，它们有什么样的特点，让你们都公认它们就是果实？

（长在树上）

（花开后长出的东西）

（里面有种子）

（设计意图：学生对于果实应该非常熟悉，但对于到底哪些是果实是模糊的，此处情境创设有助于教师初步了解学生前概念，了解学生是如何定义果实概念的，从而揭示学生对果实的辨认理由，引发学生独立思考。）

2. 制定方案，建构果实概念的本质

（1）你的意思是里面有种子的就是果实，没有种子就不是。你是从果实的结构考虑的。依据我们平时的经验，我们想要知道苹果和梨里面有什么，要采用什么方法呢？

（解剖）

演示解剖方法：解剖两种方式——横切、纵切。

①提示：豆角、胡萝卜适合横切。

②提示：记录要求。

③提示：实验要求。

（2）学生实验活动，活动后做汇报。

（设计意图：面对学生们自认为各不相同的“果实”和辨认理由，组织学生选择确定适于课堂上研究的思路：引导学生从挑选的苹果、梨等公认的果实开始研究。为了学生更有效的实验研究，教师演示苹果纵切、梨横切的方法，并提示注意安全。同时指导并培养学生观察、记录苹果结构的方法从而让学生有序而准确地记录果实的结构。）

学生汇报：

（我们解剖的是梨，横切，观察到果实里有果皮、果肉、种子）

（我们解剖的是苹果，纵切，观察到果实里有果柄、果皮、果肉、种子）

（3）听了这几组同学的汇报，你发现苹果和梨有什么共同的地方吗？

（都有果柄、果皮、果肉、种子）（板书）

（4）其实植物学家有一个更简单明了的划分，种子有很重要的作用，所以种子是果实的一部分，种子以外的组织都叫做果皮，（板书）果柄是果实与茎的连接结构，并不是果实的一部分。所以你认为果实都是由什么构成的吗？

（果皮和种子两部分）

（5）果实是由果皮和种子构成的，这就是果实的结构。（板书）

（6）现在你知道苹果、梨是果实的理由了吗？

（苹果、梨是由果皮和种子构成的）

（设计意图：学生在分组实验、观察、记录后，依据记录单有序而准确地进行汇报，通过观察公认果实的结构，学生归纳概括初步找到的果实结构共同点：公认果实都是由果皮、果肉和种子构成，教师明确植物学家对果实相同的部分按照位置关系和作用进行了合并重组，将果实分成了种子和果皮两大部分。从而让学生初步形成果实是由果皮和种子构成的概念。）

3. 反思回顾，深化果实概念的本质

（1）你现在有没有办法去判断花生、扁豆、土豆、萝卜等哪些是果实，哪些不是？

（比较）

①谁和谁比较？比较的依据？

（看花生、扁豆、土豆、萝卜是否有果皮和种子，如果有就是果实，如果没有就不是）

②现在请同学们用你们刚才说的方法去判断，实验时一定小心用刀，注意安全。

（2）学生实验活动。

（3）请汇报你们的结果，它们是不是果实？理由是什么？

（豆角是果实，因为它由果皮和种子组成）

（花生是果实，因为它由果皮和种子组成）

（土豆不是果实，因为它没有种子）

（萝卜不是果实，因为它没有种子）

（4）如果在生活中出现一个你不能确定是不是果实的东西，通过这节课的学习，你会不会判断？怎么判断？

（解剖观察它是否由果皮和种子构成）

（设计意图：教师引导学生运用果实概念判断存在争议的果实（花生、土豆、萝卜）的方法，并组织学生分组观察课前存在争议的“果实”，判断它们之中谁是果实、谁不是果实。组织学生汇报观察结果，对果实的初始概念进行反思，同时深化果实概念的本质。）

4. 应用拓展,认识果实的多样性

(1)(出示核桃图片)核桃是不是果实?

(是)

①核桃是果实,哪里是果皮?哪里是种子?

(外面是果皮,硬壳和里面是种子)

②核桃是果实,是由果皮和种子构成,但是核桃的果皮有两层并且形态不一样。

(2)(出示草莓、香蕉、菠萝图片)它们是不是果实?

(是)

它们都是果实,但是它们是特殊的果实,在我们生活中还有很多这样的特殊果实,课后查找相关资料或者亲自去大自然中实地观察。

(设计意图:认识到果实的多种多样,感受植物世界的千姿百态。)

(七)学习评价

(1)知识评价

果实名称:
解剖方式:
用画图的方式记录,并标注各部分名称。

(2)学习状态评价

评价项目	评价标准			得分
学习状态	能积极主动参与学习,有进取心,学习兴趣浓厚,求知欲强	学习比较积极主动,有较强的兴趣和动力	感觉每天的学习状态都差不多,不积极也不怠慢	
合作状态	努力完成任务,认真思考,积极参与讨论,遇到困难能主动向同学或老师请教	喜欢独自思考探究完成任务,不喜欢和同学讨论交流	自己不懂做,也懒得和同学合作	
探究状态	能够积极主动地去探究、发现问题,主动解决问题	对问题没什么兴趣,不愿积极思考	不愿思考研究,等待老师或同学告知	

续表

评价项目	评价标准			得分
认真情况	上课认真听讲,作业认真,参与讨论态度认真	上课能认真听讲,作业按时完成,有参与讨论	上课无心听讲,极少参与讨论	
积极状态	积极举手发言,积极参与讨论与交流,大量阅读课外读物	能举手发言,有参与讨论与交流	很少举手,极少参与讨论与交流	
思维的条理性	能有条理表达自己的意见,解决问题的过程清楚,做事有计划	能表达自己的意见,有解决问题的能力,但条理性差些	不能准确表达自己的意见,做事缺乏计划性、条理性,不能独立解决问题	
思维的创造性	具有创造性思维,能用不同的方法解决问题,独立思考	能用老师提供的方法解决问题,有一定的思考能力和创造性	思考能力差,缺乏创造性,不能独立解决问题	

(八)板书设计

果柄
果皮 } 皮
果肉 } 果实
种子 } 种子

二、教学反思

1. 学生的智慧学习

学生通过本节课的学习,对果实概念经历了由认识模糊、混乱到清晰、准确掌握的思维变化。利用果实这一学习载体,学生在已有的观察、比较、抽取相同的能力基础上,进一步提升了归纳概括能力和演绎推理能力,思维得到进一步发展。

在制定研究方案和搜索调查等活动环节,学生的独立思考和合作学习体现出了学生的智慧学习,如我提出苹果、梨、豆角是果实的理由是什么,有几位学生表达了自己的想法,这是他们根据生活经验进行独立思考所得出的结论。然而这些想法有的思路正确,有的不是,如何整合学生思路?最佳方式就是合作学习。学生在合作学习中,将自己的想法与他人观点在即有判断能力的基础上,结合已有生活经验进行深入交流与碰撞,从而得出相对科学的结论,并自行排除掉一些不合理的方案。

2. 教师的智慧从教

在本课进行到如何判断是否为果实这一阶段时，由于学生思维活动活跃，判断方法很多，同学之间的不同观点引发了认知冲突。我认为教师洞察并科学处理这样的问题至为重要。此时教师应及时为学生搭建教学脚手架，引导学生走出因认知冲突而引起的迷茫。我先帮助学生将看似纷繁的观点归类，并抓住关键点引导学生将果实辨认观点转换、提升成一种对果实继续研究的方向；同时也排除了一些不合理的方向，为学生独立选择行之有效的解决问题的办法提供了帮助。当学生总结出果实都是由果皮和种子两部分组成时，学生对果实的前概念和本课建构的果实概念开始进入一种冲突状态，所以在学生认清了果实的结构组成后，教师再次组织学生利用果实概念辨认果实。因为孩子的错误概念根深蒂固、不易动摇，这种反复、持续的反省更有助于日常错误概念的消除与科学概念的建立。

3. 环境的智慧设置

在小学科学课中，运用实物观察实验、获取证据应该是不容质疑的教学观。在本次教学中，我智慧地设置环境，始终以实物为载体和出发点，指导学生开展研究。观察是学生学习的出发点，在落脚点则在思维和言语层面。学生对观察看到的果实结构进行画图记录与表达交流，可促进其抽象思维能力的发展。学生先对眼前果实的横（纵）切面进行仔细观察，在头脑中形成表象，再经过思考区分出果实的组成部分，简单设想如何构图、连线标注；最后，手、眼、脑并用，将观察发现跃然纸上。之后，学生凭借记录图进行汇报交流，进行果实概念的建构。这个过程虽然要占用更多的教学时间，但对于学生今后探究生命世界所必备能力的形成具有巨大的意义。

三、专家点评

班建武（博士）

这是一节精彩而成功的科学课。教师的成功之处就在于，她深刻地把握了科学课的精髓，将科学的一般性和特殊性、形式和内容做了很好的整合。对于科学课的教学而言，我们不仅要通过特定知识的介绍，帮助学生理解某个领域的具体知识，更要在其中体现科学方法和原则精神，把实质教育和形式教育有机结合在一起。也就是说，科学课教给学生的，除了特定的科学知识外，还应包括科学的研究方法。即科学既要解决“鱼”的问题，更要解决“渔”的问题。在这节课中，教师不仅通过对有关果实知识的层层铺垫让学生理解了果实的概念，而且有意识地引导学生通过亲自动手实践的方式，了解了科学方法的基本构成，从而知道了科学的归纳法在我们如何认识和了解这个世界方面所具有的重要作用。这就使得本节课的教学效果没有停留在科学知识的单向授受方面,而是上升到了一种科学世界观和认识论的培养方面。这对于学生在实际生活中主动应用科学能力探究世界、发现世界、创造世界具有重要的意义。

其次,教师的成功之处还在于,她特别善于将抽象的科学知识与学生日常生活经验相链接。这样一种生活化的科学知识,不仅有助于抽象知识的具象化,更有助于引发学生学习兴趣,充分调动学生参与课堂的积极性和主动性。从这个教学设计中我们不难发现,教师在多个环节的设计方面,都十分注意该环节教学与学生经验世界的关系。比如,从学生日常经验世界里常见的水果入手,又回归到学生日常生活中的其他果实,这十分有利于激发学生的探究兴趣。

再次,在课堂上高度关注学生的参与,并为每个学生提供了大量的参与机会,是这节课成功的重要因素。科学知识的掌握、科学方法的形成以及科学精神的培养,决不会通过"纸上谈兵"的方式实现。如果没有个人的亲身参与与实际投入,要取得任何的科学发现都是不可能的。人类科学发展史如此,个人科学素养的形式亦是如此。在这节课中,教师设计了大量的动手实践环节,使得学生所有的发现,都是建立在他们自己动手实践和探究的基础之上。在这些实践环节的设计中,不仅有个人的探索,更有集体的合作,同时,也十分重视对学生探究成果的集体呈现和分享。这些都是好的科学研究所必须的基本科学能力。因此,这样一种实践化的教学,不仅有利于培养学生掌握正确的科学方法,而且,也有利于学生形成良好的合作意识和分享意识,这些都是从事未来科学研究所必须的重要价值品质。

最后,这节课还有一个突出的特点就在于,它的整个教学设计具有很好的系统性和衔接性。教师把对学生科学精神、科学能力的培养放置在一个系统的课程当中一以贯之的落实。从前面的教案我们可以看到,教师十分注意这门课与课程其他内容的前后关系。这一点,对于教学是重要的。好的教学,应该有完整的课程观,知道每节课的教学在整个课程体系中的地位和作用。这样才能游刃有余地处理具体的课堂教学。

总体而言,从这个教学设计我们可以看出,教师对这门课程是用心的,教学方法也是科学有效的。她对于科学知识和科学方法、科学精神关系的处理是富有智慧的。因此,学生在这节课收获的,将不仅仅是具体的科学知识,更是认识世界的科学智慧和方法。

科学课《点亮小电珠》研究案例与分析

教师简介：

刘帅，女，1991 年 11 月出生，本科学历。

教学基本信息：

教材：北京市义务教育课程改革实验教材	出版社：首都师范大学出版社
年级：四年级	学科：科学
课题：点亮小电珠	课时：第一学时

一、教学设计

(一)背景分析

1. 教学内容：本节课属于电与生活单元，《点亮小电珠》一课主要是让学生通过动手操作研究，知道使用导线把各个元件组成闭合环路可以点亮小电珠。

本课有三个活动点：(1)尝试用导线、小电珠、电池，将小电珠点亮；(2)研究小电珠结构；(3)再次尝试连接，点亮小电珠。

在学习本课前，学生对电的知识仅有一点点的了解，所以本课主要利用实验探究法，让学生掌握小电珠的结构和形成闭合环路的概念。

2. 学生情况：四年级的学生还未系统学习有关电的知识，虽然家长时常对孩子说不能乱碰电器或插座，但孩子真正对于为什么不能碰这一概念还是了解得比较少。让小电珠亮起来对于四年级的孩子来说，看起来很简单，但实际上有很多内容值得研究。也许学生们拿到导线、电池，很快就能使一个小电珠亮起来，但是，他们并不一定了解小电珠为什么亮，所以本节课重在引导学生了解小电珠的结构。

3. 教学方式：结构观察法、问答法、小组合作法、实验法。

4. 教学手段：PPT、视频等多媒体教学手段，板贴画。

5. 技术准备：PPT、视频等多媒体教学手段，板贴画。

(二)教学目标

1. 通过观察了解小电珠的基本构造。

2. 知道点亮小电珠需要形成闭合环路。

3. 让学生明白安全用电的重要性。

（三）教学重点

知道使用导线把各个元件组成闭合环路可以点亮小电珠。

（四）教学难点

通过实验探究学习点亮小电珠的方式。

（五）教具准备

PPT、视频、板贴画、小电珠、导线、电池

（六）教学过程

☞问题框架

1. 自选材料：蜡烛、小电珠、导线、铁棒、电池，怎样获得光亮？

2. 通过观察，你看到了小电珠的哪些结构？

3. 在点亮小电珠时，你有没有感觉不方便的地方？

4. 如果再给你一个小电珠，你能将它们一起点亮吗？

☞教学流程示意

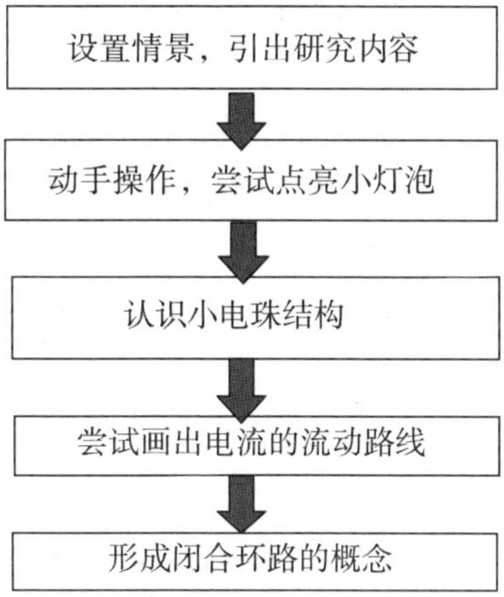

☞教学流程及设计意图

1. 创设情境，激发学生探索的欲望

（1）出示卡通人物——柯南。

提问：老师知道咱们班的同学喜欢助人为乐，今天需要你们帮助的人是你们熟悉的朋友——柯南。柯南要在黑暗中寻找线索，最需要的就是光亮，他手中有蜡烛、小电珠、导线、塑料尺子和电池，你来帮帮他，怎样解决这个难题？

小结：大多数学生能够指出用导线、小电珠和电池连接起来让小电珠发光。

（设计意图：激发探究兴趣，了解学生的认知能力。）

（2）提供实验器材，小组合作尝试点亮小电珠。

（设计意图：既培养了学生设计实验的能力，又为学生的实验设计搭设脚手架，为后面教学难点的突破节约时间。）

2. 探究分析：点亮小电珠，研究使小电珠亮起来的原因

（1）观察小电珠结构（由外到内）。

思考：小组间将连接方式进行展示，这些连接方式，有的使小电珠亮了，有的没有点亮小电珠。在给定的物品中，学生了解电池和导线，如电流是从电池的正极“+”流出，从负极“-”流入，但并不了解小电珠。接下来，教师带领学生共同了解小电珠的构造。

小结：通过仔细观察，学生逐一说出小电珠结构，玻璃泡、金属壳、金属触点、灯丝、金属架。

（设计意图：提高学生观察能力。）

（2）利用板贴画形式，将连接结果呈现在黑板上。

提问：现在我们了解了小电珠的构造，请同学们再尝试一下。将组内的连接方法画在黑板上，并思考为什么这样连接就会让小电珠亮起来呢？

小结：当我们连接正确时，电流就会从电池正极流出经过小电珠最后回到负极。它们组成一个闭合图形，我们把刚才连接的方法称为闭合环路，要想使小电珠亮起来，我们必须用导线把电池和小电珠连成一个闭合环路。

（设计意图：初步学会用观察、猜想、试验等方式解决问题，观察开关对电路的影响，开关闭合小电珠亮，开关断开小电珠不亮，引入闭合环路这个概念。）

（3）巩固实验。

①提问：在刚才的实验过程中，你们有哪些不方便的地方？

小结：通过刚才的实验谈感受。

A. 手总要接着很累。

B. 连接错了会烫手。

C. 没有开关不能控制小电珠。

D. 直接触摸导线不太安全。

②提供带有灯座的小电珠、开关和电池盒，组内进行连接，将结果利用板贴画形式呈现。

小结：我们用导线把电池、开关、小电珠连接成的闭合环路叫做简单的电路。

（设计意图：使用安全实验器材，巩固所学科学知识。）

3. 拓展

如果再给你一个小电珠,你能将它们一起点亮吗?

(设计意图:发散学生思维,激发学生兴趣,增强趣味性。)

4. 总结

今天我们学习了点亮小电珠的方法,就是把这些元器件组成一个闭合的环路,如果老师给你们两个小电珠、两个开关,你们能够让它们分别控制小电珠的亮灭吗?下节课让我们继续来研究点亮两个小电珠的方法。

(设计意图:激发学生继续探究的欲望。)

(七)学习评价

评价内容:利用导线、电池,尝试将小电珠点亮。

评价方式:教师评价、小组互评。

水平一	没有点亮
水平二	亮一下
水平三	常亮

评价内容:利用板贴画,画出电流的流经途径。

评价方式:教师评价、小组互评。

水平一	可以画出
水平二	比较困难

评价内容:利用导线、电池,尝试将小电珠点亮。

评价方式:教师评价、小组互评。

水平一	没有点亮
水平二	亮一下
水平三	常亮

评价内容:了解小电珠结构后,利用电池盒、开关、有灯座的小电珠,再次尝试点亮小电珠。

评价方式:教师评价、小组互评。

水平一	没有点亮
水平二	点亮

（八）板书设计

（利用板贴画形式呈现）

点亮小电珠

闭合环路

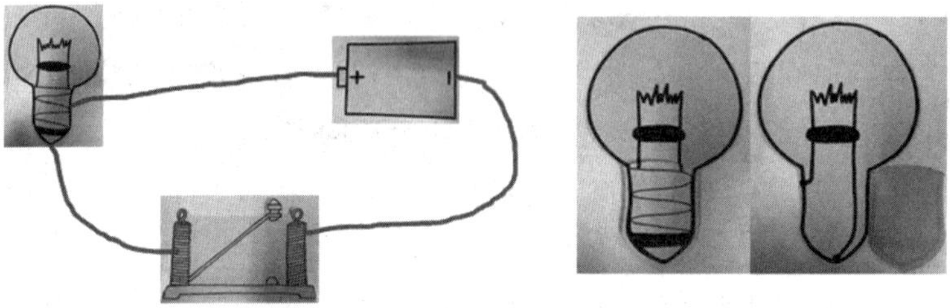

二、教学反思

1. 运用多种形式，激发学生学习兴趣

兴趣是最好的老师，教师应在教学中，不断激发并强化学生的学习兴趣。本课教学中，我设置了多种情境，例如从学生熟悉的卡通形象柯南入手，让学生从老师所提供的材料中自选所需材料，帮助柯南在黑暗中得到光亮。除此之外，利用板贴画将原本枯燥的导线连接问题转变为生动活泼的图画，大大增加了学生学习的趣味性。

2. 给学生充足的时间去思考、动手实践

“点亮小电珠”这一课，需要学生用导线、电池、小电珠组成一个最简单的闭合环路，使小电珠亮起来，并画出导线的连接方式，就这样简单的过程对学生来说也是不易的。他们根据以往的生活经验，会了解到利用电池和导线能够将小电珠点亮，但对小电珠的各部分结构以及环路组装方法和小电珠为什么会亮等问题认识模糊。这一环节就需要学生多多动手，自己尝试出一种使小电珠亮起来的方法。在学生尝试后，再让他们认识小电珠的结构，根据小电珠的解剖图，学生很容易就指出了电流从一个接点进入，通过灯丝从另一个接点流出。紧接着利用板贴画的方式让学生尝试画出电流的流经途径，更有利于解答学生“为什么这样连，小电珠就会亮”的疑问。

3. 围绕学生认识特点展开教学

这节课，从预测到实验，通过动手操作，经历主动探究的过程，符合学生的认知规律。也通过灵活多样的教学方式，使教学环节紧凑连贯。在接下来的环节中，设计“怎样同时点亮两个小电珠”的问题，使学生开拓了思维，获得了更多建立简单电路的经验,为以后学习和研究电学打下了基础。

三、专家点评

吴晗清(博士后、副教授)

刘老师的这堂科学课,让人非常感动,跟孩子一起《点亮小电珠》,在科学探究中体验学习的快乐。用一句话来表达,就是:科学探究本身就是一种智慧。智慧比静态的知识更加高位,它需要孩子亲自动手操作、主动探究,在活动中通过合作与交往、反思与交流,达成思维的发展和社会性的生成。教学方式灵活多样,教学环节紧凑连贯,学生思维活跃,学习氛围浓厚。

众所周知,小学科学课程是培养学生科学素养的核心课程,早期的科学教育将对一个人科学素养的形成具有决定性的作用。科学素养一般包括:对科学现象的好奇心和求知欲,运用基本的科学知识和技能认识自己和周围世界的能力,具备进行科学探究所必需的科学思维和方法,与自然界和谐相处的生活态度等等。

第一,故事的引入就让孩子充满了好奇心和探究的驱动力。“柯南要在黑暗中寻找线索,最需要的就是光亮,他手中有蜡烛、小电珠、导线、塑料尺子和电池,你来帮帮他,怎样解决这个难题?”第二,教师设计活动,“用导线将小电珠和电池连接,用这三种东西就可在黑暗中寻找线索”。让孩子初步学会用观察、猜想、试验等方式解决问题,学会基本的科学方法和思维方式。第三,组织组间探究活动,展示不同活动方案,通过讨论、交流与反思,孩子学会了合作、欣赏他人、自省等重要能力,为科学素养的全面奠基提供了可能。教师能做到这一点,十分难能可贵。

这堂课体现了非常好的科学教育理念。第一,以生活中的科学为逻辑起点。刘老师将贴近学生生活实际的电灯引入教学,同时结合学生感兴趣的故事,引人入胜。从学生的认知特点和生活经验出发,让他们在熟悉的生活情景中感受科学的重要性,了解科学与日常生活的密切关系,逐步学会了分析和解决与科学有关的一些简单的实际问题。第二,以科学探究为重要的学习方式。这堂课上需要学生用导线、电池、小电珠组成一个最简单的闭合环路,并画出导线的连接方式。这一环节需要学生多多动手,自己尝试出一种使小电珠亮起来的方法。再让他们认识小电珠的结构,根据小电珠的解剖图,学生很容易就指出了电流从一个接点进入,通过灯丝从另一个接点流出。层层深入,步步相扣,慢慢清晰。第三,科学教育重视孩子社会性的发展。科学课程不仅要使学生获得重要、基本的科学概念并认识科学概念之间的联系，还要使学生获得科学探究的技能和方法，以及合作交往、语言表达的能力，更要使学生获得善于思考、勇于开拓、实事求是的科学态度。科学知识、科学思想、科学方法和科学精神是科学的四个层面，这些比较全面地体现在了刘老师的这堂课中。

品德与生活课《动脑拼七巧板》研究案例与分析

教师简介：

王海云，女，1975 年 11 月出生，本科学历，小学高级教师，任教品德与生活、品德与社会学科。曾获东城区育人奖和蓝天工程先进个人称号，多次参加市区级教学大赛，担任市区级公开课教学。

教学基本信息：

教材：品德与生活（二年级上）　　出版社：首都师范大学出版社

年级：二年级　　学科：品德与生活

课题：动脑拼七巧板　　课时：第一学时

一、教学设计

（一）背景分析

1. 教学内容：《动脑拼七巧板》是首师大版品德与生活第三册第三单元“玩中学我快乐”的《玩中有发现》的第一课时，在课程结构框架中属于儿童与社会这一轴线，和“愉快、积极的生活”“动脑筋、有创意的生活”这两个方面。结合我校“智慧杯科技节”活动，特将这一内容单独设为一课时，目的是引导学生通过活动感受玩七巧板的乐趣，产生热爱生活、动脑筋创意生活之情。同时，引导学生在活动中提高动脑思考、认真观察、敢于发现创新的能力。

2. 学生情况：通过前期访谈调查，了解到大多数学生对七巧板非常熟悉，而且在幼儿园中已经掌握了拼七巧板的方法。同时二年级学生处在想象力很丰富，形象注意较强的年龄，他们探奇心理强，乐于表达，特别是我校经常组织学生参加实践活动，所以学生动手实践的兴趣高，能力也较强。

3. 教学方式：情景式教学、体验式教学。

4. 技术准备

（1）教师使用七巧板拼摆《小猫钓鱼》续写的故事情节，《小猫旅行日记》中的四个故事情节，并用相机拍摄下来，制作成课件。

(2)背景音乐《七巧板》。

(3)课上作品展示用设备：相机和连接线。

(二)教学目标

1. 情感与态度

(1)创设情境，体会玩七巧板的快乐，愿意积极创新七巧板的玩法，产生热爱生活、动脑筋创意生活之情。

(2)感悟祖先的智慧，增强民族自豪感。

2. 知识与技能

(1)会利用七巧板的拼组规律摆出形象的图形，提高动脑思考、认真观察、敢于发现创新的能力。

(2)在合作活动中继续体验和掌握合作的方法。

3. 过程与方法：创设情境，在体验中快乐学习。

(三)教学重点

创设情境，体会玩七巧板的快乐，愿意积极创新七巧板的玩法，产生热爱生活、动脑筋创意生活之情。

(四)教学难点

会利用七巧板的拼组规律摆出形象的图形，提高动脑思考、认真观察、敢于发现创新的能力。

(五)教具准备

1. 教学课件。

2. 课上作品展示用设备：相机和连接线。

(六)教学过程

☞问题框架

阶段	层次	问题
创设情境 激发兴趣	激趣	《小猫钓鱼》故事的创意续写。
动手动脑 发现奥秘	发现	1. 猜猜它们钓到了什么样的鱼？用七巧板拼一拼，记住自己拼了几种。 2. 同学们能拼出这么多种鱼，是因为七巧板里藏着不少秘密呢。你发现了吗？

续表

阶段	层次	问题
动手动脑 创意拼摆	实践 展示	1. 发挥想象力猜一猜《小猫旅行日记》中还讲了哪些有趣的故事？请两位同学合作拼一拼你们自编的故事。 2. 拍摄学生拼摆的图片，并连接多媒体边展示图片边请学生讲讲自己编的故事。
勤于动脑 创意生活	拓展	1. 七巧板的由来：最初七巧板是由一种生活中的用品演变而来的，你们猜是什么？ 2. 七巧板的生活创意：爱动脑的现代人把七巧板的创意运用到了我们现在的生活，举例。

☞教学流程示意

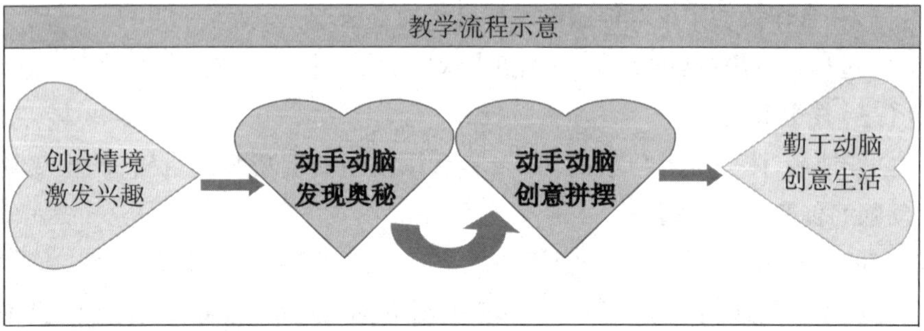

☞教学流程及设计意图

1. 创设情境，激发兴趣

(1)同学们，你们听说过《小猫钓鱼》的故事吗？

(2)(PPT 七巧板拼的《续写》)小猫后来再也不三心二意了，每天都能钓到鱼。这天小猫又去钓鱼，它看到河面上多了一条船，原来是小狗和小猪也来钓鱼，只见它们把一张方方的带有好多窟窿的布扔到水中，一会儿，把布提起来，里面有好多鱼。小猫心想：这可比一条一条钓鱼快多了！你们知道，小狗和小猪是用什么打鱼的吗？(渔网)

(3)等它们把船划到岸边，小猫就和它们一起数起来，一条，两条，三条……鱼的样子还各式各样呢！(用七巧板在黑板上摆三种鱼，其中一条鱼缺少一条尾巴，余下两块小三角板)，请同学帮忙。(为下一步的寻找特征起到提示作用)

(4)谢谢同学们帮我，我们今天讲这个故事还要感谢一样东西——七巧板。

(设计意图：《小猫钓鱼》为学生熟知，能尽快使学生进入课堂状态。同时，续写的形式既能吸引学生，又渗透着勇于创新的理念。)

2. 动手动脑,发现奥秘

(1)同学们,你们今天都带了七巧板,让我们一起来拼一拼,猜猜它们还捉到了什么样子的鱼。记住自己拼出了几种鱼。

(2)别看七巧板只有七块,同学们却能拼出这么多种鱼。这是因为七巧板里藏着不少秘密呢。你发现了吗?

(设计意图:通过相对简单的拼摆小鱼,使寻找七巧板特征变得自然而充满乐趣,同时拼摆中的反复操作,给学生留下关于七巧板特征的深刻印象,为后面较复杂的拼摆打下基础。)

3. 动手动脑,创意拼摆

(1)同学们真聪明,发现了七巧板这么多秘密。小猫也很爱动脑筋,他知道了要想得到更多鱼,就要动脑筋发现更多新方法。后来,小猫动脑筋想办法,每天都能很快捉到很多鱼,所以就有更多时间去玩了。

(2)(PPT 教师展示七巧板拼的故事)小猫觉得动脑筋的好处真多!它想要是能环游世界,一定能增长更多知识。于是它就乘着大船出发了。旅途中有快乐,也不免遇到麻烦。瞧!大海上,一条凶猛的鲸鱼正在追击小猫的大船,多亏了老海龟的提醒,小猫才逃到一座小岛上;小岛上的景色可真美,岛上有一个湖,叫天鹅湖,小猫在这里欣赏了天鹅们优美的舞姿;离开小岛,小猫又来到白雪公主的城堡,在这里度过了一个难忘的圣诞节;与白雪公主和七个小矮人依依惜别后,小猫又来到一个特别的国家——机器人王国,在这里参观了机器人的首次火箭发射,发射成功!机器人说它们发射火箭还是从中国学来的,小猫很骄傲,因为它是一只中国猫啊,它自豪地告诉机器人,中国人已经五次乘坐神舟飞船遨游太空了,现在中国人正在为实现中国梦而努力……

(3)小猫旅行归来写了一本《小猫旅行日记》,日记里还有好多有趣的事呢!请同学们发挥你们的想象力猜一猜吧!为了使故事更丰富,我想请两位同学合作用两套七巧板来拼一拼你们自编的故事。

(4)合作前,让我们来个小约定,为自己鼓鼓劲儿。请两个同学手握手,一起读一读,最后一句时击掌。(两人合作互尊重,动手之前先商量,遇到困难想办法,坚持到底得胜利!加油!加油!加油!)好!开始!(音乐《七巧板》)

(5)现场拍摄学生拼摆的图片,并连接多媒体展示图片,请学生讲讲自己编的故事。

(设计意图:教师拼摆故事情节的示范,有两个目的,一是提示学生所拼的图案要有意义,包括故事意义和精神意义,比如勇敢——挑战鲸鱼、热爱美好生活等，有一定的科技意识和立意高度。二是提高拼摆难度，激发合作愿望！）

4. 勤于动脑，创意生活

（1）七巧板可真好玩！可是最初的七巧板是由一种生活中的用品演变而来的，你们猜是什么？（PPT展示七巧板的演变）宋朝有个人叫黄伯思，他热情好客，发明了一种用6张小桌子组成的宴几，用来宴请朋友吃饭。后来有人把它改进为七张桌子做成，它的好处是可以根据吃饭人数的不同把桌子拼成不同的形状，比如三个人拼成三角形，四个人拼成四方形，六个人拼成六边形，这样用餐人人方便，气氛更好！后来又有爱动脑子的人，把宴几缩小成七块板，用它拼图，就变成了一种玩具——七巧板。二百多年前，七巧板传到国外，极受欢迎。所以七巧板是我们中国人智慧的发明。

（2）一些爱动脑子的现代人把七巧板的创意运用到了我们现在的生活（PPT展示七巧板在现在生活中的创意），如有了这样一套书架，就好像拥有了好几套书架，可以任意变换造型，美化家庭；再看这套盘子，不但比圆盘子节省空间，能在桌上摆更多种菜，还能拼出可爱的造型，使用餐充满乐趣！还有七巧板样式的整套礼品盒，你喜欢吗？

（3）那就让我们共同开动脑筋，为我们的生活增添乐趣吧！（音乐《七巧板》）

（设计意图：拓展知识面的同时，感悟民族智慧，增强民族自豪感。鼓励学生学以致用，做生活的有心人，做生活的发明家，过有创意的生活！）

（七）学习评价

学习效果评价设计
1. 评价方式 （1）评价表：自评和合作伙伴互评。 （2）当堂评价：使用相机拍摄学生课堂作品，并用电脑在全班展示、点评。
2. 评价量规

“智慧品生”学习评价

	端坐　静听	勤动脑　有想法	爱动手　会合作
自评	♡♡♡	♡♡♡	♡♡♡
伙伴评	♡♡♡	♡♡♡	♡♡♡

涂上自己喜欢的颜色，一颗♡“需努力”，两颗♡“较好”，三颗♡“非常好”。

(八)板书设计

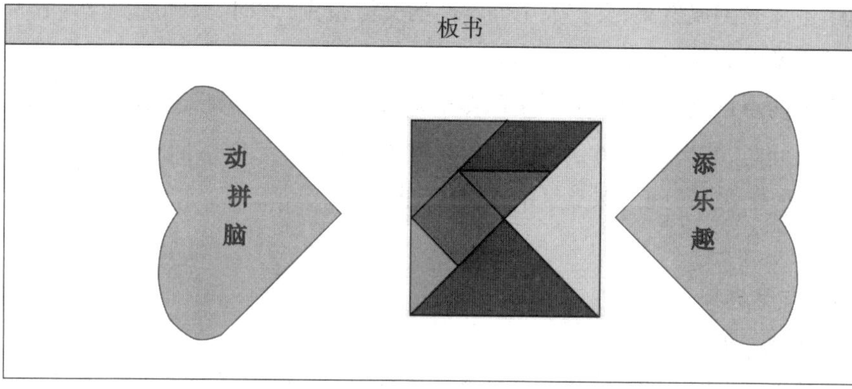

二、教学反思

本课我在教学设计中大胆创新,创设了《小猫钓鱼续写》的故事情境,把教学环节隐形于故事情节中,并在评价学生作品时,利用我自身喜爱摄影的优势,将作品当堂拍摄下来,并当堂通过多媒体进行展示,及时反馈学习效果的同时,也满足了学生的表现欲和成就感。以上两点创新有效地突出了“动脑”的主题。

1. 创新情境,动脑发挥创造力

在课前调查的基础上,我在教学设计中尝试了创设情境的教学方式,使教师与学生的创造力得到发挥。

我创设了《小猫钓鱼续写》的情境,借助七巧板拼出的图案,我讲述了夸张有趣的故事情节,把学生带入了奇幻的想象乐园,这样的设计不但自然地呈现了七巧板的元素,还渗透了“乐于动脑,勇于创新”的思想,得到了学生的喜爱。创造力是可以传递的,学生们在积极“动脑”创意拼摆的过程中发现了七巧板的特点,并把续写故事编得有声有色。

做为成年人的教师,从孩子的角度出发,尊重学生天马行空的年龄特点,与孩子们一起想象,有效地激发了学生积极动脑创造的能力。

2. 创新评价,动脑体验成就感

本节课的当堂作品评价是根据学生的心理年龄特点与个性差异这两点来设计的。乐于想象与讲故事是这一年龄阶段学生的特点。所以我采用了照相记录的方法,这样就可以适应学生拼摆速度的差异,创意多的学生可以在老师拍照后,再开始新的创意,对创意要求比较细致的学生也不会着急追赶,所有学生都在尽情动脑和动手。

接下来,我当堂将学生创意拼摆的照片在电脑上呈现,请创作者讲故事,这样既让学生体验到成就感,又扩大了同学间的交流范围,此时,教师和同学对作品的评价就更及时有效。

以上两点创新,给学生留下了深刻的印象,产生了“动脑”愿望,玩得高兴,学得自然。同时,我做为设计者,通过本课教学设计,也与学生们分享了创意的乐趣,学者快乐,教者开心,课堂氛围愉悦而融洽!

三、专家点评

班建武(博士)

总体而言,本课教学设计是富有教育智慧的。这些教育智慧主要体现在以下几个方面:

第一,在对课程的整体把握方面,是有智慧的。这节课属于德育课,而德育课不同于其他课程的根本特征就在于价值性是它的根本属性。也就是说,这门课与其他课程相比,不仅要讲知识,更重要的是把知识背后的价值元素传递给学生。具体来说,对于七巧板这个内容,可以从科学的角度讲,也可以从几何的角度说。但是,从德育的角度来介绍七巧板,就有它的特殊性。这要求教师不仅要把七巧板的相关知识介绍出来,更重要的是,需要教师把这些知识背后所包含的价值、意义展示出来。在这节课中,教师在处理这个问题上是富有智慧的。从前面的教学设计我们可以明显地感觉到,教师在教学目标、教学内容以及教学方法方面,都十分重视对态度、情感、价值观这些内容的要求。比如,在目标层面,注意将七巧板与祖先生活智慧相链接;在内容层面,介绍了七巧板的诞生故事,等等。这些价值元素的呈现,使得这门课真正具有了育人的味道。这是教师智慧的重要表现。

第二,这门课充满了童真、童趣,这是教师教育智慧最生动、最直接的表现。小学阶段的儿童,最重要的特点就是他们的童真、童趣。尤其是对于低学段的学生而言,童真、童趣更是他们的天性。在很大程度上,当前小学课程不能够有效吸引学生最根本的原因就在于课程过于成人化,缺乏儿童的立场和视角。而这节课最大的成功之处就在于,它能够站在儿童的立场,用儿童的视角去组织、整理和加工已有的课程知识。其突出表现就在于,这门课巧妙地设计了小猫钓鱼以及小猫环游世界的故事,用生动有趣的故事去激发学生课堂参与的积极性和主动性。应该说,这样一种儿童视角的引入,极大地升华了这门课的品质。实际上,儿童立场对于课程设计而言,不仅仅是一种基于教学技术和教学效率的工具性考虑,更是反映了课程对于儿童作为教育主体的重要性的充分肯定。可以说,小学德育课堂的童真、童趣是一种人道的、科学的、充满人文关怀的课程。这既充分尊重了儿童，也在很大程度上释放了儿童的生命活力和创造性，最终也成为儿童智慧得以充分展示的舞台。

第三，本课所呈现的内容充满了文化智慧。学生最重要的思维品质是对未知世界充满了好奇心和探索的欲望。如何将学生的这种天性有效地嫁接到课堂教学当中，是提高教育质量的重要内容。而实现这种有效嫁接的重要渠道就是给学生提供具有智慧含量的文化载体，让学生在其中自由探索。因此，真正有知识含量、智慧魅力的内容，是吸引学生的关键。在本课中，教师的授课内容——七巧板本身，就包含了丰富的文化智慧，是中国传统文化智慧的重要代表，并且，教师在展示七巧板时，通过对其多样化可能性的充分展示，更是将七巧板本身的智慧体现得淋漓尽致。这无疑能够极大地调动学生的探索欲望。从这个角度看，如果我们的教学仅仅满足于给学生提供五光十色但却缺乏智慧含量的内容，虽然简单易懂，但由于其对学生的思维发展缺乏必要的挑战，因而也难以调动学生的兴趣。因此，能不能选择有智慧含量的内容作为教育的载体，是影响学生探索动机的重要因素。

总的来说，这节课的教学设计由于体现了德育课程的价值属性，尊重了儿童的天性并包含了重要的文化智慧，因而具有突出的美学特征。

第六章

校本课程

智慧校本课程:实现从经验到智慧的跨越

宋萑(博士、副教授)

校本课程作为基础教育课程改革的重要一环,集中体现了新课改的“大课程观”思想,一方面强调课程目标的统领性,以目标来定内容、定实施、定评价;另一方面强调课程的经验性与开放性,以学生学习经验来统整不同学科、课内课外、校内校外。板厂小学的智慧课程建设,则恰恰与这种“大课程观”是内在统一的。

板厂小学在智慧课程建设中,强调深挖深层知识、渗透共善价值、支持学生能动、建构实践交互,前两者关注的是课程目标指向,以知识目标为基础来实现能力目标、素质目标和价值目标,并将四者整合为一。例如在《历史精粹》课程目标设定上,就涉及到语文、历史、地理、科学等多学科的知识理解,并在此基础上发展学生的阅读能力、表达能力、问题解决能力、合作能力等多元共通能力,从而实现学生全面的素质提升和价值认同的建构。而这种目标统领性,又使得整个课程无论从内容上,还是形式上,都能实现一体性和自洽性。因此在《古桥》案例中,李宏老师从桥的特点入手,带领学生认识背后的科学原理,进而形成对古代中国人民智慧的尊重和认同。整个过程仿若天成,但背后恰恰是课程目标统领之下的智慧产物。

而支持学生互动和建构实践交互这两个维度则侧重于课程的经验性和开放性。校本课程作为国家课程和地方课程的有效补充,其长处就在于可以接地气、顺学情,因此学生经验的参与和课程内容的开放都成为校本课程的重要特质。而板厂小学的智慧课程强调全人教育,就是要透过课程内容开放来激发学生的主动参与、引领学生的实践体验。在《有趣图形》研究案例中,学生通过折纸游戏、猜一猜活动、拼一拼探究等方式,让学生能从感性层面直接参与到课程之中,并将学生的经验生成纳入到课堂教学之中。

虽然校本课程的目标统领性是为后续课程内容、实施和评价实现经验性和开放性的客观条件,但从学理层面来看,它又是建立在经验性和开放性的基础之上的,因为正是因为人的经验无学科之分,总是与环境互动,并与人的实践密不可分,所以课程的目标才能实现整合统一。因此智慧课程何以能成功,关键在于智慧课程的落脚点在于学生的人格完善和生命成长,而尊重和依托学生经验就成为板厂智慧课程的"智慧"所在。美国教育家杜威在《经验与教育》一书中,就提出"所有的教育都由经验中产生"(第 25 页),教育就是通过经验的联结、互动,支持学生的反省思考,最终实现学生的智慧生长。因此,我们有理由相信,未来板厂的智慧课程会在尊重学生生命经验的基础上实现更多的创新和突破,为校本课程领域的实践带来新思想和新生长。

《用尝试法解决问题》研究案例与分析

教师简介：

王晓霞，女，1975年11月出生，本科学历，小学高级教师，数学学科区级骨干教师。从教以来，始终怀着对小学数学教学的无比热忱，以学生为本，潜心钻研，精心致力于智慧课堂的实践研究，很好地落实了“四基四能”的理念，培养学生分析、判断、辨析、创造的能力。录制了北京市名师同步课程、学习E网通课程，多篇论文在市、区级获奖，曾获得东城区优秀教师、师德标兵等称号。

教学基本信息：

教材：校本教材（自编）	出版社：无
年级：二年级	学科：思维训练
课题：用尝试法解决问题	学时：第二学时

一、教学设计

（一）背景分析

《数学课程标准》中指出，学生的数学学习内容应当是现实的，有意义的，富有挑战性的。这些内容要有利于学生主动地进行观察、实验、猜测、验证、推理与交流等数学活动。同时还在“解决问题”的课程目标中对“解决问题的策略”教学提出了明确要求：形成解决问题的一些基本策略，体验解决问题策略的多样性。解决问题不是单纯地解数学题，它贯穿于整个学习活动之中，旨在为学生提供一个发展实践能力和创新精神的机会，本节课就是借助问题情境，让学生通过猜想、尝试、分析验证、概况总结、感悟和尝试的方法，在解决问题的过程中获得思维能力的发展，为后续学习积累相关经验。

本节课是在学生已经掌握了一些简单图形和数的排列规律基础上开展教学的。二年级上学期学生已经学习了一些数列的规律，会通过数与数之间的关系找规律，本课借助具体问题情境，让学生通过观察、猜测、尝试、推理等活动发现数列规律，进而解决问题。

二年级学生的思维水平还处于以形象思维为主的阶段，因此在课上给学生充分的时空自由，让他们去感受、尝试、体验，在此过程中发展抽象思维能力。

(二)教学目标

1. 帮助学生进一步领悟猜想和尝试的方法,形成解决此类问题的一般性策略。

2. 引导学生通过尝试体验、自主探究、互动交流的方式经历解决问题的过程,积累猜想、尝试的活动经验。

3. 培养学生的探究精神,培养数感。

(三)教学重点

让学生经历猜想、尝试的过程,领悟解决此类问题的方法。

(四)教学难点

引导学生发现规律,并应用规律解决问题。

(五)教具准备

课件、1 -6 的数字卡片、老鼠的图片

(六)教学过程

☞问题框架

提出猜想——尝试验证——发现规律——解决问题

☞教学流程示意

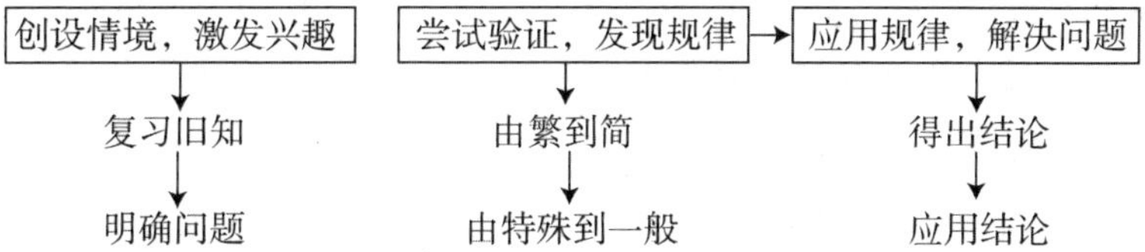

☞教学流程及设计意图

1. 创设情境,激发学生的探究欲望

(1)出示:猫的图片,让学生猜另一种动物——鼠。

小结:有根据、有条理分析猜测是一种很好的思维习惯。这是有数学头脑的猫和鼠,它们今天带来的数学问题是什么呢?

(2)出示:根据规律填一填。

①83,(　　),(　　),77,75,73。

②先出示:1,4,后面的可能是几呢?

再出示:1,4,9,(　　),(　　),36,……

小结:找规律时,我们要通过尽可能多的数才能确定数列的排列规律,填好后还要检查所有的数是不是都符合这个规律。

（设计意图：设计开放性的练习题，培养学生有条理的思维习惯和解答习惯。）

(3)由“怪猫”和“聪聪鼠”的故事，引出问题。

①向学生说明“怪猫”吃老鼠的“规则”。

讲述“怪猫”和“聪聪鼠”的故事：猫不是每次都将抓来的老鼠吃掉，而是让他们按顺序排好队，吃一只，留一只，再吃一只，留一只，直到队尾；然后把剩下的老鼠按刚才的顺序，再吃一只，留一只，吃一只，留一只，就这样继续下去，直到剩下最后一只——放掉。

②请学生到前面演示，进一步理解“怪猫”吃老鼠的“规则”。

过渡语：而我们的另一个主人公就是那只总能逃过劫难的老鼠，它。

于是，大家就把这只猫叫“怪猫”，给这只老鼠起名叫“聪聪鼠”。

③提出问题：“聪聪鼠”是怎样做到的呢？靠运气吗？如果“怪猫”今天抓来100只老鼠，“聪聪鼠”应该站在几号位置呢？

请你猜一猜，可能站在几号位置呢？你的理由是什么？

小结：有理有据地思考分析问题是好习惯！那我们到底猜的对不对呢？你有什么办法解决这个问题吗？

（设计意图：通过创设具体的问题情境引入新课，激发学生探究的欲望。）

2. 尝试实践，渗透数学思想方法

(1)实践操作，由繁到简。

①尝试100只比较麻烦，引导学生从少的入手。

小结：写出100只，依次进行试验是个办法，能解决这个问题，可是比较麻烦，一节课的时间可能不够。因此，我们从小数目入手找规律。

②引导学生发现只需验证双数位置的数即可。

教师指导学生尝试6、7只的情况，教师板演。

学生自主尝试8、10只的情况，教师填写表格。

(2)合作交流，由特殊到一般。

①观察表格，合作探究。

引导学生观察、分析，由此学生猜测出下一个位置可能是12或16，并分组尝试验证。

思考：猜想的对吗？对，发现了什么规律？不对？正确的是几号位置？又有什么发现？

预设 1:2 出现两次,4 出现四次,8 出现八次,16 就应该。

预设 2:抓到 4 只到 7 只,都要站在 4 号位置。

预设 3:抓到 8 只,就要站在 8 号位置。

②找到发现的数列:1,2,4,8,16,32,64,128,……

(3)总结规律,解决问题。

①概括数列规律:每个数再加自己,就是后一个数;或者每个数乘 2 就是后一个数。

②应用规律,解决问题。

抓来 100 只老鼠,“聪聪鼠”应该站在第 64 号的位置上。

(设计意图:在猜测、尝试中让学生感悟由繁到简、由特殊到一般的解决问题的常用方法,培养学生类比推理、归纳概括的能力。)

3. 归纳总结,巩固猜想和尝试的方法

总结:今天这节课,我们由猫和鼠的故事开始,先猜想了可能的结果,然后经过有选择的尝试验证发现了规律,并根据这一规律解决了问题。

能说说你今天这节课的感受或收获吗?

(设计意图:学习需要反思。让学生回顾今天的内容,加深学生对所用方法的理解,帮助学生积累基本数学活动经验,培养良好的思维品质。)

4. 拓展提高,培养学生的数感

如果“怪猫”改变了生活习性,抓来老鼠每吃两只留一只,最后放生剩下的 1 或 2 只。“聪聪鼠”又该如何应对呢? 有没有什么规律? 感兴趣的同学可以试试。

(设计意图:学习过程是一个不断丰富、完善和发展的过程,打开学生的思维,给学生更广阔的探索空间是我们每位教师的责任。)

(七)学习评价

1. 评价方式

本节课主要对学生的学习过程进行评价,根据学生的课堂发言、尝试探究的过程和参与度的情况发给学生“聪聪鼠”的图片。

2. 评价量规

勇于挑战,参与积极　　　　(　　)张“聪聪鼠”的图片

发言有条理,表达清楚　　　(　　)张“聪聪鼠”的图片

尝试、验证过程清晰有序　　(　　)张“聪聪鼠”的图片

（八）板书设计

用尝试法解决问题 猜想——验证——发现规律——应用规律 （尝试） 1，2，4，8，16，32，64，128，……

二、教学反思

1. 创设情境，激发学生探究的欲望

在教学过程中，我根据二年级学生的认知特点，创设了深受他们喜爱的卡通形象："怪猫"和"聪聪鼠"，并据此创设猫鼠故事问题情境，将原本枯燥的数列理论生动化、故事化、易于理解化，让学生整节课都沉浸在有趣的故事情境中，从而极大地调动了学生的学习积极性，也让学生在不知不觉中，经历了猜想、尝试验证、主动探究的过程，体会了根据问题总结规律、利用规律再解决新问题的数学思维过程，学生学得开心，收获也很大。

2. 教师的智慧从教

在整节课的教学过程中，我遵循学生的认知规律，重视具体形象思维，渗透数学思想方法。学生的学习过程是一个不断完善、丰富的过程。考虑到学生对数列排列的规律已经有一定了解，课上我为学生提供了充足的独立尝试与思考的时间和空间，将数列规律设计到问题情境中，让学生在由繁到简，由特殊到一般的探究过程中体验猜想、尝试、归纳、推理、概括的方法，帮助学生积累数学活动经验，发展学生的思维能力，以落实《小学数学课程标准》中的理念："学生的数学学习内容应当是现实的，有意义的，富有挑战性的。这些内容要有利于学生主动地进行观察、实验、猜测、验证、推理与交流等数学活动。内容的呈现应采用不同的表达方式，以满足多样化的学习需求。"

3. 学生的智慧学习

教学中，我关注学习过程，注重培养学生的数感。学生有效的数学学习活动不能单纯地依赖模仿与记忆。动手实践、自主探究与合作交流是学习数学的重要方式。教学中，我设计了"100 只老鼠的站位位置"这一问题，引导学生首先根据直觉和感悟，猜测出 50、100、96 等不同的数字，进而引导学生将刚才的猜想进行尝试和分析，从而形成有序思考和推理猜测，这一过程也是学生数感迅速发展的过程。课后我又设计了拓展题目，为学有余力的学生提供了实践探究的机会。同时也让学生感悟到猜要大胆，试要细心，要知道猜想对不对，就要根据题目中的条件进行进一步地验证。

三、专家点评

吴晗清（博士后、副教授）

设疑激趣是智慧形成的重要策略

王老师的这堂思维训练课，精彩至极！在整个学习活动中，思维含量非常大，趣味性极浓。在整个课堂中，学生都处于一种活跃的思考状态。连笔者都一直紧跟王老师的思路。王老师的这节课生动地体现了：设疑激趣是智慧形成的重要策略。智慧比静态的知识更加高位，是一种动态的高级能力，包括感知、知识、记忆、思维，甚至文化修养、个性品格等。王老师创建了极其有趣的游戏活动，让学生处于思维亢奋的状态，展示了智慧形成的过程。

在教学过程中，课堂提问是最普遍的环节，几乎每一堂课老师都会对学生进行提问。课堂提问是一门技巧，更是一门艺术。古人云："学起于思，思源于疑，疑解于问。"有效的针对性的提问、有趣味性的设疑，不仅可以提升学生快速掌握知识重难点的能力，还可以激发学生兴趣，启迪学生思维，调动学生学习的积极性，而不恰当的"徒劳提问"则会大大降低课堂的效率。

1. 亮点一：令人抓狂的设疑情境。王老师在教学过程中创设了"怪猫"和"聪聪鼠"的情境，讲述"怪猫"和"聪聪鼠"的故事，将复习旧知、探究新知、巩固提升等环节串联起来，调动学生学习的积极性，整节课都让学生在故事情境中开展学习。这是教学的明线，而暗线则是让学生经历猜想、尝试验证、探究的过程，体会发现数列规律、解决问题的过程。整个教学过程在一次又一次的矛盾冲突中激发学生探究的欲望，最大限度地调动了学生学习的积极性，体现出教师在设计上的新意。

2. 亮点二：在过程中感悟智慧。教学中，王老师关注学习过程，注重培养学生的数感。学生有效的数学学习活动不能单纯地依赖模仿与记忆。动手实践、自主探索与合作交流是学习数学的重要方式。尤其是请学生到前面演示，进一步理解"怪猫"吃老鼠的"规则"。这体现出王老师重视学生在课堂上的主体地位，让学生在亲身参与的过程中，感悟数学智慧。课外拓展题目的设计，成为课堂"余音"，给学生更多的学以致用和实践探究的机会,也给我们提供了反复回味思考的契机。

总之,王老师的课极其精彩,能激发成年人未泯的童心,让数学好玩起来!

《有趣的图形》研究案例与分析

教师简介:

徐平,女,1977 年 10 月出生,本科学历,小学高级教师。

教学基本信息:

教材:自编教材	出版社:无
年级:一年级	学科:思维训练
课题:有趣的图形	课时:第一学时

一、教学设计

(一)背景分析

数学课程标准指出:教师应激发学生的学习积极性,向学生提供充分从事数学活动的机会,帮助他们在自主探索和合作交流的过程中真正理解和掌握基本的数学知识与技能、数学思想和方法,获得广泛的数学活动经验。因此本节课我为学生提供充足的图形材料,让学生动手操作,用几个相同的平面图形拼成一个更大的平面图形。要求学生独立尝试进行拼组,充分发挥自己的想象力和创造力,并通过作品展示、与同伴交流,利用课件汇报,巩固学生的认识。由学生自己讲解拼图过程,让学生充分体验和感悟,通过对比不同的拼组方法,使学生初步体会到平面图形的关系。拓展提高部分引入四巧板,开阔学生眼界,发展学生技能,提升学生智慧。

本节课属于空间与图形领域的知识。是在学生认识了长方形、正方形、三角形等基本图形的基础上进行教学的,学生已经能够辨认和区分平面图形,本次学习是要通过折一折、拼一拼、摆一摆等探索性操作活动,让学生体会和发现长方形、正方形边的特征,并感知平面图形间的一些关系,培养学生的空间观念。

本节课的教学内容与学生的生活实际紧密联系,学生有比较好的经验积累和知识储备。

(二)教学目标

根据《课标》中提出的义务教育阶段的总目标,及第一学段空间与图形领域的

具体目标,结合学生的认知规律和发展需要,我拟定了以下教学目标:

1. 通过动手操作,使学生体会平面图形的特征,并能用自己的语言描述长方形、正方形边的特征。使学生初步感知平面图形之间的关系。

2. 在动手操作的过程中培养学生动手实践的能力,形成空间观念和创新意识。

3. 通过了解图形在生活中的广泛运用,感受到数学知识与生活息息相关,激发学生对数学学习的兴趣。

(三)教学重点

通过观察操作,使学生初步感知长方形、正方形边的特征及图形间的关系。

(四)教学难点

根据图形的特征,尝试拼摆四巧板。

(五)教具准备

PPT 课件、平面图形若干、四巧板每人一套、七色花

(六)教学过程

☞问题框架

旧知导入——构建新知——发展技能

☞教学流程示意

旧知导入→	构建新知→	发展技能
复习旧知	三个活动	三层闯关
引出问题	发现联系	提高能力

☞教学流程及设计意图

1. 第一层次:旧知导入

同学们,老师让你们每人准备长、正方形纸各两张,并在课前分别将它们折成玩具,现在谁愿意向大家介绍自己的玩具是用什么形状的纸折成的?

生 1:我用正方形纸折成了纸鹤。

生 2:我用长方形纸折成了小船。

生 3:……

(师把长、正方形纸贴在黑板上并板书名称。)

师:今天我们就和这些有趣的图形一起来上一节课。(板书课题)

另外老师还带来了七色花，每朵花有七个花瓣，看看哪些同学下课时可以拼全七色花送给自己。

（设计意图：通过折纸游戏导入新课，很有趣味性，会很快抓住学生的眼球，激发学生的学习欲望，调动学生的积极性，让学生在活动中发现图形可由简单到复杂的变化及联系，感受图形美。）

2. 第二层次：建构新知

（1）活动一：折一折（探索长方形和正方形边的特征）

①探索长方形边的特征。

教师出示两张长方形纸，提问："请你观察一下，你认为长方形的对边有什么特征？"

生1：两条边长，两条边短。

生2：上下两条边一样长，左右两条边一样长。（发他一瓣认真观察七色花）

生3：……

师：你是怎么证明的？

生：我用尺子量一量，发现长方形上下两条边都对着同一个小竖道。（发他一瓣认真观察七色花）

师：小竖道叫刻度线，具体测量的方法我们二年级时会学习，我们把"一样长"也可以叫"相等"。

教师引导学生先上下对折，边要对齐，看上下两条边是不是完全重合在一起，说明什么？再左右对折，看左右两条边是不是完全重合在一起，说明什么？

学生独立动手折一折。

生：我看到长方形的对边确实一样长。

师用课件总结长方形边的特征。（板书：长方形对边相等）

②探索正方形边的特征。

师：现在我们用折一折的办法来验证正方形边的特征。请同学们两人一组折一折。

请一组学生演示。

生1：只上下、左右对折两次，就说明正方形四条边都相等。

教师追问："只对折这两次能说明正方形的四条边都相等吗？"

生2：只对折这两次只能证明正方形对边相等。（发他一瓣思考全面七色花）

师：我们还需要证明邻边相等，才能证明正方形的四条边都相等。接下来我们还要怎样折才能证明邻边相等呢？

生 3:沿对角线折。(发小组一瓣勤于动脑七色花)

师:请同学们观察哪两条边完全重合在一起,说明什么?

教师课件演示总结正方形边的特征。并说明如果沿对角线对折两次,是可以证明正方形四条边都相等的。(板书:正方形四条边都相等。)

(设计意图:通过这种"做中学""学中说",让学生积极参与操作过程,感悟长、正方形边的特征,突破本课重点。长方形的对边相等,正方形的四条边都相等,这些知识不是靠教师讲出来的,而是靠学生的活动证明出来的。从对折的方法上,从规范的数学语言上,从简洁的数学思维方式上,让学生的数学技能从无到有。)

(2)活动二:猜一猜(巩固长方形和正方形边的特征)

教师拿出事先准备好的长方形和正方形纸各一张夹在书中。(长方形的一边与正方形边长相等),露出同样多的一部分。

师:同学们,现在我们做一个小游戏,这两张纸一张是正方形,一张是长方形,请你猜一猜哪张是正方形,哪张是长方形?

生 1:红纸是正方形,绿纸是长方形。

生 2:绿纸是正方形,红纸是长方形。

师:"你能确定它一定是长(正)方形吗?"

师:请你仔细观察,我们再猜一次。

教师把红纸和绿纸慢慢从书中拉出,让学生观察边的特征,进而推测图形。

生 3:红纸上下两条边短,左右两条边长说明红纸是长方形,那么绿纸就是正方形。(发他一瓣认真思考七色花)

(设计意图:课上到此时已过半,为了让学生放松一下,把练习与游戏相结合设计。学生第一次猜比较盲目,第二次猜就注意观察长、正方形边的特征,再次巩固本节课的重点,猜出长方形后,利用简单推理,不用猜就知道另一张一定是正方形。)

(3)活动三:拼一拼(体会平面图形之间的关系)

教师提出要求:

①你能用几个同样的正方形拼成一个大一些的正方形吗?

生独立完成后汇报。(所有拼对学生每人发一瓣动手实践七色花)

教师课件演示。

(至少用 4 个小正方形拼成一个大正方形,用 9 个小正方形拼成一个大正方形……每条边小正方形的个数同样多,证明正方形四条边都相等。)

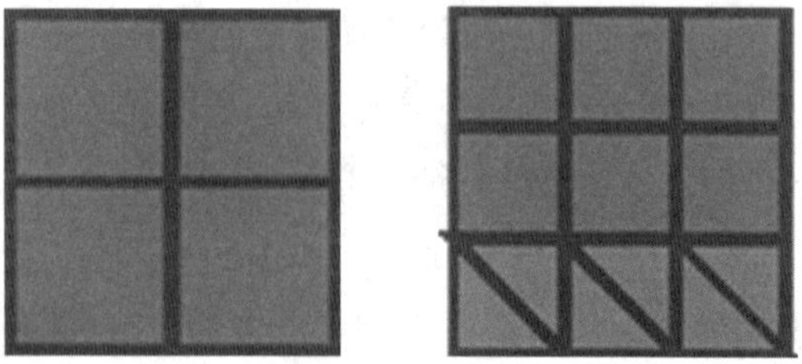

②你能用2个同样的长方形拼成什么图形?

生独立完成后在实物投影上汇报。(所有拼对学生每人发一瓣动手实践七色花)

教师课件演示。教师解释第三种情况:当长方形的长边长度是短边的2倍时也可以拼成正方形(1. 长方形;2. 长方形;3. 正方形。)

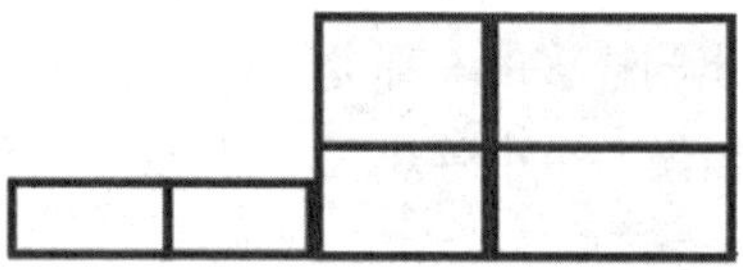

③你能用4个同样的三角形拼成什么图形?

生独立完成后汇报。(所有拼对学生每人发一瓣动手实践七色花)

教师课件演示。(1. 长方形;2. 正方形;3. 三角形。)对比两个三角形,把两个直角三角形的斜边拼在一起,图1是水平摆放,图2是垂直摆放,进一步巩固了正方形边的特征。

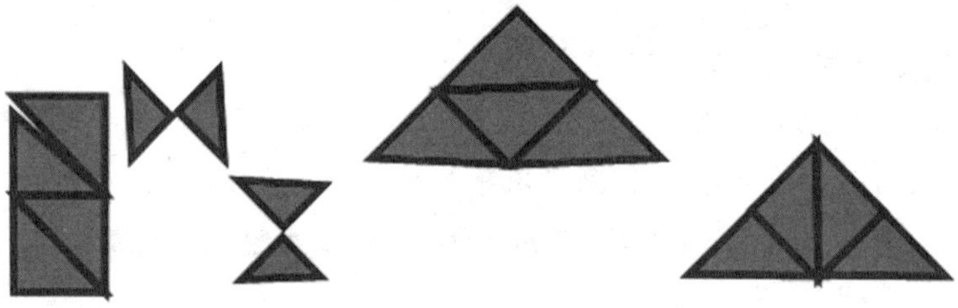

教师小结:在用长方形和三角形拼图时,2个任意的长方形或三角形不一定都能拼成正方形,今天我们用的图形都是非常特殊的,它们的形状、长度都有一定的联系,以后还会继续学习更多图形的知识。

(设计意图:为学生提供充足的图形材料,让学生动手操作用几个相同的平面图形拼成一个更大的平面图形。学生独立尝试进行拼组,充分发挥自己的想象力和创造力,并通过作品展示、与同伴交流,利用课件汇报,巩固学生的认识。由学生自己讲解"用了几个什么平面图形拼成了一个什么图形",让学生充分体验和感悟,通过对比不同的拼组方法,使学生初步体会到平面图形的关系,有效地突破了难点。)

3. 第三层次:发展技能

(1)第一关:仔细数一数。

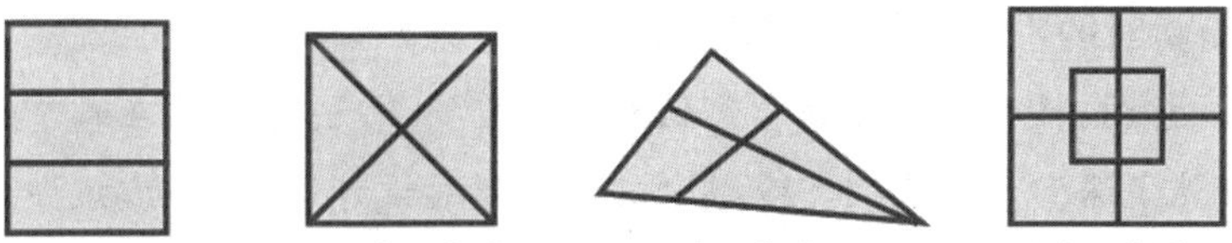

(　)个长方形　(　)个三角形　(　)个三角形　(　)个正方形

(2)第二关:合作拼一拼。

师:同学们,你们认识它吗?

师:它不是七巧板,它们有奇特的形状,能拼 100 种不同的图形,它的名字叫“四巧板。”四巧板是一种拼板智力游戏,源自中国,古代称它为调合板,意思是拼出的图块很协调;西方叫它为 T 字板,因为它能拼出一个 T 字来。

据说将四巧板拼成大写的“T”字母形状是最难的,你想试一试吗?

请你试着用四巧板拼一个长方形。(学生小组合作拼图形)

师先引导学生认识四巧板中的图形:两个梯形,一个三角形和一个不规则的图形。然后再拼,学生尝试后引导:怎样把不规则的图形拼成规则的呢?

指导学生发现特点——找短边,掌握技巧——把不规则图形拼成规则的平行四边形。如图:

师:下面你再试试怎么把剩下的两块用上拼成一个长方形,于是学生不难发现方法。即:

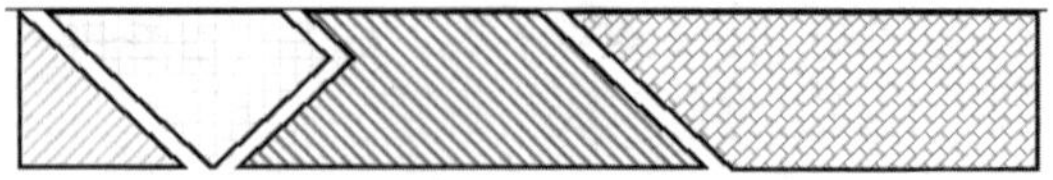

在长方形的基础上,你能移动一块拼成平行四边形吗?

在长方形的基础上,你能移动一块拼成一个大梯形吗?

(所有拼对的小组每人发一瓣团结协作七色花)

(设计意图:检测是实施课堂优化教学的重要手段。因此,在本节课的第三层次我设计了课堂目标检测。检测中以闯关形式设计了两个活动,即第一关为仔细数一数,第二关为合作拼一拼。这两关的设计既重视抓基础知识的落实,又注重学生技能的培养,以及活用数学的能力。特别是四巧板的引入,拓展学生思维,激发学生兴趣,培养学生有序思维的良好品质,以达到智慧学习的目的。)

(七)学习评价

评价方式:本节课主要对学生的学习过程进行评价,根据学生的课堂发言、动手操作的情况发给学生七色花。

评价量规:七色花分别代表认真听讲、积极发言、仔细观察、认真思考、勤于动脑、动手实践、团结协作。

(八)板书设计

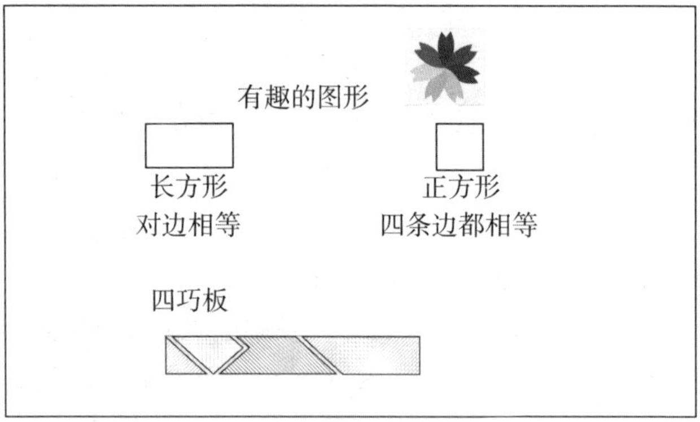

二、教学反思

数学课程标准指出:教师应激发学生的学习积极性,向学生提供充分从事数学活动的机会,帮助他们在自主探索和合作交流的过程中真正理解和掌握基本的数学知识与技能、数学思想和方法,获得广泛的数学活动经验。让学生在40分钟

里学到的不仅是数学知识,更主要的是数学学习的方法,提升学生智慧。通过这节课的教学,我感悟到:

1. 结合生活进行数学教学,选取学生身边的教学素材

学生对长方形、正方形的认识不是一无所知的,只是他们的认知只停留在感性层面,在这里,我充分利用学生原有经验,让学生在原有认知基础上自主探索,当学生在日常生活中所见的情景在教学中以不同形式再现时,学生就会有兴趣。

2. 让学生亲身经历过程,感受数学的严谨性

关注学习过程,有助于学生学会学习。在教学中,教师充分关注学生学习过程,尊重学生认知水平和已有经验。如在教学长方形、正方形边的特征时,我采用先观察再证明的方法,先用眼看边有什么特征,再激发他们独立思考用什么方法验证,学生通过思考确实想出了不少“金点子”,比如用纸折、借助工具测量等。在拼一拼活动中向学生说明图形的特殊性,从而使学生感受到数学学习的严谨性。

3. 自主思考,有效合作

本课的教学中,在验证正方形边的特征和拼摆活动中,充分发挥了小组间的交流合作,每个孩子在有了自己独特的创意后又去观察、吸收他人的智慧结晶,这样不仅培养了学生自主学习的能力,也大大提高了合作学习的效率。最终达到智慧育人的目的。

通过本节课的教学,我深深地体会到,智慧课堂具有较大的自主性和开放性,学生带着自己的知识、经验、思考、灵感和兴趣参与课堂活动,使课堂教学呈现出丰富性、多变性和复杂性。这些特征需要教师对学情辨析判断,对教材创造性处理,对教学预案随机应变。发展教的智慧、学的智慧、教学互动的智慧。智慧课堂应让学生动起来,动手操作,动口交流,让学生在活动中学,在活动中发现。智慧的课堂应是活泼的数学——数学与活动相结合,是生动的数学——数学与多媒体资源相结合,是亲切的数学——数学与生活相结合,是智慧的数学——数学与创造相结合。通过生动、和谐、高效、智慧的课堂教学,促进学生、教师、课堂的可持续发展。

三、专家点评

方麟(博士后、副教授)

1. 从设定的教学目标来看,主讲教师首先希望通过实践操作,引导学生体会平面图形的特征,更为重要的是,要学生学会使用自己的语言描述长方形和正方形边的特征,感知平面图形之间的关系。我们认为,这种目标设定,既能促进学生

对数学知识的认识,又能培养他们的口头表达能力。也就是说,教师对学生的培养是综合的、全方位的。

2. 主讲教师设定的第二点教学目标,是培养学生形成空间观念和创新意识。我们注意到,教师是从平面图形过渡到空间观念的,这里面有一个认知的提升。这符合智慧课堂中"学生的智慧学习"理念,即在知识深层性上,引导学生对复杂概念更深层次的理解,进而掌握利用复杂概念创造新概念、新知识的能力。

3. 主讲教师设定的第三点教学目标,是引导学生感受数学知识与生活的相关性,培养用数学视角来认识世界的理念。我们认为,这符合智慧课堂的环境智慧设置,即构建人文性的课堂环境。数学与人文,似乎风马牛不相及,其实却是合则双美、离则两伤的,好比一个硬币的正面与反面,缺失了任何一面都不完整。同理,科技与人文也应如此。有了数学的眼光,学生会发现这个世界充满了理性。

4. 在课程框架上,主讲教师设计了三个环节:旧知导入,构建新知,发展技能。由旧知到新知,再来发展学生的相关数学技能,这符合我们一般所说的知识、能力、情感价值观三个梯度。这里所说的情感价值观,也就是主讲教师提出的数学视角、数学眼光和数学思维,是我们认识世界的一种维度。

5. 主讲教师在课程导入时,采用的是折纸游戏这一方式,希望借助游戏来抓住学生眼球,激发学习欲望,调动学生学习积极性。应该说这种教学方式是值得肯定的。而且,学生通过游戏,还能感受数学图形本身的美。这也符合现代美育观念。

6. 主讲教师在教学过程中,还利用了奖励机制,通过奖励学生"认真观察七色花""思考全面七色花""勤于动脑七色花"花瓣的行为,引导学生的自我肯定和自我暗示心理,激发学生的竞争意识。这个也是值得肯定的,符合智慧课堂的教师的智慧从教理念,即运用多种教学方法调动学生主观能动性。

7. 主讲教师谈到教学意图:"通过这种'做中学''学中说',让学生积极参与操作过程,感悟长、正方形边的特征,突破本课重点。长方形的对边相等,正方形的四条边都相等,这些知识不是靠教师讲出来的,而是靠学生的活动证明出来的。从对折的方法上,从规范的数学语言上,从简洁的数学思维方式上,让学生的数学技能从无到有。"我们注意到,教师强调,知识不是教师讲出来的,而是学生通过活动证明的。也就是说,知识的获得,是通过学生自身的活动体认印证而来,这比教师单调的讲授,要深刻得多。

8. 练习的引入,可以深化学生的认识,也能与此前的游戏相映成趣,丰富课堂气氛,培养孩子的参与意识,巩固学生的认识。主讲教师通过检测的手段,让学生进行闯关训练,从而拓展学生的数学思维,符合智慧课堂的教学理念。

《历史精粹——〈古桥〉》研究案例与分析

教师简介：

李宏，女，1970 年 8 月出生，大学本科，小学高级教师。一直从事《品德与社会》学科教学。在多年的教育实践中，以科研为先导，先后参加国家、市级课题并取得可喜的成绩。与他人合写或独自撰写的论文获得市级一、二、三等奖。在国家、市级、区级课题研究指导实践中还完成多节市级、区级公开课，先后获得区级优秀青年教师、区骨干教师、区学科带头人等荣誉称号。

教学基本信息：

教材：自编教材	出版社：无
年级：五年级	学科：历史精粹
课题：古桥	课时：第一学时

一、教学设计

（一）背景分析

1. 课程背景：《基础教育课程改革纲要》中提出："学校在执行国家课程和地方课程的同时，应视当地社会、经济发展的具体情况，结合本校的传统和优势、学生兴趣和需要，开发或选用适合本校的课程。"我校在"智慧型小学"特色理论指导下，树立正确的课程观，积极探索智慧教学的策略，紧紧围绕"智慧课堂"。结合国家课程《品德与社会》，与汇文中学合作开发了校本课程——《历史精粹》。

《历史精粹》是以激发学生学习兴趣，多角度拓展学生思维空间，提高人文素养为宗旨。最终教学目标不是让学生记住多少历史知识，历史人物、事件，而是通过对历史人物、事件、经济、社会发展方面知识的学习，培养热爱中华文明、传承中华传统文化，具有强烈社会责任感与历史使命感的现代公民。

2. 教学内容：《古桥》是我校校本课程——《历史精粹》第三册的第九课。本课通过识记中国现存古代著名桥梁——赵州桥、洛阳桥、湘子桥、卢沟桥等基本情况。了解我国古代桥梁的特点，理解其现存价值。认识中国古代桥梁建筑技术的伟大。

3. 学生情况：我校从四年级起开设校本课程——《历史精粹》。学生在四年级时，通过校本课程——《历史精粹》。使学生通过历史小故事、成语故事，以时间脉络了解各个朝代的重要的历史人物。到了五年级则是以一件件文物展示学习，了解中国古代经济、传统文化、社会发展。

在学习《古桥》一课之前，我对学生进行了访谈。了解到这个年级的学生在三年级时，语文课中学习过《赵州桥》，音乐课中学习过《北京的桥》，我决定通过学生已有的知识来学习古代的桥梁建筑技术，感受古代建筑的科技和审美价值。

4. 教学方式：小组合作。

5. 教学手段：歌曲、图示、戏词、歌谣多种形式制作课件。

6. 技术准备：多媒体。

（二）教学目标

1. 知识与能力

（1）中国现存古代著名桥梁——赵州桥、洛阳桥、湘子桥、卢沟桥等基本情况。

（2）本课介绍的古代桥梁的特点及其现存价值。

（3）通过学习古桥，认识中国古代桥梁建筑技术的伟大。

2. 方法与过程

阅读资料（歌曲、图示、戏词、歌谣）、历史小故事、问题探究、小组讨论等来培养小组合作的能力和学生的表达能力。

3. 态度、情感、价值观：感受中国建筑艺术和技艺在世界领先，古代建筑的科技和审美价值。

（三）教学重点

赵州桥、洛阳桥、湘子桥、卢沟桥的特点。

（四）教学难点

洛阳桥牡蛎固桥的原因。

（五）教具准备

课件（歌曲、图示、戏词、歌谣），白、黄、红、蓝四色学习单，对应的四色纸张的四组古代桥梁的资料

（六）教学过程

☞教学流程示意

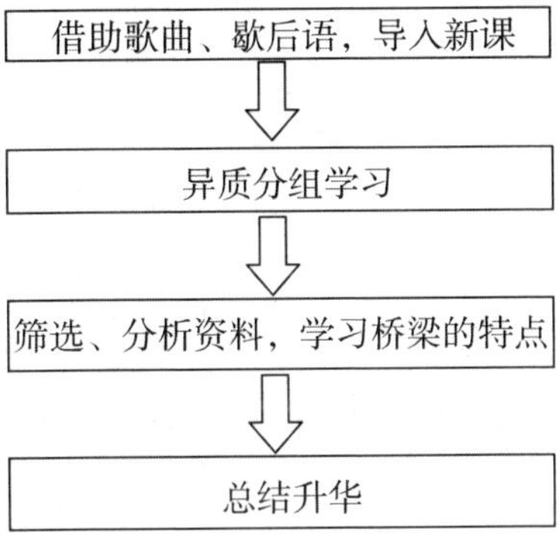

☞教学流程及设计意图

1. 导入新课

播放歌曲《北京的桥》，师问：

(1)这段歌词唱出北京的哪些桥？

(2)北京有句歇后语：什么桥的狮子——数不清。(卢沟桥)

(3)你还学习过或游览过哪些著名的古代桥梁？(赵州桥)

师说：今天我们来学习古代桥梁。

(板书：第9课古桥)

(设计意图：创设情境，激发兴趣。)

2. 新授课

(1)事前学生每人抽取白、黄、红、蓝四色印有表格的纸条，教师手中有印在白、黄、红、蓝色纸张的四组古代桥梁的资料。

(2)学生根据抽取不同颜色印有表格的纸条组成小组，对应白、黄、红、蓝色纸张的四组古代桥梁的资料，分成四组：赵州桥组、洛阳桥组、湘子桥组、卢沟桥组。

(设计意图：异质分组，激发兴趣，合作学习。)

(3)小组合作学习，完成学习单要求。

①小组成员在组长带领下完成本组的学习内容。

②选派本组的主讲。

③每组认真听，从他组讲解的内容中完成学习单。

	赵州桥	洛阳桥	湘子桥	卢沟桥
位置				
朝代				

续表

	赵州桥	洛阳桥	湘子桥	卢沟桥
设计者				
特点				
价值				

（设计意图：根据学习任务，引导学生问题探究、小组讨论、合作学习。）

（4）小组交流。

①赵州桥

A. 师：在三年级语文课中，我们学习了《赵州桥》，谁还记得，说一说赵州桥的情况。

B. 学生小组交流。

赵州桥又名安济桥，位于河北省赵县的洨河之上，由隋朝工匠李春设计建造。跨度达37米，是当时跨度最大的单拱石桥。为了方便人车通行，减少桥梁的高度，李春创新性地使用了扁弧形桥拱。大拱的两肩上各开了两个小拱，不仅美观，还能够节省材料、减轻重量、分流泄洪，真是一举多得的精妙设计，大大延长了桥梁的使用寿命。

	赵州桥	洛阳桥	湘子桥	卢沟桥
位置	河北省赵县			
朝代	隋朝			
设计者	李春			
特点	单拱石桥			
价值	扁弧形桥拱延长使用寿命			

（设计意图：培养小组合作能力和学生的表达能力。）

C. 教师补充引用《小放牛》戏词，读一读，议一议：

“赵州石桥鲁班爷爷修，玉石的栏杆圣人留，

张果老骑驴桥上走，柴王爷推车轧了一道沟。”

议一议：民间传说赵州桥是鲁班修建的，这说明了什么？

D. 教师总结：赵州桥距今已1400年，经历了10次水灾，8次战乱和多次地震，特别是1966年邢台发生的7.6级地震，邢台距这里有40多公里，赵州桥都没有被破坏，著名桥梁专家茅以升说，先不管桥的内部结构，仅就它能够存在1400

年就说明了一切。

(设计意图:培养学生的表达能力。)

过渡:自古以来,就有“北赵州、南洛阳”的说法,同学们知道“南洛阳”指的是谁?

②洛阳桥

	赵州桥	洛阳桥	湘子桥	卢沟桥
位置	河北赵县	福建泉州市		
朝代	隋朝	北宋		
设计者	李春	蔡襄		
特点	单拱石桥	规模宏伟		
价值	扁弧形桥拱延长使用寿命	生物科技方法		

A. 小组交流。

洛阳桥原名“万安桥”,位于福建省泉州市,是北宋的大书法家、泉州太守蔡襄主持修造的。洛阳桥建成时桥长1100多米,宽约5米,规模宏伟、工艺卓越,共有桥墩46座。蔡襄创新性地使用了生物科技的方法。他命令周边的渔民在桥下墩基处养殖牡蛎,利用牡蛎附着能力强和繁殖迅速的特点,将墩基和墩石胶接成牢固的整体,保证了大桥的千年稳固。

(设计意图:培养小组合作能力和学生筛选分析资料的能力。)

B. 师问:看图思考,为什么洛阳桥的桥墩基础要修成船伐形?

C. 在古代,没有现在的速凝水泥,如何让桥墩和桥基链接稳固呢?

D. 教师补充洛阳桥建设时的小故事。

此桥的建造位置正处于洛阳江的入海口,这里水面宽阔、江流湍急、海潮汹涌,渡河的风险特别大。据记载,洛阳桥建成之前,当地人依靠船舶渡江,每到台风季节,沉船溺水者无数。蔡襄担任泉州太守之后,一心想建成桥梁,解决百姓的渡河之难。但是,之前也曾有人尝试过修建石桥却因为风大浪急均告失败,所以当地民众热情不高。蔡襄为促成此事,想了很多办法,他公告百姓说海神在祭祀文书上显灵了一个“醋”字,预示酉月二十一日风平浪静,是投石固墩的最佳时机。这样一来,蔡襄就假借海神之名,唤起了民众建桥的信心。之后,他又动员家人,卖掉了家中的160亩田地以捐献建桥。在他的带动和示范下,泉州民众踊跃捐献,建桥所用的一万多两银子基本是捐献得来。

过渡:蔡襄创新性地使用了生物科技的方法发明了牡蛎固桥法。牡蛎固桥法体现了我国古代劳动人民的智慧。

③湘子桥

	赵州桥	洛阳桥	湘子桥	卢沟桥
位置	河北赵县	福建泉州市	广东潮州	
朝代	隋朝	北宋	南宋	
设计者	李春	蔡襄		
特点	单拱石桥	规模宏伟	石梁桥、拱桥、浮桥于一体	
价值	扁弧形桥拱延长使用寿命	生物科技方法	启闭式	

A. 小组交流。

湘子桥又称广济桥,位于潮州市东门外的韩江之上,是古代沟通韩江两岸的重要桥梁。它由最初的木船浮桥历经宋、元、明三朝的修整扩建,才有了今天的规模,集石梁桥、拱桥、浮桥于一体,被桥梁专家茅以升先生誉为“世界上最早的启闭式桥梁”。

(设计意图:培养小组合作能力和学生筛选分析资料的能力。)

B. 读一读:这首歌谣讲的什么意思?

潮州湘桥好风流,十八梭船廿四洲,廿四楼台廿四样,二只鉎牛一只溜。

C. 清朝时,当地官员为了祈求韩江风平浪静,曾铸造了两只刻着“镇桥御水”字样的铁牛置于东西两墩上。谁知一百年后,汉江洪水,将东墩的铁牛冲到了江中。所以当地人幽默地编起了歌谣,开玩笑说一只铁牛不甘心天天驻守位置,开“溜”了。

(设计意图:培养小组合作能力,激发学生兴趣。)

④卢沟桥

	赵州桥	洛阳桥	湘子桥	卢沟桥
位置	河北赵县	福建泉州市	广东潮州	北京丰台区
朝代	隋朝	北宋	南宋	金代
设计者	李春	蔡襄		
特点	单拱石桥	规模宏伟	石梁桥、拱桥、浮桥于一体	石质联拱桥
价值	扁弧形桥拱延长使用寿命	生物科技方法	启闭式	造型优美和装饰精美

A. 小组交流。

卢沟桥位于北京城西南的丰台区,因地夸当地的卢沟河而得名,是目前华北地区最长的古代石质联拱桥。全桥共有十个桥墩,长 260 米。卢沟桥始建于金代,历经元、明、清三代修整,最后形成今天的样式。自从金代建成以来,卢沟桥就因为优美的造型设计和精美的装饰艺术而闻名。

B. 师问:北京有句歇后语:卢沟桥的什么——数不清?

C. 卢沟桥的狮子到底有多少呢?(501)

D. 想一想:为什么古人要在桥梁上装饰狮子的形象?

3. 教师总结

中国是一个幅员辽阔、河流众多的国家,自古就有"桥的国度"之称。中国古桥建造开始于西周,成熟于隋唐、宋元,见诸于文字记载的古桥就有数万之众,遍布在神州大地,连接着祖国的四面八方。中国古代桥梁的建筑艺术,有不少是世界桥梁史上的创举,具有极高的科技和审美价值,充分显示了中国古代劳动人民的非凡智慧与才能。

(七)学习评价

学习单、小组评价、教师评价。

(八)板书设计

第 9 课　古桥

一、赵州桥　　二、洛阳桥　　三、湘子桥　　四、卢沟桥

二、教学反思

1. 自主探究合作交流。在本节课中,学生们精神状态很好,学习气氛很浓厚,在我的引导、协调中,学生能力得到发挥。我适时补充点拨,并设计了一系列引导学生探究的问题,通过分析讨论交流,解决学习中的疑问。学生充分利用资料交流讨论,在激烈的讨论中,获得知识,培养能力。

2. 培养能力思维拓展。本节课中,学生全员参与,分工合作,培养了学生整理资料、质疑问题等能力,使学生得到了锻炼。本课中引用了歌曲、戏词、歌谣、讲述历史小故事,列举一些桥梁建造的有趣事情,增长了学生的知识,拓展了学生的思维。

3. 本课不足之处在于我对学生在课堂中出现的精彩之处没能作出富有启发性的、发展性的点评,没有发挥好"导"的作用。在以后的教学中,我们要特别注意

保护学生的积极性，多用一点激励性的语言去评价学生。课堂艺术有待提升，知识传授应该贴近小学五年级水平。

三、专家点评

方麟(博士后、副教授)

1. 作为校本课程《历史精粹》的一个章节，《古桥》属于中国传统建筑文化范畴。主讲教师希望通过识记中国现存古代著名桥梁——赵州桥、洛阳桥、湘子桥、卢沟桥等基本情况，了解中国古代桥梁建筑特点，以及它们的实用价值和文化价值。这个选点是很好的：培养对于中国优秀传统文化的认同感与亲切感，正是基于这些具体的点；由点及面，学生会发现生活中触处都是文化，他们逐渐学会利用文化的眼睛来看待生活，传统文化就在他们身上生根发芽了。

2. 主讲教师在进行校本课程的讲授之前，准备了阅读资料(歌曲、图示、戏词、歌谣)与相关历史小故事，实际上是将相关课程内容汇通，属于跨学科范畴。这点尤其需要表扬。我们认为，校本课程的研发，应该充分调动教师的积极性，勇于进行跨学科的探索，构建智慧课堂的开放课程内容体系。只有这样，我们的教师才能更加全面，我们的学生看问题的眼光才能更多样。

3. 主讲教师在带领学生学习《古桥》之前，先做了一番学情调查。了解到学生此前语文课上学习过《赵州桥》，音乐课上学习过《北京的桥》，决定由已知到未知，引导学生感受古代桥梁建筑的科技和审美价值。这首先说明主讲教师特别注意学情，了解关注学生的知识经验与认知水平，立足于学生这一学习主体。其次，由已知到未知的教学方法，也符合教学规律，能够激发学生的兴趣和活力，充分调动他们学习的积极性。

4. 主讲教师将古代桥梁资料分为白、黄、红、蓝四色纸张来呈现，又在此基础上对学生进行分组，引导学生进行分组合作学习，由小组合作完成学习单，并选派本组代表主讲，其他学习小组聆听。这种小组合作的学习形式，既有利于学生的主动学习，又能培养他们的听说表达能力、团队精神。

5. 考虑到本课程具有跨学科的特点，建议主讲教师在讲授洛阳桥时，充分利用牡蛎固桥法特点，补充相应的生物科技知识。这样，可以打开学生的知识面，让他们更加热爱校本课程与相关课程，培养他们对世界的认知兴趣。主讲教师讲课，应尽可能培养孩子的观念和眼光。

6. 主讲教师在讲授卢沟桥时，提出了一个问题：为什么古人要在桥梁上装饰狮子的形象？这个提问设计得很好。因为狮子的形象在中国自古至今倍受推崇，无论是在建筑领域还是在民间绘画、雕塑和表演艺术当中，我们都可以欣赏到狮子的王者风范、威武气概和灵兽形象。中国的狮子形象，尤其具有独特的文化象征和艺术表现形式。在中国，狮子的文化含义十分丰富。一方面，狮子被当作吉祥的动物，可以驱除邪恶。另一方面，国人以狮为百兽之尊，在民间传统中，狮子被视为哀乐与共、利物利人的神秘力量，可以历神显圣，这是华夏狮文化区别于西域狮文化的历史和民族特色。我们认为，主讲教师在讲授桥梁这一课程时，同时涉及民俗文化。这点也是值得表扬的。

总体来说，《古桥》作为校本课程《历史精粹》的一课，主讲教师能够综合利用多种教学手段，充分借助教学工具，调动学生的主体性和积极性，引导学生自主学习，开拓学生的思维，这些都是值得肯定的。我们认为，智慧课堂要特别关注构建开放的课程内容，勇于跨学科，勇于多视角，在讲授建筑、历史的时候，还能涉及生物科技与民俗文化。